本书的出版获得
"北京大学创建世界一流大学计划"
经费资助

教育部人文社会科学重点研究基地基金资助

古 代 文 明

（第6卷）

北京大学中国考古学研究中心
北京大学震旦古代文明研究中心 编

文 物 出 版 社

北京·2007

目　　录

MIS₃阶段的气候环境与古人类活动

　　……………………… 夏正楷　王幼平　刘德成　曲彤丽（ 1 ）

再论大汶口文化向龙山文化的过渡 ……………………… 孙　波（12）

中心与外围：湖南新石器文化进程的区域考察 ……………… 郭伟民（34）

陶寺中期观象台实地模拟观测资料初步分析 ………………… 何　驽（83）

湘西濮文化的考古学钩沉 ……………………………… 柴焕波（116）

中国数字的产生与文字的起源 …………………………… 葛英会（135）

覒簋年代及相关问题 …………………………………… 韩　巍（155）

周原遗址商时期考古学文化分期研究 …………………… 雷兴山（171）

"虖台（丘）"略考 ……………………………………… 李鲁滕（199）

滇国青铜器上的线刻技术 ……………………………… 黄德荣（206）

唐至北宋时期陶瓷器中的金属器因素 …………………… 袁　泉（231）

2004年夏凤凰山（周公庙）遗址调查报告 ……… 凤凰山（周公庙）考古队（273）

MIS$_3$阶段的气候环境与古人类活动

夏正楷[*]　王幼平　刘德成　曲彤丽

A large number of sites of the MIS$_3$（Oxygen-isotope stage 3）stage have been discovered with abundant archaeological remains. The wetter and warmer condition during the MIS$_3$ stage might have been responsible to the cultural development and human evolution in the Last Glacial Maximum. The low layer of the Zhijidong 织机洞 Cave（50,000—35,000BP）in Zhengzhou 郑州, Henan 河南 Province is essential to understand the transition from Middle to Upper Paleolithic in North China. This paper, based on the data of the low layer of the Zhijidong Cave and the Loess profiles in the adjacent area, aims to explore the correlation between cultural development and environmental changes at the MIS$_3$ stage in North China.

国内外大量的考古资料证明，在距今5.3万~2.5万年间，人类的文化发生了显著的进步，石器形态更加规范，骨角器和装饰品大量出现，狩猎工具更加专业化，遗址功能分区日趋明显，出现有意识的埋葬行为等。这些新内容的出现标志着旧石器中期文化的结束和晚期文化的开始[1~9]。而古气候学的研究表明，这一时期恰好是寒冷干燥的末次冰期内一个气候相对比较温暖湿润的小间冰阶，亦即深海氧同位素3阶段（MIS$_3$）[2]。文化演进与气候变化的耦合似乎暗示着两者之间存在着某种内在的联系。目前，人们不仅关注这一时期人类石器文化的发展，而且已经把注意力转向研究文化演进与环境变化之间的关系，进一步探讨旧石器中期文化向晚期文化过渡的环境背景。河南郑州织机洞下文化层的时代距今约为5万~3.5万年，文化遗存和环境信息都十分丰富，为开展这一方面的研究提供了良好的场所。

一、织机洞遗址的古环境研究

织机洞遗址位于河南省郑州市西南约30公里的荥阳市崔庙乡，是一处旧石器时代

---

* 作者夏正楷系北京大学中国考古学研究中心兼职研究员，北京大学城市环境学院教授。

中至晚期的洞穴遗址，地理坐标为113°13′E，34°38′N。20世纪90年代，郑州市文物考古研究所在织机洞发现了大量的石制品和动物残骸，根据出土石制品的性质，认为这是一处旧石器时期文化遗址[10]。2001～2004年，北京大学考古文博学院与郑州市文物考古研究所联合对该遗址的下文化层进行了进一步的考古发掘和年代测定，确认下文化层的年代大致在距今5万～3.5万年，属于旧石器时代中期至晚期文化堆积[4]。

（一）织机洞洞穴堆积特征

织机洞为一个大型喀斯特溶洞，洞穴中充填有巨厚的堆积物，剖面总厚可达31m。根据岩性特征和文化遗物，整个剖面可以分为以下五部分：

顶部：为含灰岩角砾的棕黄色黏土质粉砂，角砾大小不一，数量较多。靠近本层底部有一层厚0.5m左右的棕红色黏土质粉砂。本层中发现有裴李岗文化时期的陶片，属新石器时代。称上文化层。　　　　　　　　　　　　　　　　　　　0～7m

上部：为含角砾的棕黄色黏土质粉砂堆积，角砾成分全部为灰岩，大小不一，砾径大者30～40cm，小者3～5cm，一般在10～15cm，呈悬浮状分布在棕黄色黏土质粉砂之中，略具成层性。其中产石制品，属旧石器晚期。称中文化层。　　　7～17m

中部：为浅红灰色钙质粉砂质黏土，呈上平下凹的袋状产出，袋深5m，口宽4m，沉积物具有明显的成层性，单层厚1～2cm，靠底部层面下凹明显，与袋底基本保持一致，由下而上地层的曲率逐渐变小，到顶面已基本趋于平直。靠近本层顶部分布有一层黑色泥炭，呈透镜状，最大厚度50cm，向洞口方向变薄，厚仅10cm左右。17～23m

下部：为黄褐色和褐红色粉砂质黏土互层，含有少量的灰岩角砾。其中出土有大量的石制品，属旧石器时代中至晚期。称下文化层。　　　　　　　23～31m

（二）下文化层的剖面特征与时代

我们主要对遗址下文化层进行了深入的研究。研究剖面位于织机洞洞口东侧，厚8米。根据岩性特征，该剖面由上而下可以划分为以下7层：

（1）表土层，棕黄色粘土质粉砂，含有灰岩碎屑。　　　　　　　0～0.60m

（2）土黄色粘土质粉砂，含有少量3～5cm灰岩角砾。本层有光释光年代数据37.4±3.51kaBP。　　　　　　　　　　　　　　　　　　　　　0.60～1.60m

（3）钙板层，上部为灰白色，下部为砖红色，风化强烈，呈团块状，顶部起伏不平，厚度变化较大。含有少量石制品。　　　　　　　　　　　　1.60～3.00m

（4）褐灰色钙质粉砂质粘土，含极少量灰岩碎屑，夹灰黑色锰质条带。含有少量的石制品。　　　　　　　　　　　　　　　　　　　　　　　3.00～3.65m

（5）褐灰色钙质粉砂质粘土，底部含薄层灰岩碎屑。含有少量石制品。本层有光释光年代数据46.5±4.12kaBP。　　　　　　　　　　　　　　3.65～3.82m

（6）砖红色钙质粘土，含较多灰岩碎屑，砾径在3～5cm，扁平状，含有大量的钙结核。本层底部颜色变深，出现灰黑色锰质条带。含有较多的石制品。本层有光释光年代数据48.1±11.1kaBP。   3.82～4.30m

（7）灰黑色砂质粘土，含有少量灰岩碎屑，发育钙质条带，西侧钙质条带较多。含有丰富的石制品。本层有光释光年代数据49.7±5.76kaBP。   4.30～4.59m

（8）灰褐色粉砂质粘土，夹灰白色钙板团块，夹有较多的灰黑色锰质条带，分布不均。含有少量的石制品。   4.59～5.26m

（9）褐灰色砂质粘土，混杂有大量的灰黑色锰质条带和灰白色钙质条带，条带弯曲，产状多变，但基本上与洞壁保持一致，为洞底落水洞充填物。本层中含有少量的石制品。   5.26～9.00m

据初步研究，织机洞遗址下文化层出土的石制品具有旧石器中期向晚期过渡的文化特征。光释光测年结果表明，下文化层的时代大致在距今5万～3.5年之间，属于MIS₃阶段的早期至中期（表一）。

表一 织机洞遗址下文化层光释光测年数据

样 号	层位	等效剂量（Gray）	年剂量率（Gray/ka）	年龄（ka）
B1	1		3.52±0.10	
B2	2	171.2±15.3	4.58±0.13	37.4±3.51
B3	3		7.85±0.29	
B4	4	389.1±40.4	3.93±0.11	99.0±10.65
B5	5	199.5±16.6	4.289±0.13	46.5±4.12
B6	6	244.8±55.9	5.09±0.16	48.1±11.1
B7	7	255.1±28.5	5.13±0.16	49.7±5.76
B8	8	307.6±24.8	7.579±0.29	440.6±3.63

（三）下文化层的孢粉组合特征

在研究剖面深0.60～5.26米的下文化层层位，按样长4cm连续采集孢粉样品79个。在实验室经酸碱处理，用д-6重液浮选，镜下共鉴定出孢粉科属39种，其组合如下（图一）：

草本植物花粉占72.2%～100%，为主要组分，共有17个科属，其中以蒿属（Artemisia）、藜科（Chenopodiaceae）、禾本科（Gramineae）为主，还有菊科（Compositae）、毛茛科（Ranunculaceae）、唐松草属（Thalictrum）、唇形科（Labiaceae）、蓼属（Polygonum）、玄参科（Scrophulariaceae）、旋花科（Convolulaceae）、豆科（Leguminosae）、茄科（Solanaceae）、十字花科（Cruciferae）、小檗科（Berberidaceae）、车前属（Plantago）、伞形科（Umbelliferae）、大戟科（Euphorbiaceae）等。

木本植物花粉占0.0%～37.5%，为次要组分，共有18个科属，除松属（Pinus）

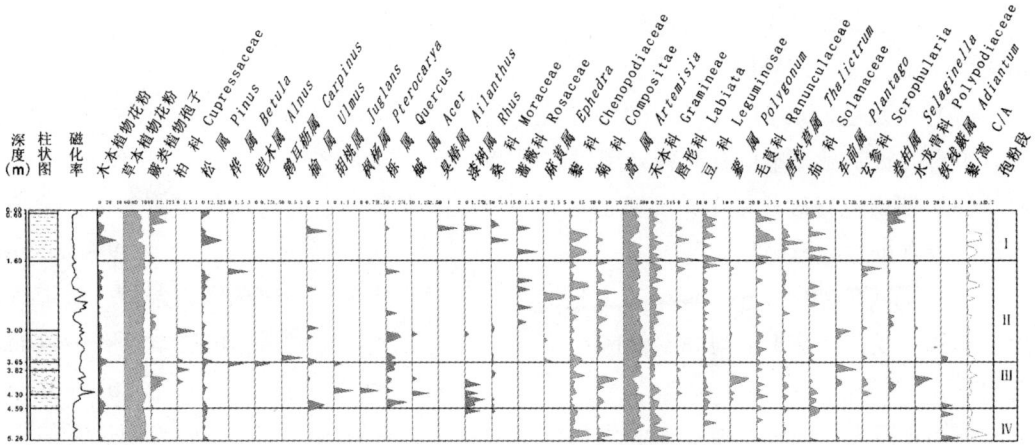

图一　织机洞下文化层孢粉图谱

和柏科（Cupressaceae）之外，还有桦木属（Betula）、桤木属（Alnus）、鹅耳枥属（Carpinus）、栎属（Quercus）、胡桃属（Juglans）、枫杨属（Pterocarya）、漆树属（Rhus）、榆属（Ulmus）、槭属（Acer）、臭椿属（Ailanthus）、柳属（Salix）等。灌木植物花粉有桑科（Moraceae）、木犀科（Oleaceae）、鼠李科（Rhamnaceae）、麻黄属（Ephedra）、蔷薇科（Rosaceae）等。

蕨类植物孢子较少，仅占0.0%～20.8%，共有4个科属，包括卷柏属（Selaginella）、水龙骨科（Polypodiaceae）、铁线蕨属（Adiantum）、石松属（Lycopodium）等。

下文化层所含孢粉组分表明，当时基本上属于以蒿属—藜科—禾本科组合为主的暖温带草原—疏树草原环境，气候比较温暖湿润。进一步的孢粉统计结果表明，下文化层可以划分为四个孢粉带，其中文化层底部为第Ⅳ孢粉带（剖面第8层，深4.59～5.26m），孢粉组合以蒿属—禾本科组合为特征，没有阔叶树和灌木，指示温带蒿属草原环境，气候比较温和干燥；下部为第Ⅲ孢粉带（第7、6、5层，深3.52～4.59m），孢粉组合虽仍以蒿属—禾本科组合为特征，但木本植物中除松柏类之外，还出现较多的阔叶树，其中乔木有桦、榆、桤木、胡桃、栎、枫杨、漆、槭等，灌木有桑等，属于生长有喜暖落叶阔叶树的暖温带疏树草原环境，气候比较温暖湿润。本带上部（第5层，深3.00～3.52m）出现了藜科和麻黄等耐旱植物，而胡桃、枫杨等喜暖的阔叶树种消失，指示后期气候有变冷变干的趋势；中部为第Ⅱ孢粉带（第4、3层，深1.60～3.00m），孢粉组合以蒿属—藜科—禾本科组合为特征，阔叶树明显减少，其中第4层中尚可见少数的榆、胡桃、枫杨、栎、漆、槭等，而第3层中不见阔叶树，属于温带干燥草原环境，气候比较温和干燥；上部为第Ⅰ孢粉带（第2层，深0.60～1.60m），孢粉组合以蒿属—禾本科组合为特征，阔叶树再次出现，属暖温带草原—疏树草原环境，气候出现向温湿方向发展的趋势。

石制品数量的分层统计结果表明，剖面中石制品分布普遍，但以下文化层下部的第7、和第6层最为集中，对应于下文化层时期气候环境最好的阶段，年代大致在距今5万年前后，属于MIS$_3$阶段的第一个暖期，表明当时的生态环境最适宜于古代人类的活动（表二）。

表二　文化层孢粉组合与石制品分布一览表

| 阶段 | 层序深度/cm | 孢粉浓度粒/克 | 孢粉组合特征 | | | 气候生态环境特征 | 石制品数量（块） |
			草本（%）	木本（%）	蕨类（%）		
晚期	第2层 60~160	2.8~41.4	72.2~100 蒿属—禾本科	0.0~37.5 阔叶灌木	0.0~20.8	温暖较湿—疏树草原	0
中期	第3层 160~300	5.4~30.8	86.6~100 蒿属—禾本科	0.0~10.4 无阔叶树	0.0~3.1	温和干燥 温带草原	2
	第4层 300~352	20.0~67.1	91.3~98.4 蒿属—藜科—禾本科	2.0~8.7 阔叶树少，仅有榆、胡桃、枫杨、栎、漆、槭等。灌木少	0.0~2.1	温和较干 温带草原	43
早期	第5层 352~382	22.4~53.6	80.9~96.3 蒿属—藜科—禾本科	3.7~18.3 阔叶树较多乔木有桦、榆、桤木、胡桃、栎等，灌木有桑和麻黄	0.0~0.9	温暖较干 疏树草原	
	第6层 382~430	22.8~88.5	76.8~93.3 蒿属—禾本科	3.4~8.2 阔叶树较多，乔木有榆、胡桃、枫杨、栎、漆、槭等	0.0~19.3	温暖较湿 暖温带疏树草原	247
	第7层 430~459	11.6~32.8	85.2~100 蒿属—禾本科	0.0~13.1 阔叶树较多，乔木有榆、栎、漆，灌木有桑	0.0~1.6		2596
初期	第8层 459~526	3.0~33.8	88.2~100 蒿属—禾本科	0.0~9.8 无阔叶树和灌木	0.0~6.6	温和较干 温带草原	71

二、与周边黄土—古土壤剖面的对比

为了进一步了解织机洞下文化层时期的人类生存环境，我们选择织机洞周边地区广泛出露的黄土堆积，进行了古环境分析，试图通过黄土剖面的研究，把织机洞的洞穴堆积与黄土—古土壤剖面联系起来，从更大的视野来认识我国北方旧石器时代中—晚期文化发展的环境背景。

（一）与洞口附近黄土—古土壤剖面的对比

我们选取织机洞西侧约 500 米的黄土剖面，进行了比较深入的研究。该剖面厚 16.5m，由上而下根据岩性特征可以划分为以下 5 层：

（1）浅黄色细粉砂，质地疏松，垂直节理发育，其中含有较多形状不规则的钙质结核，靠近底部发现一打制石器，属旧石器晚期，时代要稍晚于织机洞下文化层。本层底部有两个热释光年龄 30.9 ± 1.9 和 32.0 ± 2.0kaBP。　　　　　　0.50 ~ 6.50m

（2）棕红色粉砂质黏土，致密块状，有孔隙，为古土壤，称上古土壤层。本层底部有厚 25cm 的砾石层，呈透镜状产出，砾石大小 3 ~ 5cm，磨圆度和扁平度较好，为河流相堆积。　　　　　　　　　　　　　　　　　　　　　　　6.50 ~ 9.50m

（3）棕红色粉砂质黏土，致密块状，易干裂，沿裂隙面有铁锰膜，下部有铁锰小结核分布，为古土壤，称下古土壤层。本层底部有两个热释光年龄，均大于 10 万年。

　　　　　　　　　　　　　　　　　　　　　　　　　　　　9.50 ~ 12.80m

（4）砾石层，主要有灰岩、页岩和石英砂岩组成，砾径 3 ~ 5cm，磨圆度和扁平度好，为河流相堆积。　　　　　　　　　　　　　　　　　12.80 ~ 14.30m

（5）棕黄色粉砂质黏土，质地均一，致密块状。　　　　14.30 ~ 16.50m

未见底

根据光释光年龄数据，我们推断剖面的第 1 层年代小于 3 万年，对应于马兰黄土（L_1）；上古土壤层的年龄大于 3 万年，相当于马兰黄土中的古土壤层（L_1S），与织机洞下文化层的年代相当；下古土壤层年龄大致在 10 万年左右，对应于黄土—古土壤序列的第一层古土壤（S_1）。第 2 层底部的砾石层意味着该剖面第 2 层古土壤与第 3 层古土壤之间存在有侵蚀间断。

在第 2 层古土壤与第 3 层古土壤中共连续采集孢粉样品 60 个。室内经酸碱处理和 д-6 重液浮选，鉴定统计出孢粉科属 20 种，类型比较单调（图二）。其中上古土壤层（L_1S）的孢粉组合（剖面中第 Ⅱ 孢粉带）以草本植物为主要成分，共有 12 个科属，其中以蒿属（*Artemisia*）为主要组分，藜科（Chenopodiaceae）、禾本科（Gramineae）次之，还有菊科（Compositae）、毛茛科（Ranunculaceae）、唐松草属（*Thalictrum*）、玄参科（Scrophulariaceae）、豆科（Leguminosae）、茄科（Solanaceae）、十字花科（Cruciferae）、唇形科（Labiaceae）、旋花科（Convolulaceae）等温带草原常见种属；有一定数量的木本植物孢粉，包括 6 个科属，除松属（*Pinus*）之外，还有栎属（*Quercus*）、榆属（*Ulmus*）、椴属（*Tilia*）、漆树属（*Rhus*）、桑科（Moraceae）等喜暖的落叶阔叶树种；蕨类植物孢子 2 个科属，主要有卷柏属（*Selaginella*）和水龙骨科（Polypodiaceae）。这一孢粉组合与织机洞下文化层下部（第 6、7 层）的孢粉组合基本相同，同属比较温暖湿润的暖温带草原—疏树草原环境（表三）。

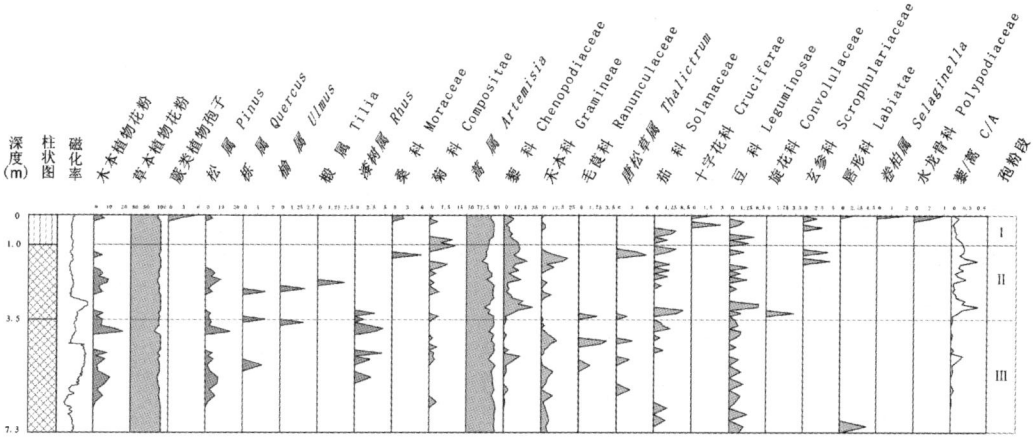

图二　织金洞外黄土剖面孢粉组合图谱

表三　洞外黄土剖面的孢粉组合特征

剖面分层	深度（米）	孢粉组合			气候—植物类型
		草本植物	木本植物	蕨类植物	
马兰黄土 （L$_1$）	0.50～6.50	蒿属为主	有针叶树 无阔叶树		温凉干燥草原
上古土壤层 （L$_1$S）	6.50～9.50	蒿属为主 藜/蒿较高	针叶树为主 有阔叶树（栎榆漆椴）		比较暖干的草原—疏树草原
下古土壤层 （S$_1$）	9.50～12.80	蒿属为主 藜/蒿较低	针叶树为主， 有阔叶树（栎漆）		比较暖湿的疏树草原

（二）与洛阳北窑遗址黄土剖面的对比

洛阳北窑遗址发现于 2000 年，东距织机洞约 100 公里。属于旧石器时代中—晚期的旷野遗址[11]。出土石制品主要分布在该地黄土剖面的两层古土壤之中，其中下古土壤层顶部热释光测年数据为 89490aBP，底部热释光测年数据为 103500aBP，对应于黄土—古土壤序列的第一古土壤层（S$_1$）。而上古土壤层顶部热释光测年数据为 30110aBP，底部按沉积速率计算大致在 4 万年左右，相当于马兰黄土中部所夹的古土壤层（L$_1$S），对应于 MIS$_3$ 阶段中—晚期。磁化率测试表明，这两层古土壤都具有较高的磁化率，表明它们是马兰黄土堆积时期两个气候比较温暖湿润阶段的产物。其中上古土壤层出土的石制品比较细小，属旧石器晚期文化，与织机洞下文化层相当，与末次冰期中的间冰期（MIS$_3$）环境相对应，下古土壤层出土的石制品比较粗大，属旧石器中期（图三）。

织机洞遗址下文化层与洞外黄土—古土壤剖面的对比研究表明，下文化层人类活动时期在洞外黄土堆积区是 L$_1$S 古土壤发育时期，我国黄土研究表明[5]，这一层古土

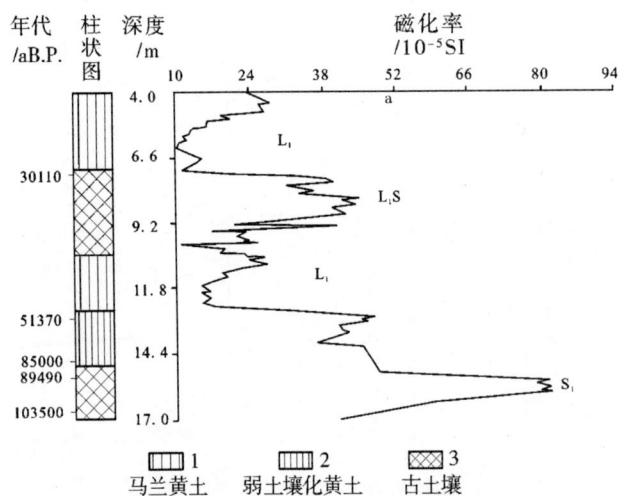

图三　洛阳北窑遗址剖面磁化率曲线

壤不仅见于郑州—洛阳一带，而且见于整个黄土高原，这意味着我国北方广大地区当时都处于比较温暖湿润的间冰阶气候，适宜的气候环境不仅有利于古土壤的形成，而且也为人类活动提供了良好的生态环境和广阔的生存空间。

三、与北方其他同期遗址的对比

与织机洞下文化层同时期或稍晚的古人类遗址在我国北方有广泛的分布，如宁夏水洞沟遗址、内蒙古萨拉乌苏遗址、辽宁海城仙人洞遗址、山西峙峪遗址、北京山顶洞遗址、北京王府井遗址，另外在我国南方也有分布，如四川资阳人 B 地点和福建船帆洞遗址等（表四）。

表四　中国旧石器晚期主要文化遗址

地区	文化遗址名称		年代/ka
内蒙地区	萨拉乌苏		40
中原地区	河南织机洞		50～35
	河南洛阳北窑		40～30
东北地区	辽宁海城仙人洞		40～20
西南地区	四川资阳人 B 地点		39～37
	重庆铜梁		25
华北地区	山西下川	上层	23.9～16
		下层	40～36
	柴寺		26 或大于40
	山西峙峪		29
	山西陵川塔水河		26
	河北小南海		24
西北地区	宁夏水洞沟		30～20
北京地区	北京山顶洞		27
	北京王府井东方广场		25～24
华东地区	福建船帆洞遗址		35～37

（一）内蒙古萨拉乌苏遗址

萨拉乌苏遗址位于内蒙古毛乌素沙地南缘，也是旧石器晚期的旷野遗址。出土石制品多为小石片，通过锤击技术进行打片和修理；石器仍以边刮器为主，出现端刮器且加工精致，形态较规范。萨拉乌苏遗址的年代大致在距今 4 万年左右[12]，与织机洞下文化层相当，属于 MIS3 阶段的中期。研究表明，当时毛乌素沙地南缘河湖广布，气候温暖湿润。适宜于古代人类生活[13]。

（二）宁夏水洞沟遗址

水洞沟遗址位于宁夏宁武，地处毛乌素沙地西南边缘，属旧石器晚期的旷野遗址。文化遗物以石制品为主，包括大量的石叶、三角形石片、细石叶、细石核以及多种石器（如尖状器、端刮器、凹缺刮器、雕刻器和钻具等），石器加工修理精致，形态规整。骨器和装饰品极少，但有火塘等用火遗迹。水洞沟遗址的年代据 ^{14}C 年龄测定[14]，大致在 2 万 ~ 3 万年左右，晚于织机洞下文化层，相当于 MIS$_3$ 阶段的后期。从石制品出土层位的沉积特征来看，该地区当时属于气候比较湿润的冲积平原，河湖广布，与今天当地的荒漠景观有天壤之别[15]。有人认为，与中国传统的旧石器文化相比，水洞沟文化中出现了一些新的文化现象和因素，如形态规范标准的石叶石器、骨器的使用、装饰品的出现和大量的火塘遗迹等，推测可能与西方发生过文化交流，这种东西方文化的交流是否与当时中亚沙地南缘的环境适宜于古代人类的生活和迁徙有关，尚有待进一步工作。

（三）北京山顶洞遗址

山顶洞遗址位于北京西山山前的龙骨山，是我国著名的旧石器晚期洞穴遗址。山顶洞遗址出土的文化遗物有石制品、骨制品和装饰品，其中以装饰品的数量最多。石制品的生产和加工仍以锤击法和砸击法为主，石器种类比较单一，只有刮削器和砍砸器。较多的装饰品和骨角制品以及红色颜料的出现，说明在这个时期人类在认知能力上发生飞跃的变化。最新测年结果显示，山顶洞遗址年代在 27kyr 左右[16]，晚于织机洞遗址下文化层，与水洞沟遗址有所重叠，属于 MIS$_3$ 阶段的后期。研究表明，该遗址的哺乳动物群组合显示比今天周口店要温暖湿润的气候环境[17]。

（四）北京王府井遗址

1999 年发现于北京王府井，属于旧石器晚期的旷野遗址，遗址的古地貌位置相当于古永定河的滨河床沙坝，包括上下两个文化层，出土有石制品、动物化石和火塘遗迹。其中上文化层有 ^{14}C 年代数据 24.24 ± 0.3kyr 年左右，下文化层有 ^{14}C 年代数据 24.89 ± 0.35kyr[18]，其时代晚于织机洞下文化层，与水洞沟和山顶洞相当，对应于 MIS$_3$ 的晚期。孢粉粉分析的结果表明，当时的植被主要由藜科—蒿属—莎草科组成，木本植物有冷杉和云杉，反映 MIS$_3$ 阶段后期气候开始向温凉偏干方向发展[18、19]。

上述我国北方旧石器晚期主要文化遗址的情况表明，在 MIS$_3$ 阶段，我国曾经出现过一个旧石器文化相对比较繁荣的时期，当时不仅遗址的数量明显增多，而且石制品也较前有较大的进步和发展。

四、讨论和结论

在距今5万～2.5万年期间，世界其他地区和我国一样，也普遍出现古人类遗址增多，旧石器文化进步的现象，有人称之为"旧石器时代晚期革命"[20]。已有的证据显示，这场"革命"在西亚大致出现在距今6.5万～3万年，中欧和西欧出现在4.7万～3万年左右，南西伯利亚和蒙古分别出现在4.3万～3.7万年和3.3万～2.7万年。尽管这场旧石器晚期革命在全球不同区域的发生机制和模式非常复杂，但是它们都与全球气候在末次冰期内发生的一次气候升温事件，即"小间冰阶"（MIS$_3$ 阶段）的出现有着密切的关系。

近年来"过去全球变化"研究计划的成果表明，在寒冷干燥的末次冰期出现的这一期小间冰阶，其时间大致在5.5万～2.5万年之间。这一气候事件在深海岩芯中表现为深海氧同位素第3阶段（通常称 MIS$_3$ 阶段）的暖湿记录，在黄土—古土壤剖面中表现为马兰黄土（L$_1$）中古土壤层（通常称 L$_1$S）的形成。当时的气候状况介于末次盛冰期与全新世适宜期之间，属于现代气候的相似型[21]。中国位于亚洲东部季风区，研究表明，MIS$_3$ 阶段我国气候以增温增雨为主要特征[22]，温暖湿润的气候环境为古代人类提供了适宜的气候、丰富的食物和广阔的生存空间，人类活动空间扩大，人口增加，文化发展。虽然当时动植物资源相对比较容易获取，但气候波动和人口增加导致的生存压力仍然迫使人类要不断改进石器工业，获取更多的食物，以维持生计。我国在这个阶段遗址数目大大增加，并且不同程度地表现出旧石器晚期的石器面貌和技术特点，如出现端刮器和复合型工具等，也显示出环境对古代人类的影响和人类对环境的适应。

参考文献

〔1〕 John J. Shea, 2003, The Middle Paleolithic of the East Mediterranean Levant, *Journal of World Prehistory*, 17 (4): 313 – 393

〔2〕 P Jeffery Brantingham, 2001, The Initial Upper Paleolithic in Northeast Asia, *Current Anthropology*, 42 (5): 735 –747

〔3〕 Vadim Yu. Cohen and Vadim N. Stepanchuk, 1999, Late Middle and Early Upper Paleolithic evidence from the East European Plain and Caucasus: A New look at variability, interactions, and transitions, *Journal of World Prehistory*, 13 (3): 265 –319

〔4〕　Joao Zilhao and Francesco d'Errico, 1999, The Chronology and Taphonomy of the Earliest Aurignacian and Its implications for the understanding of Neanderthal Extinction, *Journal of World Prehistory*, 13 (1): 1 – 68

〔5〕　Obsjorn M. Pearson, 2000, Activity, Climate, and Postcranial Robusticity: Implications for Modern Human Origins and Scenarios of Adaptive Change, *Current Anthropology*, 41 (4): 569 – 607

〔6〕　Paul Mellars, 2005, The Impossible Coincidence: A single-Species Model for the origins of Modern Human Behavior in Europe, *Evolutionary Anthropology*, 14: 12 – 27

〔7〕　John J. Shea, 2003, Neanderthals, Competition, and the Origin of Modern Human Behavior in the Levant, *Evolutionary Anthropology*, 12: 173 – 187

〔8〕　Michael Bolus, 2001, The late Middle Paleolithic and the earliest Upper Paleolithic in Central Europe and their relevance for Out Of Africa hypothesis, *Quaternary International*, 75: 29 – 40

〔9〕　S. Carrion, 2004, Correspondence: the use of two pollen records from deep sea cores to frame adaptive evolutionary change for humans: a comment on "Neanderthal extinction and the millennia scale climate variability of OIS3" by D'errico and M. F. Sanchez Goni, *Quaternary Science Reviews*, 23: 1217 – 1224

〔10〕　张松林等, 2003, 织机洞旧石器时代遗址发掘报告, 人类学学报, 22 (1): 1 – 17

〔11〕　夏正楷等, 1999, 洛阳黄土地层中发现旧石器, 第四纪研究, 19 (3): 286

〔12〕　原思训等, 1983, 用铀子系法测定河套人和萨拉乌苏文化的年代, 人类学学报, (1): 69 – 76

〔13〕　袁宝印等, 1978, 萨拉乌苏组的沉积环境及地层划分问题, 地质科学, (3): 220 – 234

〔14〕　高星, 李进增等, 2002, 水洞沟的新年代测定及相关问题讨论, 人类学学报, 21 (3): 211 – 218

〔15〕　袁宝印等, 2006, 水洞沟遗址第四纪地层与环境变迁, 刊: 宁夏文物考古研究所编 "旧石器时代论集", 文物出版社, 50 – 56

〔16〕　陈铁梅等, 1992, 山顶洞遗址的第二批加速器质谱~¹⁴C 年龄数据与讨论, 人类学学报, (2): 112 – 116

〔17〕　尤玉柱, 徐欣琦, 1981, 中国北方晚更新世哺乳动物群与深海沉积物的对比, 古脊柱动物与古人类, 19 (1): 77 – 86

〔18〕　李超荣等, 2000, 北京王府井东方广场旧石器时代遗址发掘报告, 考古, (9): 781 – 788

〔19〕　袁宝印, 2002, 北京平原晚第四纪堆积期与史前大洪水, 第四纪研究, 22 (5): 474 – 482

〔20〕　Bar-Yosef, 2002, The Upper Paleolithic Revolution, Annual Review of Anthropology, 21: 363 – 393

〔21〕　刘东生等, 2003, 黄土高原马兰黄土记录的 MIS₃温湿气候, 第四纪研究, 23 (1): 69 – 76

〔22〕　施雅风等, 2003, 40 – 30kaB. P. 中国暖湿气候和海侵的特征与成因探讨, 第四纪研究, 23 (1): 1 – 10

再论大汶口文化向龙山文化的过渡

孙 波[*]

Although the Longshan 龙山 culture obviously had inherited the local cultural tradition from the Dawenkou 大汶口 culture, there was also an unusual hiatus between the two cultures. The paper, after a brief review on the researches pertaining to the close relationship between the two cultures, points out that the differences between the two are also significant. The peaceful inheritance of cultural tradition did not happened in the whole Haidai area, and hiatus can be recognized in some regions. This can not be explained as the result of environmental disaster. A comprehensive analysis of the archaeological data indicates that the hiatus might have coincided with certain social reform.

大汶口文化与龙山文化的关系在 20 世纪 70 年代是学术界关注的热点，二者源与流的定位好像早已明确，不成问题了。但实际上并非那么简单，大汶口文化向龙山文化的过渡，绝非表面上看起来的那么一帆风顺，还有进一步讨论的必要，且这种讨论对于当前作为学术热点的文明进程问题的研究也有新的意义。

大汶口文化向龙山文化的过渡，在山东各地是不平衡的，一个有趣的现象就是龙山文化的发生存在时间差，从东到西梯次变晚。其中，在鲁东沿海和潍河流域，这种过渡发生得最早，鲁中泰山南北的小清河、淄河与汶泗流域次之，鲁西包括豫东、皖北、冀南最晚。为什么会出现这种情况？前人及当代学者多有论述，虽然有的讨论也曾触及到当时的历史背景，但并没有进行清晰深入的分析，迄今为止各家解释多不出乎环境灾变的窠臼。笔者以为此论过于简单，其中还当有更深刻的社会背景。以下是对这个问题的详细论述。

一、问题的提出

70 多年前，前辈考古学家为上溯我国文化的原始，下启商周文化的发端而发掘历

---

* 作者系山东省文物考古研究所副研究馆员。

城城子崖遗址，发现并确立了龙山文化[1]，为中国新石器时代考古学研究打开了新的一页。1930 年梁思永发掘安阳后冈遗址，发现了著名的"仰韶、龙山、小屯"三叠层，首次从地层学上确定了龙山文化的相对年代。其后梁思永和尹达相继提出了龙山文化的三区说和三期说[2]。在他们的研究中，各地龙山文化的地域特点和时代早晚的关系是得到了充分重视的，并推测龙山文化有一个自东向西传播发展的过程。这些对龙山文化分布规律的认识，看似受到了传播论这种当时考古学的主要解释理论的影响[3]，其实是他们根据有限的考古资料分析后的一种直觉。也正是在当时条件下，考古材料缺乏、学科发展尚处于初级阶段，人们的视线还没有被丰富多彩的考古发现过多分散的情况下，这个现象得以凸现。只是由于材料的限制，他们自己未能就这一现象进一步深究下去，随着学科的发展，其观点也逐渐被人们忽略，尤其是随着大汶口文化的发现，更是很少再有人提及。

50 年代大汶口遗址的发掘以及随后以之命名的文化的确立，为山东龙山文化找到了渊源。

20 世纪 60 年代，曲阜西夏侯遗址[4]和蓬莱紫荆山遗址[5]的发掘都发现了龙山文化叠压于大汶口文化之上的地层资料，特别是 1973～1975 年日照东海峪遗址[6]的发掘，大汶口文化晚期、大汶口文化向龙山文化过渡期、龙山文化早期三叠层的发现，为最终解决大汶口文化向龙山文化过渡找到了直接证据。至此，龙山文化与大汶口文化的关系好象已经得到解决，各家也就此基本形成了共识。甚至许多学者觉得二者的关系如此密切，发展演变轨迹如此清楚，前后陶器群之间在器类型式上的衔接如此紧密以至于无法将二者断然分开，从而主张应该把龙山文化与大汶口文化之间的界标前提，划在大汶口文化的中晚期之交为宜[7]。此间虽然也有人注意到了龙山文化在鲁东与鲁西之间的时间差[8]，但一般都简单地将之归因于环境气候的变化。但是，苏秉琦

〔1〕 李济等《城子崖》，1934 年。

〔2〕 a. 梁思永《龙山文化——中国文明的史前期之一》，《考古学报》第 7 册，1954 年；b. 尹达《中国新石器时代》，三联书店，1955 年。

〔3〕 戴向明《中国考古学观念的回顾与反思》，《东南文化》2001 年第 1 期。

〔4〕 中国科学院考古研究所山东队《山东曲阜西夏侯遗址第一次发掘报告》，《考古学报》1964 年第 2 期；中国社会科学院考古研究所山东工作队《西夏侯遗址第二次发掘报告》，《考古学报》1986 年第 3 期。

〔5〕 山东省博物馆《山东蓬莱紫荆山遗址试掘简报》，《考古》1973 年第 1 期。

〔6〕 山东省博物馆等《一九七五年东海峪遗址的发掘》，《考古》1976 年第 6 期。

〔7〕 栾丰实《海岱龙山文化的分期和类型》，《海岱地区考古研究》，第 267 页，山东大学出版社，1997 年。

〔8〕 a. 同〔7〕，第 265 页；b. 王清《试论史前黄河的下游改道与古文化的发展》，《中原文物》1993 年第 4 期。

先生早在 20 世纪 80 年代初即敏锐地注意到，只有在鲁东临沂和昌潍地区才可以看到大汶口文化与龙山文化的衔接点，因此将山东龙山文化当作一个整体看待是存在问题的。苏先生认为，大汶口文化和龙山文化之间的过渡仍是山东史前考古的重要问题之一[9]。

近年来，随着工作的进一步开展和研究的深入，我们逐渐意识到，龙山文化与大汶口文化的衔接的确远不是表面上看起来的那么简单。

如果仔细检索一下材料，就会发现，虽然伴随着建国后大量的考古工作和发现，山东龙山文化的研究业已进入新的层次，但梁、尹二先生早年总结的规律并没有被颠覆，相反却拥有了更加坚实的资料基础。当初尹达把龙山文化分为两城期、龙山期、辛村期，指出靠近东部沿海的较早，随着地理分布的推移，龙山文化是循着自东向西的方向发展的[10]。虽然今天看来，其最终结论未免简单直断，但他对上述现象的观察分析，无疑是正确的，至今仍给我们有益的启示。今天我们还发现，大汶口文化在各地结束的早晚也不尽相同，鲁东、汶泗流域以及鲁豫皖交界地区可延续到晚期之末，而地处泰山北侧淄博以西的鲁北和鲁西北的的广大地区，却缺乏大汶口文化最晚段的遗存。这个现象，正与前述龙山文化的分布规律相呼应。通过比较可以看出，不同的地区，大汶口文化与龙山文化之间的衔接，情况各不相同，前者向后者过渡中的不平衡现象，值得我们深思。

现在我们分别从鲁东到鲁西排比一下当地大汶口文化最晚期、龙山文化最早期的材料以探讨它们之间的过渡与衔接。

首先是鲁东沿海地区，包括青岛、潍坊东部、日照、临沂等地，大体上界于鲁中山地与胶东丘陵之间，略呈东南—西北向的条形凹陷地带，南部属于沂沭河流域及以东濒海地区，北部属于潍河以东胶东丘陵以西的潍坊、青岛地区（即苏先生所谓的昌潍地区）。该地区的龙山文化，在北部可以潍坊姚官庄、南部可以日照尧王城两类遗存为代表[11]。其与大汶口文化的关系可以胶县三里河遗址的资料[12]为例说明。

三里河遗址位于胶县（今胶州市）。当年的发掘区选在遗址边缘，主要是一片墓地，包含大汶口文化和龙山文化两个时期的墓葬，靠近遗址内侧的地方也发现了一些房子、灰坑，当属于居址内的遗迹。显然，与其它大汶口文化晚期遗址一样，这里的居址区与同时期的墓地也是分开的。大汶口文化墓葬除少数可以早到大汶口文化中期

[9] 苏秉琦《山东史前考古》，《山东史前文化论文集》，齐鲁书社，1986 年。
[10] 同 [2] b。梁思永也持类似观点，提出"二元对立说"，参见陈星灿《中国史前考古学研究》（1895～1949），第 205～226 页，三联书店，1997 年。
[11] 同 [7]。
[12] 中国社会科学院考古研究所《胶县三里河》，文物出版社，1988 年。

之末外，绝大多数都属于晚期，其中又以晚期晚段的数量为众，如 M302、M288 等。龙山文化墓葬均属于早中期，其中有的早期墓葬可到龙山文化早期之初，如 M2108、M214 等。三里河遗址的新石器时代遗存虽然可分别以大汶口文化和龙山文化概括区别，实际上我们应该看到，从大汶口文化到龙山文化阶段，遗址的布局基本延续下来，二者的墓地是共同的，居址也没有变更。如果将发掘报告中两个阶段的遗迹平面图相叠，会发现龙山文化阶段的墓地虽较大汶口文化阶段稍显混乱，但基本格局还在，仍沿用着以前的墓地，墓葬的安排也仍然遵循着前一个阶段的布局原则，墓向、墓列基本没变（参见《胶县三里河》大汶口文化与龙山文化Ⅰ、Ⅱ区遗迹分布图）。如第一发掘区 T112 中的 M119、M112 与大汶口文化 M133、M125，M115 与大汶口文化 M122、M123、M124 应属于同排，其他几座墓也可以找到对应的墓列，T123 中的 M122 和 M135 应处在由于墓地扩大、新增加的墓列上，第二发掘区 T216—T209 中的 M2102、M2111 与 M2105 亦属于同样情况，T213 中的 M2100、M299 应处于大汶口文化墓地最西侧的墓列上。实际上，几乎所有龙山文化墓葬都可以在大汶口文化墓地中找到相应穴位。与周围一般遗址不同的是，三里河遗址的大汶口文化和龙山文化墓葬头向为西北，后者对前者的继承与保持，更加显示了其间的一脉相承。如此看来，从大汶口文化到龙山文化，三里河遗址的墓地应是一个整体，将两个阶段的墓葬分开，并不妥当。从墓中出土遗物型式排列来看，例如鼎、鬶、豆、高柄杯、觯形杯等，都有一个明确而连贯的演变轨迹，发展没有间断，特别是两个文化之交，由前到后的过渡如风行水上，流畅自然（图一）。如果依传统认识硬在其间划出一条界限，就显得有些勉强和机械。因此可以说该遗址无论是大汶口文化还是龙山文化时期，文化的主人都是同一群人，后一阶段相对于前一阶段，文化并没有发生本质变化，其间也没有出现族群迁移和文化断层。因此，三里河遗址新石器时代遗存应属于一个文化，尽管可依传统分别以大汶口文化和龙山文化进行对照，但实际上这种分别只是相对同一文化发展的不同阶段来说的。

　　同样的情况也存在于日照东海峪[13]、两城镇[14]、尧王城[15]、五莲丹土[16]和临沂大范庄遗址[17]。东海峪遗址因为发现大汶口文化晚期、大汶口文化向龙山文化过渡

[13]　同[6]。
[14]　a. 南京博物院《日照两城镇陶器》，文物出版社，1985 年；b. 日照市图书馆等《山东日照龙山文化遗址调查》，《考古》1986 年第 8 期。
[15]　临沂地区文管会等《日照尧王城龙山文化遗址试掘简报》，《史前研究》1985 年第 4 期。
[16]　山东省文物考古研究所《五莲丹土发现大汶口文化城址》，《中国文物报》2001 年 1 月 17 日第一版。
[17]　临沂文物组《山东临沂大范庄新石器时代墓葬的发掘》，《考古》1975 年第 1 期。

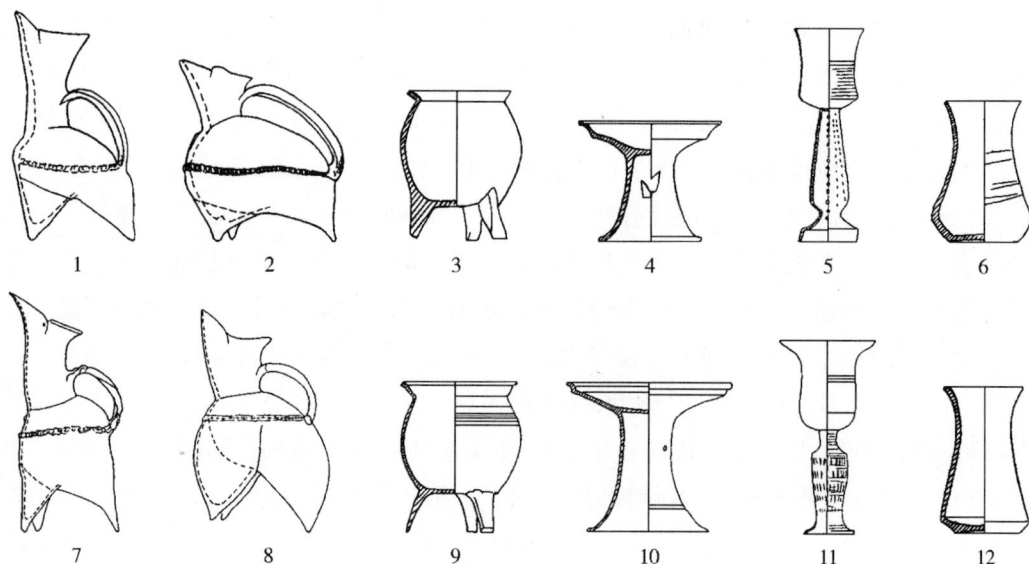

图一　三里河遗址大汶口文化与龙山文化陶器比较

期、龙山文化早期三叠层而著名，其龙山文化与大汶口文化的衔接自是十分紧密，毋须再论。早先有关大范庄墓葬文化属性的争论[18]，也同样是出于该遗址上大汶口文化和龙山文化遗存之间关系极为密切的事实。丹土遗址由于出土了大量的精美玉器而闻名于世，1995～2000年山东省文物考古研究所在该遗址做了多次工作。通过出土遗物分析，丹土遗址始于大汶口文化晚期，一直到龙山文化晚期结束。遗址不仅发现了史前城址，而且在城内找到了大面积的居址，并有三三两两的墓葬处在其中。居址区从早到晚一直没有变动，各个时期的房基垫土层层相叠，到后来形成大片台基，每一层上都分布着很多房址。这些房址从大汶口文化晚期一直到龙山文化时期，旧的废了马上就在原址上重建，连续无间断，其形制结构也无明显变化。看来这也是同一群人在同一个地方以相同的行为方式持续活动的结果。单从这个角度上看，硬是依照某个标准将其划分成两个文化，至少对遗址本身的研究来说，意义不大。

　　当然，本区还有大量的遗址仅有龙山文化阶段的遗存，而未见大汶口文化晚期遗存，例如诸城呈子[19]和潍坊姚官庄[20]等。但排比一下本区的遗址，可以发现，濒海

[18] 发掘简报将大部分墓葬定为大汶口文化，更多的意见持否定态度。实际上这是一处从大汶口文化之末延续到龙山文化早期的墓地。

[19] 昌潍地区文物管理组等《山东诸城呈子遗址发掘报告》，《考古学报》1980年第3期。

[20] 山东省文物考古研究所等《山东姚官庄遗址发掘报告》，《文物资料丛刊》5，文物出版社，1981年。

地区包含大汶口文化晚期遗存的遗址甚少，在以两城遗址为中心的区域调查中，仅发现 4 处大汶口文化遗址[21]，有的也多数是从大汶口文化晚期的晚段开始的，如丹土、东海峪所见。再向内陆一些，大汶口文化晚期遗址就逐渐增多了，有些甚至以大汶口文化晚期堆积为主，如莒县陵阳河[22]、大朱家村[23]等。因此上述大量龙山文化遗址的出现，也可以看作是从大汶口文化晚期以来，社会总人口不断扩大，聚落点逐渐增多这样一个长期和持续的过程中的事物，未必代表了文化上的断层。因为在这些遗址上龙山文化遗存的时代一般都可以早到龙山文化之初，且延续很长，其在一个聚落上连续稳定经营很长时间的行为方式，和前述遗址所见并无二致。而且这个长期和持续的过程是有方向性的，由内陆逐渐推移到沿海。相应地，伴随而来的文化扩展也是循着相同的方向。

上述讨论揭示了本区既有大汶口文化晚期遗存，也存在龙山文化早期遗存，其中相当一部分遗址内两者共存。无论从居址和墓地的布局形态还是从陶器的型式排列上看，本区大汶口文化晚期至龙山文化早期发展演变的线索十分清楚，前后环节连接得十分紧密，中间没有缺环，在对其进行考古学文化段落的划分时，十分困难。虽然伴随着文化演变，大汶口文化与龙山文化也表现出很多不一样的地方，但这都属于文化发展过程中的自然现象，从陶器序列和遗址堆积形态出发，可以认为本区在大汶口文化和龙山文化之间是平稳过渡的。这是本区文化发展过程上的一个显著特点。

另一个需要注意的问题是，在晚期，本区龙山文化呈衰落之势，并一直持续到岳石文化时期。一般遗址，凡是从大汶口文化开始的，大多都缺乏龙山文化晚期遗存，如前面提到的大范庄、东海峪、三里河、呈子等，丹土遗址虽然延续到了龙山文化晚期，但遗址面积大大收缩，城址已不复存在[24]。尧王城、姚官庄等遗址亦缺龙山文化晚期遗存。据调查，作为区域中心的两城遗址，在龙山文化晚期时，规模也已萎缩，文化亦难堪当年鼎盛时期[25]。可见，这是本地区的普遍现象。如此的文化衰落对应的是人口锐减，除了战争、环境灾害和瘟疫，似乎只有大规模的迁徙才能造成人口锐减。而鲁东地区龙山文化晚期很可能发生了这样的人口迁徙，其原因，方辉认为是迄于龙山文化晚期开始的并持续数百年之久的气候干冷期的到来，导致环境改变，不再适宜

[21] 中美两城地区联合考古队《山东日照两城地区系统区域调查的新收获》，《考古》2002 年第 5 期。

[22] 山东省文物考古研究所等《山东莒县陵阳河大汶口文化墓葬发掘简报》，《史前研究》1987 年第 3 期。

[23] 山东省文物考古研究所等《莒县大朱家村大汶口文化墓葬》，《考古学报》1991 年第 2 期。

[24] 同〔16〕。

[25] 同〔21〕。

植稻所致[26]。此说虽然突破了过去水灾说[27]的圈囿，但同时我们应该看到，鲁东地区龙山文化晚期的衰落，正与鲁西地区同时期文化的突然兴盛相呼应的，这是两个同时而又相逆的过程。如果鲁东龙山文化是因为环境改变不再宜于稻作而迁徙的话，他们应固执地坚持自己原来的农业模式。此时鲁西龙山文化的突然爆发，应与内地龙山文化的殖民有关，难道这时鲁西文化的复兴是由于气候变化反而宜于植稻的结果？在山东这块面积不大、也无地理隔绝的地方，需要大尺度范围比较方才可以显现的气候差异，怎能造成如此巨大的反差？所以如果说这两个相逆的过程存在某种联系，恐怕不是凭空猜测。鲁东地区龙山文化晚期衰落的真实原因，不会仅是环境变化的简单结果。

下面接着分析山东中部地区。

这个地区包括泰山南侧的泰安、莱芜、济宁、枣庄等地，基本覆盖了汶泗流域，属于平原与低山丘陵区。泰山北侧的有济南、淄博、滨州南部的广饶和邹平，地处平原，分属于小清河上游和淄、潍河流域。

汶泗流域是山东史前考古文化区系最清楚完善的地区，特别是大汶口文化和龙山文化所做工作多而系统，为我们的讨论奠定了基础。这里的大汶口文化晚期遗存以枣庄建新[28]，滕州西公桥[29]、西康留[30]，微山尹洼[31]，邹县（今邹城）野店[32]，泗水天齐庙[33]，曲阜西夏侯[34]、南兴埠[35]，泰安大汶口[36]为代表，文化发展基本覆盖了大汶口文化晚期的全部过程，西夏侯、野店、天齐庙等遗址应该能够达到晚期之末。本区的龙山文化早期阶段的遗存也比较丰富，象泗水尹家城[37]、兖州西吴寺[38]等遗址的早期遗存年代上可以上溯到龙山文化之初，在时间上和本区的大汶口文化晚期并没有间隔，二者可以连接起来。但值得注意的是，本区的大汶口文化和龙山

[26] 方辉《岳石文化衰落原因蠡测》，《文史哲》2003 年第 3 期。

[27] 俞伟超《龙山文化与良渚文化衰变的奥秘》，《文物天地》1992 年第 3 期。

[28] 山东省文物考古研究所等《枣庄建新》，科学出版社，1996 年。

[29] 山东省文物考古研究所等《滕州西公桥新石器时代遗址发掘简报》，《考古》2000 年第 10 期。

[30] 山东省文物考古研究所鲁中南考古队等《山东滕州西康留遗址调查发掘简报》，《考古》1995 年第 3 期。

[31] 吴文祺《微山县尹洼村大汶口文化晚期墓葬》，《中国考古学年鉴》，文物出版社，1985 年。

[32] 山东省博物馆等《邹县野店》，文物出版社，1985 年。

[33] 国家文物局考古领队培训班《泗水天齐庙遗址发掘的主要收获》，《文物》1994 年第 12 期。

[34] 同〔4〕。

[35] 山东省文物考古研究所《山东曲阜南兴埠遗址的发掘》，《考古》1984 年第 12 期。

[36] 山东省文物处等《大汶口》，文物出版社，1974 年。

[37] 山东大学历史系考古教研室《泗水尹家城》，文物出版社，1990 年。

[38] 国家文物局考古领队培训班《兖州西吴寺》，文物出版社，1990 年。

文化虽然在时间上可能没有缺环，但是在空间上却存在距离。到目前见诸报道的材料中，还极少甚至不见有哪一处遗址既存在大汶口文化晚期遗存，又存在龙山文化早期遗存。凡是具有上述两种文化遗存的遗址，一般其间都存在一段时间空白，同一遗址内难见大汶口文化之末和龙山文化之初两类堆积重叠的现象。例如尹家城遗址，以龙山文化堆积为主，虽然包含龙山文化之初的遗存，如 F107、F205、M106 等，但本遗址的大汶口文化堆积十分单薄，仅发现一座墓葬（M145），且属于中期，与龙山文化遗存之间还有一段几百年的空白，因而无法确定他们之间有直接的源流关系。再如建新遗址，该遗址以大汶口文化堆积为主，其中晚期遗存是主要的，但遗址中只存在龙山文化中期遗存，缺乏龙山文化早期遗存，当然二者也挂不上钩。再来看大汶口遗址，该遗址历经北辛文化晚期和几乎整个大汶口文化，但龙山文化的遗存贫乏，在时代上也没有早到龙山文化的最早时期，而且该遗址大汶口文化晚期遗存缺乏最晚段的资料，同样地它们也衔接不上。类似的现象还存在于西夏侯、野店等遗址。像西吴寺等以龙山文化早中期遗存为主的遗址，连大汶口文化遗存都没有发现。

　　上述现象表明，汶泗流域虽然普遍存在大汶口文化晚期和龙山文化早期遗存，但缺乏鲁东那样的在同一个遗址内两者共存的现象。在最能显示传承关系的陶器序列中，从前者到后者的演变也不象鲁东那样合符若节。在整个陶器群中，器物型式甚至器类前后都发生了很大变化。实际上，本区前后两个文化之间器类的增减还在其次，在两者共有的最能体现传承关系的典型器类中，从大汶口文化晚期到龙山文化的演变序列发生了断裂，才是根本的。例如鼎，大汶口文化晚期可分两类，一类为实用器，常出于居址，形体较硕大，圜底，以夹砂红或红褐陶为主，饰横或斜篮纹，素面者较少，凿形足或带竖凹槽的铲形足；一类为冥器，属于随葬品，一般为泥质灰或黑陶，素面，平底。而龙山文化的鼎，无论是实用器还是冥器，绝大多数为平底，铲形足，多素面，个别饰篮纹，灰陶或黑陶为主，两者在器物形态上差异很大。比较起来，本地龙山文化陶鼎与大汶口文化晚期存在明显区别，而与鲁东地区大汶口文化晚期却很相似。再比如鬶，大汶口文化晚期颈腹分明、高颈高流，龙山文化早期颈腹已浑然一体，中间缺少鲁东地区那样环环相扣的中间型式。另外象大口尊、背壶、瓶、厚胎高柄杯、钵等器类，到龙山文化就基本绝迹了（图二）。而从整体上看，汶泗流域大汶口文化晚期居址中的器类组合及装饰风格，与皖北淮河流域的大汶口文化一样，表现出某些的中原地区庙底沟二期的特点，都以红或红褐陶为主，饰横或斜篮纹，圜底，垂腹或圆腹，凿形足。其中既有大时代的共性，也突出显示了从大汶口文化晚期开始，与中原地区的交流与互动达到了怎样一种程度。

　　尽管龙山文化早期无论从陶器群组合，还是从陶质、陶色、纹饰来看，大汶口文化与龙山文化的源流关系都是无可否认的。但前面的分析也表明，汶泗流域的龙山文

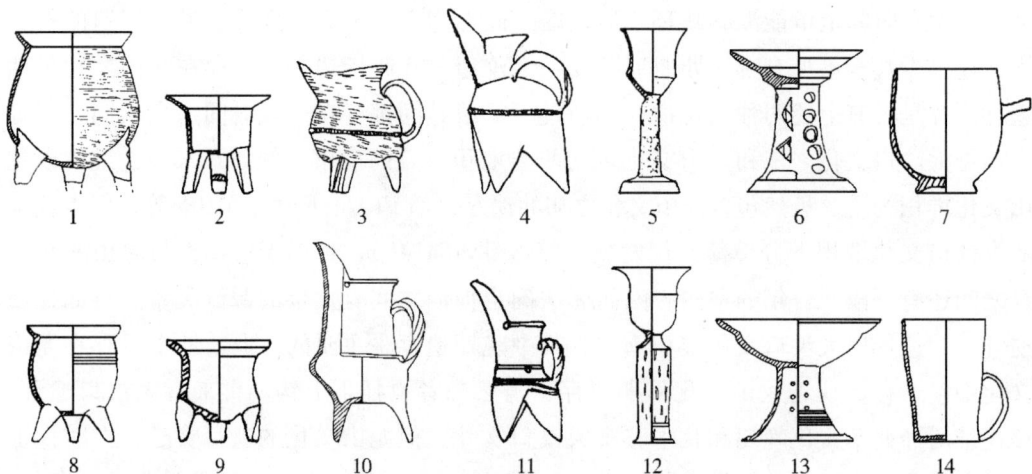

图二　汶泗流域大汶口文化晚期与龙山文化早期陶器比较

1～7. 建新遗址　8～10、12～14. 尹家城遗址　11. 西吴寺遗址

化与本地区大汶口文化存在很大变异，由后者向前者的过渡并非一帆风顺，种种迹象似乎都暗示着从大汶口文化到龙山文化经历了非常的变化，并且这两种文化在空间上衔接不起来的现象在汶泗流域是普遍存在的。因此鲁东地区龙山文化的发生可以提前到大汶口文化晚期，而鲁中南的汶泗流域则难以依样画葫芦，还是以传统认识为准。

鲁北中部相对来说工作较薄弱，特别是大汶口文化遗址发掘较少，主要有广饶付家[39]、五村[40]和桓台李寨[41]，又多为大汶口文化中期遗存，晚期遗存较少。龙山文化的工作虽然较多，资料比较充分的也就章丘城子崖[42]、邹平丁公[43]、临淄桐林[44]、桓台前埠[45]等少数遗址。李寨、付家和五村的大汶口文化晚期遗存都属于晚期早段的，不见最晚的遗存，当然谈不上与龙山文化的衔接，并且与汶泗流域类似的是，这里同样难以见到大汶口文化晚期与龙山文化早期遗存共存于一个遗址的情况。除丁公、

---

〔39〕 山东省文物考古研究所等《山东广饶县付家遗址的发掘》，《考古》2002年第9期。

〔40〕 山东省文物考古研究所等《广饶县五村遗址发掘报告》，《海岱考古》第一辑，山东大学出版社，1989年。

〔41〕 淄博市文化局和桓台县博物馆曾对李寨遗址进行了大规模的抢救性发掘，清理大汶口文化墓葬近千座。事见桓台县博物馆陈列及该馆馆长见告。

〔42〕 a. 同〔1〕；b. 山东省文物考古研究所发掘资料。

〔43〕 a. 山东大学历史系考古专业等《山东邹平丁公遗址试掘简报》，《考古》1989年第5期；b.《山东邹平丁公遗址第二、三次发掘简报》，《考古》1992年第6期；c.《山东邹平丁公遗址第四、五次发掘简报》，《考古》1993年第4期。

〔44〕 孙波《桐林田旺新石器时代至汉代遗址》，《中国考古学年鉴》（2002），文物出版社，2003年。

〔45〕 魏成敏《桓台前埠新石器时代遗址》，《中国考古学年鉴》（2002），文物出版社，2003年。

桐林、前埠等遗址外，许多遗址普遍缺少龙山文化最早期的遗存，即使城子崖这样的中心遗址也难例外。再者，本区大汶口文化器类单调，组合简单，多质朴的彩陶，陶器普遍手制，比较粗糙，较之其他地区，面貌古朴，与其后龙山文化那种奇巧百出的风格不类。所以，本区大汶口文化和龙山文化之间不仅空间上难以重合，时间上有一段缺环，就是在文化传统上变异也相当大（图三）。

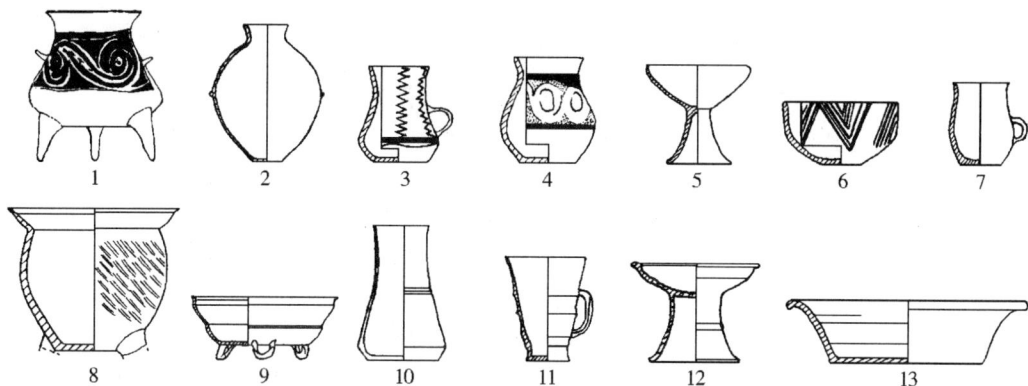

图三　鲁北中部大汶口文化与龙山文化陶器比较

1. 五村遗址　2~7. 傅家遗址　8. 宁家埠遗址　9~13. 丁公遗址

　　虽然目前还不能排除在鲁中一带以后发现大汶口文化晚期与龙山文化早期遗存在同一个遗址内重叠的可能，但从目前的材料看，即使有这类情况，也应只是少数，不会根本改变上述分析。

　　再来看鲁西地区。

　　鲁西地区包括德州、聊城、菏泽三地市，地处冲积平原。以黄河为界，这里亦可以分成南北两个小区，北部的德州、聊城属于黄河以北徒骇河、马颊河流域，当地龙山文化，以前多数学者将之归入城子崖类型[46]，近来随着材料的增加，其独立性格逐渐凸现，有人建议另立新的类型[47]；南部的菏泽地处鲁西南，与豫东皖北搭界，三地的龙山文化面貌较为一致，属于王油坊类型，也都普遍发现了大汶口文化遗存。

　　德州和聊城的大汶口文化遗存发现较少，主要的资料仅茌平尚庄[48]一处，从大汶口文化中期晚段一直延续到晚期早段，其中最晚的遗存距大汶口文化末期还差不少。菏泽地区的大汶口文化主要是晚期的，如果将这一地域扩大到皖北豫东，那么大汶口

---

[46]　a. 靳桂云《龙山文化城子崖类型再探讨》，山东大学硕士学位论文，1989年；b. 同[7]。

[47]　贾笑冰《鲁西龙山文化又添新类型》，《中国文物报》2001年12月17日第一版。

[48]　a. 山东省博物馆《山东茌平尚庄第一次发掘简报》，《文物》1978年第4期；b. 山东省文物考古研究所《茌平尚庄新石器时代遗址》，《考古学报》1985年第4期。

文化一直可以延续到晚期之末。但上述两个地方有一共同点，就是没有龙山文化早期遗存，最早一般只可到早、中期之交，即使与当地大汶口文化最晚期遗存之间也还有一段时差[49]，在鲁西北的聊城、德州，差距还要更大一些。比如尚庄遗址，该遗址大汶口文化遗存属于大汶口文化中期和晚期早段，龙山文化遗存属于龙山文化中晚期，中间一段历经大汶口文化晚期晚段和龙山文化早期，都为空白（图四）。

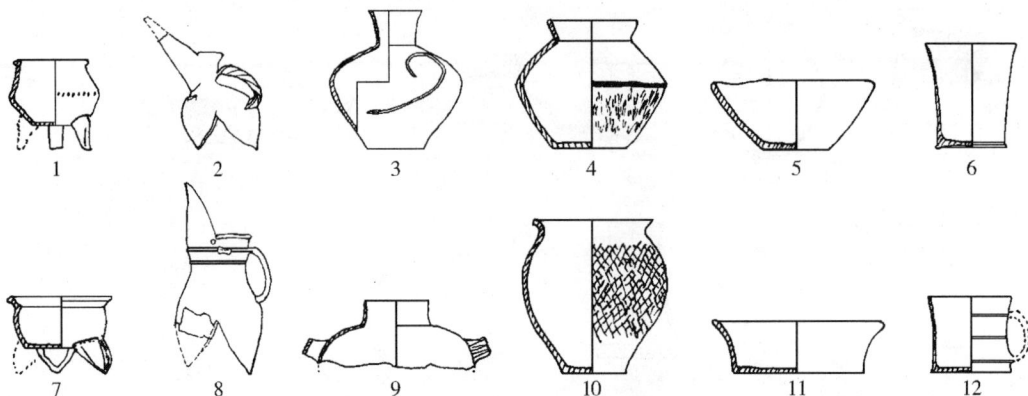

图四　尚庄遗址大汶口文化与龙山文化陶器比较

诚然，像永城王油坊[50]、安邱堌堆[51]、茌平南陈庄[52]、禹城刑寨汪[53]等遗址由于地下水位高，没有清理到底，因而不能断定遗址上没有龙山文化早期的遗存。但此区的古遗址往往都是堌堆遗址，突兀于地表之上，有的遗址最下层的堆积还要高出现今地面，其中如阳谷景阳岗[54]、梁山青堌堆[55]、曹县莘冢集[56]、茌平教场铺[57]、

[49]　实际上在豫东地区王油坊类型的龙山文化中，有个别遗址也出土了早期遗物，如尉迟寺遗址，M15、M171分明属于龙山文化早期，并且碳同位素测年显示，这一带的大汶口文化与龙山文化之间似乎并不存在时间差。不过目前在一般情况下，两者器物群之间的差别还是明显的，特别是在鲁西南的菏泽地区，就是没有发现龙山文化早期遗存，陶器编年表明大汶口文化和龙山文化之间存在难以调和的缺环。

[50]　中国社会科学院考古研究所河南二队等《河南永城王油坊遗址发掘报告》，《考古学集刊》第5集，中国社会科学出版社，1987年。

[51]　北京大学考古系商周组等《菏泽安邱堌堆遗址发掘简报》，《文物》1987年第11期。

[52]　山东大学历史系考古专业等《山东省茌平县南陈庄遗址发掘简报》，《考古》1985年第4期。

[53]　德州地区文物工作队《山东禹城刑寨汪遗址的调查与试掘》，《考古》1983年第11期。

[54]　山东省文物考古研究所等《山东阳谷景阳岗遗址发掘简报》，《考古》1996年第5期。

[55]　中国科学院考古所山东队《山东梁山青堌堆遗址发掘简报》，《考古》1962年第1期。

[56]　菏泽地区文物工作队《山东曹县莘冢集遗址试掘简报》，《考古》1980年第5期。

[57]　同〔47〕。

河南鹿邑栾台[58]等是清理到底的，像安邱堌堆、莘冢集、尚庄、栾台等遗址还发现了大汶口文化遗存，淮北的蒙城尉迟寺遗址[59]以大汶口文化堆积为主，也有王油坊类型的龙山文化遗存，但这些遗址都没有见到龙山文化早期遗存。大量的调查资料亦呈现同样现象。试想一下，经过几千年的人类活动和自然营力侵蚀，许多龙山文化遗址破坏殆尽，难道龙山文化早期遗存就埋藏得那么严实没被扰动出来过，而同时比它更早的大汶口文化遗存却有不少发现？因此说当地龙山文化早期遗存因为埋藏深，难以发现，是站不住脚的。这些地区，龙山文化与大汶口文化之间的缺环显而易见。分布于豫北冀南的后岗类型龙山文化也同样基本不见早期遗存，后岗类型的早、中、晚三期分别相当于城子崖类型龙山文化的四、五、六期[60]，处于整个龙山文化的中晚期阶段，大体与鲁西地区龙山文化的发展同步。可见龙山文化早期的空白地带范围颇广，直到豫北冀南。

胶东半岛的史前文化从相当于北辛文化阶段的白石村类型开始，一直到商周之际的珍珠门一类遗存，具有很强的自身传统，文化的发展所受外来因素影响相对较弱，各阶段文化之间的传承关系较为明确。本地区大汶口文化与龙山文化的衔接可以栖霞杨家圈遗址[61]为代表。该遗址既存在大汶口文化晚期遗存，也存在龙山文化早期遗存，虽然发掘资料显示其间还有一点缺环，但显然很小，当是发掘有限造成的，也许以后有新的发现，这个缺环将得到弥补。

二、龙山文化以来的变化

海岱历史文化区是我国史前各文化区系中文化谱系最清楚、文化性质也很单纯的地区，将这个地区的大汶口文化、龙山文化看作是古东夷族不同时期的遗留，已成为学术界的共识。就大的谱系关系而言，这两个文化前承后继，特别是在鲁东地区，两者间衔接之紧密，以至很难从文化面貌的角度把它们截然分开。但也应注意到，龙山文化并非大汶口文化的陈规墨守，它有继承后者的一面，也有发展创新的一面。二者的区别还是很明显的，在许多方面甚至是根本性的。

首先，从二者衔接证据最充分的陶器组合看，虽然龙山文化基本的陶器组合是从大汶口文化继承来的，但发生了很大改变，这一点，在鲁中、鲁西地区更加明显。龙

[58]　河南省文物研究所《河南鹿邑栾台遗址发掘简报》，《华夏考古》1989年第1期。
[59]　中国社会科学院考古研究所《蒙城尉迟寺》，科学出版社，2001年。
[60]　栾丰实《城子崖类型与后岗类型的关系》，《海岱地区考古研究》，山东大学出版社，1997年。
[61]　a. 山东省文物考古研究所等《山东栖霞杨家圈遗址发掘简报》，《史前研究》1984年第3期；
　　　b. 北京大学考古系等《杨家圈遗址发掘报告》，《胶东考古》，文物出版社，2000年。

山文化中出现了许多新的器类，也有许多大汶口文化器类绝了踪迹，没有传承下来，而同时另外一些器类则产生了显著的变化。大汶口文化到龙山文化基本消失的陶器器类有大口尊、背壶、厚胎高柄杯、实足鬹、觚形杯、平底盉、瓶、尊形器、筒形杯、钵等，其中多数属于随葬品，甚少见于一般居址，有的如大口尊、背壶、觚形杯等可能还具有一定礼仪功能。龙山文化新产生的器类有盒、环足鼎、盘、罍、鬲、甗、圈足盆、瓦足盆、双腹盆等，制作工艺流行子母口作风，器表刻划上新产生了云雷纹、兽面纹，这些器类和新的风格多出现于早期之后，一些主要风行于晚期。另外，像鼎、袋足鬹、豆、壶、薄胎高柄杯、鬶形杯等在形制上则发生了很大改变，比如在汶泗流域大汶口文化晚期居址中很少见平底鼎，而在龙山文化里基本没有圜底鼎，大汶口文化晚期墓葬中常见的泥质灰陶或青灰陶小鼎也很少于龙山文化，大汶口文化甚少见盆形鼎，而龙山文化中盆形鼎则相当发达。临沂、汶泗流域以至淮北，大汶口文化晚期常见一种夹砂红陶饰篮纹的实足鬹，龙山文化时期也不见了。其他如大汶口文化种类繁多、形式变化多样的豆，到了龙山文化时期也突然简略了很多。

上述陶器器类的增减、变化，还不能完整体现大汶口文化和龙山文化的不同，二者在石、玉器等方面也存在相当差异。特别是在一些特殊器类上二者之间的区别表现得更加突出一些[62]，比如钺、璋、刀、璇玑等。相较大汶口文化，龙山文化不仅出现了新的器类如玉璋等，流行玉器上镶嵌绿松石、刻划兽面纹的做法也是新的风尚。很可能二者在玉石器上的不同，已经超越了物质文化层面，隐含着更深层次的区别。

需要特别提及的是，大汶口文化晚期那几个著名的刻划符号，到了龙山文化就彻底消失了。一般认为，这些符号与族属有关，或具有宗教政治方面的意义，与陶器群相比，性质更纯粹，也更具代表性。龙山文化时期这些器类和符号的消失就不是一般意义上陶器的传承问题，而暗示着风俗、习惯上的新气象，自非一般意义的变化。进而我们沿着这类线索上溯，可以发现，大汶口文化早期常见八角星纹和丧葬中的犬牲与龟灵[63]，在当地并没有接续下来（大汶口文化中期以后海岱地区基本绝迹，龙山文化发现的骨卜似乎与龟灵信仰也无渊源），某些因素却在地辟东北的小河沿文化中发现[64]，上述文化因素的出没绝非一般的交流传布所能解释的，可能与族群的迁徙有关，这说明大汶口文化在发展中自身情况就十分复杂，其向龙山文化过渡，展现给我们的是两种性质不同的文化，其间经历的复杂变化自非寻常。

再者，二者特别是在墓葬方面存在明显不同。首先墓地的结构不同，大汶口文化

---

〔62〕 燕生东《丹土与两城遗址的玉器》（待刊）。

〔63〕 高广仁《中国史前时代的龟灵与犬牲》，《中国考古学研究》，科学出版社，1986年。

〔64〕 例如八角星纹即见于白斯朗营子南台遗址，见辽宁省博物馆等《辽宁敖汉旗小河沿三种原始文化的发现》，《文物》1977年第12期。

那般动辄发现数十成百以至数百座墓葬的现象在龙山文化中很少见到，目前为止只在胶县三里河、诸城呈子、临沂大范庄、日照尧王城等少数遗址中发现一定规模的连片的龙山文化墓地，这些遗址也多集中在两种文化关系最密切、传统继承最充分的鲁东地区。大部分龙山文化遗址，从一些进行过较大规模发掘的遗址来看，如泗水尹家城、兖州西吴寺、潍坊姚官庄、栖霞杨家圈、邹平丁公、梁山青堌堆、茌平尚庄和教场铺、章丘城子崖、五莲丹土、日照两城镇、连云港藤花落[65]、阳谷景阳岗、临淄桐林等，都没有发现具一定规模的墓地。所见墓葬，一般是三三两两的，多者也就六七座一组，散布于遗址中，各组墓葬间隔较大，很难于其中找出相互联系的线索。这说明在多数情况下，龙山文化遗址中已难再寻公共墓地的踪迹，就是那几个具有一定规模的墓地，分布往往也较混乱，全然不同于大汶口文化墓地的那种分布密集、排列整齐、布局清晰的情况（这类现象，就是在三里河遗址也有一定反映，同一墓地中龙山文化墓葬布局相对大汶口文化的墓葬布局要混乱一些）。但在大汶口文化阶段，这些地区是流行大规模公共墓地的，这样的墓地在傅家、五村、李寨、大汶口、西夏侯、尚庄、建新、尉迟寺等遗址都有发现。

一般说来，在丧葬方面传统的惯性是很强的，龙山文化阶段一改大汶口文化以来使用大规模公共墓地的风俗，很可能暗示原来的社会结构已被打破，社会开始某种程度上的重新组合。大汶口文化晚期墓地虽然较此前有所缩小，墓地内部的分化越来越明显，但原来的结构尚未瓦解，统一的公共墓地（村落或家族）仍然存在，墓地的基本单元当为家族[66]，有资料显示，墓地中这种社会基本分子——家族，在居址中也有人口规模相当的建筑单元作为对应，而且在空间上两者具有密切的联系[67]。可见当时的村落，社会是以家族为单位来组织的，具有比较强烈的血缘色彩，超血缘的社会性公权力并不彰显。到了龙山文化，几乎不见专门的墓地，墓葬十分零散，且大多葬于居址中，附近房子亦不见组合聚群现象。这充分说明龙山文化时期社会基本单元较大汶口文化大大缩小了，很可能一般家庭成为社会单位的常见形态。家庭较家族在稳定性方面要差很多，持续时间往往不长，难以形成一定规模的墓地。所以大汶口文化与龙山文化在墓地规模和结构方面的区别，很可能表明两者在社会基本结构方面亦存在相当差异。

其次是埋葬风俗方面的不同。大汶口文化晚期流行厚葬，除个别小墓外，随葬品都比较丰富，许多大墓甚至中型墓随葬品数量都达百件以上，但大量的是制作粗糙的

〔65〕　《江苏连云港藤花落遗址》，《2000 中国重要考古发现》，文物出版社，2001 年。

〔66〕　孙波《建新墓地初探》，《刘敦愿先生纪念文集》，山东大学出版社，1998 年。

〔67〕　魏峻《尉迟寺遗址的大汶口文化聚落与社会》，《东方考古》第一辑，科学出版社，2004 年。

冥器。比如在以随葬品丰富、墓葬规模大而称雄于整个大汶口文化的陵阳河墓地[68]，如果仅从数量上看，精致的随葬品并非主流，有的大墓出土高柄杯几近百件，但粗糙的厚胎高柄杯占了绝大多数，薄胎高柄杯为数并不多，一般仅几件。看来当时人们一般对随葬品的品质要求并不算高，但凡数量足就行，目的显然在夸富和愚神。这样，对死者处理时主观的个体差异就难以避免，据此分辨身份地位和社会分化，要冒很大的风险。随葬器物中，高柄杯、筒形杯等酒器很多，带有浓厚的尚酒奢靡之风，整体上也透出强烈的原始宗教色彩。而龙山文化则世俗得多，随葬品中，不见大汶口文化墓葬中那么多的冥器，反之随葬品的质量要高很多。显然，大汶口文化与龙山文化在此间的区别，也反映了生者对待死者态度以及墓地处理方式的改变。相较而言，多数大汶口文化墓葬给人一种低层次的富裕之感，贫富主要通过随葬品的数量来体现；龙山文化墓葬等级差别的表现就显得郑重一些，不仅体现在随葬品数量多寡方面，还体现在随葬品质量的高低以及墓葬规制不同等多个方面，从西朱封[69]等遗址看，葬具的差别也已非常明显，分化中似乎显示出越来越强的制度性趋势。

可见，龙山文化与大汶口文化的差别不仅体现在以陶器为主的物质文化层面上，还有一些更深层次的不同，而这些不同折射的不仅是文化层面的变化，它应当真实地反映了当时社会发生的深刻改变。

如果我们把龙山文化和大汶口文化之间的变化情况放在空间背景里考察，可发现一个十分有意思的现象，即两者之间的变异程度与各地龙山文化和大汶口文化的衔接情况密切相关：在鲁东两者之间的衔接清楚而条理，变异最小，随着地理的西移，两者之间的衔接愈发变得模糊，变异亦随之趋大，在鲁西两者之间的关系最为疏远，变异程度也达到最高。

虽然，在鲁西这种差异主要是时间上的原因造成的，但同时期文化面貌上鲁西较之鲁东变异程度也要大得多。比如龙山文化中期之后出现的篮纹、绳纹、方格纹，灰陶和手制陶器的增加，一些外来器形和陶器作风的出现与流行等（双腹盆、鬲、斝等）。篮纹在龙山文化早期较多，与大汶口文化晚期相近，到了龙山文化中期就基本消失了，从晚期开始，篮纹重新流行，且与之伴随而来的是方格纹、绳纹的同步流行，越靠近鲁西，这三种纹饰比重越大，在鲁西地区几与东部河南龙山文化相埒。

---

[68]　同〔22〕。

[69]　山东省文物考古研究所等《临朐县西朱封龙山文化重椁墓的清理》，《海岱考古》第一辑，山东大学出版社，1989 年；中国社会科学院考古研究所山东队《山东临朐县西朱封龙山文化墓葬》，《考古》1990 年第 7 期。

三、分析与解释

前面论述到，大汶口文化与龙山文化确实存在本质区别，在考古学文化意义上将二者分别开来是讲得通的，而且山东地区（也包括豫东、冀东南以及皖北，或言之海岱地区更恰当）龙山文化从鲁东到鲁西的发生时间越来越晚，两者的区别亦随之变大。上述两点是否有内在联系，如存在联系，是什么样的联系，其后存在什么样的历史背景则需进一步讨论。

前面也曾提到，龙山文化不同区域间存在时差的现象在龙山文化发现之初就被认识到了[70]，近来更有学者依据新材料作出了进一步的总结和讨论[71]。然而尽管多数人已意识到龙山时代社会正处在深刻变化之中，但并没有在这个方向上深究下去，其解释仍停留在环境灾变的层面上[72]。此一点，姑且不论环境灾变说与古史传说存在的契合，一直具有的某种新奇的引力，吸引了众多学者的眼光，也似乎与几十年来我国考古学界中严肃的学者不愿轻易涉足文化表象背后的历史本体，以免陷入纠缠不清的尴尬中的传统观念有关。

笔者以为将之归结为环境的变化未免失之简单，即使真的存在剧烈的环境变化，也应该考虑到，当时正值我国史前文化处于广泛而持续的碰撞融合过程之中，文化整合[73]达到空前水平，历史发生剧变、社会复杂程度已酝酿到国家诞生的临界点，社会变化涉及文化、政治、经济、军事、宗教信仰等诸多方面，必然是猛烈而深刻的，甚至是根本性的。这个历史进程在考古文化中应有一定反映，特别是龙山时代之初是这一变化的起点，折射在考古学上就更加明显。比如良渚文化和红山文化的衰落，就不仅是环境灾变那么简单，背后当存在更深刻的社会政治、文化上的原因[74]。同样地，山东龙山文化在分布上的这种规律，也不是环境灾变所能完全解释的，还应将之投影到历史的背景中去剖析。

尧舜时期可能确实洪涝灾害频仍，发生过大洪水，古代典籍文献如《诗经》、《尚

[70] 同[2]。

[71] 同[7]。

[72] 王清《试论史前黄河的下游改道与古文化的发展》，《中原文物》1993年第4期。栾丰实亦持类似观点，见[7]。

[73] 许倬云《一个整合过程的假设》，《周秦文化研究》，陕西人民出版社，1998年。

[74] a. 赵辉《以中原为中心的历史趋势的形成》，《文物》2000年第1期；b. 赵辉《良渚文化的若干特殊性——论一处中国史前文明的衰落原因》；c. 许倬云《良渚文化到哪里去了》。后两文均见浙江省文物考古研究所《良渚文化研究——纪念良渚文化发现六十周年国际学术讨论会文集》，科学出版社，1999年。

书》之《尧典》、《鸿范》、《禹贡》等篇以及先秦诸子乃至《史记》对此有许多追述，其中尤以《孟子·滕文公》的描述最为生动，因而才有了大禹治水的传说。这些有关当时洪水的传说，自然会引起研究者的关注，若再引用一些现代科学研究成果以为佐证，似乎可以圆满解释大汶口文化与龙山文化之交的种种现象，例如鲁西地区龙山文化早期阶段的缺失等。但笔者认为洪灾导致文化剧变的说法很难成立，理由如下。

第一，无论文献还是现代研究都表明，尽管洪水确实发生过，但范围有限，基本不出冀鲁豫皖苏交界的古兖州，以及豫州和徐州的一部[75]，这一带地势低洼，不易排涝，雨季一来，容易渚水成患，并且又有古四渎中的河、济、淮等大河过境，也容易带来洪水，一旦排泄不畅，就会形成灾害。但无论当时气候怎样严峻，依据我国季风气候的特点，水患都属于季节性的，不可能对当时的生存环境造成根本的改变。就是处在干旱期的近几年，鲁西在夏季还是常常发生内涝，但并没有引发灾难性的后果。现代研究也证明，龙山时代我国全新世最温暖湿润的时期已经过去[76]，而且古人对水患也有应对措施，可以选择自然高地或修筑人工台址居住。今日所见的堌堆遗址就是这么形成的，聊城地区更有许多利用废弃河道中的沙洲修筑的沙基堌堆遗址[77]。这说明当时人类还是能适应这种易发水患的环境的。

第二，关于洪水发生的时代，据古史传说，集中在尧舜时期。禹与舜同时或稍晚，若禹当龙山文化之末至夏代之初，则舜当龙山文化晚期；尧和舜相隔也不会太远，估计尧早不过龙山文化中期。因此可以认为洪水频发的尧舜时期相当于龙山文化中晚期。这个时期正是冀鲁豫交界地区后岗类型和鲁西的山东龙山文化最为兴盛繁荣的阶段，鲁豫皖地区的王油坊类型龙山文化也同样繁茂发达，虽然它们的聚落多在堌堆遗址之上，显示了当时确是潮湿的环境，但从该地区文化的繁荣来看，环境对人类活动并没有形成太大制约。因为虽然人们生活在堌堆之上，但生产活动比如农耕种植、渔猎采伐、商贸往来还是要下到地面来进行，如果处处泽国，仅依持一些面积不大的高地是无法生存下去的。

第三，关于黄河改道对古文化的影响，王清已作过详细讨论[78]，谭其骧先生等也

[75]　徐旭生《中国古史的传说时代》，第161页，文物出版社，1985年。
[76]　a. 靳桂云、刘东生《华北中部全新世降温气候事件与古文化变迁》，《科学通报》2001年，第46卷第20期；b. 靳桂云《中全新世华北地区环境演化及其对人类文化的影响》，第63~67页，中国科学院博士研究生学位论文，1997年7月。
[77]　孙波《鲁西地区的沙基堌堆遗址》，《考古》2003年第6期。
[78]　王清《大禹治水的地理背景》，《中原文物》1999年第1期。

作过谨慎的推论，但并不认为黄河在先秦时期河道频徙[79]。龙山文化早期也就百年时间，前面已分析过，龙山文化早期的缺失不仅在苏鲁豫皖地区，在冀鲁豫地区也同样存在，难道黄河能够同时在这两地都泛滥成灾造成文化发展的断裂？在经过发掘的景阳岗遗址，上面确实覆了厚厚的淤土，但解剖结果表明，这里淤土都很晚，属于隋唐以后，前此基本不见。鲁西的聊城、菏泽地区，在挖土烧窑和其他农事活动中也经常碰到古代遗存，其中以墓葬为多，遗址甚少见，这些墓葬基本均为汉代及以后的，相当部分属于宋元时期，黄河淤土覆于其上，充分说明黄河改道经过这里是在汉唐以后发生的事情，史前时代是否有过类似事件，目前尚无考古和地质上的证据。史前时代黄土高原的植被还相当好，水土流失不是多么剧烈，黄河虽然改过道，但次数不会太多，否则进入生态破坏更甚的商周时期，改道见诸史籍的仅定王五年一次[80]？况且上古洪水传说中，亦没有这方面的记述。

所以，水患说不能圆满地解释龙山文化早期遗存在鲁西一带缺失、中晚期又突然兴盛的现象。既然如此，背后定然还有其他原因。

本文反复强调，龙山文化的发生时间，自东向西存在一个梯次变晚的趋势。同时，大汶口文化与龙山文化的关系，自东向西也由紧密变得疏远。如果再向前看一点，鲁东地区是在大汶口文化晚期—龙山文化早期突然繁荣起来的，聚落点如雨后春笋般破土而出，缀满整个地区。而鲁西地区，大汶口文化晚期之后社会突然中断，文化出现空白，到龙山文化中期又猛然繁盛起来。前面提到过，这是两个相逆的过程，其间的呼应显示，从大汶口文化晚期到龙山文化早期，海岱地区的文化从西向东推移，同时鲁西一带龙山文化早期形成空白；到了龙山文化中期以后，又从东向西推移，同时鲁东一带龙山文化晚期以后出现衰落。这两个过程的结果也不尽相同，一个是文化真空，一个是文化衰落，其中的区别可能在于前者是外力造成的结果，后者可能来自内部的调节适应。但无论如何，这一趋势都表明，在这一段时期内，海岱地区的文化变迁是整体性的，牵一发而动全身。据此可推测，当时的社会已在相当程度上整合成为一个互动的整体，海岱地区不仅仅在文化传统方面表现出很强的一致性，很可能当时政治性的社会集团也已经产生，这也与其领先于诸大文化区的发达的经济生产和专业分工所显示的高水平社会组织与管理相称。

若尧舜时代相当于龙山文化的中晚期，则传说中五帝时代的开始就有可能上溯到大汶口文化晚期乃至更早一些也说不定。从更宏观的空间看，在龙山文化的前身大汶

[79] 谭其骧《西汉以前的黄河下游河道》，《长水粹编》，第446～480页，河北教育出版社，2000年。
[80]《汉书·沟洫志》载王横引《周谱》中有"定王五年河徙"语。

口文化时期，海岱历史文化区在当时各文化区中是比较发达强盛的，特别是在其中晚期，文化高度繁荣，分布区域空前扩展，向西进入中原历史文化区的腹地。此后虽然在文化发展上，龙山文化又达到了新的高度，但海岱文化区却再也没有拥有如此广阔的空间。在大汶口文化西渐的过程中，仰韶文化也在东进，双方在河南接触，产生碰撞交融。开始时双方的接触可能由于当地空间尚足以容纳各自的发展，而没有产生冲突。随着后来文化滋生空间变小，以至于最后几无再发展的余地，双方的矛盾冲突也就势难避免。在随之而来的争夺生存空间的冲突中，结果是西方获胜，东方败退出该地区，被迫返回海岱文化区的腹地。有一点要说明，在冷兵器时代，文化的发达并不代表武力的强盛，大汶口文化虽然高度繁荣，在争夺生存空间的斗争中却败于看起来并不十分发达的西方。不过，即使东方在军事上失败了，其先进文化也并没有因此而被灭绝，它虽然丢失了在鲁豫皖冀交界区的大片领土，却也给该地区以后的文化留下了强烈影响，进而在后来黄河文明中发挥了巨大作用。这一点在河南仰韶文化晚期以及龙山文化遗存中浓厚的东方因素中可以看出。

东西方文化的接触是因为拓展生存空间而导致的，当彼此的行为妨碍对方时，必不可免地要发生冲突。龙山时代东西方的文化冲突与融合是以中原为中心的历史文化趋势形成的发端[81]，从此以后我国文明与国家的进程走上了轨道。从后来的文化发展来看，当时的冲突具有巨大的意义，不仅为龙山文化的产生准备了条件，也奠定了此后黄河中下游文化发展的格调与基础，以及当时中国的政治格局，对中华民族历史文化传统产生了深远影响。

笔者认为，苏鲁豫皖冀地区龙山文化早期的缺失就与这个时期东西方文化的冲突有关。徐旭生先生从古史传说上考证当时华夏族与东夷族发生了战争。他认为华夏族东进的路线有两条，炎帝在南，黄帝在北。炎帝这一支最先与东方相遇，发生冲突，结果炎帝战败。于是炎帝联合同属华夏族的黄帝与东夷族的蚩尤再战于冀南的涿鹿，黄帝三战"而后夺其志"，蚩尤战败被杀[82]。这次战争空前惨烈，双方调动了几乎所有的资源和手段，几经迂回反复，终以华夏族的全面胜利告一段落。史载黄帝获胜后于是在东夷族的大本营少暤之墟——曲阜践"天子位"，成了东西方的共主。这段历史留给人们的记忆如此深刻，以至于被渲染成了神话，有关文献记载离奇夸张，它的历史真实也难以判别。但随着考古学的发展和历史研究的深入，其中史迹的影子也渐渐凸现出来。只要我们剥去其荒诞的外衣，不纠缠其中的细节，还是可以对这个事件的整体合理性也就是它的历史真实作出判断的。

---

[81]　同〔74〕a。

[82]　同〔69〕。

　　从东西方文化的进退折冲来看，黄帝与蚩尤的这次战争就发生在龙山时代早期，或大汶口文化晚期。这次失败导致东夷族的大溃退，大部从冀鲁豫皖接界区退回了其腹地，并且有近百年的时间再也没有返回来；也有部分臣服于炎黄族，留在当地，淹融入华夏文化的洪流中。故而整个鲁西豫东包括皖北，都存在龙山早期阶段的文化缺环，文化发展发生断裂，当地大汶口文化与后续的龙山文化文化难以直接联系起来。龙山文化早期之后篮纹、绳纹、方格纹，一些器形如鬲、甗，手制陶器的出现与流行，很可能就是此次战争之后中原文化的侵入与传播的结果。需要进一步说明的是，这次战争的冲击在当时就象一次大地震，余波所及产生了巨大的时空反应，以至于对地处山东腹地鲁中一带都产生了影响，其结果已如前述。

　　又，鲁豫皖地区和冀鲁豫地区大汶口文化结束的时间不同。前者延续很晚，可到晚期之末，后者则要早一些。这恰好与传说中的那段历史构成某种巧合，冀鲁豫地区大汶口文化过早地结束，似乎与史籍所载当时的那场东西方战争就发生在这一带有关。

　　不过，东夷族的溃退并没有导致海岱文化的整体衰落，相反海岱文化凭借其深厚的底蕴重新崛起，继续作为唯一可与华夏文化相抗衡的力量而存在，经过多年的积聚准备，又开始西进，重新占据了以前的"领地"。就这样双方的争斗虽然此消彼长，谁都可领一时风骚，但谁都无法彻底征服对方，形成僵持状态。在当时条件下，双方可以接受的就只有妥协，这可能也是禅让制得以出现的政治背景。

　　发生在东西方的那场战争，导致东方退回山东腹地，只能向东部沿海地带发展，这也许是鲁东地区大汶口文化晚期—龙山文化早期文化突然繁荣的原因。经过一段时间的冷却，龙山文化又重新回到鲁西，也表现出突然性的繁荣局面。很难设想文化的自然成长与分裂能造成如此爆炸性的繁荣，也很难设想这是缺乏协调的个体移民行为，很可能是大规模有组织地殖民的结果。

　　关于殖民，从聚落遗址的内部形态上，可将鲁西与鲁东比较一下。在鲁东，聚落的稳定性非常强，聚落布局一般很少发生变动，各类功能区如居址、墓地等皆前后相延，各类遗迹的形态前后变化也不大，特别是居址，经过长期使用，多层房子叠压在一起，到后来就形成了规模不一的若干台基。这方面，在经过发掘的丹土遗址、两城遗址，表现得尤为典型。而一般龙山文化遗址尤其鲁中一带，往往各类遗迹混杂在一起，发掘中最普遍的遗迹现象就是灰坑，无论是居址还是墓地，都被扰动得十分破碎，难以拼合复原，并且这种扰乱并非后来其他文化活动的结果，就是龙山文化自己本身的"杰作"。鲁西地区古遗址保存不好，经过发掘的龙山遗址也不多，从仅有的一些工作看来，与鲁东存在一些共同之处。经过多次发掘的教场铺遗址，龙山文化时期的居址区一直很稳定，像丹土遗址一样，各期垫土层层相叠，虽然其间也有灰坑、墓葬、水井、陶窑等其他遗迹混在居址中，但一般都能与同时期的房子形成一定的组合关系，并不混乱。另外，虽然鲁东的龙山城址存在多个时期不同城圈套叠的现象，反映了聚落逐步扩大成长的变迁过程。但无论是鲁东的丹土遗址还是鲁西的景阳岗遗址，解剖显示城址的诞生都不是聚落经过长期酝酿、自然生长的结果，而是一开始营建聚落之初就修筑了城墙。无论是理论上的推测，还是实际资料都表明，城池的营建不是一般聚落可以达成的，需要相当高级的组织管理，需要能调动相当人力的公权力。而龙山文化经济生产的社会化程度和大规模公共工程的普遍化都提示我们，这类能够调动协调远远超出一般聚落力量的社会公权力已经产生，并达到了相当高的运作水准。

鲁东和鲁西龙山文化聚落的这种稳定的有序局面，还提示我们当时社会公权力可能是与有组织大规模殖民配合而来的，也是两地不同时期文化突然兴盛的原因。如果跳出单个聚落，从整个地区聚落群的角度出发，就会得出，这些殖民运动的组织不仅作用于聚落内部，聚落间也应有相互协调，甚或已经产生了凌驾于多个聚落之上的政治机能。无论鲁东还是鲁西，龙山时代的聚落都普遍地表现出群或组的特征，可以非常清晰地分辨出一般聚落与中心聚落，体现了一种主从关系，这自然会伴随着社会的复杂化。且，伴随着殖民所要适应新环境的形势，在某种程度上还要强化这种社会公权力的组织与管理职能。两地遗址中显示的稳定性也印证了上述分析。

四、结　语

关于黄河流域东西方对峙的议论是一个老问题了。早在 20 世纪 30 年代，傅斯年就提出了"夷夏东西说"，在学界产生了巨大影响[83]。龙山文化的发现与城子崖遗址的发掘等当时中国考古学界的一些重要的工作都与这个学术背景有关[84]。后来蒙文通和徐旭生虽然又从不同角度对此有新的阐发，内容也有拓展，但基本思路和立论大体上还同是建立在对上古时期族团分野的认识上的[85]。不过他们依据的主要是文献资料，在当时条件下无法和考古发现相印证，缺乏硬件支持，也引起许多非议。20 世纪 70 年代以来随着我国史前文化区的基本建立，傅斯年、蒙文通、徐旭生诸说的合理内核又得以凸现出来。大家发现，苏秉琦先生所建立的几大文化区系，在相当程度上与上述诸位前辈学者的研究存在契合。严文明先生作《东夷文化的探索》[86]，从考古学和文献上专门对东方文化的民族问题及东夷族的历史进行了探索。近来类似讨论在学界

[83]　傅斯年《夷夏东西说》，《中国现代学术经典·傅斯年卷》，河北教育出版社，1996 年。

[84]　陈星灿《中国史前考古学史研究》（1895～1949），第 216～217 页，三联书店，1997 年。

[85]　蒙文通《古史甄微》，商务印书馆，1933 年；徐说同〔66〕。

[86]　严文明《东夷文化的探索》，《文物》1989 年第 9 期。

也逐渐多了起来[87]，说明在考古学文化层面上有关黄河流域东西方分野的认识，与古史传说研究成果的相互参证，也逐渐地受到重视。

冀鲁豫皖苏交界地区也即海岱历史文化区的边区，是古代东夷集团与周边其他各族团特别是与黄河中下游的华夏集团斗争交流融合的前沿，文化感官最灵敏，各种因素的出没最易留下记录，一些重大历史事件在这里留下的痕迹也比较明显，考古遗存对历史的折射也要直接一些，这是我们特别看重这些地区文化变迁的原因，也是进行讨论的有利因素。苏秉琦先生倡导"苏鲁豫皖考古"和"环渤海考古"，其原因也概在此。

海岱历史文化区边区龙山文化早期阶段遗存缺失的现象不是孤立的，这时期正当我国上古文化发生深刻互动、文明孕育、国家产生的历史关头，东夷族有幸是其中的主要参与者，作为其创造的文化——大汶口文化和龙山文化当然对此要有记录。本文也算是有关探索的尝试[88]。

---

[87] 相关论述主要有：a. 唐兰先生的论证，见《大汶口文化讨论文集》，齐鲁书社，1979年；b. 栾丰实《太昊和少昊传说的考古学研究》，《中国史研究》2000年第2期。

[88] 龙山文化早期在鲁西地区的缺失，导致考古学上的一段空白，当时究竟是由外来文化填补了这个空白，还是那次大战之后只剩下了千里赤地呢？目前考古学上还难以给出确切的答案。但无论属于上述哪一种情况，都会带来同样的思考——这是一次大变动的结果。而这么大的变动，涉及范围之广、历时之长、影响程度之巨，都不是一时的环境突变所能造成的，而应有更深刻的原因——只有文化冲突才能造成如此结果。这也是本文的主张。

中心与外围：湖南新石器
文化进程的区域考察

郭伟民[*]

The middle and lower Li 澧 River valley, the upper Yuan 沅 River valley and the middle and lower Xiang 湘 River valley were the three independent cultural regions in the early stage of the Neolithic period of Hunan 湖南 Province. They each had its own cultural tradition and developmental trajectory, yet had been continually interacting between each other during their development. A "center-periphery" interaction pattern had been gradually developed with the middle and lower Li River valley as the center, which resulted in the increase of similarities among the three regions. As the middle and lower Li River valley became increasingly influential, a cultural-integration process started in the late Daxi 大溪 period.

前　言

回溯湖南新石器时代的考古工作，1955 年 7 月长沙县五区龙头铺（现为株洲市龙头铺镇）烟敦冲遗址的试掘可以作为开始的标志[1]。由于种种原因，在此后的 20 余年里，真正的田野工作并不多。1974 年秋季澧县梦溪三元宫遗址的发掘，才正式开启湖南新石器考古的序幕[2]。30 多年的田野作业不仅构建起了洞庭湖地区新石器文化的时空框架，还开展了针对一系列考古学课题的许多有益尝试，这种学术尝试为重建湖南史前史奠定了基础[3]。与此同时，在环洞庭湖之外的区域，特别是沅水中上游和湘江中下游（包括资水下游）[4]，近年有意将这一时空框架加以扩展和完善的努力也取

---

* 作者系北京大学考古文博学院博士研究生。
〔1〕 戴亚东《湖南长沙烟敦冲附近发现新石器时代遗址》，《文物参考资料》1955 年第 9 期。
〔2〕 湖南省博物馆《澧县梦溪三元宫遗址》，《考古学报》1979 年第 4 期。
〔3〕 洞庭湖地区旧石器时代向新石器时代的过渡、稻作农业的起源和发展、聚落考古、生存模式与环境变迁、社会复杂化进程等是近年的研究取向。
〔4〕 资水下游河道与沅水、湘江交汇，入南洞庭湖，主体靠近湘江水道，文化与湘江中下游具有同缘性。

得了相当成效。

沅水、资水和湘江诸水系的考古发现还提出了构建以河谷和山间盆地为区域特征的文化谱系的可能性。目前的材料表明，它们与洞庭湖区的史前文化存在无法割裂的关联。随着工作的进一步开展，我们意识到，一方面有必要建立和完善这些流域纵深地带的文化谱系；另一方面更有必要将这项工作置于搭建与洞庭湖区文化互动的大框架视野之下，在一个存在地区文化作用圈的大背景中来考察区域的文化进程，或许会有更大的收获。

需要说明的是，本文的立论完全依赖现有的考古材料，其正确与否，还得接受时间检验。笔者毫不怀疑，在可以预见的将来，本文的某些观点将会得到修正或者改写。

湖南目前的考古发现已经能够对史前文化的区系类型问题作一些探索：在区域的视野里，存在一个以澧水中下游为主体的洞庭湖西北岸新石器文化中心区域；在这个中心区域的外围，其东南是湘江中下游地区（包括资水下游），存在一个具有地方特色的文化序列，构成中心之外的一个文化区系；其西南地区进入武陵山区，是沅水中上游的河谷地带，也存在多类相互关联的文化遗存，构成中心之外的另一个文化区系。这三片区域的文化谱系揭示出既有联系又相区别的文化演进历程，并为我们对于"中心—外围"关系模式的讨论提供证据。至于湘、资、澧三水流域的其他地区，目前材料还嫌太少，无法展开分析。三个区域的空间范围见图一。

湖南新石器文化的概貌，大体可以从这三大区域文化上得到反映。在这三大区域中，澧水中下游是中心，其他两区域是外围或者边缘。种种迹象表明，中心地带和外围区域，存在着重要的文化联系，中心与外围的相互作用在不同时间阶段的模式有别，它们在造成湖南史前文化与社会变迁过程中扮演的角色自然也不一样。本文将从区域的考古学文化入手，重点探讨文化变迁过程中区域的地位以及"中心—外围"关系模式在文化变迁中所起的作用。

一、澧水中下游地区新石器文化谱系

1. 地理环境

在无法完全复原史前环境的情况下，当代地理环境仍具有重要参考价值。在地理位置上，澧水中下游位于洞庭湖西北岸，包括澧阳平原和洞庭湖平原北部。澧水出石门新关以后有一段不长的河流宽谷，是河水出山谷以后流向平原地区的一个自然过渡带。自临澧新安开始进入澧阳平原，呈喇叭口形向洞庭湖敞开。澧阳平原本属于湖盆断陷，在地质成因上受风成和水成的双重作用，形成为典型的冲积和沉积平原。澧水东流过津市以后折向南，一部分由汇口分流至张九台，与松滋、太平两水次第汇合，

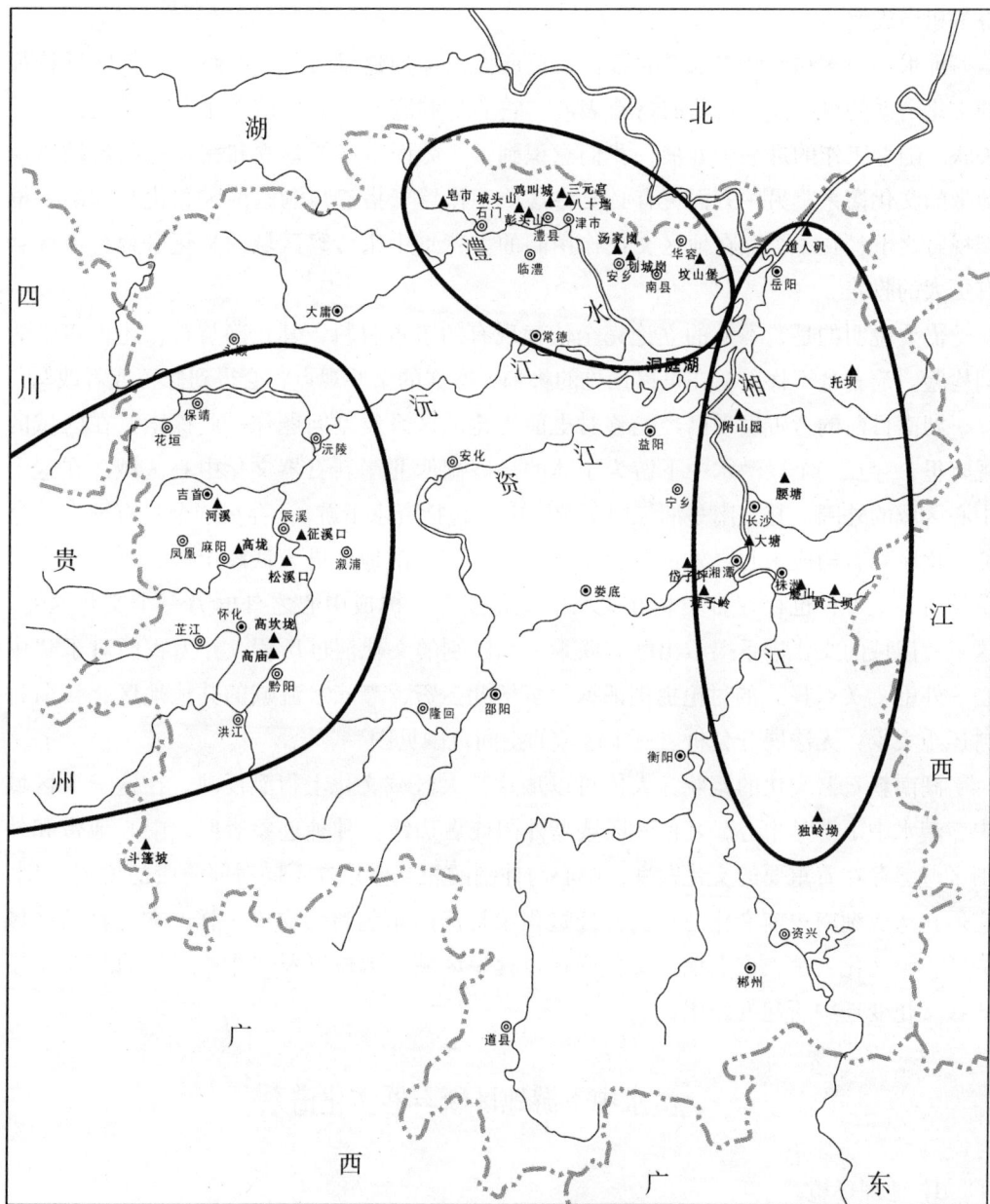

图一　湖南新石器三大区域空间格局示意图

流入南洞庭湖。正流则自石龟山澧水洪道东南下南洞庭湖。其尾闾部分基本穿行于华容隆起南侧的洞庭湖平原。实际上，它的下游成为了洞庭湖地区的主体。这片区域，平均海拔高度在 30～50 米之间。年平均气温 16.5°，无霜期 265 天，年降水量 1400～1600 毫米。

2. 彭头山文化

该区域目前最早的新石器文化为彭头山文化，其年代上限逼近距今 10000 年，该文化发生的背景至今还不太清楚。这个区域有相当古老的文化传统，旧石器时代的"澧水文化类群"就是依据这里发现的一系列遗存而得以确定[5]。旧石器时代晚期这里的文化遗存颇为密集，从距今 18000 年开始，有许多重要遗存被发现。这包括了十里岗等遗址的一系列典型地层剖面。这类遗存在石器工业上明显处在一个细小石器阶段，其风格反映了由旧石器晚期向新石器过渡的特点[6]。虽然这些遗存的年代和性质还有待确认，但这些发现使许多学者有充分理由相信澧阳平原新石器文化的源头与其不无关联。

众所周知，如何正确定性一支新石器考古学文化，目前标准尚不一致。虽然许多学者都对此进行过探讨，但仍存在诸多歧义。考古学文化概念本身只是用来分析考古材料的手段，属于分类学的一种。手段重要还是事实重要，这是一个无需讨论的问题。本文在这里借用现成的文化命名，除了认同已有的陶器编年外，更重要的是遵从了依照陶器编年所搭建起来的时间序列。时间序列的建立是分析问题的基础，文化的定性不是本文所要探讨的目的。所以本文在考察文化变迁时会更加关注时间的维度，探讨同一时间和不同时间维度陶器文化风格的变化动因才是本文的重点。

陶器既能确定编年，又能反映"文化"，其重要程度自不待言。考察一群陶器，我们如何全面把握其特征，前辈学者曾提出许多概念，比如陶器组合、典型陶器、陶器群等等，这主要是指其外在的形态。陶器作为一种用品，一是功能，二是技术，三是形态。功能和技术决定形态，形态反映着技术和功能，三者互为一体，不可分隔。所谓全面把握，则应该进行系统分析，分出不同的层次，分析各种形态的器物在这个系统中的位置及其变化情况，找出变化的原因。

目前可以明确属于彭头山文化遗存并经科学发掘的是彭头山遗址[7]、八十垱遗址[8]，另外经过调查并采集有陶器的金鸡岗遗址[9]。至于其他同类遗址，还不宜作为典型遗存加以讨论[10]。

---

[5]　袁家荣《略谈湖南旧石器时代的几个问题》，《中国考古学会第七次年会论文集》，文物出版社，1989 年。

[6]　裴安平《湘西北澧阳平原新旧石器过渡时期遗存与相关问题》，《文物》2000 年第 4 期。

[7]　湖南省文物考古研究所等《湖南澧县彭头山新石器时代早期遗址发掘简报》，《文物》1990 年第 8 期；《彭头山与八十垱》，科学出版社，2006 年。

[8]　湖南省文物考古研究所《湖南澧县梦溪八十垱新石器时代早期遗址发掘简报》，《文物》1996 年第 12 期；《彭头山与八十垱》，科学出版社，2006 年。

[9]　湖南省文物普查办公室《湖南临澧县早期新石器文化遗存调查报告》，《考古》1986 年第 5 期。

[10]　类似经过发掘的遗址还有钱粮湖坟山堡和南县涂家台。

　　彭头山文化的陶器风格显然在本地还没有找到直接的源头，彭头山遗址出土的陶器，主要有深腹罐、双耳高领罐、盘、钵、釜、支座、碗、碟、盆、三足罐等。八十垱遗址的陶器有小口深腹罐、大口深腹罐、筒形罐、卵圆腹罐、高领罐、高领双耳罐、深腹钵、浅腹钵、盘、支座、三足器等（图二、三）。

　　两个遗址的器物大同小异，圜底、平底、带足的器类均有，各类罐的形态略有差

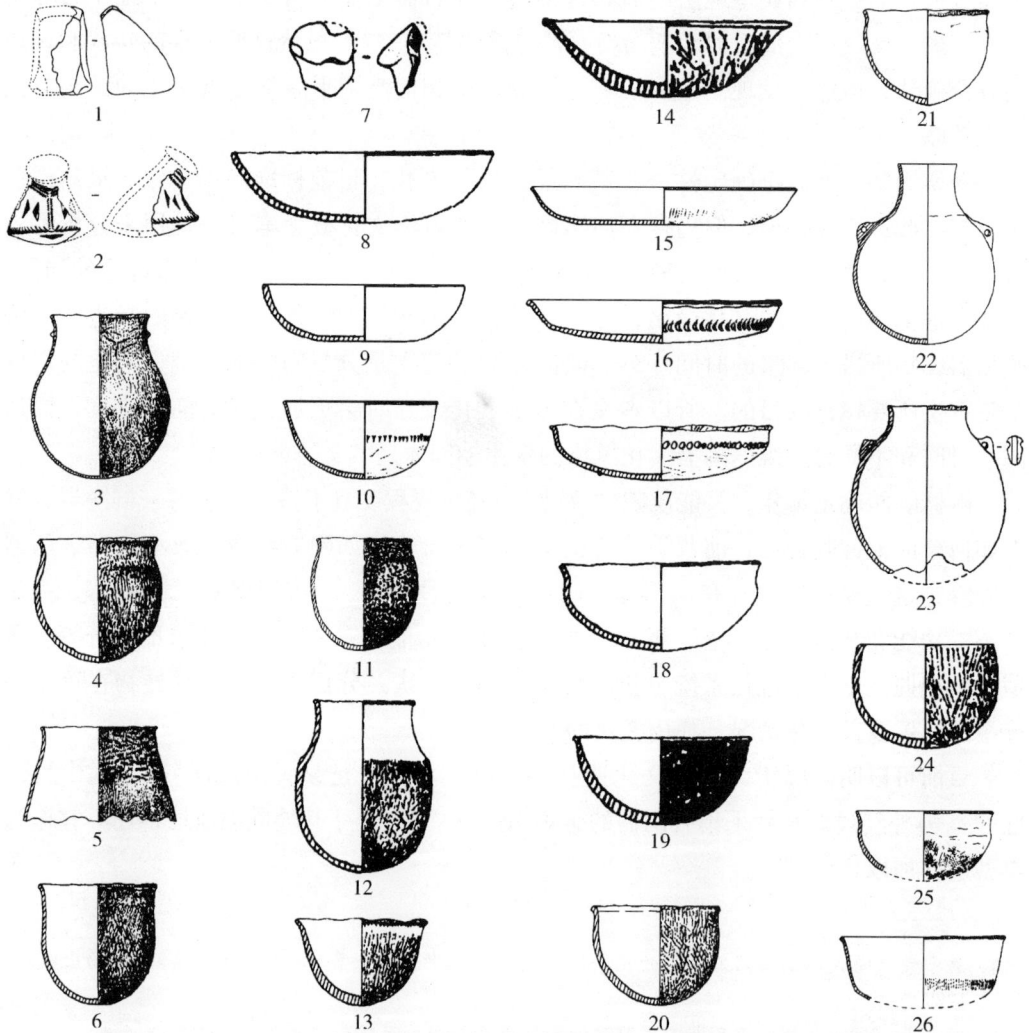

图二　彭头山遗址出土陶器

1. T14⑥:1　2. T3H4:1　3. T9⑤:4　4. T5M35:2　5. T4②:1　6. T1H1:5　7. T3H5:1　8. T1⑤a:2
9. T7②:2　10. T11②:2　11. T1⑤B:3　12. T11⑥:3　13. T3F2:3　14. T7②:5　15. T7②:1
16. T10⑤:1　17. T7⑥:1　18. T1⑤a:3　19. T1⑤b:1　20. T1⑤b:5　21. T3M27:2　22. T6H9:1
23. T3M27:3　24. T1⑥:1　25. T9⑤:1　26. T7②:3

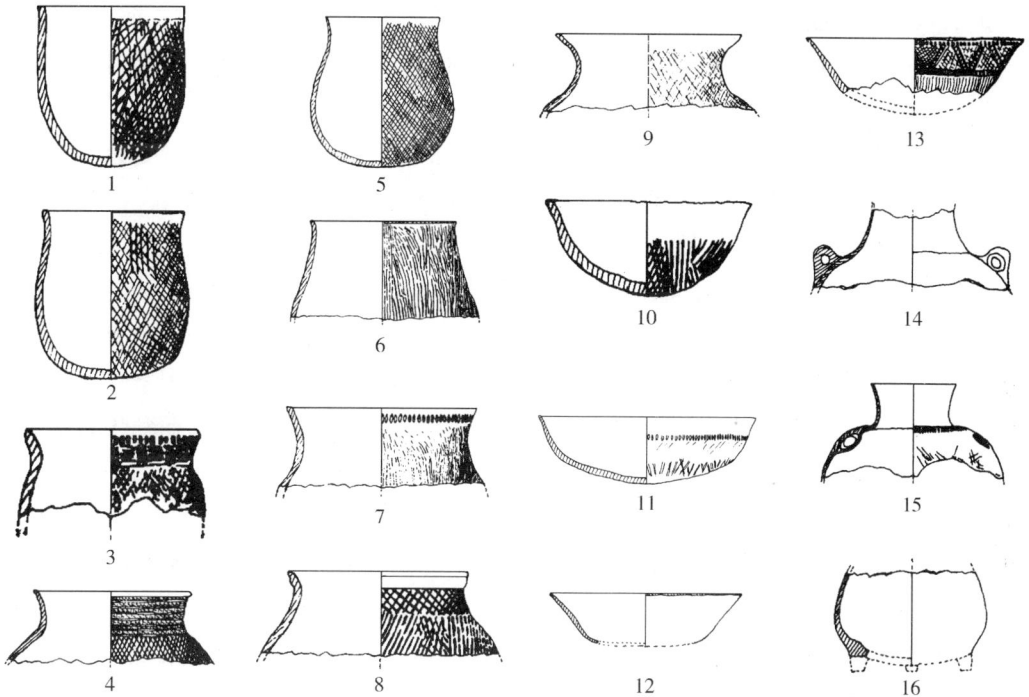

图三　八十垱遗址出土陶器

1. T1H6:3　2. T1⑩B:4　3. T14G7:1　4. T1⑩A:9　5. T1H6:1　6. T1⑫:1　7. T1H6:4　8. T1⑩A:10　9. T1⑩A:5
10. T1⑩B:2　11. T1⑩B:1　12. T11G7:1　13. T10M4:4　14. T4H5:5　15. T1⑩A:6　16. T1H6:6

异，八十垱的束颈罐少见于彭头山，八十垱的高领双耳罐多见牛鼻形耳。彭头山的罐、盘比例大而钵、支座比例小；八十垱则反之。纹饰是附着在特定的器形上，有些纹饰是专门为某类器物定制的。它们表现出如下特征：

罐（釜）、钵——绳纹＋指甲纹＋划纹

支座——指甲纹＋划纹＋戳印纹＋镂孔＋少量绳纹

盘——剔刺纹＋少量绳纹＋红衣

双耳罐——红衣

现在还无法确定这两个遗址之间陶器制造者和使用者的关联程度，它们属于同一个氏族陶器生产组或是其他生产和使用单位尚不得而知。澧阳平原上最早使用陶器的居民对于陶器功用的认知，已经无从探究。但从陶器形态和种类已经出现多样化这样一个事实来看，陶器使用的专门性功能特征已经出现。关于遗址与文化的分期，何介钧分彭头山遗址为四期、八十垱遗址为二期，文化分四期[11]；裴安平分彭头山遗址为

---

[11]　何介钧《长江中游新石器时代文化》，第79~91页，湖北教育出版社，2004年。

二期、八十垱遗址为三期，文化分三期[12]。分期的不同并不会改变陶器演变的实质。分期的目的是建立编年，寻找陶器风格变异的轨迹。遗址的分期与文化分期有明显的差异：前者只是时间的排序，后者是文化传统的阶段性延续。

彭头山与八十垱遗址的依次堆积是文化传统的延续还是发生过风格变异的文化取代，这是一个重要问题，关系到文化变迁动因的分析。检索已有的材料，在彭头山遗址第二层，出现了圈足盘、圈足碗和圈足盆；八十垱遗址CI区③B也出土了类似的器形[13]。但因无法排比该层其他器物，对圈足器出现的背景还无法进行分析。不过，传统风格发生了相当大的变异已是不争的事实。在彭头山文化陶器系统中，变化速率较快的是罐（釜）和双耳罐，罐（釜）的颈、肩部位又是其中最活跃的因素；双耳罐的器耳在肩部的安装位置也颇活跃。相比之下，钵、盘等其他器具的形态变化迟缓。罐（釜）的数量在整个彭头山的变化之所以活跃，暗示它是当时人们日常生活中最为常用的器物，既可以作炊器，又可以作储器、水器，总之用途很多。彭头山文化晚期已经出现了许多新因素，这些因素是：罐的束颈，牛鼻形器耳；罐的整体形态由高相对变矮，通体绳纹变成沿、颈部分素面等。

3. 皂市下层文化

该文化的陶器有圈足盘、双耳罐（釜）、高领罐、折沿罐、卷沿罐、盘口罐以及钵、碗、盆、器盖等。在时间的链条中，彭头山文化晚期出现了一些新的因素。包括束颈卷沿釜、平底盆、双耳靠近颈部的罐。圈足器的出现给彭头山文化带来冲击，它可能造成了整个彭头山文化的陶器系统发生变异。皂市下层文化的几个典型遗址是石门皂市[14]、临澧胡家屋场[15]、钱粮湖农场坟山堡[16]、南县涂家台[17]。在许多文章中，都谈到了皂市下层文化早期与彭头山文化晚期的关系以及皂市下层文化分期问题[18]。

---

[12] 裴安平《湘北洞庭湖地区新石器文化序列的再研究》，《中国考古学的跨世纪反思》，（香港）商务印书馆，1999年。

[13] 何介钧《长江中游新石器时代文化》，第87页，湖北教育出版社，2004年。但这一证据没有确凿的来源，可能会造成对彭头山文化性质的误判。八十垱材料见《彭头山与八十垱》，科学出版社，2006年。该报告发表双耳罐、凹沿釜、圈足盘3件。

[14] 湖南省博物馆《湖南石门县皂市下层新石器遗存》，《考古》1986年第1期。

[15] 湖南省文物考古研究所《湖南临澧县胡家屋场新石器时代遗址》，《考古学报》1993年第2期。

[16] 岳阳市文物工作队等《钱粮湖坟山堡新石器时代遗址试掘报告》，《湖南考古辑刊》第6集。

[17] 益阳地区博物馆等《南县涂家台早期新石器时代遗址调查报告》，《湖南考古辑刊》第6集。

[18] 类似的文章见罗仁林《试论皂市下层文化的分期及其相关问题》，《湖南考古辑刊》第6集；尹检顺《浅析湖南洞庭湖地区皂市下层文化的分期及其文化属性》，《长江中游史前文化暨第二届亚洲文明学术讨论会论文集》，岳麓书社，1996年；何介钧《长江中游原始文化再论》，《长江中游史前文化暨第二届亚洲文明学术讨论会论文集》，岳麓书社，1996年；裴安平《论皂市文化》，《苏秉琦与当代中国考古学》，科学出版社，2001年；张春龙《皂市文化初论》，《一剑集》，中国妇女儿童出版社，1996年。

在以上诸遗存中，与彭头山文化关系最密切的是坟山堡遗址 T8 的第 4 层。这批陶器的风格与彭头山文化存在重要关联，现将其检索出来，兹加比较（图四）。

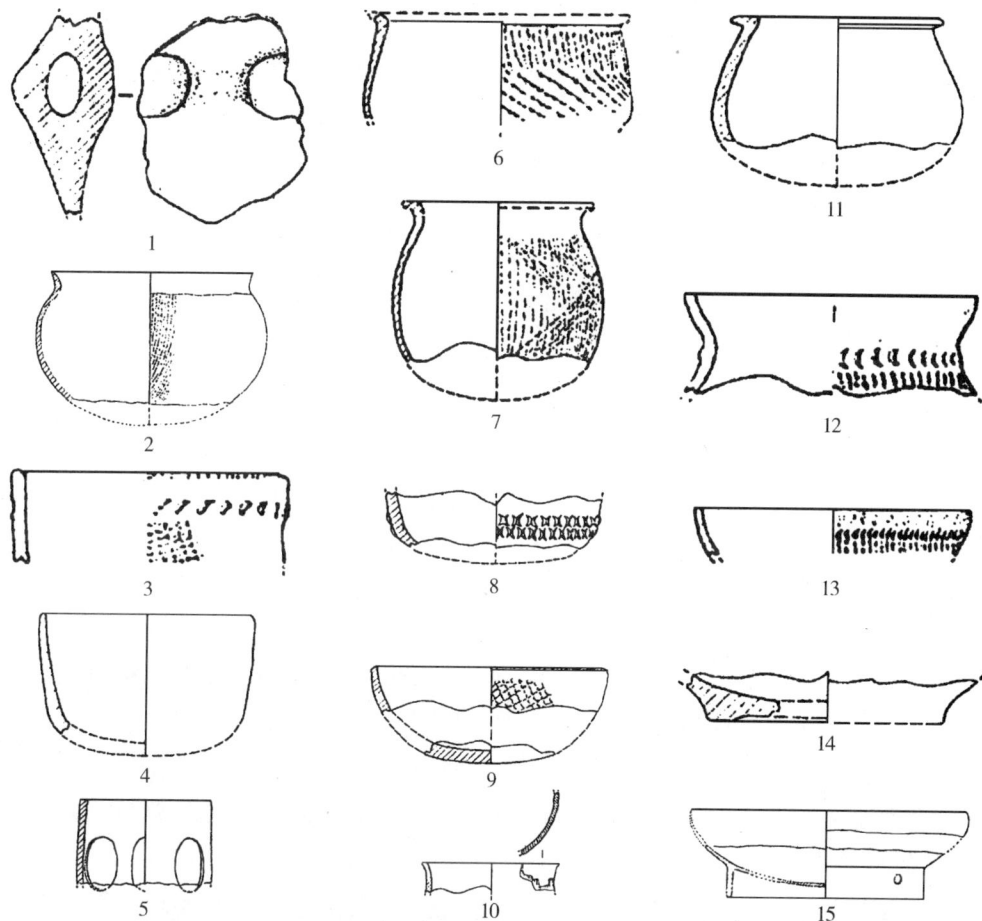

图四 坟山堡遗址 T8④层出土陶器

我们发现其陶器表现如下特征：

罐（釜）、钵——绳纹＋指甲纹＋划纹

支座——指甲纹＋戳印纹＋镂孔

盘——剔刺纹＋少量绳纹＋红衣

牛鼻形双耳罐——红衣

仔细对比彭头山文化的陶器，发现两者在造型和制作工艺上存在许多相近的风格，这种风格的一致性凸显两支文化的紧密关系。但是，皂市下层文化的圈足盘作为一种重要器类，彻底改变了彭头山文化的陶器构成系统并成为与彭头山文化相区别的重要标志。另外则是原有器物在形态上发生变异。双耳罐的形态的变化可以看出一个基本的轨迹，由直口无领到有领，同时出现侈口束颈，器耳的附着部位也因颈和领部形态的变化而逐渐位移，从肩部到颈部，至于口部。罐的功能则没有变化，仍是与钵一起构成炊器。但与此同时，罐、釜的形态则逐渐朝着各自的风格分化。造成这种变化的原因值得分析，陶器风格变异的背后是文化和人类行为在起作用，但人类行为如何影响器物变化是一个非常复杂的问题。皂市下层文化的圈足盘，在本地找不到直接源头，似乎为外来。来自于何处？近年长江下游地区的发现提供了某些信息[19]。

4. 汤家岗文化

汤家岗文化的陶器以圜底器、圈足器为主，少见平底器。主要器形有釜、罐、折壁碗、大圈足盘、斜肩圜底罐、折壁圜底钵，另有少量小口彩陶罐、双耳罐、器盖及支座等。发现该文化的遗址有汤家岗[20]、划城岗[21]、丁家岗[22]、城头山[23]、新湖[24]、刘卜台[25]等。汤家岗文化在陶器形态和陶器工艺上最显著的特征是白陶及其箆点印纹装饰。深腹筒形釜和戳印纹圈足盘是汤家岗文化最具风格的陶器，其次还有戳印纹的折壁碗、圜底钵、束颈圜底釜。筒形釜和束颈圜底罐（釜）为皂市下层陶器传统风格的延续，双耳罐也能看到皂市下层文化的因素。圈足盘为皂市下层文化之重要器物，但是汤家岗文化的圈足盘却有较大差异：装饰上前者多镂孔和雕刻后者多箆点印纹；造型上前者粗放后者精致，前者大敞口浅腹坦底而圈足高，后者多敛口深腹圜底而圈足低；在陶质陶色上前者多夹炭红陶饰红衣，后者多粗泥红陶或细纱白陶饰红衣。似乎两者只是在形体上有些相似，在主要风格上颇多歧异。

汤家岗文化陶器出现这些重大变化的原因还得从多方面来加以考察：一方面，一些原有的因素继续存在并得到发展，如深釜筒形釜和束颈圜底罐（釜）；另一方面，其最具特色的白陶和印纹在原有陶器系统中很难找到直接根源，必须将视野放到外围，到更大的时空中去寻找。不过，我们对这个文化的陶器系统的认识不应只限于表层的形态，当陶器与某种行为相关联时，人类的行为会当作用于器物并留下痕迹。汤家岗

[19] 浙江省文物考古研究所发掘的上山、小黄山遗址成为近年长江下游东南地区考古的重大突破口，其中上山遗址的年代为距今约10000年，小黄山遗址的年代为距今约9000年。在小黄山遗址发现了大量的圈足器。
[20] 湖南省博物馆《湖南安乡县汤家岗新石器时代遗址》，《考古》1982年第4期。
[21] 湖南省博物馆《安乡划城岗新石器时代遗址》，《考古》1983年第4期；湖南省文物考古研究所等《湖南安乡划城岗遗址第二次发掘报告》，《考古学报》2005年第1期。
[22] 湖南省博物馆《澧县东田丁家岗新石器时代遗址》，《湖南考古辑刊》第1辑，岳麓书社，1982年。
[23] 湖南省文物考古研究所发掘资料。
[24] 潘茂辉《益阳新石器时代遗址考古发现与初步研究》，《湖南考古辑刊》第7集。
[25] 湖南省文物考古研究所等《华容县刘卜台新石器时代遗址发掘简报》，《湖南考古辑刊》第5集。

文化的陶器可以反映出这点，在丁家岗和汤家岗遗址，日常生活陶器组与葬仪陶器组的器类、形态以及装饰手法均有不同，透露出某些人类行为的信息。丁家岗遗址出土 3 座汤家岗文化墓葬，M3 出土粗泥红陶盘陶盘 1 件、筒形釜 1 件、折壁圈底钵 1 件；M34 无随葬品；M21 出土细砂白陶盘 1 件。同样在该遗址第三层，出土物也形成相应的陶器组（图五）。

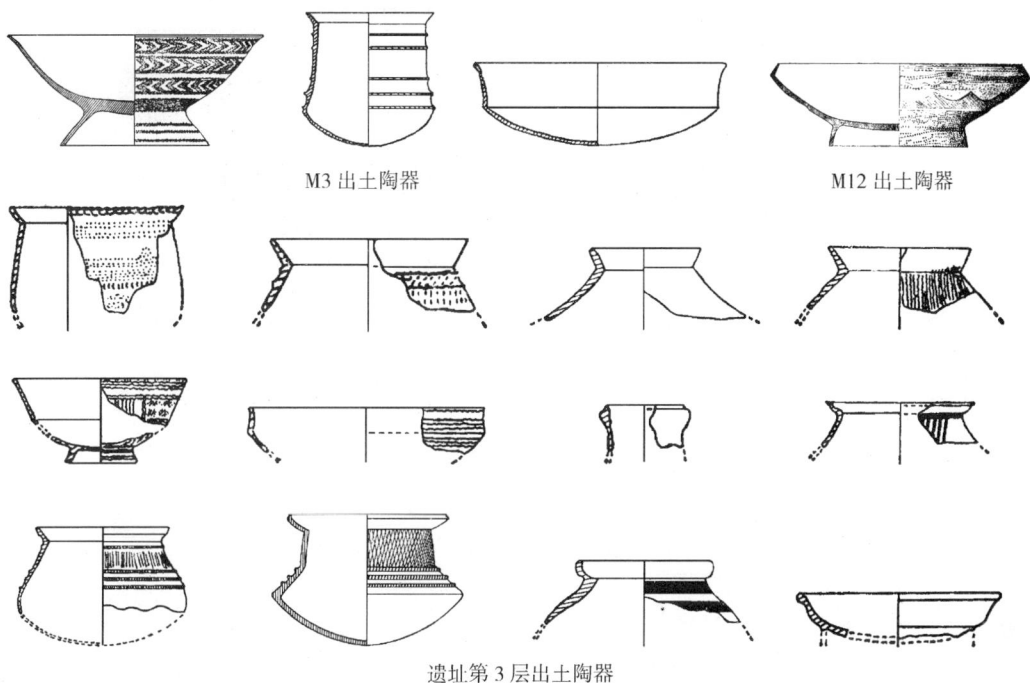

M3 出土陶器   M12 出土陶器

遗址第 3 层出土陶器

图五　丁家岗遗址地层与墓葬出土陶器比较

上图罗列出的地层与墓葬陶器组可以看出某些端倪，汤家岗文化最具特色的直腹筒形罐和印纹红陶或白陶的圈足盘多出在墓葬里，而地层堆积以弧腹圈底罐、釜为主，即使有圈足盘，也少印纹。说明这个遗址存在日常用器和葬仪用器的区别，也说明筒形罐和印纹圈足盘主要用于丧葬。

汤家岗遗址第一次发掘报道的 10 座早期（汤家岗文化）墓葬"开口在第三文化层"，意味着墓葬打破了第 3 层。墓葬随葬器物组合为釜、碗、盘和釜、碗、钵。划城岗遗址第二次发掘同期墓葬 2 座，随葬罐、釜和盘。与地层中出土的器物也可以作一比较（图六）。

汤家岗和划城岗的情况同样说明了葬仪所用的陶器和日用陶器的差异，虽然没有完全分开，但随葬所用的陶器已经比较固定地定位在某几类器物上。墓地的规划也与随葬品的组合存在关联，有理由相信这个文化时期的人类行为深刻影响了陶器的风格，

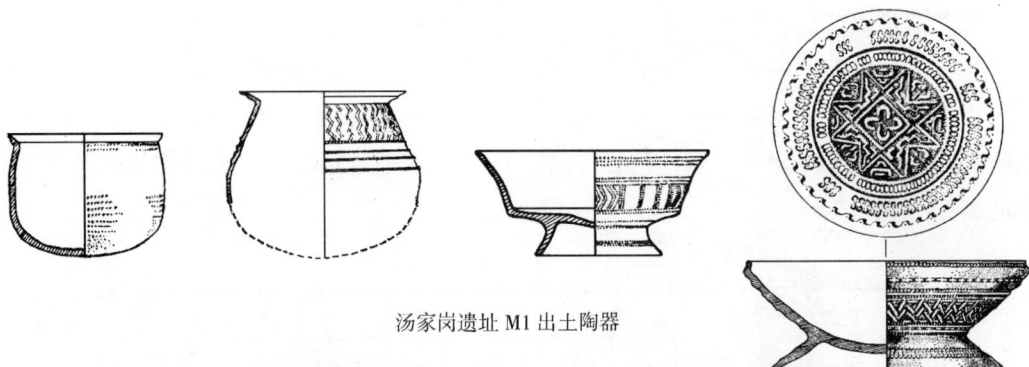

汤家岗遗址 M1 出土陶器

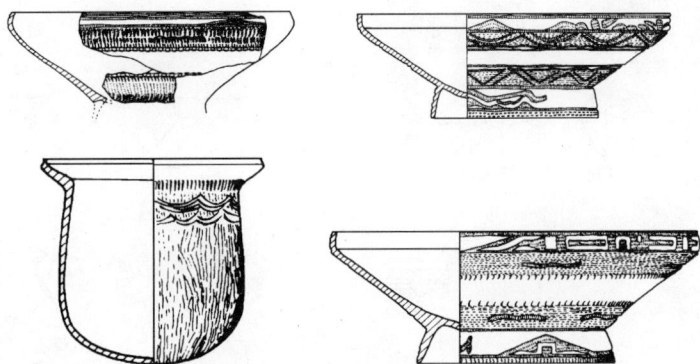

划城岗遗址 M156 出土陶器

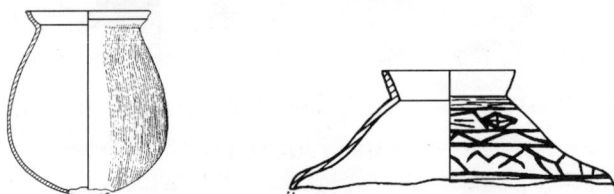

划城岗遗址 M149 出土陶器

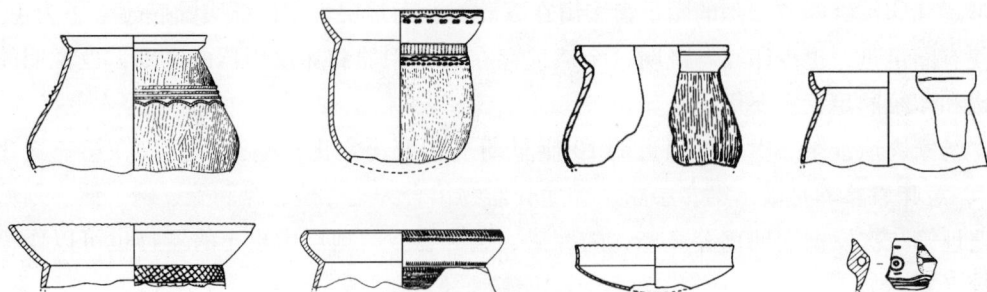

划城岗遗址 T13⑦层出土陶器

图六　汤家岗、划城岗遗址地层与墓葬出土陶器比较

在这一方面，已有文章详加论述[26]。

5. 大溪文化

由汤家岗文化发展而来的大溪文化在陶器风格上维持了前者的圜底器、圈足器传统，无论在器形、陶质、陶色还是装饰手法上基本是前者的继续。圜底釜、凹沿罐、曲颈罐、印纹白陶盘、折壁圜底钵等明显脱胎于汤家岗文化。关于大溪文化的分期，目前意见还不一致，有四期说和五期说，也有对于早期遗存性质的不同认识。澧水中下游大溪文化基本可以分为四期，分别代表了不同的发展阶段。但是，这几个阶段的陶器风格的连续性常常被打破。

大溪文化第一期的典型代表为划城岗几座墓葬和地层及相关遗迹。划城岗第二次发掘大溪一段的相关单位有 I 区 T26⑦A、T27⑦A；II 区⑥A；III 区④B；M144、M147、M148；F12 等。这些单位出土的陶器有夹砂红褐内凹沿鼓腹鼎、宽凹沿垂腹圜底釜、白陶盘、白陶器耳（白陶双耳罐）、碗等（图七）。

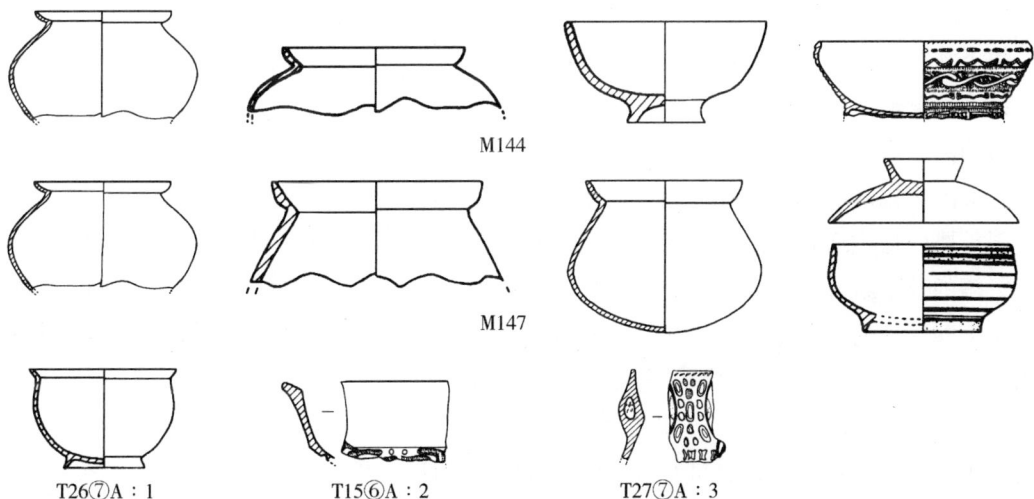

M144

M147

T26⑦A：1　　　T15⑥A：2　　　T27⑦A：3

图七　划城岗遗址大溪文化一期陶器

另外，在城头山也有典型的大溪文化一期的陶器，1997～1998 年度的考古发掘中，城头山遗址发掘了一组由城墙、水稻田、祭坛、灰坑相关联的重要遗迹，H315 和 H348 成为判断这些遗迹的重要年代证据。在这两处灰坑里，出土有曲颈罐、圜底釜、折壁钵等大溪文化一期的典型器物（图八）。

这些陶器可以看出与汤家岗文化的一致性，使我们能够找到它们之间的紧密联系。大溪文化二期基本沿着这一态势发展，但是出现了大量的豆，这种状况在城头山遗址

[26]　尹检顺《汤家岗文化初论》，《南方文物》2007 年第 2 期。

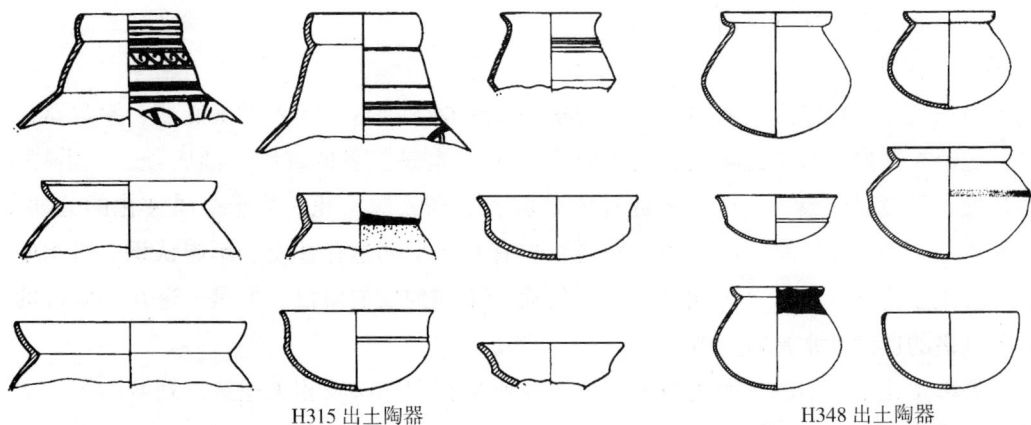

H315 出土陶器　　　　　　　　　　　　H348 出土陶器

图八　城头山遗址大溪文化一期陶器

表现得最为突出[27]。大溪文化二期晚段出现的彩陶豆，更是新出现的器形，它们在本地找不到渊源。印纹白陶圈足盘到这个阶段已经趋于衰弱。大溪文化三期最具特征性的器物是单把彩陶杯和澄黄陶薄胎杯，这新出现的两种器类当有其他的来源。大溪三期鼎的数量逐渐增多，其他则基本是前期风格的延续。

　　大溪文化四期出现一种组全新的器物类型，陶色、陶质、形制以及装饰风格均发生了重要变化。细泥磨光黑陶成为这个时期最重要的特征，流行鼎、曲腹杯、篦、豆、壶、罐的基本组合。当然，大量的这种风格特征是依据墓葬材料总结出来的，这个时期的墓葬以外的材料竟然很缺乏。不过即使同样的墓葬材料，仍然表现了其与前期相当巨大的差异。这种现象表明，若由本地大溪文化一至三期连续的过程，是断然发展不出四期这样的风格来的，这只能说明传统被中断。四期全新的因素在本地找不到源头，更有研究者对这一时期的大溪文化性质产生了怀疑[28]。

　　6. 屈家岭文化

　　该文化大致分三期或早晚两个阶段，它的早期与大溪文化四期存在诸多相似的因素，甚至在某种程度上难分彼此。如果说划城岗第一次发掘的早二期（大溪文化）与中一期（屈家岭文化）之间还有陶色和形态上的细微差别的话，第二次发掘的乙类遗存（大溪文化）中的几座墓葬中的随葬品更多地具有第一次发掘中一期陶器的特征。这样的情况也出现在城头山遗址，这里大溪文化四期与屈家岭文化早期的陶器风格非

[27]　城头山 M678 出土29件随葬品，其中有7件陶豆。见湖南省文物考古研究所《澧县城头山古城址 1997～1998 年度发掘简报》，《文物》1999 年第 6 期。

[28]　裴安平《湘北洞庭湖地区新石器文化序列的再研究》，《中国考古学的跨世纪反思》，商务印书馆，1999 年。

常接近。细泥磨光黑陶也是屈家岭文化一期最重要的特征，陶器组合也同样流行鼎、曲腹杯、簋、豆、壶，可以说与大溪文化四期毫无二致，变化的只是沿的宽窄以及某些圈足的高低。屈家岭文化第二期继续流行一期的多数特征，但最重要的变化是出现了双腹器，这种变化可以从簋和豆的形态上找到完整的轨迹，新器形的出现同时也带来了其他因素的一系列变化，折腹壶形器、高柄杯、彩陶杯、卷沿盆等也随之出现。装饰方面，在罐和釜等器物的沿、颈、肩、腹部不同程度地留有弦纹，这是轮制工艺的特点。这些特点在屈家岭文化第三期表现得更为明显，这种风格同时也是江汉地区屈家岭文化的典型特征。纵观屈家岭文化在澧水中下游的发展轨迹，它的早期与大溪文化晚期难分彼此，由大溪文化第四期向屈家岭文化第一期的发展，在陶质、陶色、器形和组合上均显示出很强的连贯性。从屈家岭文化本身的发展来看，早期和中、后期的关联性同样很强，晚期的标志性双腹器形态是早期宽沿簋和豆的演变体，壶形器也同样是早期壶的形态发展的结果（图九～一一）。

　　7. 石家河文化

　　该文化一部分陶器继承了屈家岭文化的传统，缸、高柄杯、喇叭形杯、豆、直口壶和折腹壁的壶都可在屈家岭文化晚期找到源头。鼎无论从形态还是质地上都发生了很大变化，出现盆形和釜形等多种形式的鼎，足的形态更是变化多样，其装饰手法有

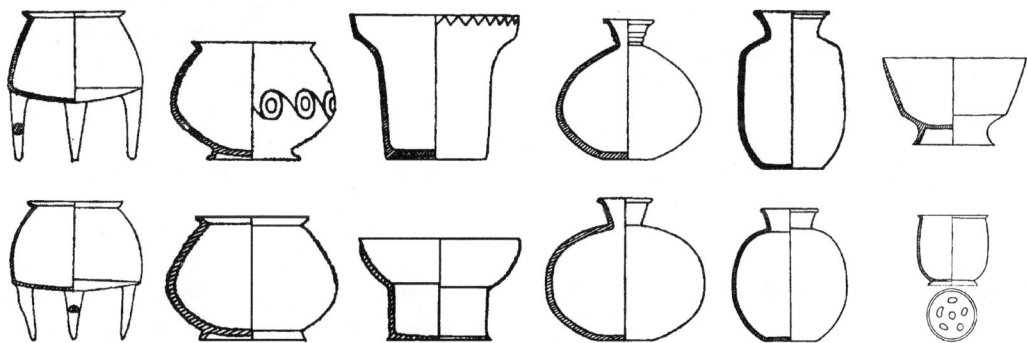

图九　划城岗遗址 M63 陶器组合（屈家岭文化）

图一〇　划城岗遗址 M139 陶器组合（大溪文化）

大溪文化

M41　　　　　　　　　　M46

屈家岭文化

M44

图一一　划城岗遗址大溪文化四期与屈家岭文化早期陶器比较

齿状堆纹、按窝、刻槽、花边等。新出现了鬶、擂钵（图一二）。纹饰大量流行方格纹。石家河文化虽然源于当地屈家岭文化，但二者却有本质差异。可以说，由屈家岭文化向石家河文化的过渡，应该从更大的时空范围去考察，仅仅以澧水中下游的资料，无法对这种文化变迁的原因深加探讨。

二、沅水中上游地区新石器文化谱系

1. 地理环境

该地区具有与澧水中下游较大差异的当代地理环境。沅水发源于贵州东南部，有南北二源，南源龙头江，源出贵州都匀县的云雾山鸡冠岭；北源重安江，源出贵州麻江县的大山，又称诸梁江，二源在螃蟹上汊河口汇合，称清水江。清水江东流至湖南洪江黔城镇始称沅水，为上游。黔城至沅陵为中游。沅水中上游山岭起伏，河谷交错，发育了众多山间河谷或河谷盆地。上游因地势差异导致气候差异较大。年均气温 14～18°，无霜期 270～330 天，年降水量 1000～1500 毫米。沅水中游的年降水量为 1600～1800 毫米，年均气温 16.6°，无霜期 272 天。

2. 高庙文化

以洪江高庙遗址为代表，正式发表资料的主要遗存有高庙下层[29]、辰溪征溪口下层[30]和松溪口下层[31]、辰溪台坎大地遗址[32]。此外，位于上游的天柱县坡脚遗址也出土过属于高庙文化的遗存[33]。

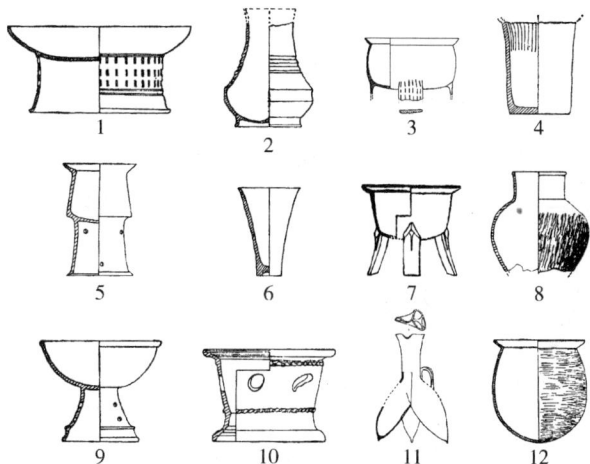

图一二　澧水中下游石家河文化陶器

1. 划 T4②:41　2. 划 T10②:4　3. 划 T4③:5　4. 划 T9③:9
5. 划 M52:5　6. 划 T7③:12　7. 太 T2G:37　8. 宋 H9:9
9. 太 T2G:25　10. 太 T2G:34　11. 划 M52:1　12. 太 T1G:5

高庙下层出土的陶器绝大部分是褐红色与灰褐色的夹砂陶，占第三位的是细砂白陶。器形以圜底、圈足器为主，尤以圜底釜、罐和圈足盘最具特色。属于圜底器的还有钵，属于圈足器的还有簋、碗等。无论是圜底器还是圈足器，都以复杂繁缛的纹饰著称，印纹白陶圈足盘尤具特色。釜、罐、钵的腹部无一例外地装饰绳纹，且多为细绳纹或中绳纹。另外，戳印纹与篦点纹交互辉映，成为一大特色。最具特色的图案有凤鸟、兽面，此外还有垂帘纹、带状纹、波浪纹、八角星纹。有的还在器物的圈足底部施加彩绘（图一三）。

3. 松溪口文化

以松溪口遗址上层、征溪口遗址中期遗存、高庙上层早段为代表。器物仍然维持圜底器和圈足器的主导地位，风格在原文化传统的基础上有了发展。主要器物有内叠层宽凹沿釜、折腹盆形钵、直口扁鼓腹亚腰罐、斜卷沿广肩球腹罐、曲折腹圈足盘等。罐

---

[29]　湖南省文物考古研究所《湖南黔阳高庙遗址发掘简报》，《文物》2000 年第 4 期。

[30]　湖南省文物考古研究所《湖南辰溪县征溪口贝丘遗址发掘简报》，《文物》2001 年第 6 期。

[31]　湖南省文物考古研究所《湖南辰溪县松溪口贝丘遗址发掘简报》，《文物》2001 年第 6 期。

[32]　吴顺东《湖南辰溪大汫潭电站淹没区考古取得重要收获》，《中国文物报》2006 年 9 月 1 日第 2 版。

[33]　贵州省文物考古研究所发掘资料，笔者于 2006 年参观所见。

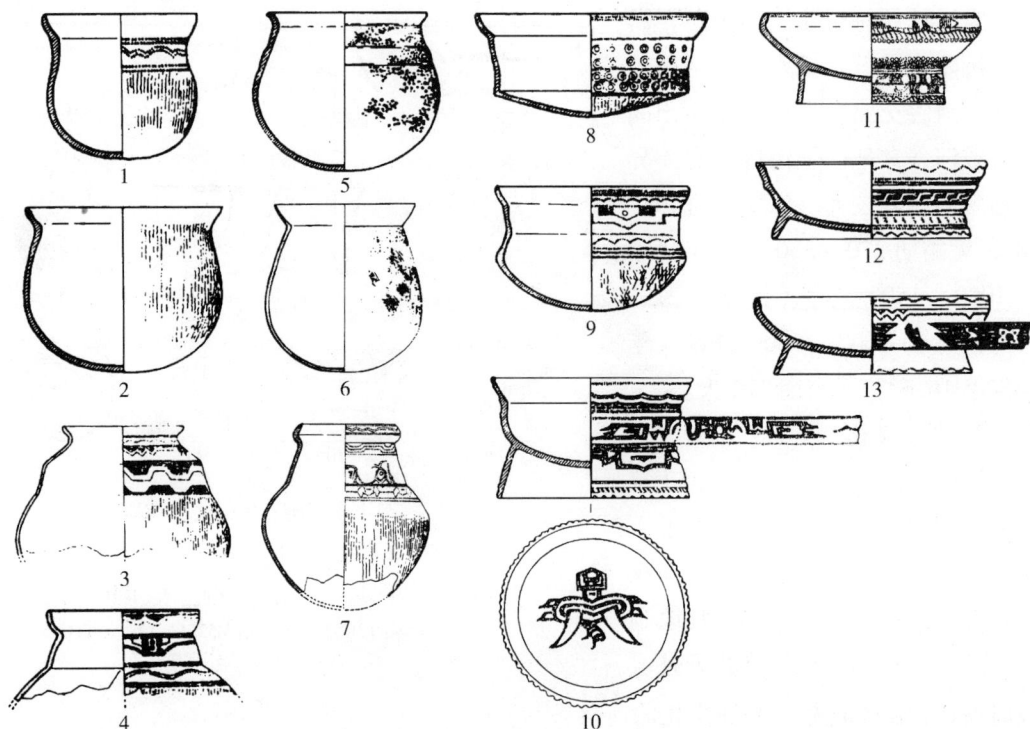

图一三 高庙遗址下层高庙文化陶器

1. T0914⑭: 66 2. T1115⑩: 69 3. T2003㉕: 23 4. T0914⑭: 36 5. T1115⑩: 67 6. T2003㉔: 18 7. T1114⑩: 32
8. T2104㉔: 20 9. T0914⑭: 25 10. T2003㉑: 12 11. T1105⑩: 66 12. T0913⑭: 7 13. T0914⑭: 45

的斜卷沿、束颈、长弧腹成为重要特征，在其腹部饰绳纹，有的在颈部饰篦点纹；盘的形式多样，器表仍有复杂繁缛的纹饰，剔刺纹和篦点纹的组合成为一大特色，在大多数盘的器表组成了浮雕的有翼兽面图案，多数盘的沿外也有浅浮雕的装饰（图一四）。

4. 高庙上层文化

以高庙上层晚段为代表，涉及的遗存还有吉首河溪教场遗址第 10~8 层[34]、征溪口遗址晚期的部分单位、辰溪溪口遗址中层[35]。高庙上层的陶器仍以圜底器和圈足器为主，另有少量的三足器和平底器。主要器形有釜、罐、钵、盆、盘、豆、碗和支座。窄沿和盆形的釜、大口和彩陶的罐、圜底钵、碗成为具特征性的器物（图一五）。纹饰则有戳印纹、刻划纹、镂孔、按窝以及拍印的哈斑纹。大部分泥质陶罐上施有彩绘。高庙上层文化也出土一批墓葬，墓葬还可以分期，早期的彩陶罐与豆基本是日常生活器皿，

---

[34] 湘西自治州文物处《吉首市河溪教场遗址发掘简报》，《湖南考古》（2002·上册），岳麓书社，2004 年。

[35] 湖南省文物考古研究所 2006 年发掘资料。

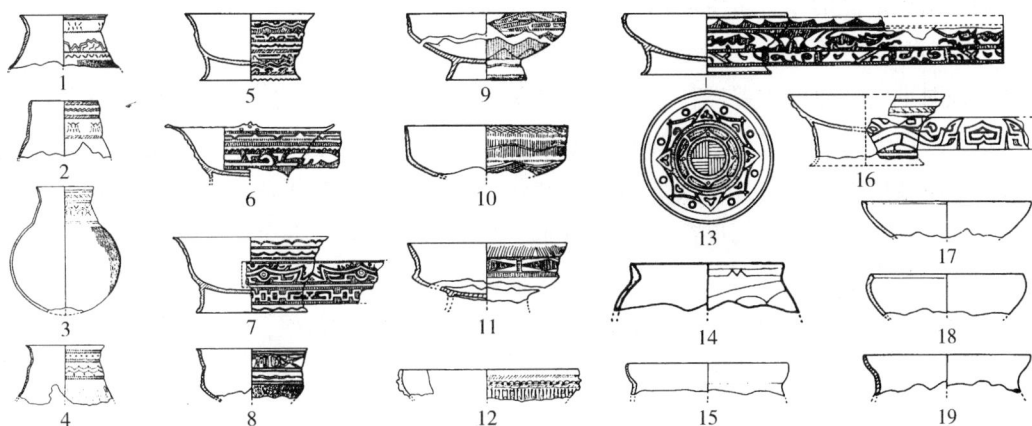

图一四　松溪口文化陶器

1. 松 T1⑦：10　2. 松 T3⑩：9　3. 松 T3⑪：14　4. 征 T2④：9　5. 松 T3⑪：3　6. 松 T1⑩：14　7. 征 T2④：7
8. 征 T2③：15　9. 松 T1⑧：16　10. 松 T3⑪：6　11. 征 T2③：29　12. 征 T2③：18　13. 松 T1⑦：6
14. 松 T1⑩：10　15. 征 T2③：22　16. 松 T3⑩：8　17. 松 T1④：8　18. 征 T2③：27　19. 征 T2③：26

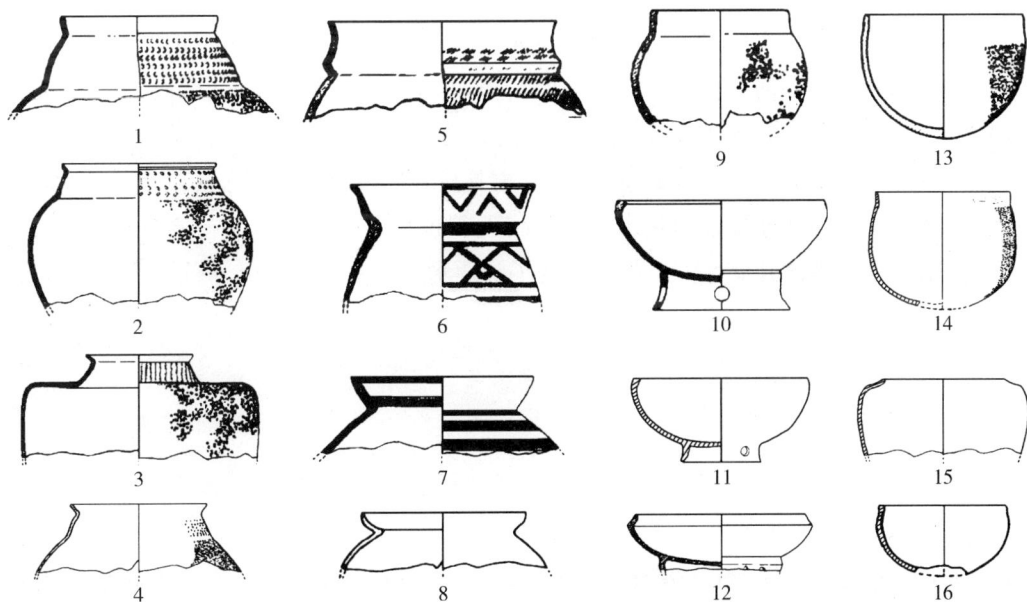

图一五　高庙上层文化陶器

1. 高 T1015⑤：17　2. 高 T0914④A：6　3. 高 T1015④A：20　4. 征 T3②：15　5. 高 T2003⑨：12　6. 高 T2104⑱：3
7. 高 T1015④B：40　8. 征 T3⑥：1　9. 高 T1015④A：16　10. 高 T0914⑤：27　11. 征 T3②：26　12. 高 T0913③：30
13. 征 T3②：3　14. 征 T3②：4　15. 征 T3③：17　16. 征 T3③：23

晚期则出现明显的非日常生活用器的组合如簋、曲腹杯、罐和壶等[36]。

5. 屈家岭文化

该时期的文化的主要遗存是怀化高坎垅遗址[37]。该遗址的主要堆积为第 3、4 层，以及开口第 3 层下打破第 4 层的一批墓葬。文化特征则大多数器物的形态与洞庭湖澧水中下游地区的大溪文化四期、屈家岭文化相似，但却缺少了澧水下游该时期较有特征的鼎，整个遗址的发掘仅在 M28 的坑底天图中发现 1 件粗泥黑陶的鼎足。墓葬中陶器组合为簋、曲腹杯、豆、碗、壶、罐、釜等。这些器物也是澧水下游区域屈家岭墓葬中的基本组合，且陶器形态及其组合的变化也基本与其相似，显然它的性质为屈家岭文化（图一六）。

6. 石家河文化

以沅陵老爷台遗址为代表[38]，涉及的遗存还有麻阳步云桥遗址下层、上洲遗址下层和泸溪浦市遗址中层[39]。老爷台发掘出的器物有绳纹、方格纹的罐、盆形鼎、红陶鬶、豆、高柄杯等，具有澧水中下游地区石家河文化的特点。但现在对其特点的把握尚须更多的材料。

以上遗址主要集中在沅水中游地区，上游地区的考古发掘工作还很薄弱。相比较而言，下游地区的工作竟然还是空白，沅水自常德以下进入洞庭湖河网交织的平原地区，与澧水下游颇多河汊相通。在后来的历史时期，沅、澧下游水道是从湘西通往洞庭湖、江汉平原和中原的重要交通线，秦代的迁陵—沅陵—临沅—索县—孱陵—江陵—销—鄂是一条水陆兼备的重要通道[40]。索县故址即在今常德市东北的断港头乡，位于澧水和沅水中间并连接着两条水系，现代地貌也仍然显示沅水和澧水在这里基本相通。相信在这一地区开展考古工作可以为了解两水系史前文化的交流提供重要证据。

---

[36] 贺刚《高庙遗址的发掘与相关问题的初步研究》，《湖南省博物馆馆刊》第二期，岳麓书社，2005 年。
[37] 湖南省文物考古研究所等《怀化高坎垅新石器时代遗址》，《考古学报》1992 年第 3 期。
[38] 湖南省文物考古研究所 1993 年冬发掘资料。
[39] 贺刚《高庙遗址的发掘与相关问题的初步研究》，《湖南省博物馆馆刊》第二期，岳麓书社，2005 年。
[40] 湖南省文物考古研究所等《湖南龙山里耶战国—秦代古城一号井发掘简报》，《文物》2003 年第 1 期。

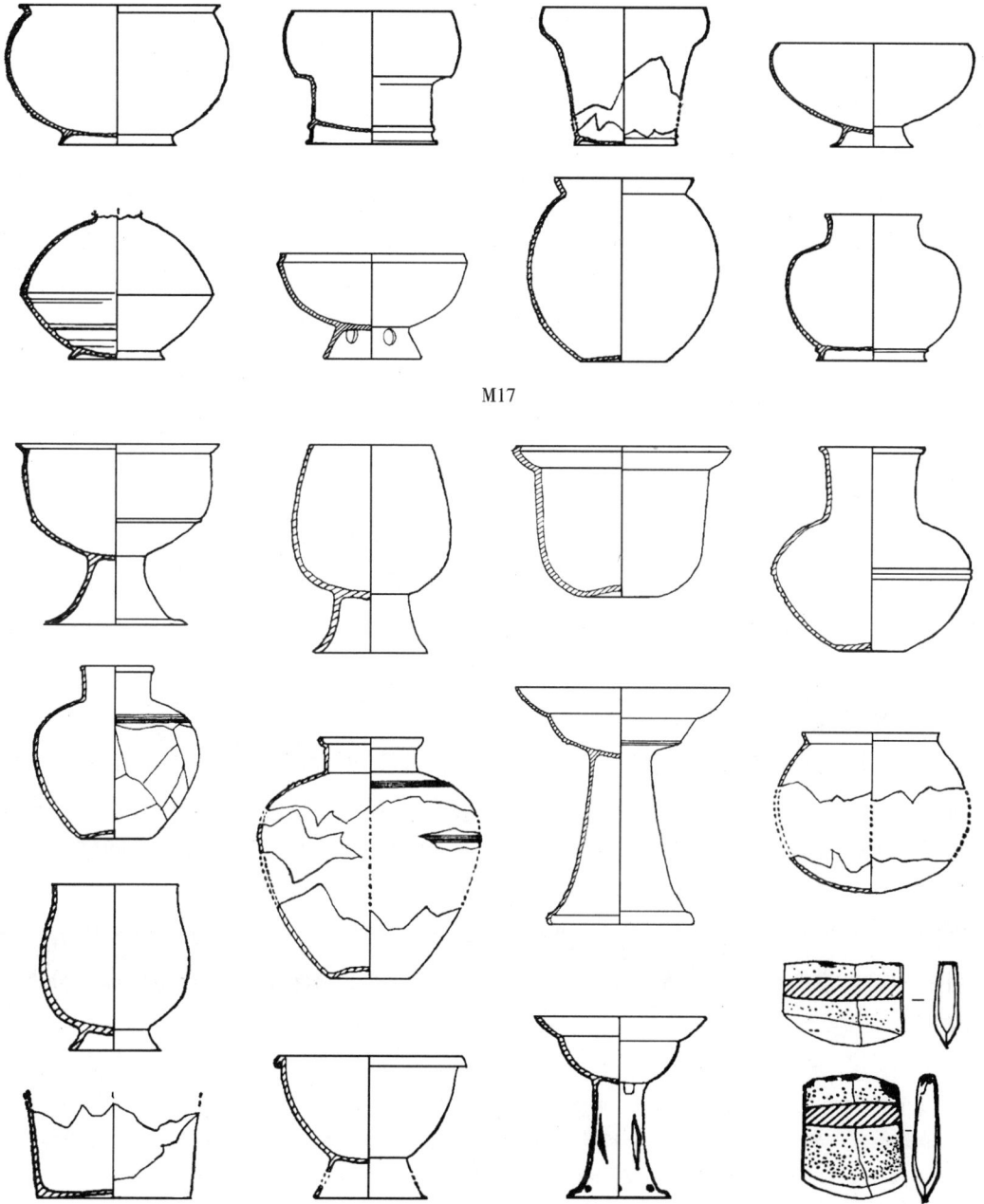

M17

M24

图一六　高坎垅遗址屈家岭文化陶器

三、湘江中下游新石器文化谱系

1. 地理环境

本区域环境具有自身特色，湘江中下游包括衡阳、湘潭、株洲、长沙、岳阳诸地区，沿岸地势平坦，发育了相当宽广的河流台地，或有丘岗相间。湘阴以下即进入洞庭湖区，冲积出洞庭湖南岸平原。在湘水河口部分，水道分歧，散布着大小不等的湖泊，大都是昔日洞庭湖的遗迹。濠河口以下，分左右两支，左支折向临资口，汇资水洪道，再转向东北至芦林潭；右支向东北至于芦林潭后与左支汇合直灌洞庭湖。在湘江的右岸，则是湘东山系发育的众多由东向西的支流台地和丘陵盆地。从衡阳至于岳阳，有洣水、渌水、浏阳河、捞刀河、汨罗江、新墙河等。整个湘江中下游地区属于中亚热带季风湿润气候，年均气温17.6°，降水量1300~1400之间，无霜期277~288天。

2. 黄家园类型

主要以汨罗黄家园遗存为代表[41]。可以分为两段，早段以夹砂夹炭红褐陶为大宗，有少量的泥质夹炭红褐陶，器物为圜底罐（釜）、双耳罐、圜底钵。晚段出现夹砂红陶，出现戳印纹，器物形态整体维持早段的风格，但出现圈足器，釜、罐卷沿明显，双耳移至颈部。装饰手法多粗绳纹，有的器表施红衣（图一七）。

3. 大塘文化

主要以汨罗附山园早期[42]、长沙大塘[43]、茶陵独岭坳早期遗存[44]为代表。大体可以分为两期，前期陶器多为夹砂红陶，另有一定的夹炭红陶，器物流行圜底器和圈足器。主要器类有釜、双耳罐、碗、圈足盘、钵等。出现不少碟形底部中间带捉手的器盖，这种器物是与釜（罐）等器类配套使用的。后期出现泥质红陶，依然为圜底器和圈足器的传统风格，有少量平底器的出现。基本器类同前期，双耳罐的折沿明显（图一八）。也有认为可以将该文化分为三期的[45]。但基本在这个时段范围内，分期的

[41] 郭胜斌、罗仁林《附山园—黄家园遗址的考古发现与初步研究》，《长江中游史前文化暨第二届亚洲文明学术讨论会论文集》，岳麓书社，1996年。
[42] 郭胜斌、罗仁林《附山园—黄家园遗址的考古发现与初步研究》，《长江中游史前文化暨第二届亚洲文明学术讨论会论文集》，岳麓书社，1996年。
[43] 黄纲正《长沙南托遗址文化类型试析》，《长江中游史前文化暨第二届亚洲文明学术讨论会论文集》，岳麓书社，1996年；长沙市文物工作队《长沙县新石器时代遗址普查简报》，《湖南考古辑刊》第五集。
[44] 株洲市文物处《茶陵独岭坳新石器时代遗址发掘简报》，《湖南考古辑刊》第七集。
[45] 尹检顺《湘江流域原始文化初论》，《南方文物》1999年第4期；郭胜斌《大塘文化初论》，《湖南省博物馆馆刊》第二期，岳麓书社，2005年。

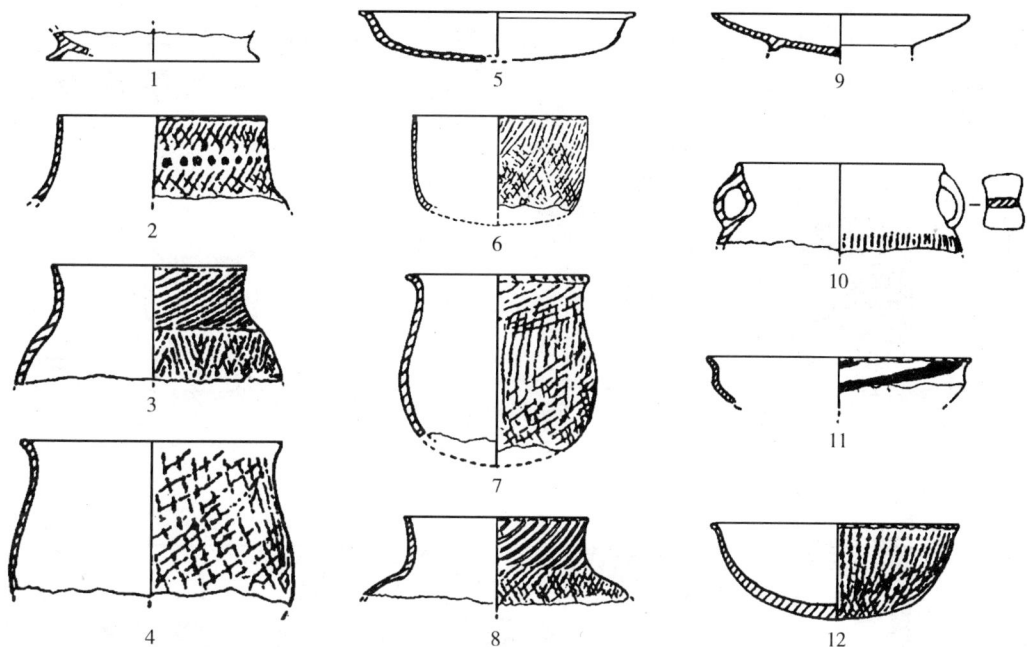

图一七　黄家园遗址出土陶器

1. T16⑥:14　2. T16⑥:23　3. T16H10:1　4. T16H10:2　5. T16⑥:13　6. T15⑥:6　7. T16⑥:1　8. T16H10:11
9. T15⑥:9　10. T16⑥:16　11. T16⑦:3　12. T16⑦:5

粗细不会改变大塘文化的性质和陶器排序。

4. 堆子岭文化

主要以独岭坳晚期、磨山早期[46]、堆子岭[47]、附山园中期遗存为代表。该文化大致可以分为四期[48]。第一期的文化遗存较为单薄，鼎成为该文化区别于大塘文化的重要标志，筒形釜、双耳罐是本地传统风格的延续。纹饰流行戳印纹，此外还有篦点雨线纹、绳纹等。第二期出现一批新的器形，并出现细砂白陶。鼎、釜、双耳罐、圈足盘为主要器类。鼎的形态呈多样化的趋势。第三期出现许多新的因素，大量的泥质陶出现，鼎的形态更加多样，出现了较多的高圈足盘、双腹器等。第四期夹砂陶和泥质陶基本占有各自一半的比例，大量流行附加堆纹、按窝、圈点纹、绳纹和锥刺纹等装饰技法。在器形上出现侈口束颈鼓腹釜和凹沿釜，宽凹鼎足和凹槽鼎足成为一大特色。此外还有泥质红陶高领罐、子母口罐各种高圈足盘、器座、柄部镂孔带突节的豆

---

〔46〕　湖南省文物考古研究所等《株洲县磨山新石器时代遗址试掘简报》，《湖南考古辑刊》第六集。
〔47〕　湖南省文物考古研究所《湖南湘潭县堆子岭新石器时代遗址》，《考古》2000 年第 1 期。
〔48〕　郭伟民《湘江流域新石器文化序列及相关问题》，《华夏考古》1999 年第 3 期；《论堆子岭文化》，《江汉考古》2003 年第 2 期。

图一八　大塘文化陶器

1. 附 T4M17：6　2. 附 T7M51：3　3. 附 T4M24：1　4. 附 T4M27：1　5. 附 T5⑤：35　6. 附 T5⑤：38

7. 附 T7M53：9　8. 附 T4M18：2　9. 附 T3④：24　10～17. 大塘遗址出土

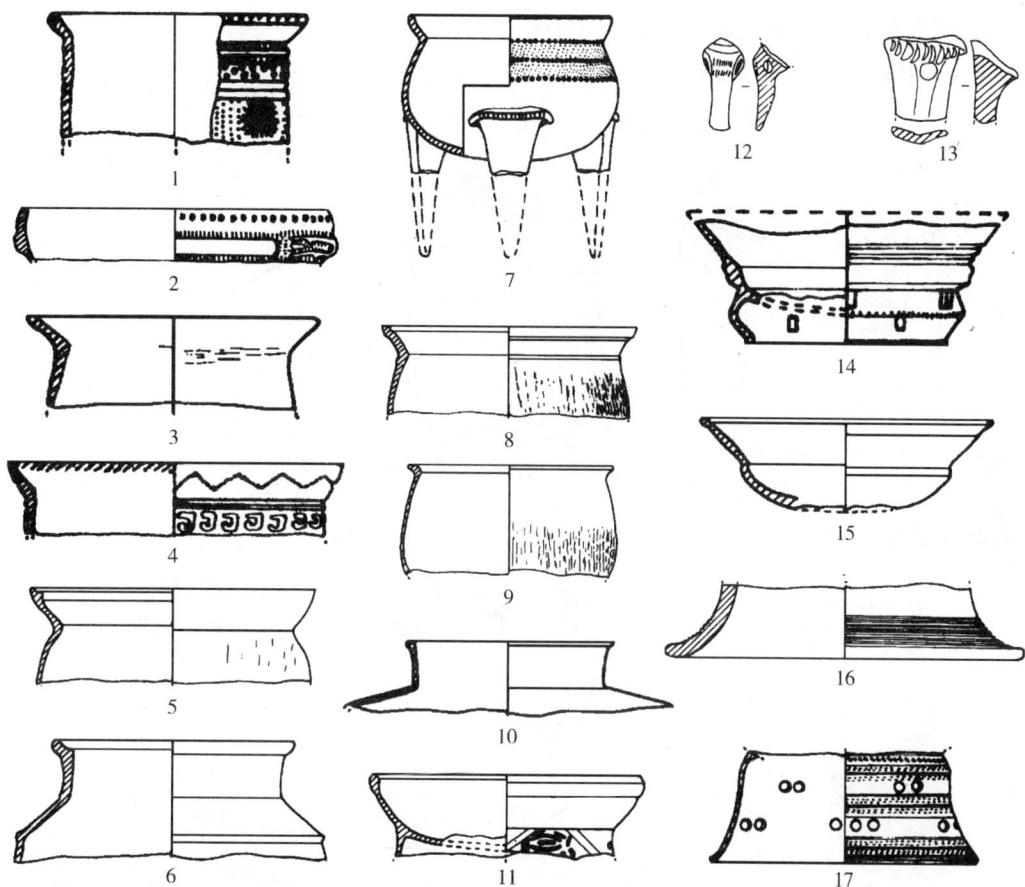

图一九 堆子岭文化陶器

1. 独 T1G1:1 2. 磨 T1⑨:25 3. 堆 T4⑧:49 4. 磨 T1⑨:27 5. 堆 H5:21 6. T4⑦:22
7. 堆 M1:2 8. 堆 H5:16 9. 堆 H3:126 10. 堆 T4⑦:19 11. 堆 H5:3 12. 堆 H3:142
13. 堆 H5:24 14. 堆 T4⑧:17 15. T4⑤:2 16. 堆 H5:9 17. 堆 H3:31

形器等（图一九）。

5. 岱子坪一期文化

以醴陵黄土坝[49]、湘乡岱子坪一期[50]、长沙腰塘[51]、月亮山遗存[52]为代表。该文化在陶色陶质上维持本流域堆子岭文化以来的传统，即夹砂红褐陶为主体，同时还有泥质红陶和泥质磨光黑陶。主要器类有浅盆形宽凹足鼎、釜形和罐形鼎、高柄带

---

[49] 湖南省文物考古研究所 2004 年发掘资料。

[50] 湖南省博物馆《湘乡岱子坪新石器时代遗址》，《湖南考古辑刊》第二集。

[51] 长沙市博物馆发掘资料。

[52] 湖南省博物馆考古部 20 世纪 70 年代发掘资料。

箍豆、高领罐、壶、簋、甑等。纹饰仍有绳纹、戳印纹、按窝和刻划纹（图二〇）。

　　6. 磨山晚期·舵上坪类型

　　该一类型文化主要以岱子坪二期、三期、舵上坪[53]、磨山晚期、附山园晚期遗存

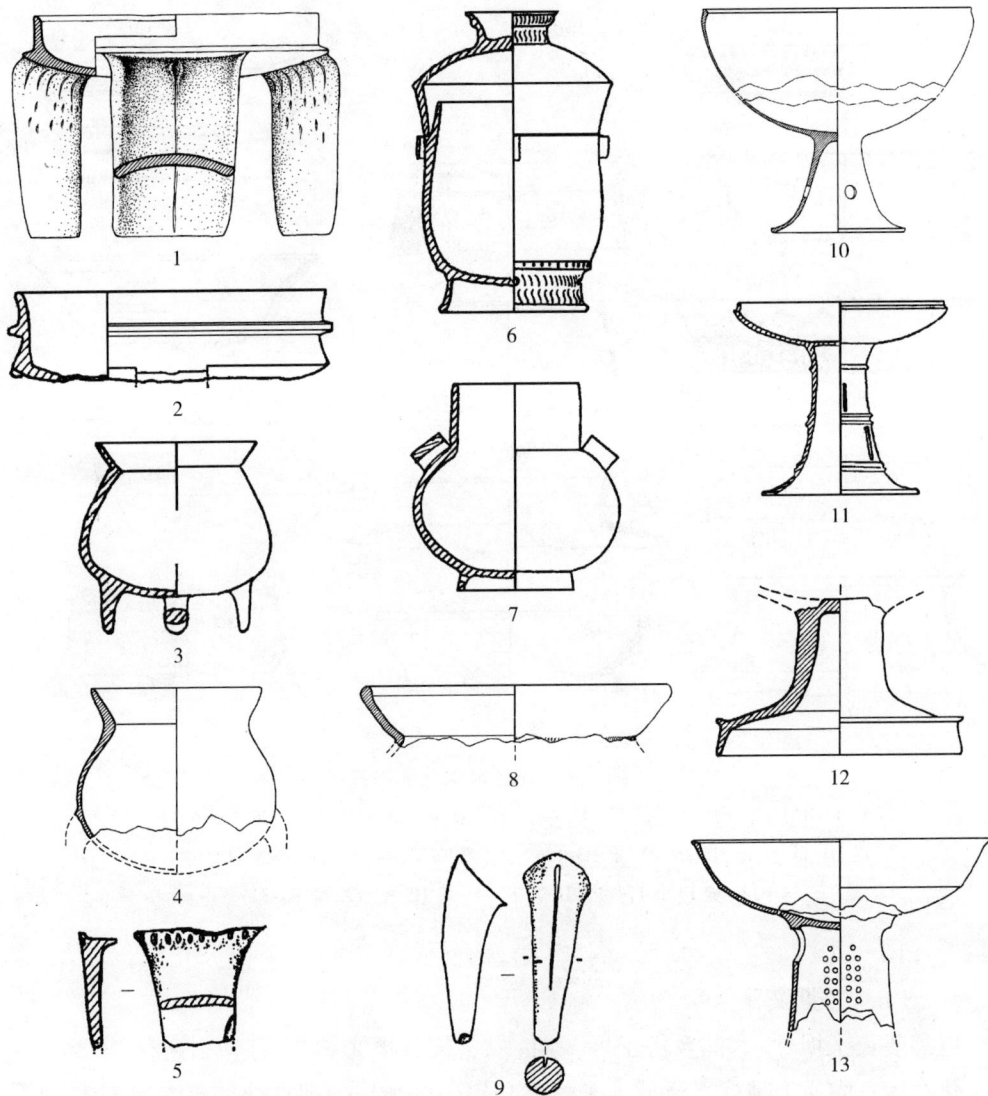

图二〇　岱子坪一期文化

1. 黄 T8⑧:1　2. 岱 T1⑥:14　3. 岱 M62:4　4. 黄 M1:1　5. 岱 T1⑥:18　6. 岱 M43:1　7. 岱 M62:1
8. 黄 M1:2　9. 岱 T1⑤:5　10. 黄 M1:6　11. 岱 M62:12　12. 黄 M1:5　13. 黄 M1:3

---

[53]　湖南省博物馆考古部 20 世纪 70 年代发掘资料。

为代表。该类型可以分为二期，早期以泥质陶为主，次为夹砂陶，陶色以黑陶、红陶为主，次为灰陶。主要器类有釜、罐形鼎、盆形鼎、高领罐、喇叭形圈足豆、长颈壶、盂形器、鬶等。晚期出现少量硬陶，仍以夹砂红陶为主，纹饰流行方格纹和篮纹，还出现几何形印纹。器类与早期大致相若，但豆柄部位的鼓突是一大特点，此外还出现了擂钵（图二一）。

图二一　磨山晚期·舵上坪类型

1. 岱 M1:1　2. 岱 M44:8　3. 磨 T6M2:1　4. 岱 M12:6　5. 岱 M22:1　6. 磨 T7M20:1　7. 岱 M65:4
8. 磨 T6M12:4　9. 磨 T7M7:3　10. 岱 M13:2　11. 岱 M54:1　12. 岱 M4:1

以上湘江中下游新石器时代陶器编年和文化序列，基本反映了该区域历时性的文化发展状况。与沅水中上游一样，我们在叙述这两个地区的文化序列时基本采取了罗列陶器的方法。因为材料的限制，我们至今还无法编制一个比较详细的陶器演变序列和文化谱系，在利用考古材料来分析陶器风格产生以及出现变异的原因时也有捉襟见肘之感，这是与澧水中下游地区最大的差异之所在。不过，大体的陶器编年已经建立，并不存在阶段性缺环，所以这两个区域目前的材料仍然提供了认识本区域史前文化进程的一条基本路径。湘江中下游的另一个重要地区是资水下游区，如前所述，资水在其下游已经与湘江下游属于同一个地理范畴。其文化发展的概貌与湘江中下游保持同步。在这方面，已有文章对其专门论述[54]。

四、区域考察

（一）区域新石器文化的时间序列

只有在时间的维度上，才能考察区域空间的情况。在分析湖南地区这三片区域时，我们唯有建立一个时间的坐标，才能探讨空间的文化关联。建立时间坐标最好的办法是依据测年建立绝对年代的时间序列表，但考古类型学的陶器排序也能为我们确定相对年代。尤其在成批量的系列测年数据还无法获取的情况下，陶器排序与测年数据的结合才是确立时间坐标的最好途径。

1. 澧水中下游区

彭头山文化的测年数据较多，并有常规测年和 AMS 测年两种。其基本的年代框架落在距今 10000～7800 年之间。

皂市下层文化的测年数据有皂市和胡家屋场遗址共 8 例，由于选择的测年标本可能不代表最早和最晚的单位，所以在上限和下限上还可作适当调整，依据这样的数据，可以确定皂市下层的年代在距今 7800～7000 年之间。

汤家岗文化、大溪文化、屈家岭文化、石家河文化的年代数据目前尚少，可参照两湖地区其他地点的测年数据定出基本年代框架。汤家岗文化为距今 7000～6300 年；大溪文化为距今 6300～5500 年；屈家岭文化为距今 5500～4500 年；石家河文化为距今 4500～3900 年。

2. 沅水中上游区

该区域的高庙、松溪口、征溪口等几处遗址均有测年数据，现罗列如下。

（1）BK92033，高庙 T1115⑫层炭粒。距今 6740±80 年，年轮校正后为距今 7360±80 年。新的树轮校正数据为 4880BC（68.2%）4710BC～4970BC（95.4%）4640BC。所处地层为高庙文化。

（2）BK92038，高庙 T1115⑨层炭粒。距今 6790±90 年，年轮校正后为距今 7410±115 年。新的树轮校正数据为 4940BC（68.2%）4750BC～5030BC（95.4%）4660BC。所处地层为高庙文化。

（3）BK94120，松溪口 T2⑮层木炭。距今 6340±90 年，年轮校正后为距今 6980±115 年。新的树轮校正数据为 4490BC（68.2%）4300BC～4580BC（95.4%）4210BC。所处地层为高庙文化。

---

[54]　潘茂辉《益阳新石器时代遗址考古发现与初步研究》，《考古耕耘录》，岳麓书社，1999 年。

（4）BK94113，松溪口T⑦层木炭。距今6015±70年，年轮校正后为距今6670±105年。新的树轮校正数据为4140BC（68.2%）3990BC～4210BC（95.4%）3920BC。所处地层为松溪口文化。

（5）BK92036，高庙T1115⑥层炭粒。距今5420±80年，年轮校正后为距今6070±125年。新的树轮校正数据为3560BC（68.2%）3390BC～3640BC（95.4%）3310BC。所处地层为高庙上层文化。

（6）BK94114，征溪口T3⑤层木炭。距今5225±150年，年轮校正后为距今5855±165年。新的树轮校正数据为3430BC（68.2%）3120BC～3600（95.4%）2950BC。所处地层为高庙上层文化。

（7）BK94115，征溪口T3⑥层木炭。距今5525±70年，年轮校正后为距今6180±120年。新的树轮校正数据为3650BC（68.2%）3500BC～3720BC（95.4%）3430BC。所处地层为高庙上层文化。

这里公布的"校正数据"与笔者通过树轮校正软件所得的数据存在相当大的误差，其中原因还无法讨论，我们更倾向于后者的可靠性。高庙文化最早一组数据的年代上限为5030BC，但正如前述，这里几乎所有的数据均不是来自具有时间上限和下限的地层，比如高庙遗址在2005年的发掘中就发现了早于高庙T1115⑿层的遗存。自然，5030BC仍不能作为高庙文化遗存的上限，到底选择何种时间刻度，还有待探讨。比较陶器的形态，高庙文化早期颇具有皂市下层文化早期的风格特征，其年代自然不会越过这一基本时间范围，上限最多只能到距今7800年。综合以上数据，可以将沅水中上游地区文化这几处重要文化遗存的年代排出一个大致的序列：高庙文化，距今7800～6800年；松溪口文化，距今6800年～6100年；高庙上层文化，距今6100～5300年，基本与大溪文化年代相当，其下限或略晚，该文化以后与澧水中下游的发展同步。

3. 湘江中下游区

大塘遗址曾经在相关论文中公布过一个数据，距今6990±100年，树轮校正后的年代为5150BC（68.2%）4940BC/5250BC（95.4%）4840BC。该数据最有可能的年代在距今7000年上下，约相当于皂市下层文化晚—汤家岗文化前段；堆子岭文化的年代基本与汤家岗文化晚段—大溪文化同时；岱子坪一期与屈家岭文化同时；磨山晚期·舵上坪类型相当石家河文化时期。

对比澧水的文化序列，兹将三个区域各个文化时期的大致年代列表如下（表一）。

表一　三大区域年代与文化序列

年代（BP）＼文化＼区域	澧水中下游	沅水中上游	湘江中下游
10000	彭头山文化		
7800			黄家园类型
	皂市下层文化	高庙文化	
7000			大塘文化
	汤家岗文化	松溪口文化	
6300			堆子岭文化
	大溪文化	高庙上层文化	
5500			
	屈家岭文化	屈家岭文化	岱子坪一期文化
4500			
	石家河文化	石家河文化	磨山晚期舵上坪类型
3900			

（二）区域的文化进程与区域互动

考察三大区域新石器文化进程，应当致力于各区域文化发展的整体脉络，梳理其变化轨迹，寻找变化原因。描述文化的面貌虽然是一项基本的步骤，但更要解释这种面貌，找到文化发展变化的主导因素和原动力。

本文之所以从区域的角度来进行考察，完全从属于客观分析对象的现状。第一，这三片地区，因为不同的空间占据，存在相当的差异，地形、地貌、水文、气候以及动植物和各种资源均因空间分布的不同而各有千秋。第二，分区的另一个原因还在于文化的差异，史前文化传统在这三大区域分别构筑了既有关联，又相区别的各类考古学文化，考察它们之间的关系本身就是一件极有意义的工作。

（1）澧水中下游地区最早的新石器文化还只能推到彭头山文化，该文化的基本概貌和陶器的变化已如前述。探讨文化的变化，传统考古学一直在扩散与传播论中寻找理论支持，这被新考古学家称为"水波理论"而受到讥讽[55]，新考古学特别强调要从

[55]　马修·约翰逊《考古学理论导论》，第20～21页，岳麓书社，2006年。

文化内部寻找"动力"，认为文化的变化不能简单地归结为受外部影响所致，而是要把文化作为一个系统，在系统内，各种因素是如何作用的，即使是受外部影响，也要解释为什么外部因素会影响到本文化系统内部的。不过，新考古学派在批评传统考古学的时候，否定了一个自己建立起来的理论前提：既然文化系统内部是相互作用的，难道文化系统之间就不相互作用？只有把文化视作动态的过程，才能寻找到文化变化的动力。我们当然毫不怀疑，彭头山文化在其发展过程中，内部各种因素相互作用，此外还有对于环境的适应、资源的获取、生存方式的确定等等都会在物质文化上得到反映并促使文化发生变化。同样不怀疑彭头山文化与外文化存在着相互作用，因而也会给文化的发展提供动力。一方面是扩散，并在其扩散过程中发生相应的文化变异，目前最直接的证据是在鄂西南地区的长江沿岸，大致在彭头山文化的晚期，文化势力已经成功辐射到这里，城背溪文化被认为是彭头山文化向北发展的产物[56]。同时，这种文化的外向交流不仅仅是扩散，还有吸收。从大的地理空间来看，比彭头山文化早或略同时的西南地域空间里，有甑皮岩、玉蟾岩一类遗存[57]，存在于桂东北—湘西南地区。从新旧石器过渡时期开始，即出现陶器和早期栽培稻的迹象，这同样是彭头山文化的主要特征指标。一些基本类似的风格还在陶器上得到反映，比如甑皮岩第二至四期的陶器均用泥片贴塑法制成，器表纹饰均装饰粗绳纹，都存在戳印纹、刻划纹。在器形上都流行大口深腹罐（釜）、束颈罐等，这均显示两地之间存在某种关联，而甑皮岩二至四期在桂东北地区有更早的源头。彭头山文化的出现与这一地区新旧石器过渡和新石器早期文化的发展有什么关系，我们姑且存疑。同样，在江西万年仙人洞和吊桶环也发现了距今万年以上的陶器[58]。长江下游的曹娥江和浦阳江流域，发现了距今万年以内的新石器文化遗存，这些遗存的碳十四测年都比较早[59]。在小黄山遗址，还出土了相当数量的圈足器和平底器。彭头山文化向皂市下层文化过渡时出现的圈足器，是否为下游文化作用所致，有学者即作了肯定的答复[60]，这当是一种很有意义的观察。不过，在彭头山文化及其前后关联的年代里，南方地区是否已经形成一个新石器前期文化交流圈，还有待将来做更多的工作。

---

[56]　相关文章有裴安平《彭头山文化初论》，《长江中游史前文化暨第二届亚洲文明学术讨论会论文集》，岳麓书社，1996 年；何介钧《长江中游新石器时代文化》，湖北教育出版社，2004 年。

[57]　中国社会科学院考古研究所等《桂林甑皮岩》，文物出版社，2003 年；袁家荣《湖南道县玉蟾岩 1 万年以前的稻谷和陶器》，《稻作、陶器和都市的起源》，文物出版社，2000 年。

[58]　刘诗中《江西仙人洞和吊桶环发掘获重要进展》，《中国文物报》1996 年 1 月 28 日；严文明等《仙人洞与吊桶环——华南史前考古的重大突破》，《中国文物报》2000 年 7 月 5 日。

[59]　上山遗址的年代为距今约 10000 年，小黄山遗址的年代为距今约 9000 年。

[60]　蒋乐平《错综复杂的东南新石器时代早期文化——也谈浙江新发现的几处较早期新石器时代遗址》，《中国文物报》2006 年 4 月 28 日第 7 版。

皂市下层文化的大部分器物形态来自于彭头山文化，两种文化的过渡并未发生明显的传统风格的转变。釜、罐作为重要的特色只是出现了局部形态的变化，双耳罐的最大变化在于器耳。此外，圈足盘的形态较为发达，当然还出现了许多新的器类。这些新器类的出现，一方面反映陶器的功能愈加多样化；另一方面则说明陶器制作已经趋向细微化，或者说人们日常生活愈加精致。所以彭头山文化向皂市下层文化的转变可视作是文化传统的自然延续。然而，由皂市下层文化到汤家岗文化过渡却出现了较大的跳跃式变化，皂市下层文化似乎在过渡到汤家岗文化时，丢弃了许多自身固有的因素而大量吸收了外来因素，特别是汤家岗文化的白陶篦点戳印纹圈足盘，与皂市下层文化的圈足盘存在很大差异。此外，筒形釜、束颈鼓腹圜底腹、折壁碗都与本地传统有别。尹检顺详细分析了汤家岗文化因素的来源，指出沅水中上游的高庙文化对汤家岗文化的形成起了重要作用[61]。这种现象的出现给人以思考，为什么偏居河谷的高庙文化能够成功影响有深厚文化根基的澧水中下游？仔细检视其考古学元素，会发现高庙文化有着独特的陶器风格，它的陶器上似表现了较强烈的宗教艺术因素。陶器的装饰手法、繁缛奇诡的纹饰和图案、白陶的出现等等，均可能带有一些独特的宗教意义，当是人们观念的物化表征。汤家岗文化的陶器也带有这样的含义，它接受了高庙文化的印纹白陶、白陶上精美神秘的图案，说明高庙文化的精神系统对其产生了重要作用（图二二）。

有证据显示，澧水下游包括汤家岗遗址和划城岗遗址在内的安乡一带，是印纹白陶的中心，也是汤家岗文化的中心[62]。从地理位置来看，安乡地处澧水下游，正好处在沅水下游与澧水的接合地带，具有地缘上的有利条件，高庙文化对澧水中下游洞庭湖区的作用可能是使这里成为印纹白陶中心的重要原因。汤家岗文化的形成表明：我们在关注物质文化进步以及经济技术发展带来器物风格变化的同时，也不能忽略人类的精神层面。考察文化的变迁得从具体的对象入手，文化变迁没有固定的模式。

问题是这些现象的背后，是什么在起作用？即使洞庭湖地区接受了高庙文化的精神信仰从而造成了文化变迁，但是什么原因使得它认为接受这种外来习俗是一种合理的选择？我们如何考察这种现象后面的人们的动机？

这就是观念为什么会传播，文化交流是思想观念、经验技艺和其他文化特质在社会群体之间的互动，它背后是人群的交流。人群的迁移、贸易和交换都有可能在沅水中上游和洞庭湖之间发生，当这种交流达到一定的程度，就会在物质形态上带来改变，

---

〔61〕 尹检顺《汤家岗文化初论》，《南方文物》2007年第2期。

〔62〕 贺刚《高庙遗址的发掘与相关问题的初步研究》，《湖南省博物馆馆刊》第二期，岳麓书社，2005年。

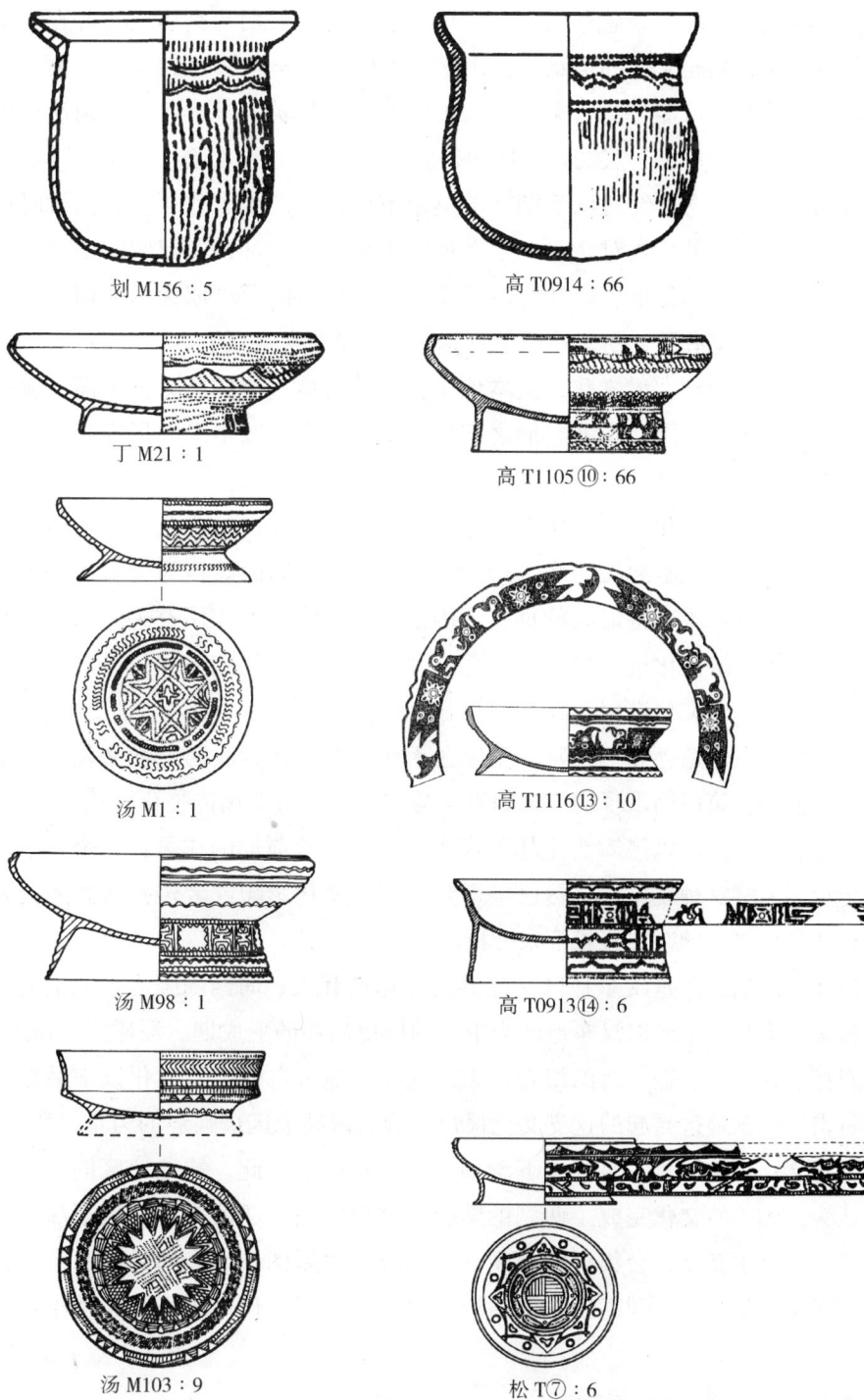

划 M156 : 5

高 T0914 : 66

丁 M21 : 1

高 T1105⑩ : 66

汤 M1 : 1

高 T1116⑬ : 10

汤 M98 : 1

高 T0913⑭ : 6

汤 M103 : 9

松 T⑦ : 6

图二二　汤家岗文化中的高庙文化因素

但是最大的改变会出现在观念和认知上。皂市下层文化长期与高庙文化并存，坟山堡遗址就发现了来自高庙文化的信息，坟山堡 T9H13 上：8 的 A 型器盖，盖面上透雕放射状的八角星图案，可能与高庙文化的八角星纹存在关联。2000 年丁家岗遗址第二次发掘，还发现了属于皂市下层文化晚期的兽面图案[63]。这说明至少在皂市下层文化的后期，高庙文化的观念已经对洞庭湖区的皂市下层文化发生了作用。我们暂时还无法更多地讨论高庙文化的传入对澧水中下游地区人们观念的冲击，但印纹白陶或者白衣陶且纹饰复杂神秘的圈足盘、带有浓厚高庙文化特征的筒形罐成为汤家岗文化墓葬中最具特色的组合性随葬品，所表达的信息其实已经是非常强烈了。

汤家岗文化发展到大溪文化，是本地文化传统自然过渡的结果，大溪文化一期的许多因素都承接了汤家岗文化，它们之间的相似性太多，以至有的研究者仍然将其视为湖南大溪文化的一部分。但是，它们之间的差别也是明显的[64]。从二期开始，大溪文化出现了一些新的变化。豆的增多，彩陶杯、碗的出现以及薄胎澄黄陶的出现都是新的因素。这些因素在本地无源头，彩陶碗、杯以及薄胎的风格为汉水东部地区所产生和发展，相信澧水中下游地区的这些新因素与汉东地区的作用有关。随着这些因素的到来，澧水中下游文化进程发生了一些变化，但这些变化趋势比较平缓，不至于改变本土文化传统。对文化进程造成重大冲击的时期是在大溪文化第三期至第四期之间。由于大溪文化第三期遗存并不丰富，至今还无法完全了解到底第三期文化发生了哪些重要变化。但是，第四期出现的一批因素，与前一阶段的文化传统存在重大差异。鼎、曲腹杯、簋、豆、壶的以黑陶为主体的陶器组合，一改前期的作风，完全打断了本土固有的传承。考察这种现象，自然已经不是所谓的文化影响或者传播模式所能解释得了，而要从一个更大的时空背景下来分析。

大溪文化晚期，正是汉东地区文化共同体迅速壮大、向四周强力扩张的时期。也是一个覆盖广大长江中游以汉东地区为中心的历史趋势的形成期。泥质或者细泥黑陶，鼎、曲腹杯、簋、豆、壶、罐的组合，无疑是汉东地区自油子岭文化以来最显著的区域文化特点。汉东地区兴起的这支文化很快便成为两湖地区最强势的力量，所到之处，将原有土著文化迅速取代。澧水中下游如此、汉水中游如此、峡江地区同样如此。从而可以认为，油子岭文化完成了两湖的整合。这种文化变迁的背后反映了深刻的社会变革内容，暗示了新型社会集团的出现和新的社会关系的产生。如果说汤家岗文化取代皂市下层文化是因为受到高庙文化的影响而改变原有文化传统只是与精神意识的取

---

[63]　湖南省文物考古研究所发掘资料。

[64]　郭伟民《洞庭湖区汤家岗文化与大溪文化特征的新认识》，《中国文物报》2001 年 3 月 28 日第7 版

舍有关，那么大溪文化四期的出现完全是在某种社会集团力量主导下的对以往文化传统的颠覆。其力量要远比前者大，所产生的效应也远远超过前者。种种迹象显示，这个时期的两湖地区史前文化一体化局面正在形成或正式形成，其背后当有某种趋同而非离散的社会力量在起作用。在完成了文化整合后的屈家岭文化一直到石家河文化早中期不少于 1000 年的时间里，两湖地区同步发展，城池林立，形成一道独特的地区性聚落社会景观。间或有一些区域的差异，但基本维持长江中游以汉东地区为中心，湖南又以澧水中下游的洞庭湖地区为次中心的基本格局。从文化变迁角度来看，屈家岭文化向石家河文化的过渡，是文化体内部的自然过渡，不存在突变，也不存在断层。石家河文化中期以后，由于受中原龙山文化的作用，长江中游原始文化的整体发展格局被打破，许多中原因素出现，导致石家河文化晚期与中期之间的连续性被打断，这个过程在整个中游地区也是同步发生变化。

（2）沅水中上游地区高庙文化已经刊布的一批器物，具有澧水中下游区早期阶段文化的一些基本特征，圜底釜、罐和钵在彭头山文化和皂市下层文化中是代表性器类，高庙遗址的 B 型罐与胡家屋场 A 型Ⅲ式亚腰罐存在诸多相似之处，皂市下层文化的亚腰双耳罐在高庙文化中变成无耳的釜，但整体形态相似。绳纹和戳印纹也是基本的装饰风格。在这个意义上，澧水中下游的古文化对高庙文化的产生所起的重要作用很明显（图二三）。

松溪口文化是高庙文化传统的延续，它的釜、罐、盘及其纹饰与高庙文化的联系极为密切。松溪口遗址出现了侈口、折腹、斜弧壁、矮圈足外侈、器表戳印曲折纹和垂帘纹的碗，与洞庭湖地区汤家岗文化遗存很相似，但其白陶盘则显然继承了高庙文化的风格（图二四）。

高庙上层文化则可分为两大阶段，早段出现的束颈圜底釜、罐、豆以及泥质红陶的增多，一方面是松溪口文化的延续；另一方面又具有洞庭湖区大溪文化的特征，说明与澧水中下游文化区的作用有关，鼎的出现可能与湘江中下游的作用有关（图二五）。

高庙上层文化晚段出现的一套器物，却与本地传统存在很大的差别，基本是澧水中下游区的特征，曲腹杯、壶、罐、簋的组合两地在形态上一致，没有根本的区别。这说明沅水中上游地区在维持自身固有特点的同时，加速了与洞庭湖地区融合的步伐，同时还可印证前文提到的大溪文化四期长江中游地区趋同力的作用。到屈家岭文化时期，高坎垅遗址地层和墓葬里所表现出来的风格与洞庭湖区屈家岭文化已经基本一致，不同的只是个别的器物。正是这些差别的存在，才使我们更能很好地理解屈家岭文化在长江中游地区的空间分布特征和区域特征。以上情况显示，沅水中上游地区大致从高庙上层文化晚段开始，基本走上了与洞庭湖澧水中下游地区同步发展的轨道。

（3）湘江中下游地区最早的黄家园类型早段的一批器物与彭头山文化别无二致，

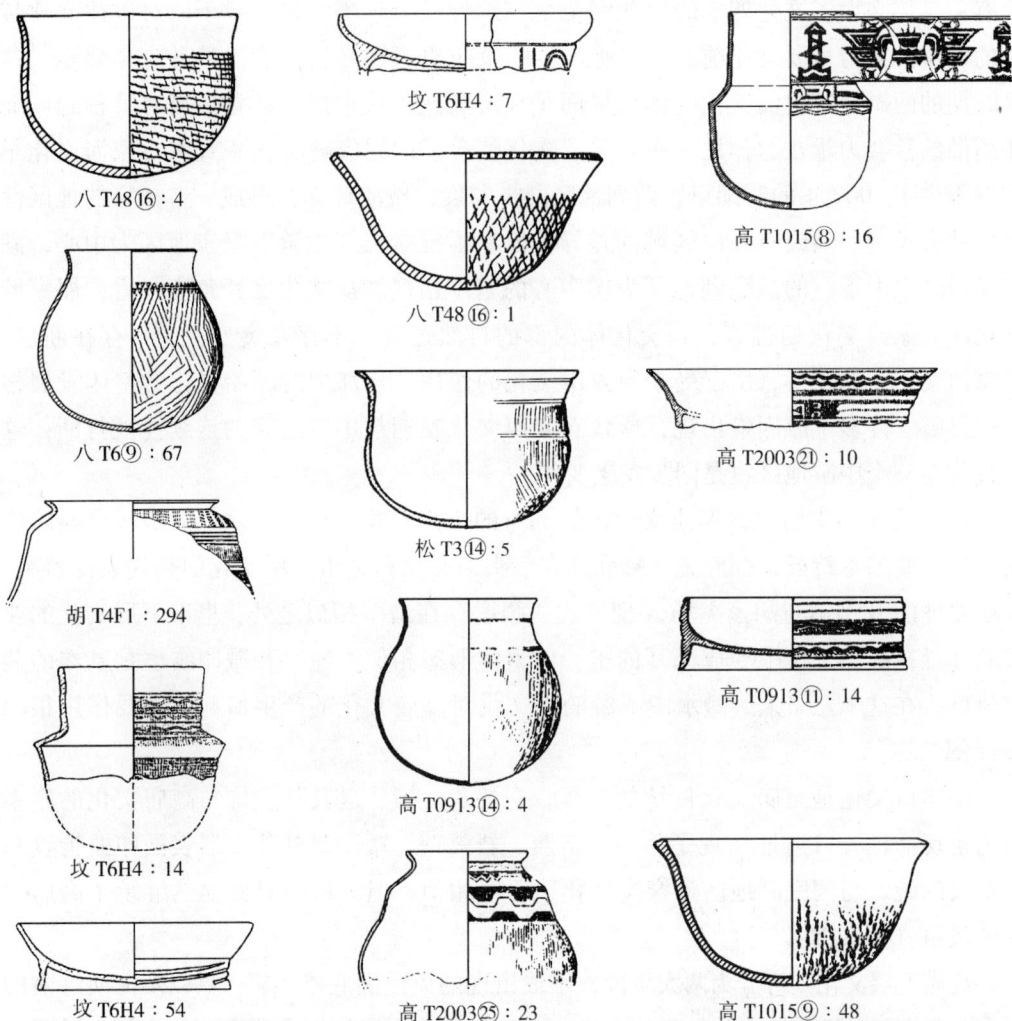

坟 T6H4：7

八 T48⑯：4

八 T48⑯：1

高 T1015⑧：16

八 T6⑨：67

松 T3⑭：5

高 T2003㉑：10

胡 T4F1：294

高 T0913⑪：14

高 T0913⑭：4

坟 T6H4：14

坟 T6H4：54

高 T2003㉕：23

高 T1015⑨：48

图二三　高庙文化中的澧水中下游因素

多数论者都将其纳入到了彭头山文化的体系中。黄家园类型的绳纹罐、深腹钵、浅腹钵在八十垱和彭头山遗址中确实都可以找到类似的器形。此外，圈足盘在该遗址与束颈绳纹罐、深腹钵和盆共存，这是目前圈足盘在长江中游的最早形态。虽然它的文化性质还有待讨论，但是，其器物风格深受彭头山文化影响却是不争的事实。大塘文化与黄家园类型的关系目前还不清楚，从大塘文化的陶器系统来看，至少有三组因素构成了其陶器的群体风格，第一组以双耳罐、敛口罐、浅盆形圈足盘和凹面捉手器盖为代表，与皂市下层文化陶器风格一致；第二组则是宽沿筒形釜、斜壁碗、折腹钵，与澧水中下游区汤家岗文化类似；第三组的器底兽面纹碗、盆以及装饰的印纹以及太阳、

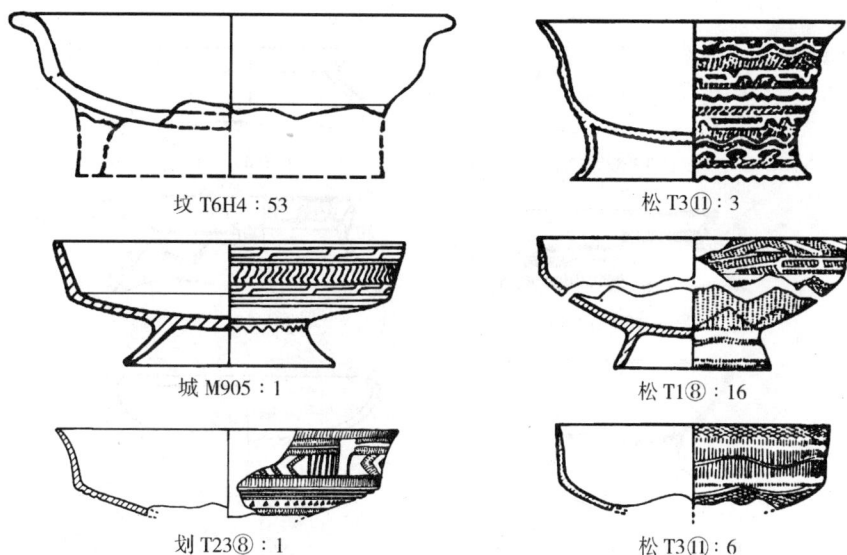

坟 T6H4：53　　　　　松 T3⑪：3

城 M905：1　　　　　松 T1⑧：16

划 T23⑧：1　　　　　松 T3⑪：6

图二四　松溪口文化中的澧水中下游因素

凤鸟、水波、阙阁等图案与高庙文化具有惊人的相似。大塘文化的产生与发展受到了洞庭湖区皂市下层文化、汤家岗文化以及沅水流域高庙文化的影响，正是多种文化因素的交融，催生和发展了大塘文化。在大塘文化的前期，皂市下层文化的影响十分强烈，它直接继承了一组皂市下层文化的典型器形。在其后期，高庙文化和汤家岗文化的影响非常明显（图二六）。

　　堆子岭文化的来源也颇复杂，该文化的早期流行的双耳罐、筒形釜均承续了本地大塘文化的传统。夹砂白陶盘、大侈口尖底缸（草帽形器座）、泥质红陶高领罐、瓮等与两湖地区大溪文化特征一致。堆子岭文化出现了鼎，是一个重要的转折点，从目前的情况看，最早出鼎的磨山下层的相对年代到了汤家岗文化时期，在洞庭湖地区汤家岗文化中，出鼎最早是新湖遗址[65]，该遗址位于澧水下游北岸的南县北河口乡。澧水中下游区素无三足器传统，彭头山文化的多足盆形器到底与后来的三足器的关联性太小。堆子岭文化陶鼎的来源可能要到洞庭湖之外的区域去寻找。统观堆子岭文化，主要可分三组因素：A 组为鼎、高圈足器、口沿带錾等具有东边文化区的特点；B 组的绳纹釜、罐及宽沿作风是本地传统的延续；C 组圈足盘、瓮、大侈口尖底缸、高领罐为澧水中下游因素（图二七）。

　　堆子岭文化以后的岱子坪一期文化和磨山晚期·舵上坪类型基本维持了以夹砂红

[65]　潘茂辉《益阳新石器时代遗址考古发现与初步研究》，《湖南考古辑刊》第 7 集。

征 T3③：22

划 M135：28

高 T1015④B：44

划 T19④B：9

高 T0914⑤：27

城 M678：19

高 T0913③：30

J M10：36

高 T0607③：7　　高 T0607③：6

堆 T4⑥：62　　堆 H5：24

征 T3③：17

三 H7：1

征 T3③：33

划 F12：2

征 T3③：28

三 T9①下：3

高 T0913③：3

划 F3：1

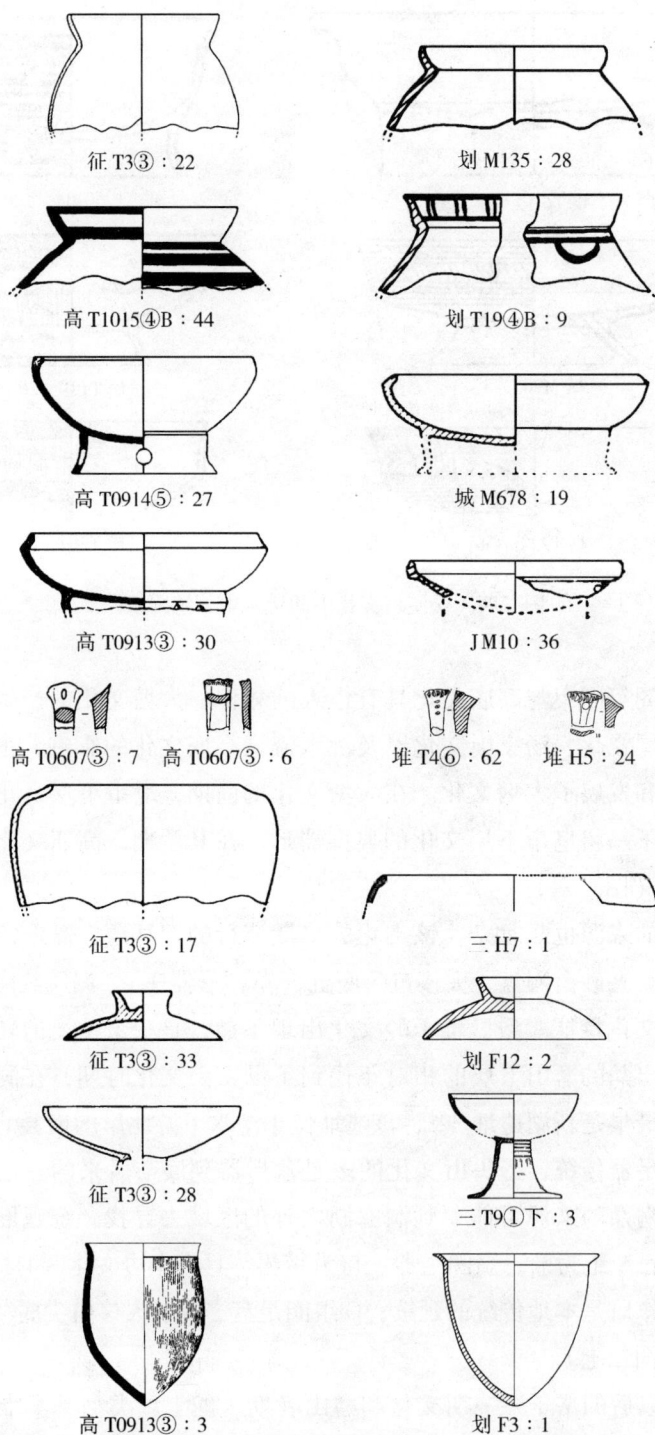

图二五　高庙上层文化中的澧水中下游因素

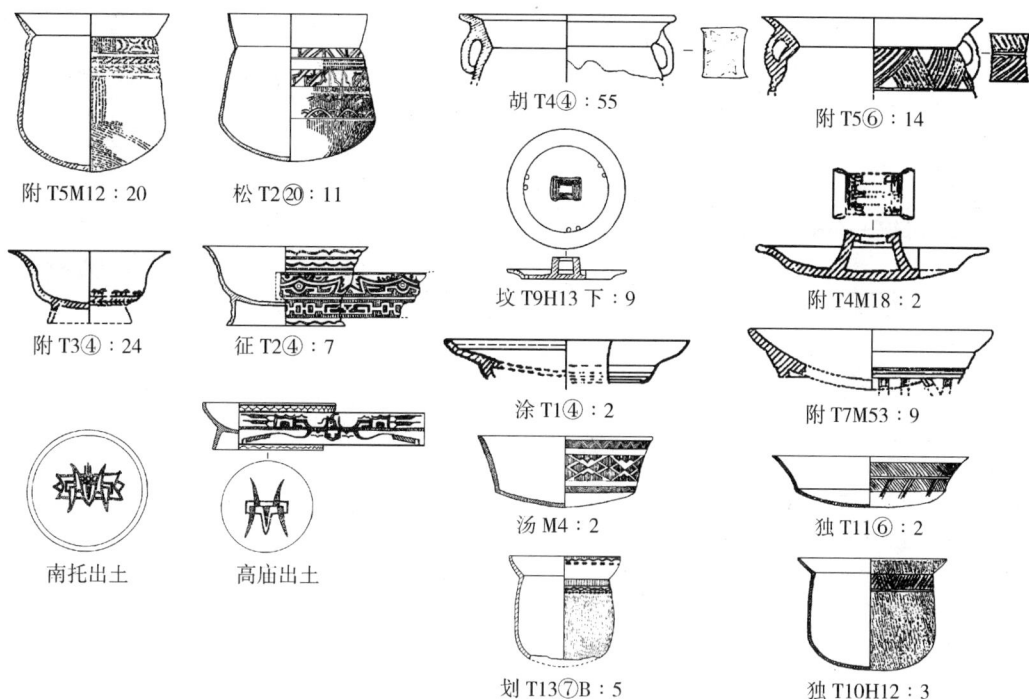

附 T5M12：20　　松 T2⑳：11　　　胡 T4④：55　　　　　　附 T5⑥：14

附 T3④：24　　征 T2④：7　　坟 T9H13 下：9　　　　附 T4M18：2

南托出土　　高庙出土　　　涂 T1④：2　　　　　附 T7M53：9

汤 M4：2　　　　独 T11⑥：2

划 T13⑦B：5　　　独 T10H12：3

图二六　大塘文化中的多种因素

褐陶和鼎为主体的传统，但也吸收了外来文化的大量因素。岱子坪一期文化的盆形鼎、釜、三足盘、豆、罐等器物，特别是三足盘与鼎，显示与粤北及赣水流域的石峡文化及和樊城堆文化有某种交流[66]（图二八）。相比之下，磨山晚期·舵上坪类型则更多地融入到两湖地区的文化系统中去，成为石家河文化的一支。

（4）以上分析表明，三大区域的互动大约从皂市下层文化就已经开始。这个时期或其晚段，皂市下层文化、高庙文化、大塘文化之间的交流已经频繁地出现，有理由相信三地之间的关联网络已经基本建立并发挥了作用。我们无法了解这种体现于陶器特征背后人们在政治和经济上的疏密程度，但在整个交换系统中，澧水中下游的主导和优势作用还是很明显的。在此以后的汤家岗文化虽然吸收了许多高庙文化的因素，似乎沅水中上游在交换中占居主动，但迅速发展起来的汤家岗文化很快一支独秀，其发达程度远远超过同时期的松溪口文化，这说明澧水中下游的主导地位仍然没有动摇。湘江中下游堆子岭文化中出现的多种文化因素暗示有一些互动圈之外的力量的介入，

---

[66]　广东省博物馆等《广东曲江石峡墓葬发掘简报》，《文物》1978 年第 7 期；江西省文物考古研究所等《江西新余拾年山遗址》，《考古学报》1991 年第 3 期；李家和、刘诗中《清江樊城堆遗址发掘简报》，《江西历史文物》1985 年第 2 期。

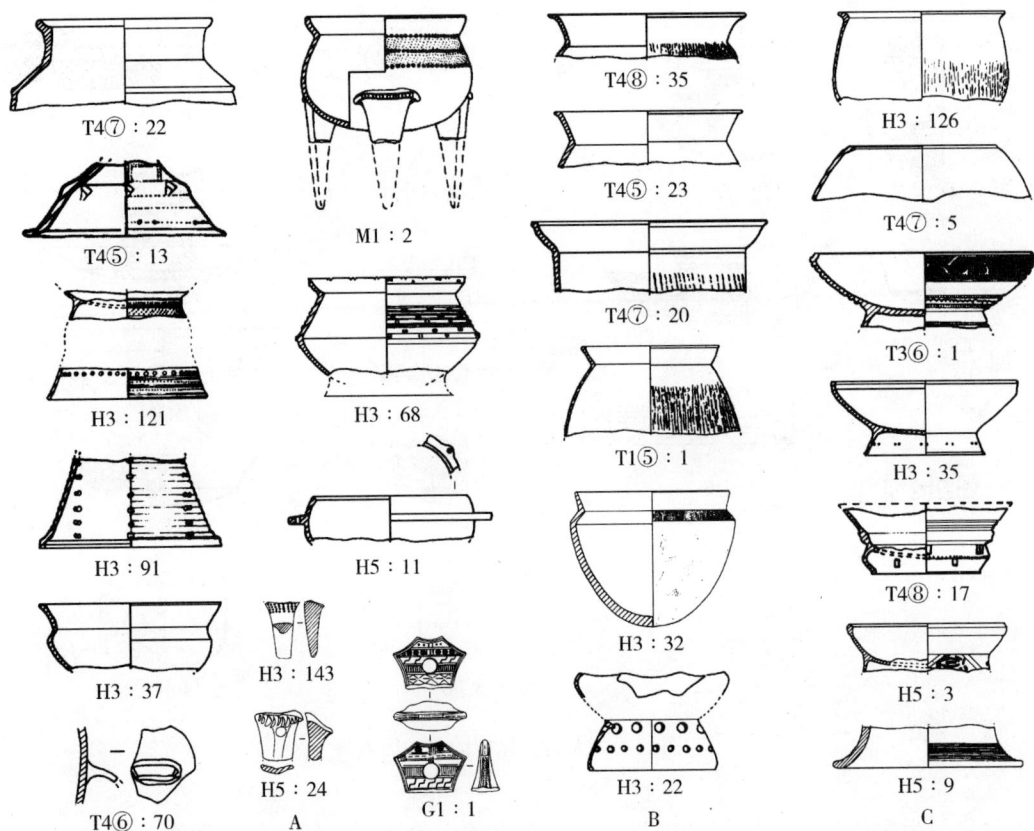

图二七　堆子岭文化中的多种因素（堆子岭遗址出土）

表明外来的力量已经悄然向这三大区域交换网络的外围渗透。大溪文化三期、高庙上层文化晚段、堆子岭文化晚期大约是处在距今 5600～5400 年的时间范围内，整个长江中游的文化进程和社会网络系统发生了重大变化，导致湖南三大区域空间的传统互动系统发生变化。大溪文化第四期至屈家岭文化早期，沅水中上游走上与澧水中下游文化同步、时间同步的发展轨道上来。与此同时，湘江中下游似乎还保持着自身的一些特色。澧水中下游地区的文化虽然对这里有重要影响，但其极富特色的黑陶系统并没有成为这个区域的主导因素。这说明从皂市下层文化建立起来的三区域互动网络在这个时期已经出现了重大变化，或者说整个原来稳定的互动系统已经失去作用。但是新的互动网络很快就建立起来，呈现以澧水中下游为主导地位的屈家岭—石家河文化时期三大区域关联系统维持稳定地发展了近千年。三大区域的互动模式见图二九。

（三）区域地位与性质

进行区域考察，必须讨论区域的地位和作用。区域空间无论是地理位置、生态环境还是文化传统，都不会是对等和均衡的，也不可能处在同一发展水平层次。相邻的

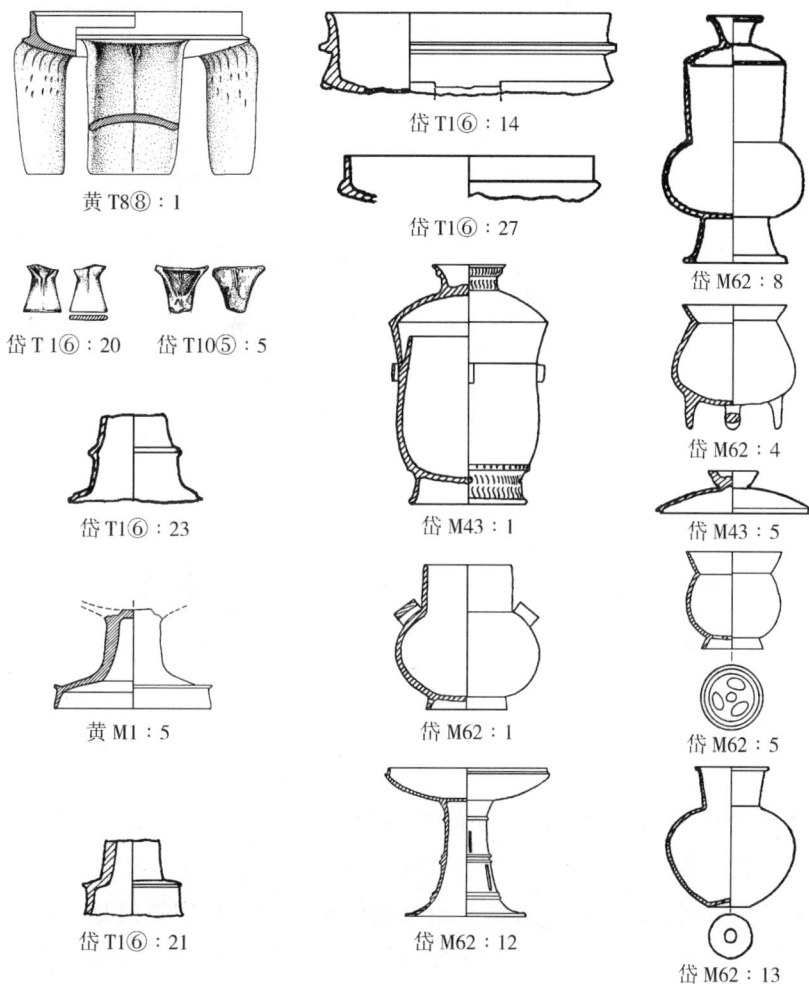

黄 T8⑧：1　　岱 T1⑥：14　　岱 T1⑥：27　　岱 M62：8

岱 T1⑥：20　　岱 T10⑤：5

岱 T1⑥：23　　岱 M43：1　　岱 M62：4

岱 M43：5

黄 M1：5　　岱 M62：1　　岱 M62：5

岱 T1⑥：21　　岱 M62：12　　岱 M62：13

图二八　岱子坪一期文化中的多种因素

区域在某个阶段的势力和地位有彼此消长的时候，文化的边界也有扩大或缩小的时候。从考古学文化来考察，澧水中下游地区有着古老的旧石器文化传统，新石器时代的文化同样古老而绵长。文化发展的链条基本没有缺环，这里较早发生了农业革命和新石器革命，有着从旧石器时代末期向新石器早期过渡的种种迹象，这些迹象将新石器中期前段与这个区域悠长的旧石器文化传统"澧水类群"联系起来[67]。彭头山文化时期的八十垱聚落已经具备一定规模，聚落面积达 3 万平方米，修建了围墙与壕沟，聚落

---

[67]　袁家荣《湖南旧石器文化的区域类型及其地位》，《长江中游史前文化暨第二届亚洲文明学术讨论会论文集》，岳麓书社，1996 年；尹检顺《澧水流域的"细小石器"及其相关问题》，《湖南省博物馆馆刊》第二期，岳麓书社，2005 年。

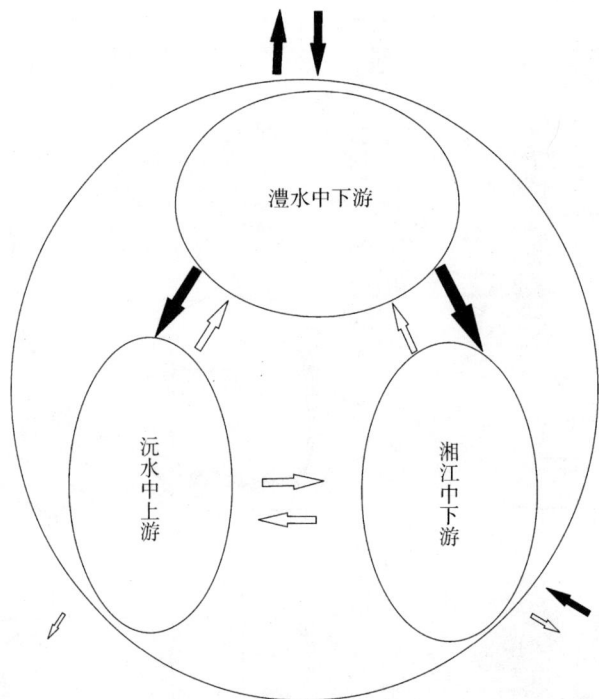

图二九 三大区域文化互动模式

还发现了成片的房子和墓地。该时期的临澧杉龙岗遗址，也有着与古河道相连的壕沟[68]。在此基础上发展起来的皂市下层文化，分布范围已经从澧阳平原扩展到了整个澧水中下游的洞庭湖区，这意味着彭头山文化传统获得了稳定持续地发展。从皂市下层文化到汤家岗文化，澧水中下游地区发展迅速，文化区域的边界也不断外扩，并出现了划城岗、汤家岗这样的重要遗址。而且自皂市下层文化开始，出现了持续稳定的村落，像邹家山、丁家岗等遗址，文化堆积从皂市下层文化到屈家岭文化没有缺环，这意味着稳定的稻作农业经济在澧水中下游地区获得了持续发展。与此同时，文化区域的边界更加扩大，大溪文化特别是其晚期所覆盖的范围，已经远远超出了澧水中下游的空间，在沅水和湘江水系急剧发展，并为屈家岭—石家河文化在这些区域的传播打下了基础。可以将澧阳平原描述成中心的内核，它正如"水波"一样，将其文化辐射到三湘四水（图三〇）。

在这样的文化背景之下，由于澧水中下游地区人口迅速增殖，聚落数量增多和聚落面积扩大，社会分工和社会分化成为必然，社会组织也必将趋于复杂，这都暗示澧

---

[68] 2006 年 11 月笔者踏查该遗址，在田坎剖面获取绳纹罐、釜、支座、双耳罐等标本。此前，临澧县博物馆黎春林对其进行了勘探，发现了壕沟。

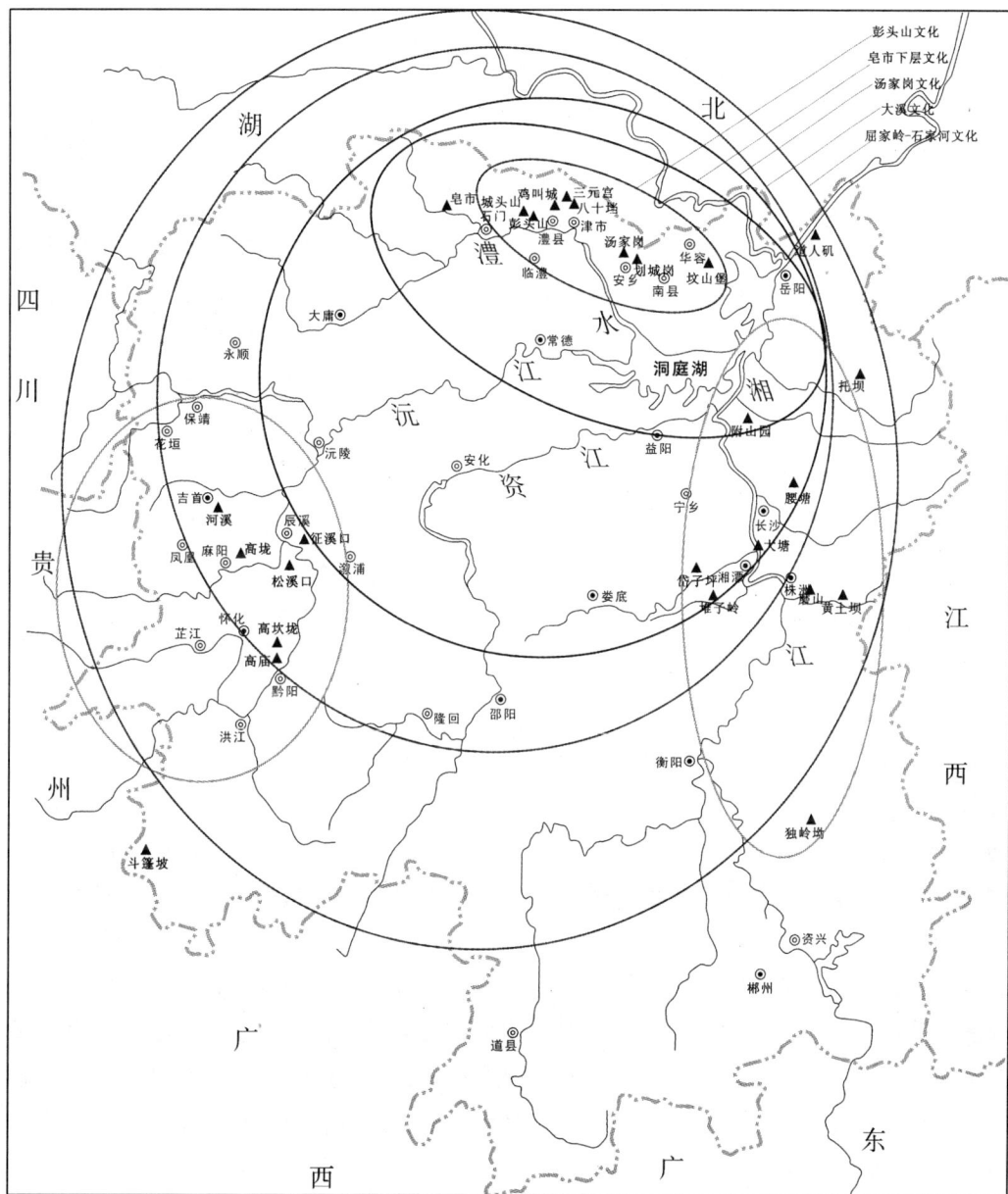

图三〇　澧水中下游中心区域文化辐射变迁示意图

水中下游会成为地区中心。中心区域的某些特点确实也次第显现，比如这里出现了目前最早的中国新石器时代古城——城头山，这种有着城池系统的聚落并不是突然出现，而是经过了由彭头山文化到皂市下层文化再到汤家岗文化环壕聚落不断发展演进的结果。前文已述八十垱遗址即为环壕聚落，皂市下层文化胡家屋场遗址同样为环壕聚落，城头山在建成之前的汤家岗文化时期，也存在环壕。大溪文化一期的城头山古城便是这种环壕聚落的发展，从大溪一期到屈家岭文化中后期，城头山经过了4次大规模的扩建[69]。与此同时，在澧阳平原开始形成以大型城壕或环壕聚落为中心的聚落群。鸡叫城同为有城墙、城壕的大型城壕聚落，面积15万平方米，建于屈家岭文化中期[70]。从解剖到的城墙之下所叠压的迹象来看，城内还当有更早时期的堆积，这处城址很有可能也是在环壕聚落的基础上建造起来的。同样，在鸡叫城的周围，也聚集了数十处屈家岭—石家河文化的遗址，构成澧阳平原上一处重要的史前聚落群。在城壕聚落群兴盛的同时，环壕聚落同样存在，在鸡叫城东北6公里的三元宫遗址，为一圆形环壕聚落，面积达10万平方米，除西南50米一段被现代水渠所覆盖外，环壕其余部分至今保存完好[71]。平原上的环壕大多与古河道相通，三元宫聚落也不例外。三元宫遗址经过发掘，发现了大溪文化和屈家岭文化遗存。这说明，在澧阳平原上不仅存在像城头山、鸡叫城这样的城壕聚落，同样存在像三元宫这样的特大型环壕聚落。它们处于相同的时间维度，各自构成自身与周围环绕的小型村落的聚落群系统，有理由认为这些聚落群系统形成了相对严密的社会集团控制体系。这种聚集成群的现象成为澧阳平原聚落形态的一个重要特色。许多证据都可以证明澧水中下游地区在史前湖南的地位是其他区域无法匹敌的，它在整个湖南地区始终处在领先的地位，成为文化的重心和中心。造成种局面的原因即得力于这里宽阔的平原和密布的河网，平原上沉积的黏土与河网、湖沼中丰富的水生动植物为发展农业聚落经济提供了得天独厚的资源保障。城头山汤家岗文化时期的水稻田就已经有了田埂、储水坑和灌溉水槽，表明那时就有了比较成熟的稻作农业系统，农业使得食物有了基本保障，从而加速了人口的增殖，并导致对更为有效的管理和扩大经济规模的需求，包括手工业专门化的发展。前文已述，人口的增殖势必使聚落形态发生重要变化，随着聚落和人口的扩大，任何一种决策机制都会发展出一种等级制，在社会调控和社会关系上导致社会复杂化。总之，澧水中下游地区的一系列考古发现表明，稻作农业的进步、专门化的手工业、城池的建造、聚落群和聚落系统的形成都是社会控制达到某一复杂阶段后的产物，由此奠定了史前的澧水中下游在湖南的中心地位。

沅水中游地区高庙文化的产生与这个地区"潕水类群"旧石器晚期文化的关系目前的缺环还太大。高庙文化的陶器群打上了澧水中下游地区的烙印却是不争的事实。高庙文化遗存为贝丘型堆积，大量的淡水贝壳类动物成为堆积的主要成分，说明河流

[69] 郭伟民等《澧县城头山考古发现史前城墙与壕沟》，《中国文物报》2002年2月22日。

[70] 湖南省文物考古研究所《澧县鸡叫城古城址试掘简报》，《文物》2002年第5期。

[71] 湖南省文物考古研究所调查资料。

和滩涂是当时人群获取食物的重要场所。同时，在高庙遗址还发现了大型哺乳动物的骨骸，食草类和食肉类均成为猎捕的对象。高庙还发现据称是家猪的标本，如此则可能已经出现动物的畜养。与此形成鲜明对比的是，至今很少发现水稻遗存。这反映了高庙文化的经济形态，即以采集和渔猎为其食物主要来源，包括由此衍生出工具和用具的制造水平和技艺、为制造这类工具和用具而获取的其他资源、为适应这种生活方式与外界的交换，此外还包括栖身场所的营造、精神信仰和世界观的形成等等。高庙文化以后的松溪口文化和高庙上层文化同样也是采集和渔猎。说明沅水中上游将这种经济方式沿用了相当长的时间。这种经济形态导致人们的行为观念和生存方式、文化形态和人群身体机能都与农业部落有很大的不同。为什么这个区域的人群采取这种方式而不发展农业？至关重要的因素是环境。山区河谷台地常年既适合人类居住并带来物产，又时常遭受洪水的袭击，越是低平的河谷台地越容易遭受水患，这对发展农业几乎是致命的，而较高的台地又因难以开垦和灌溉的问题，同样无法发展农业，采集狩猎就成了唯一的选择。在高庙文化的陶器上看到的兽面獠牙以及鸟类图案，也应当是与人们日常生活密切相关的动物形象。采集狩猎部落较之农业部落具有更加复杂神秘的精神信仰，从沅水中游的史前文化即可得到证实。人类学研究的成果表明，狩猎采集经济与农业相比，为人们提供了一种悠闲的生活方式[72]。这种生活方式又为人们提供了大量的时间去从事宗教的活动。不过，在这样的环境之下，农业既然不能成为选项，当会对于生产和聚落的发展造成制约，从而无法发展出密集的聚落系统和复杂的社会调控机制。同样，这样的环境之下，人居状况也无法同平原相比，环境和经济规模同样制约着人口的数量。所以，虽然高庙文化以及松溪口文化有着陶器工艺方面独到的特色，并以其精美神秘的产品著称，但在社会生产力和社会组织的进步程度方面，仍然无法与澧水中下游的平原地区相提并论，不同时期的聚落数量和面积数量均无法与其相比。这就决定了其发展的经济原动力无法持续地支持并扩大其曾经辉煌一时的神秘艺术和信仰系统，也决定了这个区域的发展始终要受到中心地区强力辐射的历史现实。松溪口文化以后即受到洞庭湖地区的影响，高庙上层文化基本上是洞庭湖区大溪文化的扩散区，自此以后这里更成为它所控制的外围区域。

湘江中下游地区，从黄家园类型到磨山晚期·舵上坪类型，我们看到其文化发展始终受到澧水中下游地区的强势作用。在探讨湘江流域新石器文化序列及其相关问题时，笔者认为，湘江流域新石器文化都不是原生型文化，完全是外文化作用下的产

---

[72]　贾里德·戴蒙德《人类史上最大的失误》，《考古学的历史·理论·实践》，中州古籍出版社，1996 年。

物〔73〕。距哪个区域最近，受其影响就会最深。在湘江流域这样的地理单元内，周邻地区比如汉东、皖西南、赣江流域和粤北都曾经存在过重要的文化共同体而成为某支文化的中心，湘江流域正处在这些地区的边缘地带。毫无疑问，澧水中下游强势的文化中心是产生湘江中下游一系列文化体的原动力。这也充分说明，湘江中下游地区是澧水中下游中心地区的外围边缘区域和接受辐射区。同样作为边缘，它与沅水中上游的状况仍存在很多差异，比如这里的环境与沅水中上游有别，湘江中下游有着开阔的河流台地，地势平坦而无高山峡谷，河流发育了肥沃的土地，容易开垦，所以湘江流域的新石器遗址中发现稻作农业的信息是很普遍的〔74〕。湘江中下游地区作为一种稻作农业经济模式而存在，自然是与沅水中上游地区显著的差异所在。它受到洞庭湖中心区域的强制影响，所以先后相续的文化均留下了澧水中下游中心地区作用明显的痕迹。这里没有发展成为具有自身特色的文化中心区域，与其所在的空间位置同样有密切的关系。它就在洞庭湖的外围，这两个地理区域在空间构成上如此近邻，文化又受其影响极深，均界定了湘江中下游地区只能成为澧水中下游中心社会的外围或者边缘。

现将三区域决定其地位与性质的相关指数列表如下（表二）。

表二　三大区域相关指数比较

特征 区域	环境	经济形态	文化谱系	聚落形态	社会状况	发展模式	区域地位
澧水中下游	平原	发达的稻作农业	脉络清晰 自成系统	定居村落 环壕聚落 城壕聚落 中心聚落群	社会复杂化 进程明显 社会成员 分层明显	原生文化 辐射型 吸收型	中心区域
沅水中上游	山间河谷与小盆地	采集渔猎	独具特色 但有缺环	普通聚落	不清	次生文化 辐射型 吸收型	外围区域
湘江中下游	河流台地	稻作农业	无稳定序列、 多种因素并存	普通聚落	不清	混合文化 过渡型 吸收型	外围区域

---

〔73〕　郭伟民《湘江流域新石器文化序列及相关问题》，《华夏考古》1999年第3期。

〔74〕　笔者在2004年发掘醴陵黄土坝遗址时，在红烧土中发现了炭化稻壳。在湘潭堆子岭遗址也发现不少稻谷遗存。另见株洲市文物处《茶陵独岭坳新石器时代遗址发掘简报》，《湖南考古辑刊》第七集。

（四）"中心—外围"关系模式

湖南新石器文化三个区域构成了以澧水中下游为中心，以沅水中上游和湘江中下游为外围的空间格局。深入探讨它们之间的关系是一项非常有意义的工作。"中心—外围"关系是近年来国际学术界颇感兴趣的课题之一。相关研究认为，中心—外围关系有着相互作用的不同模式，还有政治、经济与权力的不对称，并且与不同的社会组织水平相关联。中心的发展决定着外围的发展，反过来外围会以某种方式参与中心的社会改造过程。外围在不同的时间段内与中心的关系模式也不一样。这可以从许多方面包括制陶业、动物遗存、长程交换等来加以分析[75]。到了某个时期，区域之间的关联性会下降，曾经建立起来的文化和经济的联系网络会崩溃。从一个长的时间过程来看，中心—外围相互作用从一个相对独立的文化圈里可以得到最好的体现。传统的陶器风格是否发生变化，外来的因素是如何渗透的，都是"中心—外围"关系要探讨的课题。

"中心—外围"关系最重要的是要确保区域的性质，即确保 A 区域是 B 区域的中心、B 区域是 A 区域的外围而不是其他。只有在这样的前提之下，讨论"中心—外围"关系才能成为合理。前文已经详细阐述，湖南这三片区域构成了以澧水中下游为中心，以沅水中上游和湘江中下游为外围的新石器文化基本格局，我们是在这样的基本格局中来探讨它们之间的关系。

中心的重要地位是显而易见的，它对边缘的作用也是极其明显的。要申明的是，所谓中心并不非一定是统治关系，往往可能是强势影响与作用的关系，其表现形式多种多样。在社会制度层面上，中心拥有其他区域所没有的文化元素；中心的聚落与聚落群的规模和密度大于其他区域；中心的复杂化程度更高；中心还应具有相当的经济实力与经济规模，能够维持其作为中心而存在和正常运作的基础；中心区域还要求具备开放性的结构和便捷的交通网络，具有自身发展的动力和吸力，有对于产品和交易的调控能力；中心的发展常常领先一步，相关文化因素向外围扩散并有轨迹可寻。毫无疑问，澧水中下游地区具备这些基本要义。它对沅水中游的影响从高庙文化的产生即可表现出来，从高庙上层文化开始，它的作用更是持续增强，高庙上层文化晚期的陶器风格，具备了澧水中下游地区大溪文化的同样特征，暗示着洞庭湖地区完全主导了沅水中上游的文化进程，这种局面一直维持到新石器时代的末期。湘江中下游地区的情况与之稍有差异，但作为外围，澧水中下游中心区域对其的影响同样非常明显，黄家园类型和大塘文化基本是中心区域文化扩散辐射的结果。堆子岭文化也深受中心地区的影响，岱子坪一期文化同样留有澧水中下游区的作用的痕迹，磨山晚期·舵上

[75] George F. Lau, Core-periphery relations in the Recuay hinterlands: economic interaction at Chinchawas, Peru. , *Antiquity* 79（2005）, 78 – 99.

坪类型更是石家河文化的一部分。

我们一方面要强调中心的地位，另一方面，外围的作用同样极为重要。有研究显示，有时外围或者边缘对于中心社会的变革起着关键的推动作用。边缘的社会在悄然变化，这种变化可能还不为中心所知晓，所以边缘的研究将提供古代社会复杂性方面极有价值的信息。重视边缘的作用提供了探讨文化变迁的一种视角，在一篇"边缘的价值"的文章中，唐晓峰先生引用了 Stanton W. Green 和 Stephen M. Perlman 的观点：社会体系的边缘，存在着明显的、活跃的社会变异的潜力，"变异"正是边缘地带最具特长的历史贡献[76]。它说明了社会文化发展的动力问题。一般来说，中心推动外围发展，它的生产力和物质水平要高于外围。但是，当一个中心地区处在长期稳定状态的情况下，容易形成传统，固有的传统一经形成，维持传统的力量将在社群中发挥作用，易于产生恪守传统的保守倾向。边缘却少守传统束缚，往往可能具有创造性和活力。

沅水中上游高庙文化即是外围区域最具活力和创造精神的文化，高庙文化对澧水中下游文化的进程起到了重要的作用。前文已述，汤家岗文化的形成与高庙文化的作用有重要的关联，印纹白陶甚至成为高庙文化作用于长江流域史前文化的重要表征，从高庙文化到大溪文化早期，远输长江下游、岭南和汉水中上游[77]。伴随白陶输出的背后，更是观念的输出，獠牙兽面、凤鸟、八角星图案装饰后来在长江下游和黄河流域的史前文化中出现，其源头都可以追溯到高庙文化。高庙上层文化的带牙形石钺，与后来的龙山文化及商周时期的圭或者戚可能都有些关联。地处边缘的高庙文化对于中国史前文化观念的影响程度，将随着资料的全面问世而变得更加清晰。

与此相比，湘江中下游地区作为外围，似乎对中心的作用没有沅水中游那么强烈。但是，这个区域最具特色的鼎文化，对中心地区澧水中下游史前文化的进程同样产生了极为重要的作用。鼎的出现，毫无疑问最先在湘江中下游，作为堆子岭文化的标志性器物，其年代早到了汤家岗文化晚期。鼎自然不是澧水中下游地区的传统，但在汉东地区的边畈文化中，却是重要的器物形态[78]。边畈文化与汤家岗文化大致同时。在皖西南、赣水流域虽然还未见比之更早的鼎，但这些区域从来就是鼎文化的势力范围，

[76] 唐晓峰《边缘的价值》，《人文地理随笔》，三联书店，2005 年。引自 The Archaeology of frontiers and boundaries. Stanton W Green; Stephen M Perlman. Orlando：Academic Press, 1985.

[77] 关注这一现象的多数学者提到浙江罗家角、陕西龙岗寺、珠海后沙湾、深圳咸头岭和大黄沙等地出土的白陶。此外，在湖北黄梅塞墩、安徽繁昌缪墩和怀远双古堆遗址也出土了白陶。任式楠先生在《论华南史前印纹白陶遗存》一文（香港中文大学出版社，1994 年）中进行了归纳。白陶的空间分布如此之广，是远程贸易还是其他因素所导致，都是值得研究的问题。张忠培先生归于文化的传播与交流，见《仰韶时代》，《中国考古学九十年代的思考》，文物出版社，2005 年。

[78] 张绪球《长江中游新石器时代文化概论》，第 164～166 页，湖北科学技术出版社，1992 年。

较早时期有鼎也未可知。鼎作为外来文化，当然是无法直接进入澧水中下游这个一直维持圜底、圈足器的强势文化传统区域，在其外围则可能遭遇不到多大的阻力。有可能鼎文化在很早的时期就通过某种方式传播到了湘江中下游，只是这条传播的路径还不清晰。自堆子岭文化开始，湘江中下游地区史前文化中，鼎一直占居着重要地位，到大溪文化三期，开始向洞庭湖澧水中下游成功渗透，并在大溪文化四期成为这一区域重要的陶器类型。这说明一个浅显的道理，外围区域承载着与外界交流的媒介，各大中心区域的交互作用都通过边缘而进行。

　　比较两个外围地区，沅水中上游与湘江中下游的地位与作用仍有差异，其与中心的互动也有差异。沅水中上游地区，其地理环境相对封闭，在某个时期可能曾经作为重要通道沟通南岭南北，或成为桂东北早期新石器文化与澧水中下游地区联系的纽带，相信这种通道作用在后续的历史过程里继续存在。但已有的资料显示在南岭南北左近，新石器早期以后并不存在相对发达的文化中心，没有长期稳定的文化传统，有证据显示，距今 8000 年以后南岭山区一直成为一处特殊的桥梁与纽带，而成为内陆农业部族向东南沿海扩散传播的媒介地带[79]，故其难以向沅水中上游地区形成强势作用。故沅水中上游的地理位置必须以其下游洞庭湖地区作为参照系，在这个参照系下，沅水中上游成了名副其实的外围，它与外界的互动是单线路的和一元的，也就是说它基本只与单个中心区域发生关系。这两个区域的文化交流，构成了"中心—外围"关系的一种互动模式。而湘江中下游与澧水中下游地区的互动，则构成了"中心—外围"关系的另一种模式。由于湘江中下游地处汉东以南、地理位置又靠近赣鄱流域和皖西南、粤北地区，这些地区在某一段时间里都是与另外的文化中心密切相连或者一度成为某支强势文化的中心，皖西南直接沟通了长江下游与江淮地区，赣鄱流域可视作属于长江下游和江淮文化圈江南地区的延伸；汉东地区通过汉水直接沟通中原。粤北的情况目前尚不清楚，但石峡文化显然与岭北发生过作用。从这个意义上说，湘江中下游处在多个文化中心的边缘或者交界地带。而距这个边缘区域最近的是澧水中下游的洞庭湖区，自然受它的影响最大。从前文的分析也可知，湘江中下游史前文化的进程受到澧水下游的强力作用，而汉东、皖西南和赣鄱流域也都对其产生过影响。所以，这样的"中心—外围"模式所产生的互动是多线路的和多元的。

结　语

　　从以上湖南三个新石器文化区域可以归纳出某些"中心—外围"关系互动模式的

[79]　郭伟民《南岭中心带史前文化现象考察》，《考古与文物》（待刊）。Bellwood 提出史前农业社会从长江中游向东南沿海扩散导致南岛语族起源的假说。

特点。简而言之，一元型中心—外围互动模式有如下特点：外围由中心派生，外围的发展始终受到中心影响。外围较少受传统束缚，有可能变成最活跃的力量，从而对中心的进程起重要推动作用，中心也往往将这些活跃的因素加以吸收，成为自身传统的一部分。这种模式作用下的"中心—外围"关系一般是比较稳定持续的。问题是一旦成为固定的程式，边缘的地位会逐渐弱化，在一个长程的时间范畴里变得迟缓，中心文化的形态也会变得趋于保守。相比之下，多元型中心—外围互动模式所产生的文化现象与之有较大的差异，由于外围处在多文化中心的交界地带，它受多文化的辐射就会变得很容易，中心之间的交流往往通过这些外围地区，它理所当然地充当了文化中心之间联系的媒介，成为具有过渡特征的地区。由于文化中心发展的不平衡性，故外围区域的文化不稳定，文化发展的链条极易断裂。更重要的是这种情况往往会深刻影响中心文化的进程，甚至通过外围地区，一个中心完成对另一个中心的取代和颠覆。洞庭湖地区的圜底器和圈足器传统被三足器传统所取代，作为外围的湘江中下游地区起了重要作用；长江中游在新石器末期石家河文化被中原龙山文化所取代，作为长江中游外围区域的南阳盆地也起了重要的作用。

这同样给我们对于研究区域空间的"中心—外围"关系模式提出了思考。由于文化的发展是动态的，有时又是非线性的，所以中心与外围只是相对的概念。这包括：第一，中心的空间和外围的空间边界并非永久固定的，中心的位置和空间不会恒久不变，外围在不同的时间维度上也会发生变化。比如澧水中下游中心区域的边界在文化进程中呈不断扩大的趋势。第二，中心和外围发生结构性的置换。中心变外围，外围变中心。汉东地区曾经是长江中游史前文化区的外围，但到了油子岭文化以后即成为中心。第三，中心和外围只相对于特定的时间和空间。所谓中心与外围，是基于研究对象的一种人为预设，有不同的层次和结构。首先，中心之内有内核。比如，澧水中下游作为湖南地区的中心区域，还有它的内核区，这个内核区又可以成为中心的中心，像城头山或者鸡叫城一类的中心城壕聚落，就是某个时期这个中心的内核区。其次，外围区域有核心。作为外围的沅水中上游，也有其不同时间段上的核心地带，高庙遗址当是高庙文化时期整个区域的核心之所在。再次，中心又可能是另外更大中心的外围。澧水中下游地区在屈家岭文化时期显然是以汉东为中心的长江中游历史文化区的外围。长江中游在石家河文化晚期以后又是以中原为中心的中国早期文明社会的外围。

固然，在这种背景之下，区域更加广阔的文化相互作用圈却形成了，区域的互动最终的结果是多元一体局面的形成，而多元一体正是中国史前文化发展的基本格局。

陶寺中期观象台实地模拟观测
资料初步分析

何 驽*

Based on the two-years long testing observation at the middle Taosi period observatory ⅡFJT1 found at the Taosi 陶寺 Walled town in Xiangfen 襄汾, Shanxi 山西 Province, the paper tries to re – establish the calendar of the Taosi people. By an analysis of the results with related astronomical, archaeological, ethnographical and agronomical knowledge and the interpretation of the record in ancient texts, we infer that the Taosi people divided a solar year into 20 divisions mainly for the convenience of agriculture.

一、引 言

2003～2005 年，中国社会科学院考古研究所山西队与山西省考古研究所、临汾市文物局合作，发掘了陶寺中期小城大型建筑基址ⅡFJT1。该遗迹以陶寺中期大城内道南城墙 Q6 为依托，向东南方向接出大半圆形建筑。整个建筑由半圆形外环道和半圆形台基基础构成。台基基础由夯土台基和生土台芯组成。外环道在台基的东北角以豁口横穿城墙 Q6。整个遗迹包括外环道直径约 60 米，总面积约为 1740 平方米。台基直径约 40 米，总面积约 1001 平方米。台基大约可分三层。第一层台基基础位于台基正东，呈月牙芽形。生土半月台基芯被第一层台基的夯土版块所包护。第二层台基基础呈半环状，东、西两端接在城墙 Q6 上。第三层台基呈半圆形，由夯土挡土墙、夯土观测柱缝及台基芯构成。第三层台基芯以生土为主，还有部分夯土台芯、观测点等遗迹。

在现存的陶寺晚期的台基破坏界面上，发现了一道弧形夯土墙基础，人为挖出 10 道浅槽缝，形成 11 个夯土柱基础。夏至观测柱缝系统向东错位，设置到了第二层台基上。在最北观测柱 D1 与夏至观测南柱 E2 之间搭上一根门楣就成为一个面向东南、内宽 1.8 米的小门。估计此门专为"迎日门"。从观测点经"迎日门"向东看去，又可形

---

* 作者系中国社会科学院考古研究所研究员。

成一条宽 50 厘米的观测缝。据此，陶寺ⅡFJT1 上用于观测的柱缝系列共计 13 个柱子
12 道缝。经垂直向上复原，这 12 道缝分别对着崇峰（俗称塔儿山）的某处山头或山
脊。其中主峰塔儿山在东 5 号缝内。

陶寺观测点夯土标志位于第三层生土台基芯中部，打破生土。该夯土遗迹共有四
道同心圆。中心圆面直径 25 厘米，二圈同心圆直径约 42 厘米，三圈直径约 86 厘米，
外圈直径约 145 厘米。解剖结果，陶寺观测点基础残深 26 厘米[1]。

中国社会科学院考古研究所于 2005 年 10 月 22 ~ 24 日举行了"陶寺城址大型特殊
建筑功能及科学意义论证会"。来自中国科学院自然科学史研究所、国家天文台、国家
授时中心、北京古观象台、北京天文馆、上海交通大学人文学院、南京紫金山天文台、
西安美术学院中国艺术与考古研究所等单位的 15 位天文学家基本肯定了该大型建筑为
天文观测遗迹[2]。但是考古学界仍有许多学者持怀疑态度。

作为发掘者，我们始终推测台基的功能集观象授时与祭祀于一身。观测系统由观
测点、观测缝、以及所对应的崇山上的日出点构成。为了证实我们观象授时的假设，
自 2003 年 12 月 22 日冬至至 2005 年 12 月 23 日，我队进行了两年的实地模拟观测，总
计 72 次，在缝内看到 20 次。不仅大致摸清了陶寺文化冬至到夏至再到冬至一个回归年
的历法规律，并且获得了十分珍贵的第一手观测资料，为探索陶寺ⅡFJT1 的天文功能
提供重要依据。模拟观测报告已于近期发表[3]，本文就模拟观测的初步结果所包含的
节令意义进行一些粗浅的分析。

二、模拟观测结果分析

据实地模拟观测，位于观测缝最南端的东 1 号缝，日出最南点不能进入该缝，因
此 1 号缝不可能用于日出观测授时，或许与其他天象观测有关。以下我们将根据模拟
观测次序，按一个太阳回归年的顺序，从东 2 号缝冬至开始，经东 12 号缝夏至，再回
到东 2 号缝冬至，逐一分析 20 个缝中日出观测或推算结果的节令意义。

（一）12 月 22 日东 2 号缝中日半出

经 2005 年 12 月 22 日冬至晨观测，日露出位于东 2 号缝内北角。日半出位于东 2
号缝内北部。日切位于缝中线。考虑到武家璧博士计算黄赤交角变化导致今天冬至日

---

[1] 中国社会科学院考古研究所山西队等《山西襄汾县陶寺中期城址大型建筑ⅡFJT1 基址 2004 ~
     2005 年发掘简报》，《考古》2007 年第 4 期。
[2] 江晓原等《山西襄汾陶寺城址天文观测遗迹功能讨论》，《考古》2006 年第 11 期。
[3] 中国社会科学院考古研究所山西队《陶寺中期小城大型建筑基址ⅡFJT1 实地模拟观测报告》，
     《古代文明研究通讯》总 29 期，2006 年 6 月。

出较 4000 年前北移 38′30.95″，4000 年前陶寺文化中期冬至日半出大约在 2 号缝中线。据此，2 号缝应是陶寺中期日南至即冬至日出天文准线，缝中线日半出日期大约为每年的 12 月 22 日前后[4]（图一）。

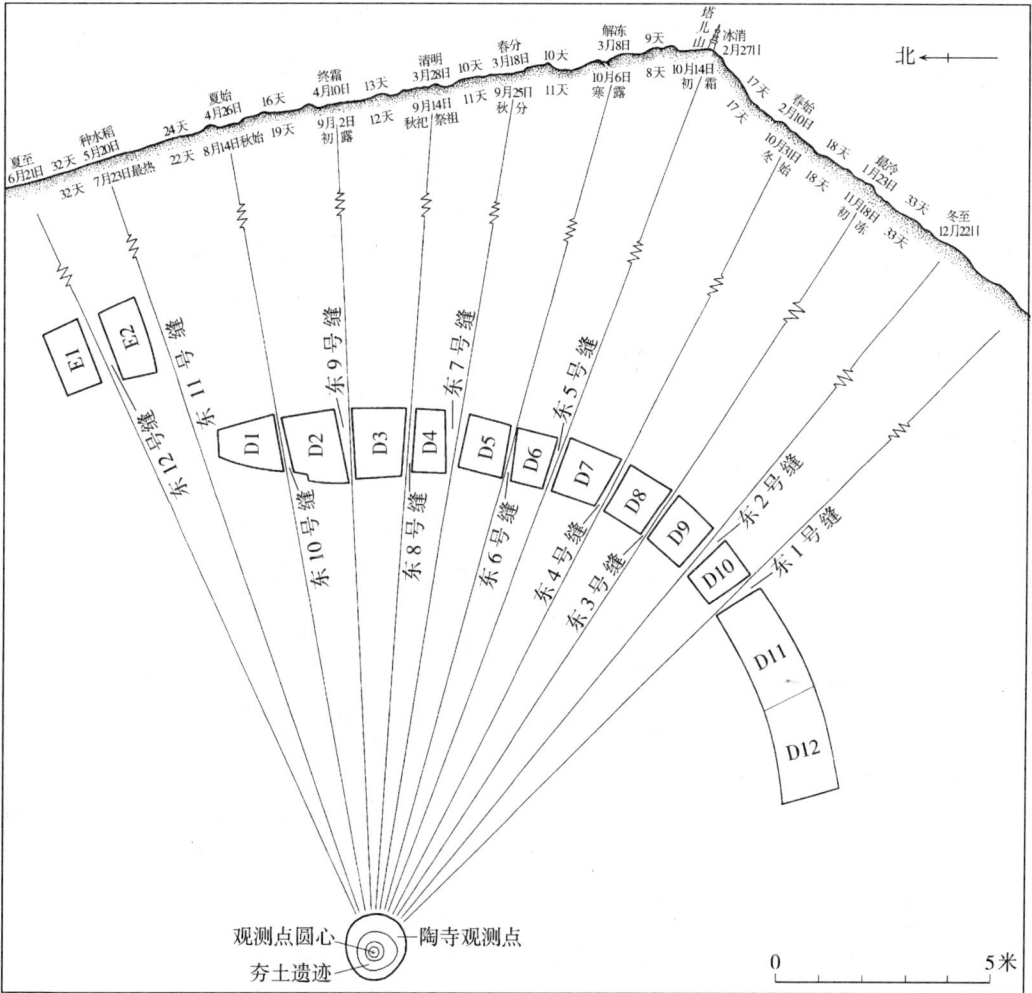

注：观测点至崇山距离为示意。E1、E2、D1～D11 为夯土柱基础。

图一　陶寺观象台实地模拟观测结果示意图

---

[4] 基于我们所做的陶寺观象台实地模拟观测使用的是现行的国际公历即 1582 年颁布实施的格里高利历，本文所说的四千前的阳历日期是格历系统四千年前的日期，并随着润年日历有 ±1 天的游动范围，后文所判定的日出日期也如此，不再特别标注。

尽管冬至一词大约出现于周代，夏商时期称"日南至"，为了论述方便以及使读者更易理解，故本文仍使用冬至一词。

冬至日的天文学意义是太阳在一年中的视运动轨迹上到达日出最南点，直白点说就是人们在这一天看日出点到达了一年中的最南点，不再向南进，次日日出点即向北返。而冬至这天的白昼最短，黑夜最长，此乃《尧典》所谓"日短星昴，以殷仲冬"。

当然，冬至除了日出到达最南点天文学意义之外，礼仪意义也很重要。据《襄陵县志卷四·节序》记载："冬至，祀先。亲友相贺。"[5]《襄汾县志·节日》记载："冬至节，俗称'小年下'，家家包饺子。解放前为教师节，宴请老师，定明年去留。"[6]崔寔《四民月令》云："冬至之日，荐黍羔，先荐玄冥，以及祖祢。其进酒肴，及谒贺君师耆老，如正旦。"《周礼·大司乐》："凡乐，圜钟为宫，……云门之舞，冬日至于地上之圜丘奏之，若乐六变，则天神皆降，可得而礼矣。"从周礼冬至祭天到襄汾当地节序，祭天、祭玄冥、祭祖、敬师、尊老等，应当是陶寺当地的重要节日之一，故俗称"小年下"，表示重要性同于小年，仅次于春节"大年"，是今天当地传统节日中除清明之外的另一个依照阳历过的节日。

陶寺ⅡFJT1 除了观测日出授时功能之外，它本身还是一个半圆形的圜丘坛——祭天场所即天坛。"盖天说"原理是解释陶寺ⅡFJT1 半圆形的宇宙观依据：半圆形的台基建筑象征形如伞盖的天向北倾斜，有一部分天是看不到的；台基背后长条形的城墙象征承载天盖的、形如棋盘的大地。《周髀算经》说："天象笠盖，地法覆盘。"《周易·系辞上》云："在天成象，在地成形。"所以陶寺ⅡFJT1 台基半圆形状是将天穹的形象放在地上。实际上，河南濮阳西水坡仰韶晚期 M45 墓圹南壁呈弓形，冯时先生就认为是盖天说宇宙观的体现[7]。我所分析的湖北天门石家河古城东南罗家柏岭"天坛"实际祭祀遗迹部分也是个半圆[8]。可见史前与祭天有关的遗迹多呈半圆状恐非偶然。陈美东先生的《天文卷》甚至将"圜丘"径直解释为"半圆形的土丘"[9]。ⅡFJT1 第三层台基的生土芯应与祭天有关。

《礼记·郊特牲》云："郊之祭也，迎长日之至也，大报天而主日也。兆于南郊，就阳位也。扫地而祭，于其质也。"陶寺观象台在陶寺中期大城外侧东南，可谓"兆于

〔5〕《襄陵县志》（民国版），1986 年由襄汾县志编纂委员会重印，名为《襄陵县新志、太平县志合刊》，第 65 页。

〔6〕襄汾县志编纂委员会《襄汾县志》，第 514 页，天津古籍出版社，1991 年。

〔7〕冯时《星汉流年：中国天文考古录》，第 145 页，四川教育出版社，1996 年。

〔8〕湖北省文物考古研究所等《湖北石家河罗家柏岭新石器时代遗址》，《考古学报》1994 年第 2 期。

〔9〕陈美东《中国科学技术史·天文学卷》，第 138 页，科学出版社，2003 年。

南郊，就阳位也。""迎长日至"，是冬至日过后，白昼开始加长。"大报天而主日"，祭天祭日。"扫地而祭，于其质也"，是说将生土扫净即可祭祀，追求的是天然纯净的本质。相对于斑驳的人工夯土，纯净黄土当然是天然纯净的，因而陶寺观象台第一层台基的生土半月台和第三层台基的生土台基芯，均有着与清天有关的象征意义。《白虎通·郊祀》云："祭天必在郊何？天体至清，故祭必于郊，取其清洁也。"而且ⅡFJT1周围很少有陶寺文化早、中期的垃圾坑、住房，是一片人不常来的净土。据此我们推测生土半月台与生土台芯都是取清洁之意，本着交感巫术的理念，与祭天祭日有关。

　　ⅡFJT1 破坏界面上覆盖层和灰沟ⅡHG3 内废弃堆积出土的陶片火候偏低，与居址日用陶器有明显差别，更接近墓葬出土的冥器陶器。由此推测废弃堆积中出土的陶片很可能来自ⅡFJT1 上使用的祭器。此外，此处采集的玉环残段、环道废弃堆积ⅡHG3 内的蚌片装饰都有可能来自祭器或祭品。

　　综上所述，陶寺ⅡFJT1 东2号缝对冬至日出的观测在历法与祭祀上具有同等重要意义，其气候节令意义在黄河流域流行的民谚《冬九九歌》中表达为"冬至属一九，两手藏袖口"[10]。

　　（二）1 月 23 日东 3 号缝中日切

　　2005 年 1 月 20 日观测，日出位于东 3 号缝南侧，未进该缝。由于角度测量的误差，以致无法推算几天后日半出或日切在缝中线上。只有根据下半年 2004 年 11 月 18 日东 3 号缝中日切至 12 月 21 日冬至东 2 号缝中日半出间隔 33 天来推算，3 号缝上半年大约在冬至日后 33 天即 2005 年 1 月 23 日缝中日切，比今大寒晚 3 天。

　　尽管陶寺观象台 3 号缝上半年日出比今大寒晚 3 天，但是很可能节令意义相近。因为据《襄汾县志·气温》记载，陶寺月平均温 1 月份最低[11]，为零下 4.4°，是一年中最寒冷的日子。故可称为"最冷"，相当于今天廿四节气中的"大寒"节令意义，类同于《冬九九歌》中之"四九三十六，出外冰上溜"[12]，日期大约是每年的 1 月 23 日前后。自 12 月 22 日 2 号缝中日半出冬至到 1 月 23 日 3 号缝中日切间隔 33 天。

　　（三）2 月 10 日东 4 号缝中日切

　　上半年数次观测均未能在 4 号缝中看到日出。根据 2004 年 2 月上旬模拟观测得到此时段日移速率为 21.6′/天，推算 2 月 10 日日切在 4 号缝中线。

　　尽管陶寺 2 月 10 日日切于东 4 号缝，比廿四节气中的立春 2 月 4 日晚了 6 天，不是立春，但是在深层次的含义上可能有相近之处。《襄汾县志·水系》说：汾河"结冰

[10]　中国紫金山天文台《1930～2050 年大众实用历书》，第 263 页，吉林科学技术出版社，2000 年。
[11]　襄汾县志编纂委员会《襄汾县志》，第 36 页，天津古籍出版社，1991 年。
[12]　中国紫金山天文台《1930～2050 年大众实用历书》，第 263 页，吉林科学技术出版社，2000 年。

期为当年 11 月至次年 2 月……其中 12 月 15 日至次年 1 月底的 45 天中，有 20 天左右的冰封期，25 天左右的流凌期，2 月 25 日至 3 月 5 日解冰。"[13] 基于 1 月 23 日为陶寺节令"最冷"，当正处于汾河冰封期，则 18 天以后 2 月 10 日，冰封期结束，预示春天的开始。故 2 月 10 日日切于 4 号缝中实际意义可相当于当地立春。《礼记·月令》云："孟春之月，……东风解冻，蛰虫始振，鱼上冰，獭祭鱼，鸿雁来。……是月也，以立春。先立春三日，大史谒之天子曰：'某日立春，盛德在木。'天子乃齐。立春之日，天子亲帅三公九卿诸侯大夫以迎春于东郊。"《襄陵县志·节序》云："立春啖萝卜数片，名曰咬春，取荐辛也。"[14] 春天来临对于陶寺文化来说还是具有一定重要意义的。陶寺城址的统治者举行迎春仪式，民间则也以"咬春"的形式欢庆春天的来临，并作为传统节日流传至今。

所以上半年日切在 4 号缝中，大约是陶寺文化判定春天到来的天文准线，或许确定迎春仪式之时日，可称为"春始"，大约在每年的 2 月 10 日前后。自 1 月 23 日日切 3 号缝中线"最冷"至 2 月 10 日 4 号缝日切"春始"间隔 18 天。

（四）2 月 27 日东 5 号缝中日切

崇山主峰塔儿山主峰在 5 号缝内中线略偏南 11′27″。2005 年 2 月 26 日日半出位于 5 号中缝线。日切塔儿山尖，太阳视中心偏于中线南 11′27″。考虑到黄赤交角变化影响，日切在 5 号缝中线应推迟 1 天是比较合理的。那么四千年前 2 月 27 日日切在 5 号缝正中塔儿山尖北坡。

5 号缝 2 月 27 日日切，介于廿四节气雨水与惊蛰之间，表面上似乎看不出来什么节令意义。但颇值得注意的是，陶寺城址位于临汾盆地的东缘，临汾盆地东缘山系为太岳山系的崇峰，主峰塔儿山海拔 1493 米；西缘为吕梁山系的姑射山，主峰海拔 1124 米[15]。显然，临汾盆地内所见最高主峰当属塔儿山。塔儿山主峰作为陶寺城址背依的祖山，颇有神圣意味，主峰处日出可以想见主要有隆重的宗教意义。《四民月令》说："二月祠大社之日，荐韭卵于祖祢。"《襄陵县志·节序》：（阴历）"二月二祀土地神。"[16]《礼记·月令》仲春"择元日，命民社。"

毋庸置疑，《襄陵县志》所谓的"二月二祀土地神"是阴历的二月二日，而不是阳历的 2 月 2 日，似乎与阳历 2 月 27 日日切 5 号缝没有可比性。但是，从前文所分析的

[13] 襄汾县志编纂委员会《襄汾县志》，第 31 页，天津古籍出版社，1991 年。

[14] 《襄陵县志》（民国版），1986 年由襄汾县志编纂委员会重印，名为《襄陵县新志、太平县志合刊》，第 63 页。

[15] 襄汾县志编纂委员会《襄汾县志》，第 29 页，天津古籍出版社，1991 年。

[16] 《襄陵县志》（民国版），1986 年由襄汾县志编纂委员会重印，名为《襄陵县新志、太平县志合刊》，第 64 页。

冬祀节乃阳历来看，陶寺二月祭祀社神的宗教节日原本也应是阳历，很可能后被世俗化改在阴历。因为太阳历需要观测太阳的运行来制定，而太阳的观测需必要的观测仪器如大型石柱、缝隙、山头等，还需必要的条件如必须在日出时分、日落时分观测等，需要比较深厚的天文学知识基础，不易被寻常百姓掌握。而太阴历则观测月相的变化周期，不需要观测仪器，不要求必须于月出、月落时分观测，举头望月即可，简便易行，民间容易掌握。因此陶寺城址许多原本是阳历的宗教节日，很可能由于后来陶寺失去了都城的地位不能及时得到授时历法，被世俗变为阴历的传统节日。而2月27日前后3天为阴历二月二日者，如在1998年为2月28日、在1971年为2月26日、在2006年为3月1日等，即是祠大社宗教节日有可能从阳历改阴历的遗痕。社神土地神的祭祀是至关重要的，因此附会于陶寺祖山塔儿山日切相得益彰。由此我们认为2月27日日切5号缝中塔儿山标定"祠大社"宗教节日。

当然，5号缝中日切，也还具有气候变化意义。《襄汾县志》记载："本地日平均温稳定通过0℃，一般出现在2月中旬至下旬。"且汾河的解冰始于2月25日[17]。因此2月27日5号缝日切或许是日平均温通过0℃的标志，表现为大地冰消雪融和汾河解冰以及柳芽开放。

由此我们认为上半年5号缝日切，标志着春祠大社的宗教节日与冰消雪融的气候变化，可称为"冰消"，时间大约为每年的2月27日前后。自2月9日4号缝日切陶寺春始至2月27日5号缝日切冰消祠大社间隔17天。

（五）3月8日东6号缝中日切

2005年3月8日日半出在6号缝外北侧，被D5号柱子挡住。日切时太阳北缘在6号缝中，偏于6号缝中线以北26′41″。考虑到黄赤交角变化，今天春分前日出较四千年前向北偏，故应是当天。即陶寺文化时期3月8日日切在6号缝中线。

2005年3月8日较2005年惊蛰3月5日20时推迟3天。《襄汾县志》记载：降雪"终日一般在3月上旬"，"解冻日期一般在翌年3月上旬"[18]。汾河的彻底解冰在3月5日。足见陶寺观象台3月8日6号缝日切，确实标志着一年中气候变化节点的重要意义，具体说是冻土解冻、终雪、汾河完全解冰、柳树展叶与始开花、冬眠动物醒来。比较符合惊蛰实质，故我们认为日切于6号缝中线标志着陶寺文化的"解冻"，后来演变成廿四节气中的惊蛰。同时，"解冻"也可能是陶寺备耕农时开始的标志，时间大约在每年的3月8日前后。如《诗经·豳风·七月》所唱"三之日于耜"，毛传云："三之日，夏正月也，豳土晚寒。于耜，始修末耜也。"

---

〔17〕　襄汾县志编纂委员会《襄汾县志》，第35页，天津古籍出版社，1991年。

〔18〕　襄汾县志编纂委员会《襄汾县志》，第37、41页，天津古籍出版社，1991年。

自 2 月 27 日 5 号缝中日切冰消至 3 月 8 日 6 号缝中日切解冻间隔 9 天。

（六）3 月 18 日东 7 号缝中日切

2005 年 3 月 18 日日半出在 7 号缝内中线稍偏北。日切在缝中线上。由于春分、秋分没有黄赤交角变化，因此 3 月 18 日 7 号缝中线日切为陶寺春分，较 2005 年春分 3 月 20 日 21 时提前 2 天。

《尧典》称："日中星鸟，以殷仲春。"《襄汾县志·节日》说："春分，酿酒醋。"[19]气温适宜，当地酿酒做醋开始。《四民月令》称："春分中，雷乃发声。先后各五日，寝别内外。"《礼记·月令》也说："仲春之月，……是月也，日夜分，雷乃发声，始电。蛰虫咸动，启户始出。先雷三日，奋木铎以令兆民曰：'雷将发声，有不戒其容止者，生子不备，必有凶灾。'日夜分，则同度量、钧衡石、角斗甬、正权概。"春分开始打雷，夜寝禁忌。校准度量衡器具。足见春分的重要。

春分是一年春夏秋冬四季中重要节点之一，昼夜长短平分，是历法中不可缺少的支撑点，陶寺历法中，3 月 18 日东 7 号中线日切，是陶寺春分的标志。

陶寺文化时期可能尚无"春分"称谓，或可称为"仲春"，实际节令意义相同。为了使读者便于正确理解和对比分析，故本文仍沿用"春分"一词。

诚然，陶寺 3 月 18 日日切的春分标志，比今天的春分早 2 天。此两天的误差不知是当时对春、秋分日期的判断并不准确所致抑或是 4000 年来春、秋分点的变化所致，目前尚无定论。

自 3 月 8 日 6 号缝日切解冻至 3 月 18 日 7 号缝中日切春分间隔 10 天。

（七）3 月 28 日东 8 号缝中日切

2005 年 3 月 28 日日切在东 8 号缝的中心稍微偏北，四千年前此日是陶寺文化的一个节令。然而其节令意义似乎并非能一眼望穿。

首先，我们注意到 8 号缝中线方位角 89°06′21.7″（不含磁偏角），十分接近真方向正东 90°，仅差 53′38.3″。这个真子午线的正东方向是陶寺人特意选择的，应当有特别的宗教意义，清明节则是距 3 月 28 日最近的一个比较明确的宗教祭日。

3 月 28 日虽比 2005 年 4 月 5 日 1 时清明节提前 8 天，似乎与清明无关，但是陶寺一带传统清明比廿四节气的清明节日期提前 5 天开始。《襄陵县志·礼俗略》云："襄陵，晋魏旧地，陶唐遗风，……享祀报本，虽费不奢。"[20]《太平祝志》云："信鬼神，喜祭赛。"[21]据我们在陶寺工作多年的亲身体会，陶寺祭祖报本的情结在清明节时达到

〔19〕　襄汾县志编纂委员会《襄汾县志》，第 514 页，天津古籍出版社，1991 年。

〔20〕　《襄陵县志》（民国版），1986 年由襄汾县志编纂委员会重印，名为《襄陵县新志、太平县志合刊》，第 60 页。

〔21〕　胡朴安《中华全国风俗志》上篇，卷一，山西，第 52 页，中州古籍出版社，1990 年影印版。

一年中的最高峰，气氛非常隆重，仪式异常繁琐。由于陶寺一带多数地方的（汾城地区除外）妇女必须参与夫家的正式清明祭奠，因此妇女回娘家上坟再提前5天左右，大约在3月25日稍后就提前回娘家上坟。此俗实际仅局限在以陶寺为中心的临汾盆地，襄汾、临汾和曲沃部分地区，实际就是陶寺文化中心控制区，恐非空穴来风。

《襄陵县志·节序》载："清明，前数日，携酒肴楮帛于墓，且加封焉。是日，蒸面作鱼蛇，馈送姻娅，男女结伴，诣龙斗峪华神庙焚香，至则献一雄鸡，以针刺鸡冠滴血以祀之，亦荐毛血之义也，俗称千鸡会。"[22]

《襄汾县志·节日》载："清明节为祀节，节前，至亲晚辈登门祭祀，俗称烧纸。老坟、旧坟、新坟扫墓分别在节前3至5日内进行。全家人等（汾城地区女性不参加）担挑食馔（必有藕）纸箔，上坟祭奠，添土、挂纸、烧纸。清明节当天（指阳历4月5日——笔者注），早午于祖先堂前奉祀，下午晚辈媳妇于大门口（个别地区外籍人到村外）焚纸化箔。有死于外地者，家人在十字路口祭祀。"[23]

据笔者对陶寺当地民族志的调查，《襄汾县志》所说老、旧、新坟分日扫墓甚是，陶寺清明扫墓有严格的程序：阳历4月1日上老坟，出五服之先祖坟；阳历4月2日上新坟，头年清明后至今年清明3个月前埋坟；阳历4月3日上旧坟，一年以上、五服之内的祖坟；阳历4月5日上百日之内的坟。

2005年4月1日清明节，我队所做的民俗调查如下。

2005年4月1日星期五，陶寺正式清明节，十分隆重，民工要求放假上坟，故停工一天。我们拍摄东坡沟张家和贾家上坟实况，了解一下今天陶寺清明上坟的具体习俗。

早8时至9时，各家先给亲戚上坟，在坟上压些纸钱，备些馍、菜。待亲戚家的孝子贤孙来后收集起来一同用于祭奠。

早9时起，各家上本家先祖的坟。祭拜程式如下。

（1）各核心家庭分别在自己的直系祖先坟前摆供品：菜肴、花馍、酒、水果、糕点、纸钱、元宝、旌幡等。

菜肴以红、黄、绿、白颜色为主，讲求色彩对比鲜艳；以鸡蛋（黄色）、菠菜（绿色）、藕（取藕断丝连意，白色）、火腿肠（红色）为主要原料。菜肴皆不放盐，贵在色形而不在味。正如《礼记·郊特牲》云："笾豆之荐，水土之品也，不敢用常亵味而贵多品，所以交于神明之义也，非食味之道也。先王之荐，可食也，而不可耆（嗜）

〔22〕《襄陵县志》（民国版），1986年由襄汾县志编纂委员会重印，名为《襄陵县新志、太平县志合刊》，第64页。
〔23〕襄汾县志编纂委员会《襄汾县志》，第513~514页，天津古籍出版社，1991年。

也。"藕产自水中，鸡蛋、菠菜、火腿肠皆为陆产。尽管当地百姓无人能说出这四种菜肴的宗教含义，但是其形式却被当地人们的祭祀行为顽强地传承着。

花馍即是在馒头上盘一条小蛇，或做成一个憨态可掬的刺猬（《襄陵县志》称之为"鱼"）。蛇母题似陶寺龙盘，刺猬可能用于坟内避邪。

（2）家族男女老少到齐，孕妇除外不来，跪拜作揖，按先祖长幼顺序统一跪拜祖坟。

（3）放鞭炮。

（4）各核心家庭分别抛洒供品，掰馍、扔饼干、用筷子将碗中的菜拨向坟堆、倒酒等。小孩可以分食部分水果和糕点，不能管饱，成人则一般不食。正实践《郊特牲》所谓"先王之荐，可食也，而不可着（嗜）也"的理念，尽管当地早已无人知道引用《郊特牲》的这句经典了。

（5）家族将各核心家庭的纸钱、元宝、纸衣服等集中在一起焚烧，称为"交纸"（笔者疑为"叫纸"，一边烧纸，一边叫祖先的灵魂来取钱物）。

（6）上坟结束。各家散去上其他该上的坟。

4月1日上午9时半，我们考察完陶寺东坡沟上坟习俗后，驱车考察汾河以西昌梁山地区，发现乡宁、大宁、吉县等周边县没有阳历4月1日清明上坟的习俗，皆以4月5日为清明。侯马地区也是4月5日清明节上坟。可见以4月1日为清明节隆重上坟之俗仅流行于临汾盆地的襄汾、临汾和曲沃部分地区，实际就是陶寺文化的核心区，以陶寺城址为核心。

3月28日比今天陶寺一带的清明节仅提前4天。根据当地妇女于3月25日后就开始回娘家上坟的习俗，我们有理由认为3月28日日切于8号缝中标志着清明节祭祀上坟的开始。

东8号缝3月28日日切作为清明祭祖节日标志，是有深刻的宇宙观的支持的。假如允许上古时期"正朝夕"法找正方向有不足1°的误差，则东8号缝中线几乎就是真方向正东。《周易·说卦》云："帝出乎震。……万物出乎震。震，东方也。"《礼记·曲礼》："措之庙，立之主曰帝。"此言祖庙中祖先神所依托的牌位或偶像称为帝。《大作大中簋》铭："唯六月初吉丁子（巳），王在奠（郑），蔑大历。易（赐）夗（𫠙）牛驿犅，曰：'用䵼（禘）于乃考'。"[24] 显然，禘礼祭祀灌禘对象是祖考祖先神。由此我认为"帝"最初本宜就是"人祖至上神"，是祖先崇拜的对象。清明节是一年中最大的祭祖上坟宗教节日，陶寺观象台8号缝中线对正东，3月28日日切其中标志清明祭祀的开始绝非偶然巧合，很可能是"帝出乎震"的宇宙观的指导下的宗教仪轨使然，

---

[24] 罗振玉《三代吉今文存》8·44·2，中册，第878页，中华书局，1983年。

在观念上认为以帝为表象的祖先的灵魂，出行始自正东。

除了宗教节令意义之外，此日日切于 8 号缝中线，还另一层与农事有关的宗教仪式的标志意义。

《襄汾县志·气温》记载："气温 ≥ 10℃ 春作物播种，……日平均温稳定通过 10℃，一般出现在 3 月下旬。"[25] 也就说，当地农事此时才真正全面启动。3 月 28 日日切 8 号缝中应当标志着春播的开始。

《尚书·尧典》："寅宾出日，平秩东作。日中星鸟，以殷仲春。"注曰："寅，敬；宾，导；秩，序也。岁起于东而始就耕谓之东作。东方之官敬导出日，平均次序东作之事以务农也。"

8 号缝中观测视线向东正横穿观象台第一层台基生土半月台芯中部和一层台基的夯土台阶第三级。《礼记·月令》说孟春之月，"天子乃以元日祈谷于上帝。乃择元辰，天子亲载耒耜，措之于参保介之御间，帅三公九卿诸侯大夫，躬耕帝藉。天子三推，三公五推，卿诸侯九推。"这是天子的"躬耕帝藉"之礼。我国民间普遍流行立春"打春牛"的节日活动[26]，是"躬耕帝藉"的民间翻版，不论贵贱都与祈谷有关。虽然这些礼仪和民间节令活动都在后世定在廿四节气的立春，而陶寺文化时期没有廿四节气，春耕春种的开启礼仪不一定放在 2 月 10 日陶寺"春始"，而有可能于陶寺春分 10 天后 3 月 28 日日切于面向正东的 8 号缝中线时，在生土半月台和夯土台阶举行春耕春种开启礼仪。因此 3 月 28 日 8 号缝日切同样标志着这一宗教礼仪举行的日期到来，这才更符合《尧典》"寅宾出日，平秩东作。日中星鸟，以殷仲春"的本意。

除了宗教意义，3 月 28 日 8 号缝中线日切还有农事意义，是举行春播开启仪式的现实基础。山西农谚有"清明前后种扁豆"之说[27]。但陶寺文化时期可能没有扁豆，此时节可能主要是春播大麦。

陶寺遗址的发掘曾经浮选出大麦疑似籽粒 13 粒[28]。《植物栽培学》说："春播大麦区，系我国北部地区，包括辽宁、吉林、黑龙江、内蒙古、新疆以及山西、河北、陕西、甘肃等省的北部，分布较分散，且类型较多。该区无霜期 90 ~ 100d，月平均气温在 10℃ 以上者为 5 ~ 6 月份，年降雨量 200 ~ 600mm，也多集中在 6 ~ 8 月份。一般 3 月下旬至 4 月下旬播种，7 月中旬后收获，也有在 8 ~ 9 月份收获，生育期 120d 左右，一年一熟制。"[29]《襄汾县志·气候》记载，陶寺无霜期 195 ~ 200 天；5 月份平均温

[25] 襄汾县志编纂委员会《襄汾县志》，第 35 页，天津古籍出版社，1991 年。

[26] 郑传寅、张健《中国民俗辞典·岁时节令》，第 230 页，湖北辞书出版社，1987 年。

[27] 胡朴安《中华全国风俗志》上篇，卷一，山西，第 45 页，中州古籍出版社，1990 年影印版。

[28] 赵志军、何驽《陶寺城址 2002 年度浮选结果及分析》，《考古》2006 年第 5 期。

[29] 位东斌、东先旺主编《作物栽培学》，第 69 页，中国农业大学出版社，2001 年。

21.5℃，6 月份 25.3℃；年降雨量 635.1mm，其中 6 月份 91.3mm，7 月份 113.1mm，8 月份 176.6mm，9 月份 71mm[30]，可见集中在 6～8 月份。因此陶寺的微气候完全适宜大麦的种植。故而我们推测 3 月 28 日日切于 8 号缝中线除了清明节之外，还标志着大麦播种的日期，而且是陶寺文化四大谷物粟、黍（含稷）、稻、大麦中每年最早播种的作物，可以说是一年中真正播种粮食劳作的开始。

另《四民月令》："清明节令蚕妾治蚕室，涂隙穴，具槌寺箔笼。"陶寺清明还应有开始治蚕室的标志意义。晋南地区养蚕历史物证可上溯至仰韶文化晚期西王村文化三期的人工切割的半个蚕茧，是李济先生于 1926 年在山西芮城西阴村发掘出土的。陶寺文化时期养蚕可能早已不成问题。

综上所述，我们认为 3 月 28 日日切于 8 号缝中主要标志着一年中最重要的上坟祭祖宗教节日的开始，同时以"寅宾出日，平秩东作"宗教仪式标志着春播春种的正式启动，而实质性的农时标志是大麦播种的日期和始治蚕室的日子。

陶寺清明节的到来可能还有一个比较明确的物候标志，那就是家燕的到来。《襄汾县志》载家燕到来是每年的 3 月下旬[31]，据我们实地观察，2006 年 3 月 31 日家燕回到我们考古工作队在陶寺遗址驻地——东坡沟村贾明深家，比 3 月 28 日陶寺清明晚 3 天，比今天陶寺一带正式清明节 4 月 1 日提前 1 天。

值得注意的是，当地传统节日中只有冬至和清明这两个阳历节日，故农谚有"二月清明草不青，三月清明道旁青"之说[32]，二、三月是阴历，清明是阳历节日，所以在阴历月份里是不固定的，才会出现二月清明、三月清明之分。

自 3 月 18 日 7 号缝日切春分至 3 月 28 日 8 号缝日切清明间隔 10 天。

（八）4 月 10 日东 9 号缝中日切

2005 年 4 月 10 日日切时应在东 9 号缝内。

据《襄汾县志·霜降》记载："终霜一般出现在 4 月上旬。1938 年最早，出现在 3 月 10 日；1977 年最晚，出现在 4 月 18 日。"《襄汾县志·日照》载："春季地中 5 厘米地温稳定通过 12℃，一般出现在 4 月上旬。"《襄汾县志·物候》记载：杏花盛期在 4 月初，末期在 4 月上旬末[33]。《四民月令》载："清明节后十日，封生姜。……是月也，杏花盛，……可种稙禾，可种苴麻，可种瓜，可种胡麻。"陶寺文化的墓葬中屡见麻类编织物殓尸，如 M1650 骨架上覆盖 10～12 层麻类编织物，棺盖板上罩着麻类棺

---

〔30〕 襄汾县志编纂委员会《襄汾县志》，第 35～40 页，天津古籍出版社，1991 年。

〔31〕 襄汾县志编纂委员会《襄汾县志》，第 43 页，天津古籍出版社，1991 年。

〔32〕 胡朴安《中华全国风俗志》上篇，卷一，山西，第 45 页，中州古籍出版社，1990 年影印版。

〔33〕 襄汾县志编纂委员会《襄汾县志》，第 41、34、43 页，天津古籍出版社，1991 年。

罩，还发现下棺时束棺的麻绳[34]。足见麻是陶寺文化纺织品的主流原料，丝绸在当时的黄河流域仍属比较精贵之物，在纺织品中可能不占主流。由是，陶寺历法中当有种麻的农时。

因此，4 月 10 日日切 9 号缝中线当为陶寺"终霜"，是当地无霜期的开始，意味着一些不耐霜冻的作物可以开始播种，其中包括种麻、封生姜的日子。自 3 月 28 日 8 号缝日切陶寺清明到 4 月 10 日 9 号缝日切终霜间隔 13 天。

（九）4 月 26 日东 10 号缝中日切

2005 年 4 月 27 日日半出在 10 号缝北壁北外侧"柱子"D1 里。日切时太阳南半部在东 10 号缝内，北半部被北侧的"柱子"挡住。由此推算提前 1 天即 2005 年 4 月 26 日日切于 10 号缝中线。

尽管 4 月 26 日比 2005 年 5 月 5 日 18 时立夏提前 9 天，但是 2005 年 4 月 26 日陶寺当地气温达到 30℃，4 月 27 日的气温达 32℃。陶寺地区在 4 月下旬气温陡然增高，使人感到入夏的感觉，因此我们推测 4 月 26 日日切于 10 号缝中线大约标志陶寺夏始。

《植物栽培学》指出："当土壤表层温度达到 20℃时，（谷子——笔者注）播后只需 5～6d（天——笔者注）就可以发芽出土。谷子发芽最适宜温度为 24℃，一般土层 10cm 温度达到 12℃以上时即可播种。""华北春谷产区，以 4 月下旬至 5 月上旬播种较为适宜。"[35]《襄汾县志·日照》载："春季地中 5 厘米地温稳定通过 12℃，一般出现在 4 月上旬。"[36]可据此推测土壤 10 厘米处温度达到 12℃时大约在 4 月下旬。陶寺一带流传农谚："立夏不种花（棉），种下没疙瘩（棉桃）"。虽然陶寺文化时期很可能没有棉花，但是今天立夏种谷子、高粱等大秋作物，也称正茬、大谷，种晚不结果。《四民月令》："四月立夏后，……蚕入簇，时雨降，可种黍禾，谓之上时。"《中华全国风俗志·上篇卷一·山西·农家月令》称："立夏种谷。"[37]

谷子也称粟，是陶寺文化的主要农作物。中国社会科学院考古研究所科技中心蔡连珍先生等所做的陶寺墓葬人骨与猪骨的 δ^{13}C 测定，反映陶寺人食谱中 C4 植物占 70%，说明小米在食物中占有很大的比例[38]。而近年来我们在陶寺遗址发掘所做的浮选结果分析也表明，粟即小米在出土谷物总数中所占比例更高达 93.5%[39]，无疑陶寺

〔34〕 中国社会科学院考古研究所山西工作队等《1978～1980 年山西襄汾陶寺墓地发掘简报》，《考古》1983 年第 1 期。

〔35〕 位东斌、东先旺主编《作物栽培学》，第 196、199 页，中国农业大学出版社，2001 年。

〔36〕 襄汾县志编纂委员会《襄汾县志》，第 34 页，天津古籍出版社，1991 年。

〔37〕 胡朴安《中华全国风俗志》上篇，卷一，山西，第 45 页，中州古籍出版社，1990 年影印版。

〔38〕 蔡莲珍、仇士华《碳十三测定和古代食谱研究》，《考古》1984 年第 10 期。

〔39〕 赵志军、何驽《陶寺城址 2002 年度浮选结果及分析》，《考古》2006 年第 5 期。

文化以粟为最主要农作物。种粟农时应当在陶寺历法中占有重要一席之地。

再者，《礼记·月令》：孟夏之月，"是月也，以立夏。先立夏三日，大史谒之天子曰："某日立夏，盛德在火。"天子乃齐。立夏之日，天子亲帅三公九卿大夫以迎夏于南郊。还反，行赏，封诸侯，庆赐遂行，无不欣说。"君王在立夏日还有迎夏、行赏、封侯的礼仪。陶寺城址的统治者可能也有类似迎夏的礼仪，4月26日日切东10号缝大约是迎夏仪式日子的标志。因为此仪式与百姓生活关系不大，因此没能成为当地的传统节日流传至今。

因此我们认为4月26日日切于10号缝中线应当是陶寺文化时期"夏始"播种春谷和迎夏仪式的重要标志。自4月10日9号缝日切陶寺终霜至4月26日10号缝日切夏始间隔16天。

（一〇）5月20日东11号缝中日切

东11号缝介于D1号柱与夏至南柱E2之间。从夯土台芯看原本是一个面向东南的迎日门，从观测点经"迎日门"向东看去，又可形成一条宽50厘米的观测缝，编号为11号缝。

2005年5月20日日半出位于11号缝正中。日切在东11号缝中心稍偏南。考虑到黄赤交角变化，春分以后今天日出较四千年前偏南，故判定陶寺文化时期5月20日切于11号缝中线，比2005年5月21日7时小满提前1天。但是小满的意义是麦类作物将要饱满，陶寺文化至今没有发现小麦遗存，可能"小满"的节令意义不适用于陶寺文化。

据《作为栽培学》说，春播水稻插秧在5月中、下旬。水稻育秧最佳气温20℃，气温15～20℃时出苗仅用5～9天[40]。《襄汾县志·气温》载陶寺5月平均温为21.5℃[41]，很适于育秧。因此，笼统说，5月20日日切11号缝中线的意义似标志水稻育秧与插秧农时开始。

尽管现在陶寺遗址境内不再种植水稻，但是近年陶寺遗址发掘浮选出稻米粒（粳稻），占出土谷物总数的0.3%[42]；植硅石土样分析则暗示陶寺城址西北中梁村一带地隰之地有可能是陶寺水稻的种植地[43]。水稻在陶寺文化时期是陶寺先民们食谱中的辅助食品，或许有其特殊的意义，虽然其数量极少。因为在以粟作农业为主的黄河流域，史前及三代时期的稻作产品似乎主用于祭祀，水稻产品在数量上绝对低于粟，但是其在祭祀中所占地位不可小觑，与粟（上古时称"粱"）几乎平分秋色。正如《礼记·

---

[40] 位东斌、东先旺主编《作物栽培学》，中国农业大学出版社，2001年。

[41] 襄汾县志编纂委员会《襄汾县志》，第36页，天津古籍出版社，1991年。

[42] 赵志军、何驽《陶寺城址2002年度浮选结果及分析》，《考古》2006年第5期。

[43] 姚政权、吴妍等《山西襄汾陶寺遗址植硅石分析》，《农业考古》2006年第4期。

月令》所云：季秋之月，"是月也，天子乃以犬尝稻，先荐寝庙。"注曰："稻始熟也。"《襄陵县志·学校》记载"学庙"（通常称"文庙"）祭品制法条就有"稻，用白粳米，捡过完结，滚汤捞起"，放在祭器簋内[44]。就陶寺而言，与其说水稻种植是农业经济内的一小组份，毋宁说在宗教祭祀中具有重要意义。陶寺历法中应当有水稻种植的节令标志，我们认为 5 月 20 日日切东 11 号中线为陶寺水稻育秧与插秧的农时。自 4 月 26 日 10 号缝日切陶寺夏始至 5 月 20 日 11 号缝日切种水稻间隔 24 天。

（一一）6 月 21 日东 12 号缝中日半出

东 12 号缝介于第二层台基上的夏至南柱 E2、北柱 E1 之间，位于东 10 号缝的东北部。

2004 年 6 月 21 日夏至，日半出一半在夏至南柱内。日切时太阳全在夏至南柱内。黄赤交角变化导致今天日出位置较四千年前南偏，故四千年前 6 月 21 日日半出在 12 号缝中，是陶寺文化时期太阳走到最北点，白昼最长，黑夜最短，为陶寺夏至，与今天夏至日子相同。次日日出点即向南返。夏至是一年四季中最重要的节点之一，陶寺历法也不应例外。

陶寺文化时期可能没有"夏至"称谓，或可称为"日北至"，或如《尧典》所称"日永星火，以殷仲夏"，节令意义都是相同的。但是为了更便于读者理解和对比分析，本文仍使用"夏至"一词。

《周礼·大司乐》称："凡乐，函钟为宫，大蔟为角，姑洗为征，南吕为羽，灵鼓、灵鼗、孙竹之管，空桑之琴瑟，咸池之舞。夏日至，於泽中之方丘奏之，若乐八变，则地示皆出，可得而礼矣。"夏至日是重要的祭祀土地神的重大宗教日子，观象台作为陶寺城址祭天的场所存在，暗示它应当还有祭地的场所与之对应，也就意味着祭祀大地神祇的宗教节日在陶寺文化中同样存在。2004 年钻探发现陶寺城址外东北部有大型夯土基址，2005 年试掘一座ⅣFJT1，情况虽然没有完全摸清，但是可以肯定是一处大型夯土基址[45]，位置与观象台南北遥相呼应，只是时代为陶寺早期，似与观象台不同时。但此片地区还有其他几座大型夯土基址，或许能与观象台遥相对应。

夏至还是重要的农时。《四民月令》称："夏至先后各二日，可种黍。"《中华全国风俗志·上篇卷一·山西·农家月令》称："夏至不种高山黍，还种十日小穈黍。"[46]

王星玉所著《山西省黍稷（穈）品种资源研究》中资源目录里记载襄汾地区种植

〔44〕《襄陵县志》（民国版），1986 年由襄汾县志编纂委员会重印，名为《襄陵县新志、太平县志合刊》，第 312 页。

〔45〕中国社会科学院考古研究所山西队等《2004～2005 年山西襄汾陶寺遗址发掘新进展》，《中国社会科学院古代文明研究中心通讯》第 10 期，2005 年 8 月。

〔46〕胡朴安《中华全国风俗志》上篇，卷一，山西，第 45 页，中州古籍出版社，1990 年影印版。

的黍子生育期为红软黍 101 天、珍珠连软糜（黍）100 天、扫帚软黍 101 天、白软黍 100 天、黄硬糜黍（糜）101 天、紫脖子硬黍（糜）101 天、硬黍子（糜）81 天。可见襄汾一带所种黍子生育期多在 100 天左右[47]。同书记载："紫脖子糜子（别名紫脖子硬黍子）是襄汾县种植多年的农家种。分布于城关、汾城、陶寺等公社。……晋南地区（播种——笔者注）以 6 月下旬为宜。"同书又载："珍珠连软黍是襄汾县农家种。主要分布于城关、陶寺等公社。……在晋南播种期以 6 月下旬为宜。"[48]

今天陶寺一带因黍子和糜子产量低种植面积大为缩减，陶寺文化时期种植量也不很大，在近年陶寺遗址发掘浮选出的炭化植物遗物中，黍子包括糜子占出土谷物总数的 6.2%[49]，表明黍子的种植在陶寺农业中也占有一定的比重，但不容忽视。

这是因为与陶寺粳稻一样，黍子包括糜子（或称稷）尽管总量少，但是除了是陶寺先民日常辅助食品外，在宗教祭祀礼仪上也具有重要作用。《襄陵县志·学校》文庙的祭品制法条载："黍，用黍米。捡过完结，滚汤捞起，如捞常饭法。稷，用稷米。捡过完结，滚汤捞起。以上二品实于簠。"[50]《诗经·江汉》歌曰："釐尔圭瓒，秬鬯一卣。"毛传云："秬，黑黍也。鬯，香草也。筑煮合而郁之曰鬯。……笺云秬鬯，黑黍酒也。"《襄陵县志·物产略》云："黍，苗、穗与稷同，有黄、白、赤、黑四种，米皆黄，俗呼为黄米。"[51]西周金文中习见赏赐"秬鬯"，就是用黑色黍子酿造的酒煮以郁金香。黄然伟先生曾指出："秬鬯为祭祀所用之酒，西周铭文凡有秬鬯之赐者，此物之名绝大多数必列于赏赐诸物之首。古者谓'国之大事，在祀与戎'，祭祀于古代为大典，故用以降神之秬鬯，于铭文中列于首项，盖有珍惜、郑重之意。"[52]《礼记·郊特牲》云："周人尚臭，灌用鬯臭，郁合鬯，臭阴达于渊泉。""灌"就是"灌祭"。《论语·八佾》"禘自既灌而往者，吾不欲观之矣。"《集解》云："灌者，酌郁鬯，灌于太祖以降神也。"丁山先生以为用秬鬯灌草藉扎制的祖先神偶像"帝"，又称"缩酒"[53]，甚是。而用秬鬯祭祀祖先可见于商代甲骨文，并非西周独创[54]。西周赏赐祭祀祖先的

[47] 王星玉《山西省黍稷（糜）品种资源研究》，第 53~54、58 页，农村读物出版社，1985 年。
[48] 王星玉《山西省黍稷（糜）品种资源研究》，第 112~115、148~149 页，农村读物出版社，1985 年。
[49] 赵志军、何驽《陶寺城址 2002 年度浮选结果及分析》，《考古》2006 年第 5 期。
[50] 《襄陵县志》（民国版），1986 年由襄汾县志编纂委员会重印，名为《襄陵县新志、太平县志合刊》，第 312 页。
[51] 《襄陵县志》（民国版），1986 年由襄汾县志编纂委员会重印，名为《襄陵县新志、太平县志合刊》，第 70 页。
[52] 黄然伟《殷周青铜器赏赐铭文研究》，第 166~167 页，（香港）龙门书店有限公司，1978 年。
[53] 丁山《中国古代宗教神话考》，第 183 页，上海文艺出版社，1988 年影印。
[54] 黄然伟《殷周青铜器赏赐铭文研究》，第 167 页，（香港）龙门书店有限公司，1978 年。

秬鬯，以表达等级制度内自上向下的再分配意义，执行着强化从属关系的功能。其强化等级制度的社会文化价值，远大于享受美酒醇美的实用价值。陶寺遗址浮选出来的占谷物 6.2% 的黍子，可能也具有同样或类似的特殊宗教与社会文化价值，经济实用价值在于其次。

总之，无论从世俗生活还是宗教生活角度需求看，黍子包括糜子（穄），都是陶寺农业中不可或缺的一部分，因而陶寺历法中当有黍子播种的节令。那么 6 月 21 日夏至日日半出在东 12 号缝中，大约就是黍子播种的节令标志。

此外，《作物栽培学》说：播种期"夏谷区以芒种至夏至之间为宜。夏谷的播种期，力争抢时早播，早出苗，早抽穗，早成熟。如播种过晚，苗期处在高温多湿日照渐短的自然条件下，幼穗分化快，穗小，后期在开花结实阶段赶上气温下降，影响其正常成熟。"[55]陶寺 5 月 20 日日切于 11 号缝中线为陶寺水稻育秧、插秧，至 6 月 21 日 12 缝中日半出陶寺夏至，其间没有芒种节气。因而陶寺文化夏谷播种只能在夏至。这是因为"当土壤表层温度达到 20℃时，（谷子）播后只需 5～6d 就可以发芽出土。谷子发芽最适宜温度为 24℃，一般土层 10cm 温度达到 12℃以上时即可播种。"[56]而陶寺 6 月平均温 25.3℃，是粟最适宜发芽的温度[57]，只需要 5～6 天就可发芽，以便做到夏谷的"早出苗、早抽穗、早成熟"的原则[58]。

由此我们判定，4000 年前 6 月 21 日日半出 12 号缝中线是陶寺夏至，既是地示大祀宗教节日的标志，也是种黍和种夏谷农时的标志。自 5 月 20 日日切 11 号缝中线标志水稻育秧插秧至 6 月 21 日 12 号缝日半出夏至间隔 32 天。

（一二）7 月 23 日东 11 号缝中日切

2004 年 7 月 23 日日半出在 11 号缝内中线偏北。日切位于 11 号缝中线略偏南。基于黄赤交角变化，我们判定，4000 年前 7 月 23 日日切 11 号缝中线，大约相当于陶寺一年中最热的时期，比 2004 年 7 月 22 日 20 时大暑推迟 1 天，节令意义大致相仿佛，相当于北方《夏九九歌》之"四九三十六，汗湿衣服透"[59]。陶寺全年月平均温最高者当属 7 月，为 26.6℃[60]。

在农时方面，《中华全国风俗志·上篇卷一·山西·农家月令》称："小暑吃大

---

〔55〕　位东斌、东先旺主编《作物栽培学》，第 199 页，中国农业大学出版社，2001 年。

〔56〕　位东斌、东先旺主编《作物栽培学》，第 196 页，中国农业大学出版社，2001 年。

〔57〕　襄汾县志编纂委员会《襄汾县志》，第 36 页，天津古籍出版社，1991 年。

〔58〕　位东斌、东先旺主编《作物栽培学》，第 199 页，中国农业大学出版社，2001 年。

〔59〕　中国紫金山天文台《1930～2050 年大众实用历书》，第 263 页，吉林科学技术出版社，2000 年。

〔60〕　襄汾县志编纂委员会《襄汾县志》，第 36 页，天津古籍出版社，1991 年。

麦。"[61] 然而据《作物栽培学》载春播大麦生育期 120 天左右，7 月中旬以后收获。陶寺大麦播种期自 3 月 28 日陶寺清明始，至 7 月 23 日总计 117 天，比大麦生育期仅少 3 天。因此我们认为 7 月 23 日日切 11 号中缝是陶寺文化收获大麦的重要标志，同时也是"最热"标志。自 6 月 21 日 12 号缝日半出夏至到 7 月 23 日 11 号缝日切陶寺"最热"收春播大麦间隔 32 天。

（一三）8 月 14 日东 10 号缝日切

10 号缝下半年日出未能观测到。据 7 月 23 日日切在 11 号缝推算 8 月 14 日日切于 10 号缝中线。

10 号缝上半年 4 月 26 日日切标志着陶寺文化春谷播种开始日期。谷子生育期多在 100～120 天。如果 4 月 26 日播种，至 8 月 14 日 110 天，谷子成熟收获季节到了。陶寺一带现在立秋是秋收开始的标志。2005 年 8 月 7 日 18 时立秋，虽然比 8 月 14 日提前了 7 天，但是 8 月 14 日日切在 10 号缝中线，大约还是可以相当于立秋节令意义，标志着陶寺文化春谷收获的开始。《植物栽培学》说："籽粒完熟期是谷子收获的适宜时间。不可早割，以免减产。"[62] 因此及时判定适时的春谷收获日期非常重要。《礼记·月令》：孟秋之月，"是月也，以立秋。先立秋三日，大史谒之天子曰：'某日立秋，盛德在金。'天子乃齐。立秋之日，天子亲帅三公九卿诸侯大夫，以迎秋于西郊。……是月也，农乃登谷。天子尝新。先荐寝庙。"陶寺文化可能也有迎秋、登谷尝新荐寝庙的礼仪。只是迎秋是君王的事，登谷尝新普通百姓可以效仿，故迎秋礼仪没有变成当地的传统节日，而尝新则演变成后来当地的"麦秋尝新"，《襄陵县志·节序》：阴历五月五之后、六月六之前，"麦秋后，磨新麦蒸馒头，亲友相馈，取尝新也。"[63] 时间约为每年阳历 6 月中上旬，节日日期有所改变，随着当地农作物小麦取代谷子地位，节日内容也将尝谷改为尝麦。

8 月 14 日日切于 10 号缝中线就是这样一个重要的日期——陶寺春谷粟的收获季节，同时也可能是陶寺秋始的标志。自 7 月 23 日 11 号缝日切陶寺"最热"至 8 月 14 日 10 号缝日切陶寺"秋始"收春谷间隔 22 天。

（一四）9 月 2 日东 9 号缝日切

2004 年 9 月 2 日日半出位于东 9 号缝中线略偏北。日切位于中线略南，太阳南缘同时与东 9 缝的南壁相切。根据黄赤交角变化，4000 年前 9 月 2 日日切位于 9 号缝中线。因此 9 月 2 日是陶寺文化的一个重要节令。

---

[61]　胡朴安《中华全国风俗志》上篇，卷一，山西，第 45 页，中州古籍出版社，1990 年影印版。

[62]　位东斌、东先旺主编《作物栽培学》，第 201 页，中国农业大学出版社，2001 年。

[63]　《襄陵县志》（民国版），1986 年由襄汾县志编纂委员会重印，名为《襄陵县新志、太平县志合刊》，第 64 页。

9 月 2 日比 2005 年 9 月 7 日 21 时白露提前 5 天，但《襄汾县志·气温》载陶寺 9 月平均温为 18.7℃，比 8 月 24.7℃ 骤降 6℃，且昼夜温差大[64]。在这种条件下可以出现初露，大约相当于现在的白露节令意义。

《襄汾县志·农谚》说："小秋白露不露头，割了喂老牛。"[65]"小秋"是当地的叫法，指包括夏谷（粟）在内的玉米、绿豆等回茬作物，也称"小谷"。东坡沟农谚也说："白露不秀（不开花），寒露不收"，白露不开花，寒露就收不了了。前文已证，陶寺夏谷播种期最晚到夏至结束，因而陶寺夏谷的苗期从夏至开始计算。《植物栽培学》说："谷子的苗期是指播种至拔节的一段时间。这一时期，春谷需 40d（天），夏谷需 25～30d。……穗期是指谷子从拔节至抽穗的一段时间。这一时期春谷约需 36d，夏谷约需 30d。""夏谷抽穗约在 8 月中旬。"[66]足见，夏谷从出苗至抽穗需要 60 天。6 月 21 日夏至陶寺夏谷苗期开始，至 9 月 2 日陶寺初露总计 73 天，超过抽穗期 13 天，这是夏谷抽穗的最后期限。假如过了 9 月 2 日陶寺初露，夏谷还没有抽穗露头，就绝收了，只有割了苗喂牛。

由此，我们推测 9 月 2 日日切 9 号缝中线，标志着陶寺初露，是夏谷抽穗的最后期限，否则只有当牲畜的饲料了。自 8 月 14 日 10 号缝日切"秋始"收春谷到 9 月 2 日 9 号缝日切陶寺初露间隔 19 天。

（一五）9 月 14 日东 8 号缝中日切

2004 年 9 月 7 日日出时不在东 8 号缝内，被 D3 号柱子挡住，日切偏于 8 号缝中线以北 3°57′39″，故推算 9 月 7 日七天后 9 月 14 日日切在 8 号缝中线。但是 9 月 14 日因阴雨没有观测到日出。

8 号缝上半年 3 月 28 日日切为陶寺清明，是一年中最大的祭祖上坟祭奠。相应的，下半年 8 号缝日切也应当与祭祀有关。

《襄汾县志·传统节日》载："秋祀节，（阴历）七月十五日为秋祀节。近亲之间往来送纸祭祀，礼同清明，惟不登坟扫墓。"[67]然而实际情况有些例外，如果因故上半年清明节没有回家上坟的"游子"，可借此节补上，其他时节不允许上坟。可见从宗教性质上说，秋祀节与清明是对应的，只是没有清明隆重。

9 月 14 日日切与陶寺清明同在 8 号缝内，因此 9 月 14 日日切应当是秋祀节标志。只不过今天的秋祀节又从阳历 9 月 14 日变为阴历七月十五日。从清明节是太阳历法中的一个节令来看，秋祀节与之对应，陶寺秋祀节原本也应是阳历而不是阴历。而且我

[64] 襄汾县志编纂委员会《襄汾县志》，第 36 页，天津古籍出版社，1991 年。

[65] 襄汾县志编纂委员会《襄汾县志》，第 539 页，天津古籍出版社，1991 年。

[66] 位东斌、东先旺主编《作物栽培学》，第 191、195 页，中国农业大学出版社，2001 年。

[67] 襄汾县志编纂委员会《襄汾县志》，第 514 页，天津古籍出版社，1991 年。

们注意到通常阴历七月十五日大都落在阳历8月内，极少能晚到阳历9月中旬，因此陶寺秋祀节从原来的阳历9月14日变为阴历七月十五日即提前到阳历的8月份，很可能不是被当地人由阳历9月14日直接民间化变为阴历的，否则变为阴历八月某日更合适。其中应有特殊的原因。

《襄陵县志》称"秋祀节"为"中元"，"中元荐麻谷，佐以果羞，祭于寝。"[68]其内容是祭祖。《中国民俗辞典》解释说："中元节，亦称'盂兰盆节'、'鬼节'。汉族传统节日。初为佛教节日，为追荐祖先而举行，……据《佛祖统纪》载，设盂兰盆斋始于梁武帝。后演为民间节日。时在农历七月十五日，宋末时，元兵入侵，即提前一日祭祖，以避兵扰。后随俗于七月十四日过节。清·潘荣陛《帝京岁时纪胜》载：中元祭扫，尤胜清明。……今民间仍有祭祖等俗。"[69]可以想见，佛教传入中国后，中原原来的祭祖"鬼节"逐渐与佛教的"盂兰盆节"相结合称为"中元节"。陶寺的秋祀节本着其祭祖实际意义可称为"鬼节"，被改头换面称为"中元节"，时间也随着"盂兰盆节"在七月十五日举行也变为阴历七月十五日。然而在民间来看，叫"中元"、唤"盂兰盆"，都仅仅是名号而已，实际内容仍是祭祖，类比清明，没有多少佛教内涵。

由此我们反推后世阴历七月十五日的陶寺秋祀节、中元节、鬼节最初的先河，是陶寺9月14日8号缝中线日切所标志的秋祀节日子。自9月2日东9号缝日切"初露"至9月14日8号缝日切秋祀节间隔12天。

（一六）9月25日东7号缝中日切

2004年9月23日日出时不在东7号缝内，被D4号柱子挡住了。日切点偏于7号缝中线以北1°11′52″。应再推迟2天。2005年9月24日补充观测发现，日半出和日切均不在7号缝内，日切时太阳的右侧外缘与东7号缝北壁相切，需再推迟1天。于是推测9月25日日切在7号缝中线，较2005年秋分9月23日晚2天。9月25日因阴雨没有观测到日出。上半年3月18日日切7号缝中线比今春分提前2天，下半年9月25日日切7号缝中线比今秋分晚2天，可证4000年前陶寺春分、秋分与今天春分、秋分存在系统误差，均为2天，误差并不很大，因而将9月25日日切7号缝中线视为陶寺秋分还是说得过去的，并与上半年3月18日陶寺春分对应。

陶寺文化时期可能没有秋分的称谓，或可能称为"仲秋"，但是为了读者正确理解和研究对比方便，本文仍称之为"秋分"。

《尧典》云："宵中星虚，以殷仲秋。"《礼记·月令》仲秋，"是月也，日夜分，雷

---

[68]　《襄陵县志》（民国版），1986年由襄汾县志编纂委员会重印，名为《襄陵县新志、太平县志合刊》，第64页。

[69]　郑传寅、张健《中国民俗辞典·岁时节令》，第242页，湖北辞书出版社，1987年。

始收声。……日夜分，则同度量、钧衡石、角斗甬。"秋分时节，日夜平分，是一年四季中最重要的节点之一，且再次校准度量衡器，也很重要，陶寺历法中不应缺少秋分。9 月 25 日日切 7 号缝中线即为陶寺秋分。

在农时方面，《襄汾县志·农谚》："秋分黍子寒露谷，霜降到来挖红薯。"[70]襄汾一带所种黍子生育期多在 100 天左右。[71]

前文已证，夏至日最适合作为陶寺播种黍子的重要标志。以 6 月 21 日作为陶寺播种黍子农时起始标志，到陶寺秋分 9 月 25 日总计 96 天，标志着各类黍子此时基本成熟。故襄汾农谚称"秋分黍子"。因此，我们判定 9 月 25 日日切 7 号缝中线，标志着陶寺秋分和黍子收获日期。自 9 月 14 日 8 号缝日切"初露"至 9 月 25 日 7 号缝日切陶寺秋分间隔 11 天。

（一七）10 月 6 日东 6 号缝中日切

2005 年 10 月 5 日日出在 6 号外北侧，未到 6 号缝。考虑到黄赤交角变化角度，4000 年前应当比 10 月 5 日推迟 1 天为 10 月 6 日即可日切于 6 号缝中线。

10 月 6 日 6 号缝日切比 2004 年寒露 10 月 8 日 12 时 59 分提前 2 天。大约可以相当于寒露时令意义。《襄汾县志·气温》载，陶寺 10 月份平均温 12.5℃，天气转凉[72]，昼夜温差较大，出现寒露是有条件的，可称为"寒露"。

然而更值得注意的是，《襄汾县志·农谚》："秋分黍子寒露谷，霜降到来挖红薯。"[73]陶寺当地在寒露前后收谷子。《作物栽培学》说：播种期"夏谷区以芒种至夏至之间为宜。"[74]夏谷中熟品种生育期约为 100 ~ 120 天[75]，中位数为 110 天。自 6 月 21 日夏至种夏谷到 10 月 6 日，总计 107 天，仅比夏谷中熟品种生育期中位数少 3 天，此段时日夏谷成熟的概率最大。于是 10 月 6 日应当是收割夏谷之日，故当地农谚称"寒露谷"。10 月 6 日日切东 6 号缝标志"寒露"收粟谷是有道理的。

另，《作物栽培学》说，水稻的中熟品种生育期为 125 ~ 150 天，中位数为 137.5 天，约合 138 天。水稻灌浆最佳气温 21 ~ 26℃，从灌浆至粒干重最大即完熟阶段需要 25 ~ 45 天，收获季节到了[76]。自陶寺种植春水稻的育秧和插秧时间 5 月 20 日至 10 月 6 日，总计 139 天，比水稻中熟品种生育期的中位数仅多 1 天，此日前后水稻成熟概率最

〔70〕　襄汾县志编纂委员会《襄汾县志》，第 538 页，天津古籍出版社，1991 年。

〔71〕　王星玉《山西省黍稷（糜）品种资源研究》，第 53 ~ 54、58 页，农村读物出版社，1985 年。

〔72〕　襄汾县志编纂委员会《襄汾县志》，第 36 页，天津古籍出版社，1991 年。

〔73〕　襄汾县志编纂委员会《襄汾县志》，第 539 页，天津古籍出版社，1991 年。

〔74〕　位东斌、东先旺主编《作物栽培学》，第 199 页，中国农业大学出版社，2001 年。

〔75〕　位东斌、东先旺主编《作物栽培学》，第 191 页，中国农业大学出版社，2001 年。

〔76〕　位东斌、东先旺主编《作物栽培学》，中国农业大学出版社，2001 年。

大。而此前 45 天为 8 月 22 日，《襄汾县志·气温》载陶寺 8 月平均温 24.7℃，恰为灌浆最佳时期[77]。故 10 月 6 日是陶寺地区收获春播水稻的农时。

由此我们有理由推测下半年 6 号缝中日切主要标志着收获夏谷和春播水稻的农时，同时也可能标志寒露出现这一气候变化，时间大约为每年的 10 月 6 日前后。自 9 月 25 日 7 号缝日切陶寺秋分至 10 月 6 日 6 号缝日切寒露收谷间隔 11 天。至此，陶寺四大谷物种、收农事全部结束。

（一八）10 月 14 日东 5 号缝中日切

2004 年 10 月 15 日日半出在 5 号缝内偏北。日切时太阳与塔山主峰山尖相切，太阳视中心偏于中线南 11′27″。同样考虑黄赤交角变化，应提前 1 天，即 4000 年前 10 月 14 日日切在 5 号缝中线。

10 月 14 日日切在 5 号缝中线，上半年 2 月 27 日日切标志祠大社宗教节日，下半年 10 月 14 日日也应该相对地标志类似性质的宗教节日。《襄汾县志·节日》载："九月九日，重阳节，吃枣糕，登高赏菊，并以凉面敬天地。"[78]这个宗教节日在陶寺时期可能为秋祀天地，与上半年 2 月 27 日塔儿山日切大祠社节日相对应，本为阳历 10 月 14 日，同样被世俗化变为阴历九月九日。诸如九月九日在 2002 年为 10 月 14 日、在 1999 年为 10 月 17 日、在 1994 年为 10 月 13 日等，都应是秋祀天地节从阳历变为阴历的遗迹。而且 5 号缝对应最高峰塔儿山，与"登高"意义暗合神契。

另一方面，《襄汾县志·霜冻》记载："初霜多出现在 10 月 20 日左右。1977 年最早，出现于 10 月 8 日。"[79]据陶寺乡东坡沟村民说，陶寺当地的初霜一般比今天的霜降节气提前 4~5 天，即 10 月 18、19 日。事实上 2004 年的初霜出现在 10 月 1 日。4000 年前陶寺初霜或许比今天常年的初霜出现再提前 4~5 天。初霜的出现，标志着每年无霜期的结束，对于农业生产来说至关重要。《中华全国风俗志·山西》载农家月令云："霜降不赔田。"注曰："甚言野之无禾。"[80]而陶寺四大谷物在上一个节令 10 月 6 日寒露收谷即告全部收获完毕，才有"霜降不赔田"的农谚。因此我们认为陶寺历法中不应缺少"初霜"节令，或许 5 号缝下半年 10 月 14 日日切就是其标志，相当于后来廿四节气中的霜降意义。

可见，下半年 10 月 14 日日切在 5 号缝中标志着陶寺秋祀天地节日和初霜的到来，时间大约在每年的 10 月 14 日前后。自 10 月 6 日 6 号缝日切寒露收谷至 10 月 14 日 5 号缝塔儿山日出秋祀天地和初霜间隔 8 天。

[77]　襄汾县志编纂委员会《襄汾县志》，第 36 页，天津古籍出版社，1991 年。
[78]　襄汾县志编纂委员会《襄汾县志》，第 514 页，天津古籍出版社，1991 年。
[79]　襄汾县志编纂委员会《襄汾县志》，第 41 页，天津古籍出版社，1991 年。
[80]　胡朴安《中华全国风俗志》上篇，卷一，山西，第 45 页，中州古籍出版社，1990 年影印版。

（一九）10月31日东4号缝中日切

2004年11月1日观测日半出时在4号缝的正中。日切时日南缘已出4号缝内侧南壁。日切时太阳视中心偏于4号缝中线以南6′21″，且日南缘入于缝南壁，不甚合理。考虑到黄赤交角变化，故反推前4000年前下半年10月31日日切在4号缝中缝。

尽管10月31日4号缝中内日切比2004年立冬11月7日10时提前了7天，但是上半年4号缝2月9日日切标志春天开始，那么相应地下半年10月31日日切应标志冬天开始，可称为"冬始"。且11月1日清晨我们模拟观测时明显感到手指和耳廓凛冽，大约相当于后来廿四节气的立冬意义。

《礼记·月令》："孟冬之月，……是月也，以立冬。先立冬三日，大史谒之天子曰：'某日立冬，盛德在水'。天子乃齐。立冬之日，天子亲帅三公九卿大夫以迎冬于北郊。"立冬有迎冬的礼仪含义，又有冬天来临的标志性意义。而《襄汾县志·节日》记载：（阴历）"十月初一冬祀节，又称寒食节，其形式与七月十五秋祀无大差异。"[81]《襄陵县志·时序》载：（阴历）"十月一日，裁楮象衣，焚于墓前，或焚于门外，名曰送寒衣。"[82]可见在襄汾当地，阴历十月一日作为一年当中冬天的来临，祭奠死者送寒衣的日子。冬祀节的立意原本就是冬天来临给死者送寒衣，所以原本应设在立冬日，因为冬天的来临与太阳运行有关，当与月亮无关，只是很可能是因为普通民众使用便于观测的阴历而被世俗化设在阴历十月一日。阴历十月一日有可能落在阳历10月31日前后3天内，如阴历十月一日在1989年为10月29日、1994年为11月3日、1997年为10月31日、2005年为11月2日等，暗示当地冬祀节有可能从陶寺立冬阳历10月31日改为阴历十月一日的轨迹。因此我们认为下半年4号缝日切标志着陶寺的"冬始"，是举行迎冬仪式和冬祀节送寒衣的日子，大约在每年10月31日前后。自10月14日5号缝塔儿山日出秋祀天地和初霜至10月31日4号缝日切陶寺"冬始"暨冬祀节间隔17天。

（二〇）11月18日东3号缝中日切

2004年11月18日观测，日半出时右侧外缘进东3号缝。日切时全部进东3号缝，左侧外缘与东3号缝北壁相切。日切方位角与3号缝中线方位角角差8′07″，向北偏，大约是黄赤交角变化使然。由此推算4000年前下半年11月18日日切大约在3号缝中线上。比2004年小雪节气11月22日7时提前4天。

2004年11月12日降下本年度初雪。据《襄汾县志》记载，该地区最早初雪日为

---

〔81〕 襄汾县志编纂委员会《襄汾县志》，第514页，天津古籍出版社，1991年。

〔82〕 《襄陵县志》（民国版），1986年由襄汾县志编纂委员会重印，名为《襄陵县新志、太平县志合刊》，第65页。

1980年11月10日，但是降雪初日一般在12月上旬[83]，因此将3号缝11月18日日出判定为小雪或初雪可能不甚贴切。又据《襄汾县志》记载，本地土层冻结一般在11月下旬[84]，汾河在11月开始结冰，因此11月18日日切在东3号缝中可判定为初冻节令，一切农事因地冻而停止。《礼记·月令》云："孟冬之月，水始冰，地始冻。……是月也，天子乃祈来年于天宗，大割祠于公社及门闾，腊先祖五祀，劳农以休息之。"《礼记·月令》强调此时停止农事，农闲休憩，水始冰，地始冻，与陶寺观象台3号缝内11月18日所标志的节令意义大致相同。因此，11月18日日切在3号缝内大约也标志着一年中的冬闲季节的开始，可称为"初冻"。

总之，东3号缝下半年日切中线上标志着陶寺文化"初冻"节令的到来，户外动土劳作的截止，冬闲的开始，可能也是王在"天宗"举行祈年仪式的日子，大约在每年的11月18日前后。值得注意的是，所谓天宗应是举行祭天和祈年仪式的庙堂，相当于明清天坛的祈年殿，与地上之圜丘即圜丘坛本不是一个建筑。我们在陶寺观象台北侧发掘出的圆形夯土建筑基址ⅡFJT2，建筑基坑主体为一个直径约9米的圆坑，坑底呈锅底形，深度0.4~4米，面积约65平方米。圆基坑东、西两侧各有夯土板块浅基础伸出ⅡTG9东、西两壁之外，可能原本是上圆形夯土台基的路基。经过解剖，在夯土基坑上层夯土板块中包含人骨架，呈新月形环绕西边路基上台基的口部。一具小孩骨架居中，一具成人骨架位于基坑西南边缘，一堆成人人骨散乱地埋在基坑西北角[85]。ⅡFJT2尽管规模不大，但是基础处理时多次使用人牲奠基，足见其功能重要，因此我们怀疑这就是所谓的"天宗"基址，与观象台圜丘为邻。

自10月31日4号缝日切陶寺"冬始"暨冬祀节至11月18日3号缝日切初冻间隔18天。从此日再过33天，太阳于12月22日冬至日再回到东2号缝，开始了新一轮太阳回归年。

三、问 题 讨 论

（一）陶寺观象授时的基本框架

陶寺观象台总计12道观测缝，从观测点可观测到冬至—夏至—冬至一个太阳回归年的20个时节的缝中线日切。这12道缝中1号缝没有观测日出功能。7号缝居中，为春分、秋分观测缝。7号缝向南间隔5道缝至冬至日半出，向北间隔5道缝至夏至日半

---

[83]　襄汾县志编纂委员会《襄汾县志》，第37页，天津古籍出版社，1991年。

[84]　襄汾县志编纂委员会《襄汾县志》，第41页，天津古籍出版社，1991年。

[85]　中国社会科学院考古研究所山西队等《2004~2005年山西襄汾陶寺遗址发掘新进展》，《中国社会科学院古代文明研究中心通讯》第10期，2005年8月。

出。除 2 号缝观测冬至、12 号缝观测夏至各用一次之外，其余 9 道缝皆于上半年和下半年各用一次，总计 365 天。实际一个太阳回归年是 365.2422 天，余数 0.2422 积 4 年约为 1 天，必须加一天为闰日以校正，则闰年总计 366 天。《尧典》云："期三百六旬有六日，以闰月定四时成岁。"注曰："周匝四时曰期。"但是实际上余数 0.2422×4 = 0.9688 天，不满 1 整天，若视为 1 天置闰，则久而久之累积误差会导致阳历与实际天象即节令日出日期不符，而陶寺正是以观测实际天象来制定历法的，于是观测就成为不断校正历法的必要手段，而不是四年加一个闰日便了之那样简单。《尚书·胤征》就说："羲和废厥职，酒荒于厥邑，胤后承王命徂征。告于众曰：……'惟时羲和颠覆厥德，沈乱于酒，畔官离次，俶扰天纪，遐弃厥司，乃季秋月朔，辰弗集于房，瞽奏鼓，啬夫驰，庶人走，羲和尸厥官罔闻知，昏迷于天象，以干先王之诛，《政典》曰：先时者杀无赦，不及时者杀无赦。'今予以尔有众，奉将天罚。"羲和氏乃自唐尧虞舜至三代世系天文官，由于嗜酒渎职，不观测天象，导致天象与历法发生错乱，犯了历法先于天象或落后于天象的大罪。足见尧舜至三代观象对于制定历法的不可替代的作用。

陶寺观象台可以观测确定一个太阳回归年中的 20 个时节，以一个太阳回归年中四季气候变化的节令为主，兼顾陶寺当地的宗教节日和农时，但多数为节令结合农时或节令结合宗教节日，很少是三为一体的（表一）。

1. 气候节令

气候节令有冬至、最冷、春始、冰消、解冻（终雪）、春分、终霜、夏始、夏至、最热、秋始、初露、秋分、寒露、初霜、冬始、初冻等 17 个。其中包含冬至、夏至、春分、秋分四大主干，还有春始、夏始、秋始、冬始四大支点。最冷与最热是一年中气温的两个极点。初霜与终霜、初冻与解冻又是两对互为表里节令。上述 17 个节令是陶寺一个太阳回归年的四季里气候变化最明显的节点。而 3 月 28 日、5 月 20 日、9 月 14 日，没有明显的气候变化意义。即使 5 月 20 日接近后来的廿四节气中的小满，也单指麦类作物将要饱满，也没有气候变化明显标志。而 3 月 28 日、9 月 14 日在廿四节气中根本没有。这些都可反证 3 月 28 日、5 月 20 日、9 月 14 日这三天的日出并无气候变化节点意义，而只有宗教节日意义或农时意义。因此陶寺历法的气候中节令没有这三个日子，并非随意的去舍，而是经过深思熟虑的。

2. 宗教节日

宗教节日有冬至日冬至节郊天、祭日、过小年、祭祖先，春始日迎春、咬春，消冰日春祀大社土地神，清明节大祭祖、春播仪式，夏始日迎夏，夏至日祭地示，秋始日迎秋、尝新，秋祀节祭祖，初霜日秋祀敬天地，冬始日冬祀节祭祖、迎冬，初冻日祈年，凡约 11 个宗教祭祀节日。其中 3 月 28 日清明节与 9 月 14 日秋祀节与气候变化节点无关，主要根据宗教祭祀需要设定的。清明节还结合了种大麦和治蚕室的农时，而

表一

实测公历	四千年前	观测缝	时令	宗教节日	农　　时	间隔
2005 – 12 – 22	12月22日	东2	冬至，	天祭日，小年，祀先		33天
* 2005 – 1 – 20	1月23日	东3	最冷			33天
推算	2月10日	东4	春始	迎春，咬春		18天
2005 – 2 – 26	2月27日	东5	冰消	祀大社		17天
2005 – 3 – 8	3月8日	东6	解冻，终雪		备耕	9天
2005 – 3 – 18	3月18日	东7	春分		酿酒醋，校度量衡	10天
2005 – 3 – 28	3月28日	东8		清明节，春播仪式	春播大麦，治蚕室	10天
推算	4月10日	东9	终霜		种麻，封姜	13天
2005 – 4 – 27	4月26日	东10	夏始	迎夏	种春谷	16天
2005 – 5 – 20	5月20日	东11			春播水稻插秧	24天
2004 – 6 – 21	6月21日	东12	夏至	祭地	示种黍、夏谷	32天
2004 – 7 – 23	7月23日	东11	最热		收春播大麦	32天
推算	8月14日	东10	秋始	迎秋，尝新	收春谷	22天
2004 – 9 – 2	9月2日	东9	初露		夏谷抽穗	19天
* 2004 – 9 – 7	9月14日	东8		秋祀节祭祖		12天
2005 – 9 – 24	9月25日	东7	秋分		收黍，校度量衡	11天
* 2005 – 10 – 5	10月6日	东6	寒露		收夏谷、水稻	11天
2004 – 10 – 15	10月14日	东5	初霜	秋祀敬天地		8天
2004 – 11 – 1	10月31日	东4	冬始	冬祀节祭祖，迎冬		17天
2004 – 11 – 18	11月18日	东3	初冻	祈年	农闲，猫冬开始	18天

　　说明：表中＊号者未在缝中见日出。

秋祀节竟与农时亦无涉，成为一个单纯的宗教节日。

　　其余的9个宗教节日均与节令相结合，随着四季的变化而举行相应的祭祀。

　　（1）祭祀天地。各种自然神灵中，天地为大。《周易·序卦》云："有天地，然后万物生焉。"祭祀天地神是古代宗教祭祀中最重要的组成部分之一。冬至日郊天祭日，夏至日大祀地祇；冰消日春祀大社土地神，初霜日秋祀敬天地，从而完成了一年四季春夏秋冬各季祭祀天地的任务。

　　（2）祭祖。祖先崇拜也是古代宗教祭祀最重要的组成部分之一。春季清明节大祭祖，是一年中最隆重的祭祖节日，秋始日尝新，秋祀节祭祖，冬始日冬祀节祭祖，冬至日祀先。可见陶寺一年中有五个祭祖节日。此在后世演变成"宗庙四祭"。

　　《周礼·大宗伯》云："以祠春享先王，以禴夏享先王，以尝秋享先王，以烝冬享先王。"《春秋繁露·四祭》解释说："古者岁四祭。四祭者，因四时之所生熟，而祭其先祖父母也。故春曰祠，夏曰礿，秋曰尝，冬曰烝。此言不失其时，以奉祭先祖也。过时不祭，则失为人子之道也。祠者，以正月始食韭也。礿者，以四月食麦也。尝者，以七月尝黍稷也。烝者，以十月进初稻也。此天之经也，地之义也。孝子孝妇，缘天之时、地之利也。"《白虎通疏证·宗庙》曰："宗庙所以四祭何？春曰祠者，物微，故祠名之。夏曰礿者，麦熟进之。秋曰尝者，新谷熟尝之。冬曰烝者，烝之为言众也，冬之物成者众。"

通过比较，不难发现后世的"宗庙四祭"同陶寺一年中的 5 次祭祖有颇多相似之处。

春天 3 月 28 日陶寺清明春祠大祭祖，后来演变成正月的春祠。由于陶寺当时不种麦子，而在 8 月 14 日秋始尝新，后来种植麦子，夏天收获，演变成夏礿。9 月 14 日正式秋祀祭祖，演变成后来的秋尝。10 月 31 日冬始日祭祖，演变成后来的冬烝。

而陶寺 12 月 21 日冬至日的祀先，可能与郊天祭日相关联，比较特殊，类似后来祭天配祀祖先。《礼记·郊特牲》云："郊之祭也，迎长日之至也，大报天而主日也。兆于南郊，就阳位也。……万物本乎天，人本乎祖，此所以配上帝也。郊之祭也，大报本反始也。"《礼记·礼运》谓："杞之郊也禹也，宋之郊也契也，是天子之事守也。"《礼记·祭法》也说："有虞氏禘黄帝而郊喾，祖颛顼而宗尧。夏后氏亦禘黄帝而郊鲧，祖颛顼而宗禹。殷人禘喾而郊冥，祖契而宗汤。周人禘喾而郊稷，祖文王而宗武王。"所谓"迎长日至"，多数学者认为是冬至日后，白昼开始变长，因此郊祭的日期在冬至。陶寺观象台圜丘位于陶寺中期大城外的南郊小城内，符合就阳位的原则。

（3）四时祭。陶寺历法中，很可能分别于 2 月 10 日春始、4 月 26 日夏始、8 月 14 日秋始、10 月 31 日冬始举行迎春、夏、秋、冬的四时祭。因为春始和夏始并不与其他祭祀如祭祖、祭天地或祭农事相联系，因而是特意设置的，可以暗示这几个观测缝所得到的节令还是与春夏秋冬四季开始有关。

（4）与农事有关的祭祀。3 月 28 日清明举行春播仪式，11 月 18 日初冻祈年。凡此 2 项。陶寺一年当中最早播种的可能是大麦，在 3 月 28 日清明节前后播种，因此春播仪式也在同期举行。

3. 农时节令

陶寺农时集中在 3 月 8 日解冻以后至 10 月 6 日寒露收夏谷和水稻，包括解冻备耕、春分酿酒醋（校度量衡）、清明节春播大麦（治蚕室）、终霜封姜（种瓜麻）、立夏种春谷、5 月 20 日春播水稻、夏至种黍种夏谷、最热收春播大麦、秋始收春谷、初露夏谷抽穗、秋分收黍（校度量衡）、寒露收夏谷和水稻，总计 11 个。其中主要农事又以清明节春播大麦开始，到寒露收夏谷和水稻结束，反映出来的主要农作物为春谷（大谷）、夏谷（小谷）、黍子、春播大麦、春播水稻。这些作物在陶寺遗址发掘浮选中均有发现。由此组成陶寺文化观象授时系统中的农时部分。

（二）陶寺太阳历节令间隔的不等分性

陶寺观象台观测缝冬至东 2 号缝方位角 125°02′44.2″，夏至东 12 号缝方位角 60°20′54.7″，二者之间张角 64°41′49.5″，按 10 个等分。均分夹角为 6°28′49.5″，而各缝间夹角与此均分数值相差较大，少则差 11′、17′~19′，多则差 44′、1°~2°。误差变化呈跳跃式不规则变化。误差十几分可能是建筑技术达不到精确水平所造成的技术误差，但是 44′乃至 1°、2°的误差过大，恐非技术水平误差所能解释的。因此，陶寺各缝中线很可能是陶寺人根据天文观测节令日出定点经验确定的，而不是冬至到夏至观测张角10 等分得到的（表二）。

表二

观测缝	缝间角差	标准差	上半年天数	下半年天数
		6°28′49.5″		
东 2				33
东 3	6°10′23.5″	18′26″	33	18
东 4	6°11′31.5″	17′18″	18	17
东 5	6°40′48″	11′58.5″	17	8
东 6	5°21′43.2″	1°07′06.3″	9	11
东 7	6°10′23.8″	18′25.7″	10	11
东 8	5°21′30.5″	1°07′19″	10	12
东 9	6°48′07″	19′17.5″	13	19
东 10	7°42′44.7″	1°13′55.2″	16	22
东 11	8°30′59″	2°02′09.5″	24	32
东 12	5°44′36.6″	44′12.9″	32	

正是由于各缝间夹角不均等，日出视运动轨迹也不是匀速的，导致各缝间日出间隔天数也不尽一致。但是间隔天数似乎有一定的规律。

规律一：上半年与下半年的天数大致一致。上半年冬至到春分 87 天，间隔 5 道观测缝；春分到夏至 95 天，间隔 5 道缝，上半年总计 182 天。下半年夏至到秋分 96 天，间隔同样 5 道缝；秋分到冬至 87 天，间隔同样 5 道缝，下半年总计 183 天。一个太阳年总计 365 天。春分前与秋分后的天数是相等的，87 天；春分后比春分前天数多，为 95 天。秋分前比秋分后天数多，为 96 天。于是下半年比上半年多 1 天。然而众所周知，太阳年实际天数是 365.2422 天，4 年就会多出约 1 天，因此还需用观测日出天象来调整实际天象与历法的关系，判定闰年。加之陶寺各节令间隔天数并不相等，完全依赖计算日子推定节令就会出问题。常规的天文观测便成为不可或缺的。ⅡFJT1 第一层台基边东南角门外踩踏路面很坚实光滑，表明常常有人上下陶寺观象台。保存较好的路沟豁口内侧通往观测点的路面质量也好，也说明常有人往返于观测点与路沟豁口之间。《尧典》说"历象日月星辰"，"观象"是不可或缺的。

规律二：节令间隔天数呈规则曲线变化，上半年与下半年间隔天数变化曲线大致相同。间隔天数似乎是冬至、夏至两头间隔日子长，32～33 天；春分、秋分节令前后间隔日子短，8～11 天。陶寺历法 3 月 8 日日切 6 号观测缝解冻起，至 6 月 21 日夏至日切 12 号缝，节令间隔天数基本反映了地球公转的速度逐渐趋慢：10—10—13—16—24—32 天。夏至到 10 月 6 日日切 6 号缝寒露收谷止，反映地球公转速度趋快：32—22—19—12—11—11 天。

可是，3 月 8 日陶寺解冻以前和 10 月 6 日陶寺寒露收谷以后陶寺节令间隔日期却不反映地球公转速度。自寒露至冬至间隔天数增大：8—17—18—33，此时段地球公转速度实际反而加快。自冬至到解冻间隔天数趋短：33—18—17—9，但是此时段地球公转的速度却变慢。这是因为，自 10 月 6 日陶寺观象台 6 号缝中线日切标志寒露之后，至次年 3 月 8 日同在 6 号缝中线日切标志解冻止，正乃所谓的冬半年时间，黄河流域农事基本完毕，处于农闲期，节令安排间隔天数不遵循地球公转速度，而遵循重大宗教节日的需要兼顾重要气候的变化需要。

由于农作物生长与太阳的运行密切相关，据此推断，陶寺 20 个节令的设置，首先立足于足满农时的需要，兼顾其他如宗教节日和重要的气候变化。由此导致与农时密切相关的节令设置间隔天数基本符合地球的公转速度变化规律，而农闲时段的节令设置天数间隔更着眼于宗教祭祀节日和重大气候变化临界点，与地球的公转速度变化联系就没那么紧密了（图二）。

（三）陶寺历法中四季非均等性

陶寺历法中，根据陶寺当地四季分明的特点将一个太阳回归年划分为春、夏、秋、冬四季。然而四季各自的天数并不均等。

可见陶寺四季或称四时可能不像《礼记·月令》那样将一年四季各分为孟、仲、季三个月，每月约 30 天，而可能是以二分、二至为临界点将四季各分为早、晚或孟、仲两段。当然这些时段的天数并不均等。自 2 月 10 日春始起，至 4 月 26 日夏始止，据《襄汾县志·气温》[86] 数据计算（下同），此段月平均温 11℃，陶寺历法中春季早晚两段总计天数 75 天。自 4 月 26 日夏始至 8 月 14 日秋始止，月平均温 24.5℃，夏季早晚两段总计天数 110 天。自 8 月 14 日秋始起至 10 月 31 日冬始止，月平均温 15.6℃，秋

[86]　襄汾县志编纂委员会《襄汾县志》，第 36 页，天津古籍出版社，1991 年。

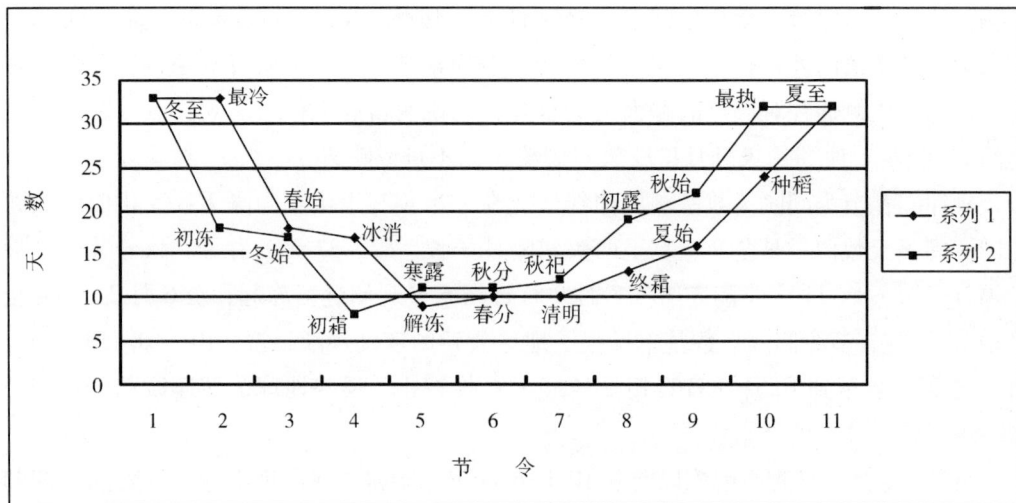

图二　陶寺回归年两半年曲线

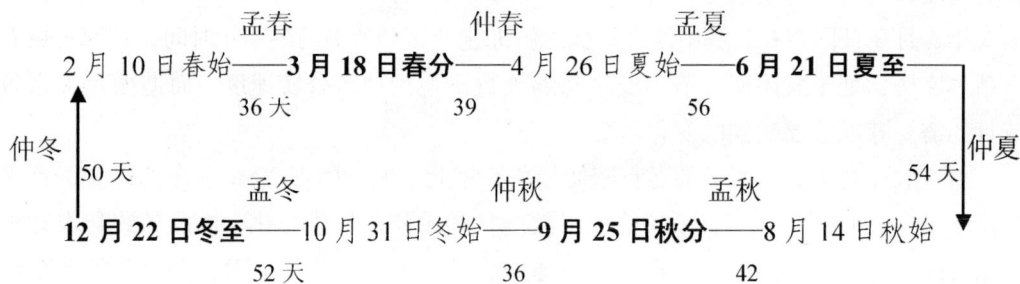

季早晚两段总计天数78天。自10月31日冬始起至次年2月10日春始止，月平均温—1.1℃，冬季早晚两段总计天数102天。最显著的特征是春秋两季明显短暂，冬夏两季明显漫长。这不仅与地球公转椭圆形轨道导致四季天数不均分的实际情况大致相符，而且更符合东亚北纬35°左右地区春秋两季短、冬夏两季长的实际。

　　显而易见，陶寺的四时不可能靠均分天数来得到，必须通过天文观测日切定点来判定。因此陶寺观象台的作用非常重要，陶寺的历法不可能完全依赖计算天数来制定，天象观测是最首要的。天文观测官员的职责重大。《礼记·月令》中还能看出一些蛛丝马迹：孟春之月，"乃命大史守典奉法，司天日月星辰之行，宿离不贷，毋失经纪，以初为常。"每年孟春，告诫天文官员忠于职守，不能失于观测导致历法与天象错乱不符，通过观测以校准到初始和谐的状态为法则，也就是所谓季冬之月，"日穷于次，月穷于纪，星回于天。数将几终，岁且更始"，历法与天象合璧状态。足见，当时观象仍是制定历法的最主要的手段。没有天文观测，历法就无从谈起。

（四）陶寺历法与二十四节气的关系

陶寺观象台所显示的陶寺太阳历法是根据当地实际需要，以观测日出定节令的地平历（Horizonal Calendar）或定点历（Positional Calendar）。这是世界上许多原始民族曾经使用过的比较原始的历法，每个节令的间隔天数并不相等，差别较大。而我国今天使用的二十四节气是成熟于秦汉之际的平分历，是按照太阳在黄道运行的位置等分计算得到的，每个节气大约 15 天左右。陶寺历法与二十四节气本属两个不同的历法系统，二十四节气早不到 4000 年前的陶寺文化时期。尽管如此，二者在节令意义上，还是有一些相近之处（表三）。

表三

公历日期	陶寺节令	公历日期	廿四节气	日差	差级
2005 年 12 月 22 日	冬至	2005 年 12 月 22 日	冬至	0	0
	无	2005 年 1 月 5 日 14 时	小寒		IV
2005 年 1 月 23 日	最冷	2005 年 1 月 20 日 7 时	大寒	3	II
2005 年 2 月 10 日	春始	2005 年 2 月 4 日 2 时	立春	6	III
2005 年 2 月 27 日	冰消	2005 年 2 月 18 日 22 时	雨水	9	IV
2005 年 3 月 8 日	解冻	2005 年 3 月 5 日 20 时	惊蛰	3	II
2005 年 3 月 18 日	春分	2005 年 3 月 20 日 21 时	春分	2	I
2005 年 3 月 28 日	清明	2005 年 4 月 5 日 1 时	清明	8	IV
2005 年 4 月 10 日	终霜	2005 年 4 月 5 日 1 时	清明	5	III
2005 年 4 月 26 日	夏始	2005 年 4 月 20 日 8 时	谷雨	6	III
		2005 年 5 月 5 日 18 时	立夏		IV
2005 年 5 月 20 日	种水稻	2005 年 5 月 21 日 7 时	小满	1	I
	无	2005 年 6 月 5 日 22 时	芒种		IV
2004 年 6 月 21 日	夏至	2004 年 6 月 21 日 9 时	夏至	0	0
	无	2005 年 7 月 7 日 8 时	小暑		IV
2004 年 7 月 23 日	最热	2004 年 7 月 22 日 20 时	大暑	1	I
2004 年 8 月 14 日	秋始	2004 年 8 月 7 日 12 时	立秋	7	IV
	无	2004 年 8 月 23 日 3 时	处暑		IV
2004 年 9 月 2 日	初露	2004 年 9 月 5 日 15 时	白露	3	II
2004 年 9 月 14 日	秋祀祭祖		无		IV
2004 年 9 月 25 日	秋分	2004 年 9 月 23 日 1 时	秋分	2	I
2004 年 10 月 6 日	寒露	2004 年 10 月 8 日 7 时	寒露	2	I
2004 年 10 月 14 日	初霜	2004 年 10 月 8 日 7 时	寒露	6	III
		2004 年 10 月 23 日 10 时	霜降		IV
2004 年 10 月 31 日	冬始	2004 年 11 月 7 日 10 时	立冬	7	IV
2004 年 11 月 18 日	初冻	2004 年 11 月 22 日 7 时	小雪	4	II
	无	2004 年 12 月 7 日 3 时	大雪		IV

我们通过将陶寺历法与廿四节气对比分析，二者从冬至、夏至的 1 天不差，到差 1、2、3、4、5、6、7、8、9 天乃至完全不对应，各种情况都有。我们定出差级，无差别为 0，日差 1~2 天为 I、日差 3~4 天为 II、日差 5~6 天为 III、日差 7~8 天及全无对应为 IV 级。总计统计了 27 组数据，具体结果见下表。我们将 0~II 级合并，认为二者相关比较密切，占总数的 40.7%；将 III~IV 级合并，认为二者基本不相关，约占总数 59.3%（表四）。

表四

日　差	等　级	数　量	百分比	性　质
无差别	0	2	7.4	完全一致
日差 1~2 天	I	5	18.5	比较一致
日差 3~4 天	II	4	14.8	有些一致
日差 5~6 天	III	4	14.8	很不一致
日差 7~8 天及全无对应	IV	12	44.4	全不对应
总数		27	100	

我们认为，二者 59.3% 的相异性证明陶寺的历法 20 节令不是廿四节气，但是 40.7% 的相似性表明陶寺历法却应是后来秦汉时期廿四节气的主要源头。廿四节气将陶寺观测太阳视运动的日切定点改为太阳在黄道上运行的点定为节气交节的平气临界点，将太阳回归年平分，每段 15 天左右，对陶寺太阳历的 20 节令继承、益损、变化，发展出 24 节气。

廿四节气意义继承陶寺太阳历节令的有：冬至、夏至、春分、秋分、惊蛰（相当于解冻）、小满（相当于种稻）、大暑（相当于最热）、白露（相当于初露）、大寒（相当于最冷）、小雪（相当于初冻）。

廿四节气新发展出来芒种、小暑、处暑、大雪、小寒 4 个节气。废除了陶寺历法 9 月 14 日没有时令和农时意义的秋祀祭祖宗教节日。

廿四节气将陶寺的春始提前 6 天改为立春，用雨水取代陶寺的冰消，将陶寺的清明节和终霜合并为清明节气，以谷雨取代陶寺夏始，另用 5 月 5 日标志立夏，将陶寺的秋始推迟 7 天改为立秋，将陶寺的初霜推迟 9 天改为霜降，将陶寺冬始推迟 7 天改为立冬。

从廿四节气的角度考量，只有新创建的 4 个节气和 1 个废除节令是对陶寺历法真正否定，约占廿四节气总数的 20.8%，其余的 79.2% 节气均属于陶寺太阳历法的流变。传统观点认为，秦汉时期成熟的廿四节气起源于黄河流域，流行于黄淮地区。陶寺历法的确定，更证明廿四节气的最初主要源头是黄河中游的陶寺文化。

（五）蒙气差对模拟观测结果的影响问题

由于模拟观测始终是由中国社会科学院考古研究所山西队独立完成的，并非专业天文学观测，日出时太阳视中心点不易判断得非常精确，所以上述模拟观测日出角度不可能十分精确，各缝黄赤交角变化的幅度也没有精确的计算，也许会导致几分至十几分的误差，也就是误差 1 天，但是不会严重影响观测结果，至少不会影响大多数结果。

然而，天文观测中有一个常识性的问题就是蒙气差也称大气折射对观测结果的影响。我们现在无法知道陶寺地区的蒙气差对陶寺模拟观测的影响究竟有多大，是否影响我们的观测结果，必须经过专业的天文学研究才能得到答案。

诚然，陶寺人当时可能已经知道蒙气差对观测日出的影响，所以非常睿智地利用崇峰山高尽量减少蒙气，而不是简单地利用平坦的地平线，以获得更多的准确观测结果。

至此，我们有理由认为，陶寺中期小城内大型建筑ⅡFJT1 的观测功能是依赖于太阳回归年重要节令的日半出或日切天文准线，通过观测制定和校订历法。陶寺历法主要立足于判定农时，兼顾宗教节日和重大气候变化临界点。至于陶寺观象台是否还有其他如月亮和星星的观测功能，有待天文学家们的计算研究去寻找答案。我队所做的实地模拟观测结果无法解决这些问题。

本项目为国家科技部重点项目"中华文明探源工程"第一阶段"公元前2500～公元前1500年中原地区文明形成与早期发展"之"重点聚落陶寺遗址专题"，本次发掘得到中国科学院知识创新工程重要交叉方向项目"山西陶寺古观象台遗迹研究"课题（KACX2－SW－01）的资金支持。

湘西濮文化的考古学钩沉

柴焕波[*]

The Zhujiatai 朱家台 culture was a local culture in the heartland of the Wuling 武陵 Mountains in the Shang period. It is different from the Shang-Zhou period cultures in the Dongting 洞庭 Lake region where might be the homeland of the *Sanmiao* 三苗 people. Although exhibiting close relationship with the Shang-Zhou period cultures in the Three Gorges region, it also different from the typical Ba 巴 culture. We suggest that the burials of the Zhujiatai culture with characteristic offerings including the wide-guard bronze short sword, *hu* vessel and *dou* stemmed plate might be the remains of the Pu 濮 people recorded in ancient texts. In the records of middle ancient time, the people was could Liao 僚 or Gelao 仡佬. During the Song Dynasty, the people had become the lower class of the Tujia nationality. The identification of the archaeological remains of the Pu people is important for the research on the history of the Pu people and the relationship with the Pu and Tujia 土家 peoples.

楚、越、巴、濮曾是商周时期活跃于南方的重要民族，在公元前三千纪末叶至前一千纪后期，它们都是当时中国南方的一些主要的部落集团。近几十年来，对于楚、越、巴的历史学、考古学研究如火如荼，相比之下，濮文化研究要冷清得多，专题的论述更是凤毛麟角，有鉴于此，笔者依据近年来湘西地区的考古发掘资料，对这一问题提出肤浅的看法，以引起学者对这一问题的注意。

一、"朱家台文化"遗址概述

湖南商周时期的考古文化大体上可分成三类：第一类是中原商文化盘龙城类型的遗址，以岳阳铜鼓山文化为代表；第二类是受中原商周文化强烈影响的本地土著文化，以洞庭湖东岸的费家河文化与西岸的皂市文化为代表；第三类是几乎未受到中原商周文化影响而独立发展的土著文化，即是分布于湘西武陵山区腹地的朱家台文化。

---

* 作者系湖南省文物考古研究所研究馆员。

目前，经过正式发掘的朱家台文化遗址主要有桑植朱家台、永顺不二门、龙山苗市坝嘴三处，现简述如下。

1. 朱家台遗址

1986 年 6 月、1988 年 4 月，湖南省文物考古研究所和桑植县文物管理所先后对桑植朱家台遗址进行了小规模的发掘。

陶器以夹砂褐陶为主，少量为泥质红褐陶和黑陶，个别夹砂灰陶，手制，不规整，陶质较软。纹饰有方格纹、绳纹、弦纹、水波纹、戳印纹、乳丁纹、云雷纹、横"人"字纹等。器形以夹砂卷沿平底罐为主，其次有豆、器盖、釜、大口缸残片等。以弦纹、水波纹形成的刻划纹饰于罐的领部是其一大特色。

发掘者认为："朱家台遗址无疑代表着当地土著民族一种新的文化类型。"[1]

1989 年 5 月，邹衡、安志敏先生实地察看了出土陶器，认为"朱家台类型遗址国内并不多见，是全国独有的一种文化类型，时代相当于二里头晚期至商代早期。其范围东不出石门，西不过保靖，北边估计不会过长江"，建议命名为"桑植文化"或"朱家台文化"[2]。

2. 不二门遗址

不二门遗址位于湖南省永顺县城南 1.5 公里，地处猛峒河中游一个山间平坝的南缘。猛峒河由此进入中山区，河床变狭，形成峭壁峡谷地貌，河道曲折处的临河山坡上，石林丛集，洞穴穿插，遗址正处在这些洞穴、岩下和石林之间。2000 年 4 月和 2001 年 3 ~ 4 月，湖南省文物考古研究所两次对遗址进行了调查和发掘，发掘面积 170 平方米。

不二门遗址是一个由多个地点组成的遗址群，目前发现的地点有 22 个，分布在南北 200 米、东西 150 米的山坡范围内，面积约 3 万平方米，海拔 320 ~ 340 米之间。独特的地理环境形成了复杂的遗址形态，包括洞穴、山坡、岩下与岩间平地等。

陶器以夹砂褐陶为绝大部分，其次为夹砂红陶、粗泥黑皮陶、泥质磨光陶、泥质灰陶等。夹砂褐陶色彩斑驳，制作粗糙，多系手制。夹砂陶的器形以罐、鼎、甗、鬲等炊器为主；粗泥黑皮陶、泥质陶的器形多为罐、钵、豆等容器、食器。纹饰以方格纹、绳纹、刻划纹为主，少量为戳印纹、弦纹等。刻划纹是遗址中最富有特色的纹饰，多刻于罐的颈部，以水波纹、弦纹为主，往往与器身的绳纹连结在一起。

铜器有剑、钺、斧、镞、凿、鱼镖及容器的残片。石器有石斧、石刀、砍砸器、刮削器、石锤、石球、研磨器、砺石、网坠、石针、石支座等。

---

〔1〕 湖南省文物考古研究所等《桑植朱家台商代遗址的调查与发掘》，《江汉考古》1989 年第 2 期。

〔2〕 桑植县文物管理所《桑植县文物工作十年大事记》，内部资料。

骨角器非常丰富，种类有骨针、骨管、骨锥、尖状器、鹿角、卜甲等。骨针皆用骨片磨成扁平，一端为针尖，另一端钻有小孔。

此外，不二门遗址还出土丰富的动物骨骼及牙齿标本，这些动物种属有猪、野猪、豪猪、牛、羊、虎、豹、熊、鹿、獾、獐、大狸猫、猞狸、鼠、竹鼠、鳖，以及其他食肉类、禽鸟类、鱼类等。

通过分析陶器组合的变化和器形的演变，并结合陶系、纹饰和地层的变化，发掘者将不二门遗址的商周遗存分为三期。第一期陶器与桑植朱家台遗址陶器一致，年代为商时期；通过与鄂西及峡江地区相应遗址的对比，将第二期的年代定为西周至春秋；第三期的年代为战国[3]。在不二门遗址陶器中，我们看到商、西周—春秋、战国这三个时期所受到不同文化因素和时代风尚的影响，使得这三期之间的文化内涵有很大的区别，但富有特征的刻划纹饰一直延续到第二期，至第三期绝迹。

3. 苗市坝嘴遗址

龙山苗市盆地四周全是山麓，捞车河从盆地中央曲折而过，形成较开阔的冲积台地。在南北10华里，东西4华里的盆地内，分布着多处商周至汉代的遗址。

2003年10月、2006年5月，湖南省文物考古研究所对这一遗址进行了两次小规模的发掘。

苗市坝嘴遗址出土的陶器以夹砂褐陶为主，其次是夹砂黑皮陶，少量为泥质黑皮薄胎陶，纹饰以绳纹、交叉绳纹为主，其次为方格纹，最有特征的是刻划纹，题材为水波纹、弦纹，皆施于圜底罐的颈肩部，器类有深腹圜底罐、圜底小罐、釜、小平底罐、高领罐、大口缸、矮柄豆、杯、网坠、纺轮，石器有磨制石斧、石球、石饰件，青铜簇、铜片等。从出土的陶器看，其文化的性质属于朱家台文化的范畴。与朱家台、不二门遗址出土物相比，出现大量的大容器，网坠数量变少，结合这一带开阔的河谷地形，农耕可能在经济生活中占有一定的比重。

苗市坝嘴遗址陶器经初步整理，年代大体相当于朱家台遗址，为商时期[4]。

对比上述3个遗址的发掘资料，我们发现朱家台遗址、不二门遗址第一期、苗市坝嘴遗址出土的陶器具有很大的共性，这些共性可概括为：夹砂褐陶，多圜底器而无三足器，以圜底罐（少量平底罐）为主要器物，罐类颈部的划纹水波纹极富个性，年代在商时期。根据这些特征，我们依据考古学命名的惯例，正式将这类遗存命名为"朱家台文化"。

---

[3] 湖南省文物考古研究所《永顺县不二门遗址发掘报告》，《湖南考古 2002》，岳麓书社，2004年。
[4] 湖南省文物考古研究所发掘资料。

　　根据上述认识，我们对这一区域以往的文物普查资料进行检索，发现这一类型的遗址多达 20 余处。从自然地理的角度看，这些遗址多分布在武陵山区的宽谷平坝中，如永顺猛峒河流域，以颗砂、吊井、石堤为中心的山地平坝，澧水上游及支流两侧的台地，酉水流域的腹地等等，而且越向山区腹地，文化越单纯。分布区以武陵山脉的主峰为东南界；北界约在鄂西宣恩、鹤峰和湖南石门境内的洞庭湖水系与清江水系的分水岭一带，这也是历史上黔中郡和南郡的分界线；西南向云贵高原发展，2005 年贵州省文物考古研究所在乌江流域的沿河县小河口发现一处商周遗址，出土陶片为夹砂褐陶，带刻划纹图案，亦属朱家台文化的范畴，这也表明目前这一文化的西界已到达乌江流域。

二、朱家台文化与同时期周边商周文化的关系

1. 朱家台文化与洞庭湖区商周文化的关系

　　皂市文化是洞庭湖西岸商周时期的典型文化[5]，与朱家台文化相比，两者具有很大的不同：皂市文化炊器鼎、釜、鬲共存，鼎足多有扉棱，为中原商文化作风，同时期的朱家台文化商代遗存中不见鼎，炊器仅圜底罐一种；皂市文化出土的锥形实足分裆鬲、大口缸、带扳鬶、爵、大口尊与中原商文化所出同类器物基本相同，这些均不见于朱家台文化遗址中。朱家台文化的器物仅罐、缸、簋、钵、豆、器盖几种，与皂市出土的代表本地文化因素的同类器物相比，器形上也存在很大不同。苗市坝嘴遗址出土的深腹罐为圜底、深腹、交叉绳纹，在洞庭湖区皂市文化中不见，皂市文化中的大口缸为红陶，肩部饰附加堆纹，方格纹，附圆饼状小平底。也不见于朱家台文化中。皂市文化罐皆为小口长颈有肩，均为泥质红胎黑皮陶，用途为容器，这种罐也见于苗市坝嘴遗址中，不过，朱家台文化中占主流的罐是大口溜肩罐，多为夹砂陶，兼作炊器使用的。此外，在边远地区，纹饰常成为反映一种文化面貌的一种重要载体，朱家台文化最有代表性的刻划纹在皂市不见。此外，在两者文化面貌巨大差异的背后，隐含着区域自然环境和相应的生产方式上的差异：皂市文化地处平原丘岗，以农耕经济为主，辅以一定比例的渔猎；朱家台文化地处是高山峡谷，以渔猎经济为主，或辅以一定比例的旱耕农业。

2. 朱家台文化陶器纹饰与古越族印纹陶的关系

　　几何印纹陶是古越族典型的文化特征。几何印纹陶最早见于河姆渡文化和良渚文化中，新石器时期的印纹陶数量很少，到夏商周时代，印纹陶到了鼎盛时期，数量也

〔5〕　湖南省文物考古研究所《石门皂市商代遗存》，《考古学报》1992 年第 2 期。

大增。

在湘南地区，从商代到西周早期主要陶器纹样为绳纹、方格纹，此外，数量较多的是折曲纹，另有席纹、漩涡纹、圈点纹、波浪纹、戳印曲尺纹、指甲纹、横"人"字纹、锯齿状附加堆纹，并出现少量的云雷纹。西周中期至春秋，印纹硬陶发展到鼎盛，这时，云雷纹成为主要的纹饰。此外还有席纹、漩涡纹，各种"回"字纹、叶脉纹等等，此外还出现变形夔纹。战国时期，几何印纹陶急剧衰落，面貌与其他地区趋同，"米"字纹、小方格纹、麻布纹及水波纹成为普遍纹饰[6]。

从题材上分析，云雷纹，变形夔纹与中原的青铜器纹饰相关，水波纹、曲折纹是对于水的描写，这两者只是其中一小部分，而各种曲折纹、席纹、圆涡纹、"回"字纹等，均似蛇形或简化的蛇形，应是对"蛇"的描摹，晚期的夔纹更是蛇图腾的直观表现。

古代越人居住在炎热潮湿之地，多毒虫蛇类，自古以来对蛇产生敬畏心理。通过对于动物的摹写，起到"象物以避邪"的作用。《说文·释蛇》："东南越，蛇种。"作为一个文化现象，越人的文身和陶器、青铜器图案，其背后的东西是同一的，都是图腾的表现。

朱家台文化的刻划纹陶片纹饰与越文化几何印纹陶纹饰的区别是明显的。首先，两者的陶质不同，前者为夹砂褐陶，后者多为夹砂红陶、夹砂灰陶、陶质为硬陶；其次，在工艺上，印纹陶是以拍印、压印为主，朱家台陶器以刻划为主；最重要的是，朱家台陶器纹饰的母题非常单纯，无一不是对江河溪涧水流的描绘或点缀，以水波纹与弦纹为最基本的元素，此外还有由水波纹演化出来的各种变体纹几何纹，可细分为10余种，如折线状波涛纹、重浪纹等，波涛又可分为平缓的涟漪式和陡急的惊涛式种种，直观体现了朱家台文化居民特殊的生活环境（江、河边）和生活方式（捕捞）。从这个角度看，这种纹饰是原生而不是传入的（图一）。

3. 与鄂西渝东峡江地区商周文化的关系

鄂西峡江地区是另一支古老文化的发祥地，它与商王朝中心区之间有汉水和神秘的古云楚泽相隔，对于中原的陆路车马，是难以逾越的天险。所以"汉之广矣，不可泳思。"（《诗·国风·汉广》）"滔滔江汉，南国之纪。"（《诗·国风·四月》）这一地区的商周文化遗址，具有显明的自身特点，根据近年来鄂西渝东峡江地区考古发掘的资料，我们可以将它们与朱家台文化作如下对比分析。

朱家台文化以罐（釜）为主要炊器，器物组合为罐、豆、簋、缸、器盖等简单的几种，不见三足器。

---

〔6〕 株洲市博物馆《湖南攸县商周遗址调查报告》，《湖南考古辑刊》第6辑，《求索》杂志社，1994年。

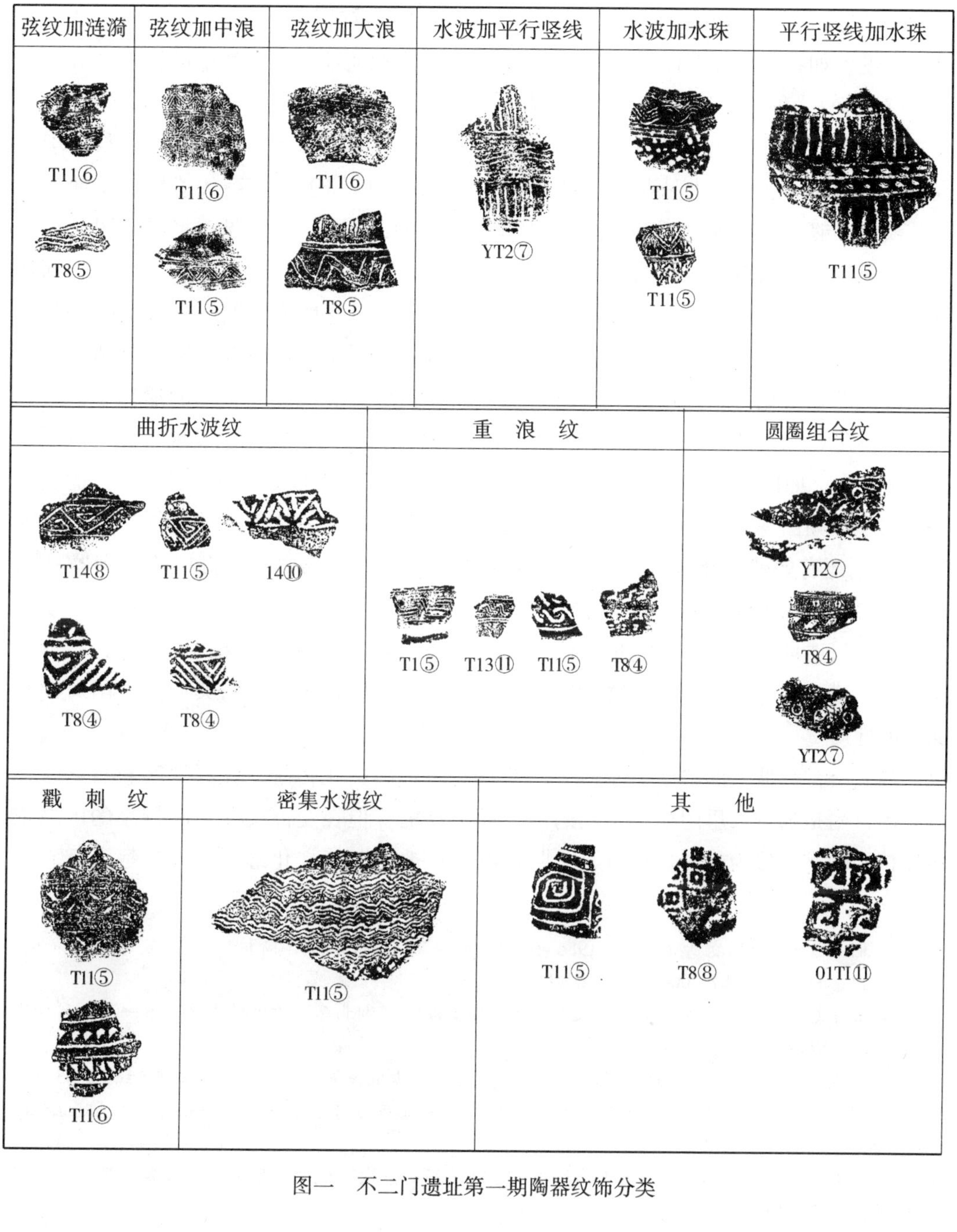

弦纹加涟漪	弦纹加中浪	弦纹加大浪	水波加平行竖线	水波加水珠	平行竖线加水珠
T11⑥ T8⑤	T11⑥ T11⑤	T11⑥ T8⑤	YT2⑦	T11⑤ T11⑤	T11⑤

曲折水波纹	重 浪 纹	圆圈组合纹
T14⑧　T11⑤　14⑩ T8④　　T8④	T1⑤　T13⑪　T11⑤　T8④	YT2⑦ T8④ YT2⑦

戳 刺 纹	密集水波纹	其 他
T11⑤ T11⑥	T11⑤	T11⑤　　T8⑧　　01TI⑪

图一　不二门遗址第一期陶器纹饰分类

　　长江中游地区的商周时期以釜、釜形鼎为代表的文化系统，源于江汉西南部地区的土著文化中。这种文化在有些地方因受到来自中原夏商文化的影响而中断，如盘龙城、铜鼓山遗址，有些地方则与商文化融合而延续，如荆南寺、石门皂市，更有一部分随着族群向深山迁徙而得以保存，如路家河、周良玉桥及鄂西渝东峡江地区的商周遗址。越远离商文化影响的区域，这种因素所占的比重就越大。釜在三峡地区商周遗址中多见，如：三斗坪遗址出土的釜[7]，秭归王家坝遗址乙组遗物中的绳纹或方格纹圜底釜罐[8]，秭归渡口遗址商代代遗存的釜[9]，都可与朱家台文化出土的釜、罐作比较。苗市坝嘴遗址出土的深腹罐为褐陶，红褐或灰陶，圜底，交叉绳纹，与中坝西周花边口深腹罐、巫山大昌花边口圜底罐相似，也与秭归王家坝商代遗址乙组遗物中的弦纹长颈罐非常接近[10]。同样，在上述相类比的遗址中，皆不见三足器（图二）。

朱家台文化以后，湘西地区的考古学文化面貌发生很大的变化，但与同时期鄂西渝东峡江地区的文化仍有着一定的共性。例如：不二门遗址第二期出现大量的作为炊器的罐形鼎、甗，此外还有罐、钵、杯、豆、器盖，它源于西周时期江陵东南地区和早期楚文化的鼎文化传统，年代约在西周至春秋。宜昌上磨垴西周中期的遗存中，大量的罐形高足鼎和甗共存[11]，甗为楚文化常见的日用器物，也较普遍发现于鄂西两周楚文化遗址中，如秭归渡口遗址周代遗存，"甗、罐形鼎、圜底罐等……在属于周代的灰坑和地层中频频出现……参照三峡地区同类同期的遗存，……认为这类遗物当属西周前期"[12]，还有如秭归柳林溪遗址[13]，奉节县老关庙遗址第三次发掘中乙组陶器[14]，这些都可与不二门遗址第二期作对比（图三）。

不二门遗址第三期出现大量火候很高的泥质灰陶，普遍饰有深锐的绳纹，器形为鬲、钵、罐、豆等，在陶系与器物组合上与第二期有明显不同，为典型的战国时期楚文化的性质。

鬲是上古炊器，渊源于中原地区的新石器时代的文化传统，江汉地区新石器时代没有鬲，鬲是随着二里冈晚商文化的南下而出现的。但在受商文化影响较小的区域依然以传统的釜、罐为炊器。到西周中期以后，它被早期楚文化继承，同时楚人把它与

〔7〕 湖北省文物考古研究所《1985～1986年三峡坝区三斗坪遗址发掘简报》，《三峡考古之发现》（二），科学出版社，2000年。

〔8〕 湖北省文物考古研究所《秭归王家坝遗址发掘简报》，《湖北库区考古报告集》第一卷，科学出版社，2003年。

〔9〕 宜昌博物馆《秭归渡口遗址发掘简报》，《湖北库区考古报告集》第一卷，科学出版社，2003年。

〔10〕 宜昌博物馆《秭归长府沱商代遗址发掘报告》，《湖北库区考古报告集》第一卷，科学出版社，2003年。

〔11〕 湖北省文物考古研究所《宜昌上磨垴周代遗址发掘简报》，《湖北库区考古报告集》第一卷，科学出版社，2003年。

〔12〕 同〔9〕。

〔13〕 湖北省博物馆江陵考古工作站《1981年湖北省秭归县柳林溪遗址的发掘》，《三峡考古之发现》，湖北科技出版社，1998年。

〔14〕 吉林大学考古学系等《奉节县老关庙遗址第三次发掘》，《三峡考古之发现》（二），科学出版社，2000年。

传统的罐形鼎改造后，生产了楚式鬲，特点是高足，足窝浅。进入春秋后，陶鼎逐渐消失，楚式鬲逐渐代替陶鼎，从此，陶鬲成了楚人的主要炊器，并随着楚人的扩张而扩散（图四）。

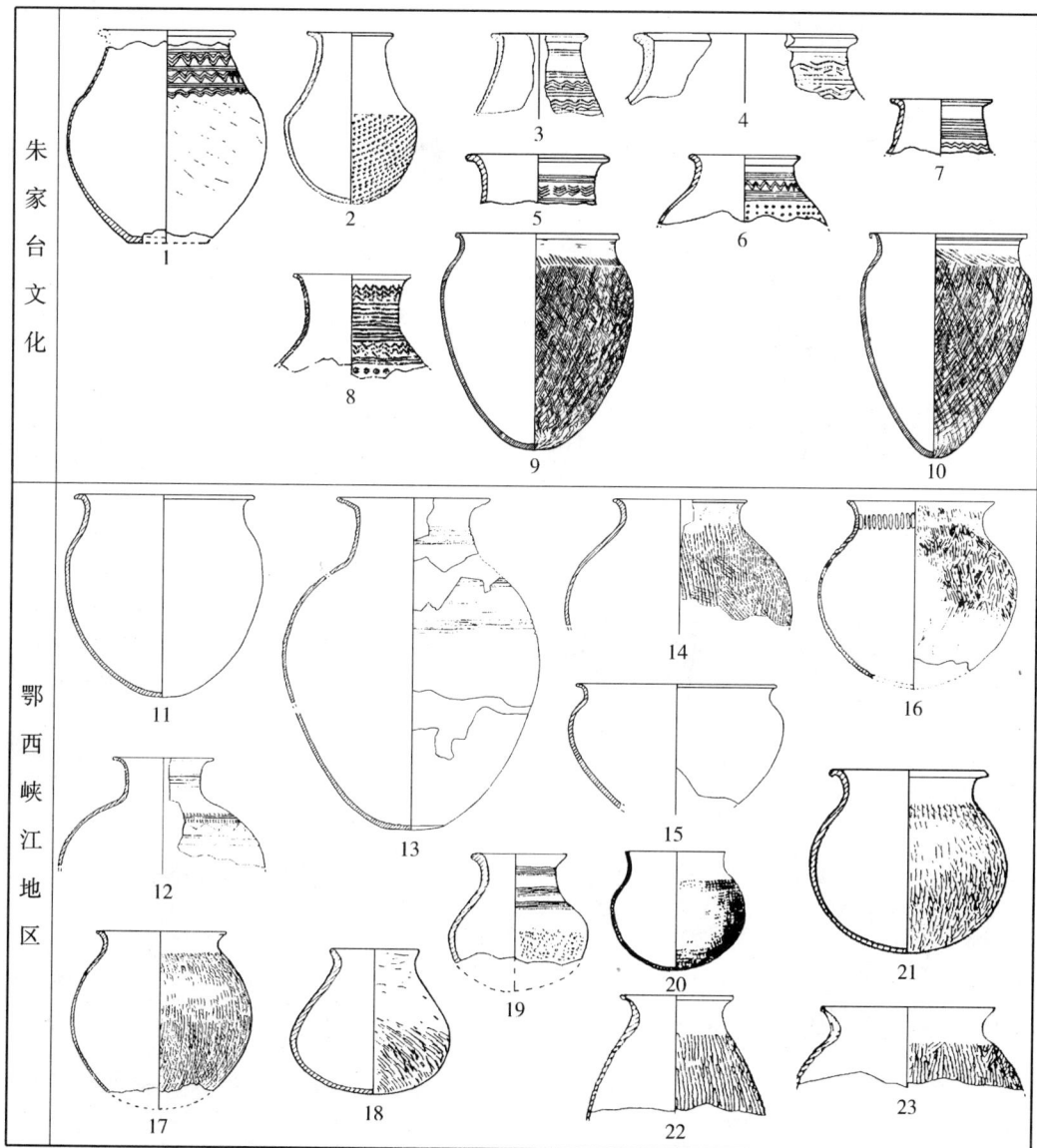

图二　朱家台文化与鄂西峡江地区同时期陶器比较

1、5～7. 罐（朱家台）　2～4. 罐（不二门 T11⑥:1、T11⑥:11、T11⑤:4）　8～10. 罐（苗市坝嘴）　11、
14. 卷沿罐（秭归王家坝 T0801③:289、T0801③:109）　12、13. 长颈罐（秭归王家坝 T0801④:348、T0801③:
288）　15. 盆（秭归王家坝 T3④:113）　16、20. 釜（三斗坪 T5④A:21、T2④A:21）　17、21. 卷沿釜（秭归渡口 AT16H6:10、AT5H2:7）　18、19. 釜（香炉石 T25⑤:16、T9⑤:160）　22. 溜肩罐（秭归长府沱 H9:174）
23. 卷沿罐（秭归长府沱 H9:30）

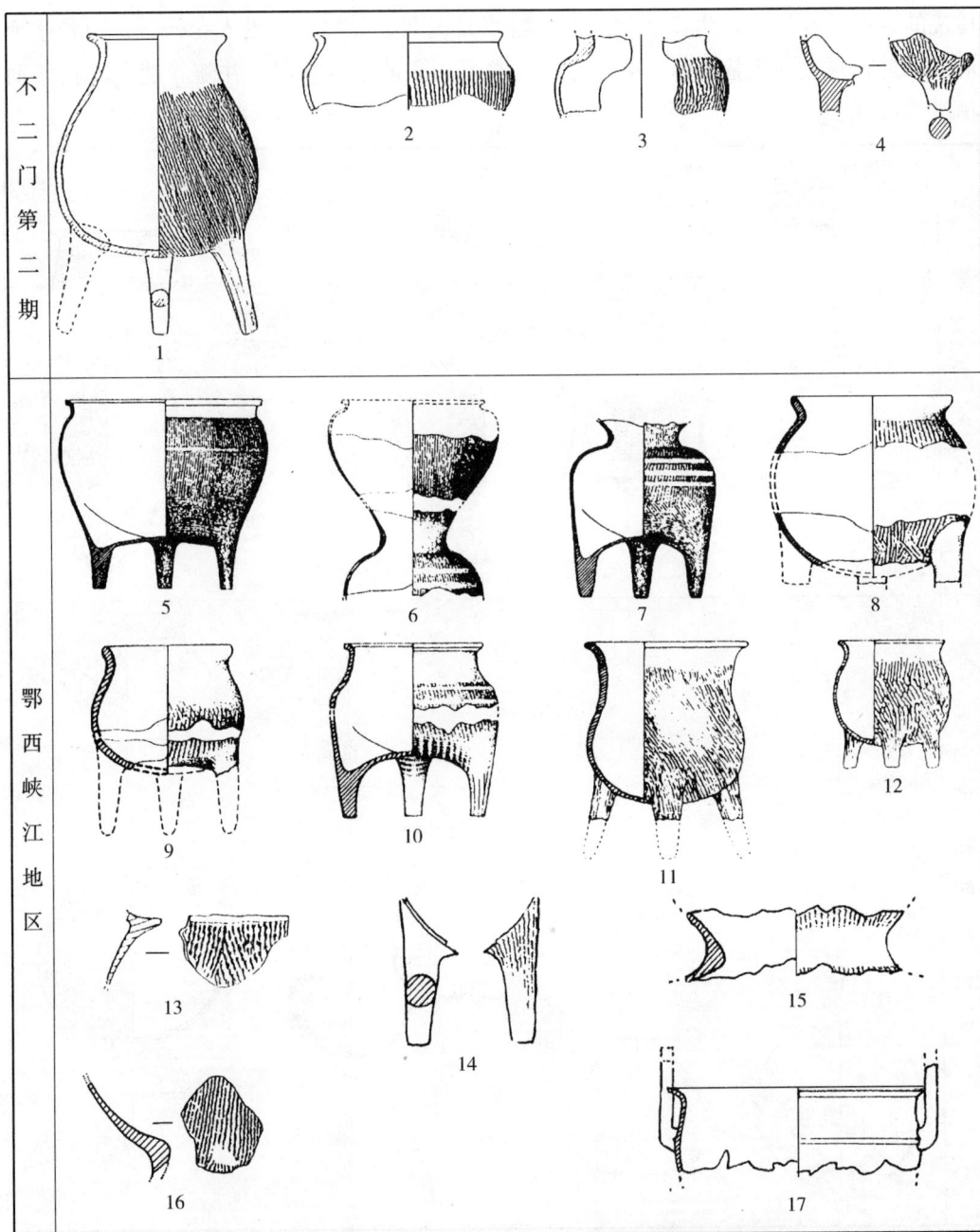

图三　不二门遗址第二期与鄂西峡江地区同时期陶器比较

1. 鼎（不二门 T6⑩:1）　2～4. 甗（不二门 T1④:11、T5①:1、采集:3）　5、10. 鬲（宜昌长磨垴 T2⑤:10、T22⑥:7）　6、7. 甗（宜昌长磨垴 T4⑤:13、T21⑤:2）　8、9. 鼎（宜昌长磨垴 T4④:8、T21⑤:39）　11、12.（宜昌白狮湾 T1④:3、T1④:8）　13. 甗（奉节老关庙 T2②:9）　14. 鼎足（秭归渡口 AT8④:10）　15. 甗腰（秭归渡口 AT6④:12）　16. 甗（巴东黎家沱 T0405④A:9）　17. 鼎（秭归渡口 AT16H6:3）

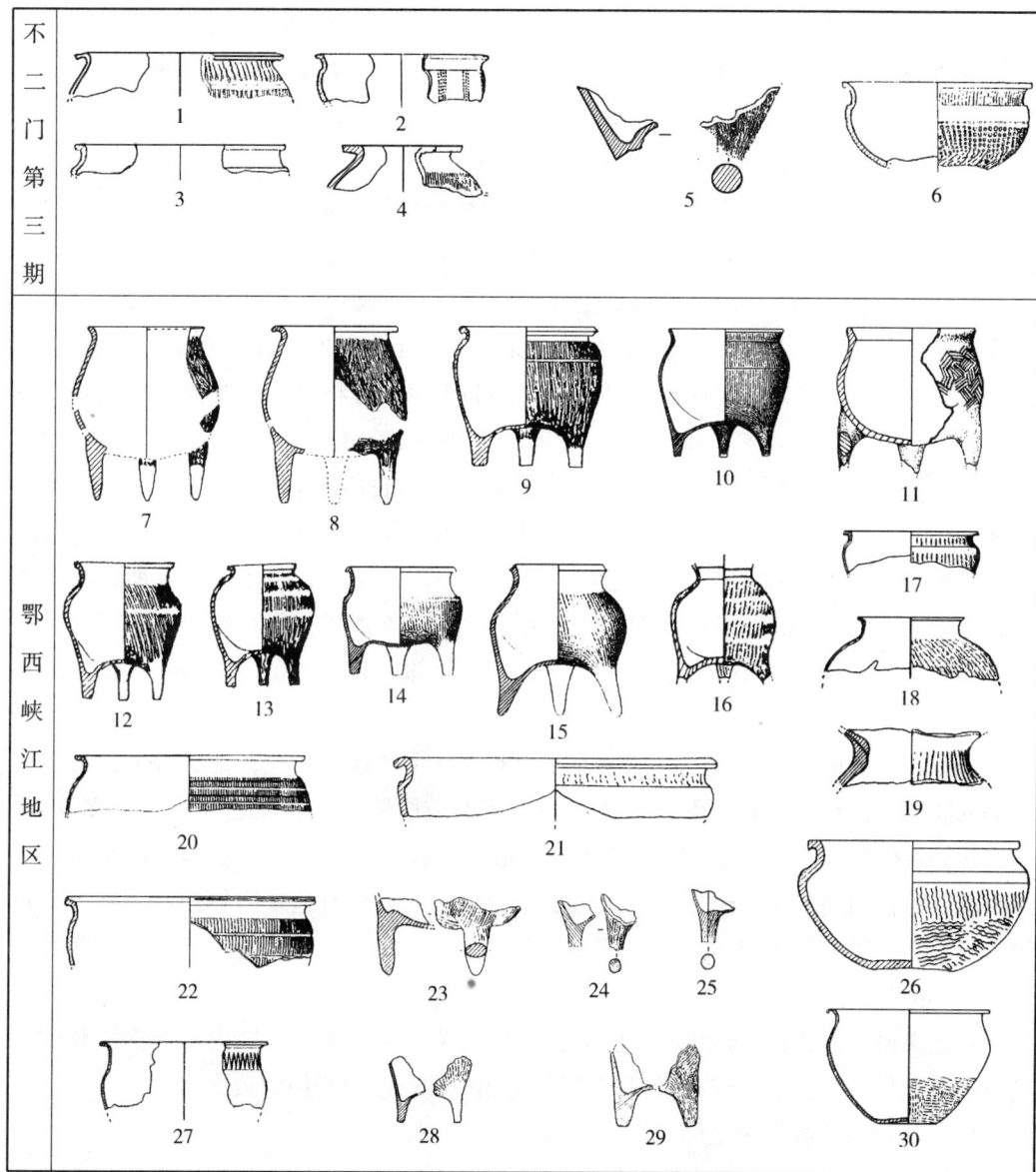

图四　不二门遗址第三期与鄂西峡江地区同时期陶器比较

1、4、5. 鬲（不二门 T13③：10、T6③：3、T13②：6）　2、6. 钵（不二门 T13③：6、T14①：1）　3. 罐（不二门 T6⑤：10）　7、8、11. 鼎（秭归柳林溪 T2③：46、T3③：2、鹤峰刘家河 F5：10）　9、12、13. 鬲（秭归柳林溪）　10、14～18. 鬲（荆南寺 T8③：51、赵家塘 M6：8、郑家洼子 M6：2、秭归曲溪口 G3：5、鹤峰刘家河 F5：9、秭归渡口 AT7H3：3）　19、20. 瓿（云阳李家坝 F6②：78、H48：187）　21、22、26. 盆（香炉石 T7③：57、宜昌朱其沱 T1②：4、香炉石 T6②：63）　23～25、28、29. 鬲足（云阳李家坝 H48：117、鹤峰刘家河 F5G：7、F5G：8、秭归渡口 AT7H：7、宜昌朱其沱 T3②：3）　27、30. 盂（秭归渡口 AT7H3：9、AT16H6：9）

综观鄂西渝东峡江地区这一时期的遗址，商时期炊器几乎都是釜，西周时期的主要炊器则变成了夹砂红褐陶绳纹罐形鼎、甗，到西周晚期至东周，则出现了鬲。这种文化特征与历史演变的节拍与湘西商周时期的文化非常相似。

4. 不二门遗址与清江流域香炉石遗址的关系

香炉石与不二门的地理环境酷似，地处封闭的深山，靠河流而居，依托岩洞、崖下为居住地；且皆近天然温泉。经济形态皆以渔猎为主，皆出土大量的网坠，形态相似。出土的石器、骨器、角器、小型金属工具、纺轮、网坠不仅在种类、形态，而且在整治手法上皆酷似，而且皆出土卜甲，遗址中皆出土大量的兽骨、鱼骨（图五）。

两者皆以釜、罐为主要炊器，以夹砂褐陶为大宗，方格纹、绳纹为主要纹饰，香炉石遗址第7层主要陶器为罐、瓮、豆、钵，以罐最多。不二门的第一期不见三足器，在香炉石商代文化层中（第6层、第5层），也是以圜底器为主，不见三足器，在西周时期（第4层）的陶盆上出现暗纹，在东周层（第3层）中则出现了鬲，而在第2层出现鼎足，这些都可视作楚文化对它的影响。与不二门相比，由于香炉石所处的地理位置，楚文化的影响似乎相对少些，而原始文化的因素保留得更加完整。从与香炉石相邻的南岸坪、外村里东周遗址中，可看到楚文化的大卷进入，年代则在战国中期以后了。

从两者的区别上看，不二门以斜直肩的罐为其主要器形特色，这类罐的颈部多为刻划水波纹；而在香炉石，则以各种大小不等的鼓腹圜底釜为特色；不二门多器盖，而在香炉石少见盖器；香炉石富有特色的尖底杯，在不二门不见。在陶器纹饰上，不二门最有特色的刻划纹，在香炉石只是零星的出现。香炉石遗址陶器中刻划纹，只见第4层、第3层，共计35片，只占总数的0.2%。而在不二门遗址中，刻划纹陶片共587片，占了总数的4.5%。

总地来说，香炉石与峡江地区巴文化遗址的关系更加密切，应为早期巴文化的一处典型遗址[15]。它与不二门遗址具有很强的相似性，值得我们的关注。

5. 与来凤县牛摆尾遗址的关系

来凤县牛摆尾遗址位于来凤县城所在地的酉水西岸，地处武陵山区腹地，遗址面积超过一万平方米，文化层厚度超过1米，据调查，附近还有类似的遗址，看来这是一处曾经长期居住的遗址。

从沿河盆地的环境和出土大量磨光石斧看，此处应有山地农业，从少量陶网坠看，渔业经济有一定的地位。

承来凤县文管所李作林、黄林先生的美意，我观看了全部出土陶器，圜底釜、深

---

[15] 王善才《清江考古》，科学出版社，2004年。

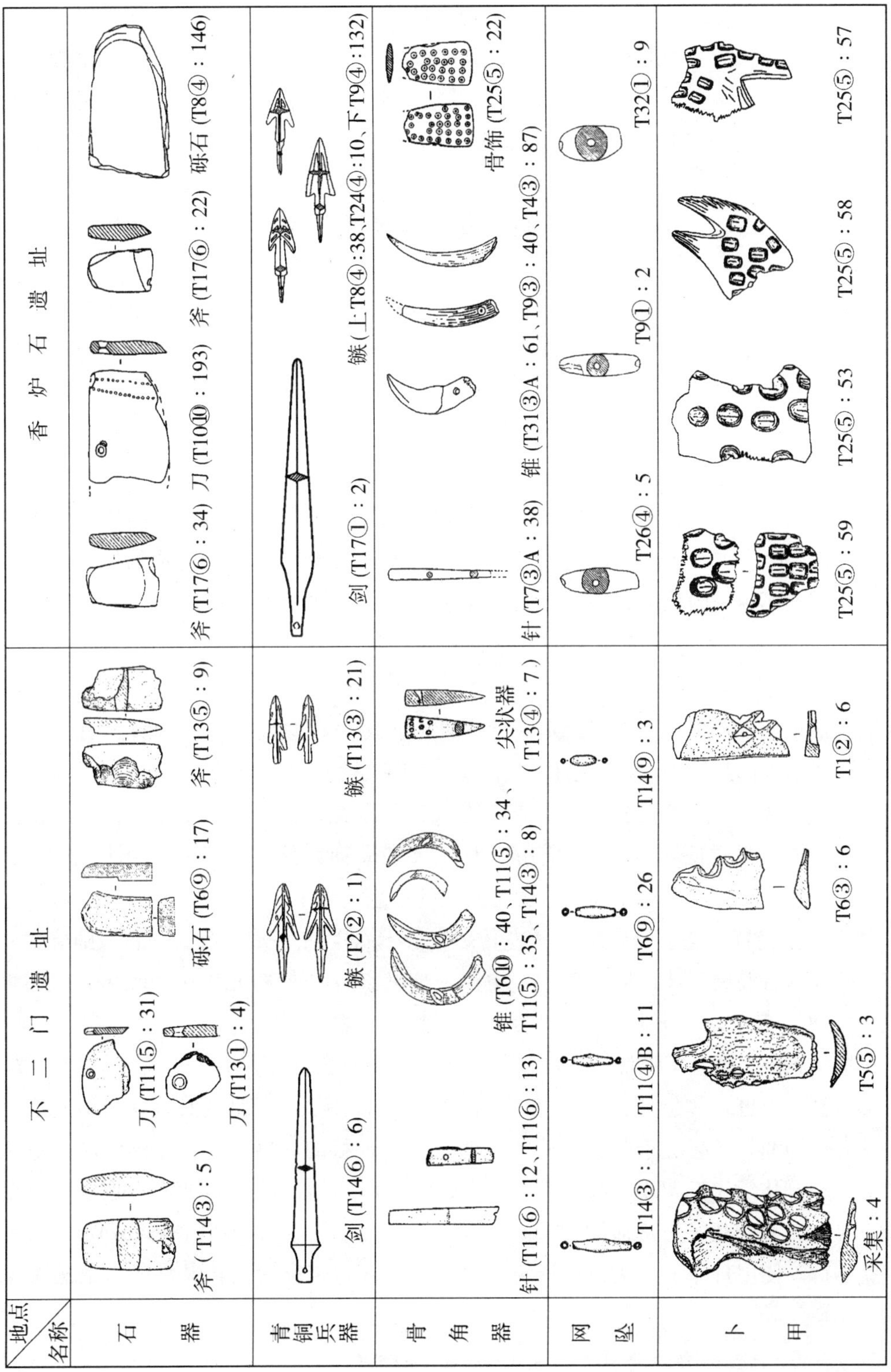

图五 不二门遗址与香炉石遗址出土器物比较

腹圜底罐皆夹砂红陶，制作粗糙，拍印有粗陋的连口绳纹，器形与庙市坝嘴遗址所出同类器相似，但口沿、颈部有较大差别，且前者不见方格纹，更无朱家台文化所特有的刻划纹。小平底罐、高柄豆、灯形器、鸟首形勺把，皆为泥质黑皮陶，皆不见于朱家台文化遗址中。牛摆尾遗址的年代比较单纯，为商时期，是一处典型的巴蜀文化遗址。

三、朱家台文化的族属是濮人

将考古学文化与文献中的古代族群相联系存在着一定的危险性，但鉴于考古学学科的目的就是要复原历史，因此，这类关联不仅必要，而且是进一步研究的目标。笔者有感于这类遗址与史料中濮民族在时空上的对应关系，因而提出"朱家台文化"的族属应是古代的濮人。

濮人是先秦至汉晋活动于我国西南地区最古老的土著民族，大致介于百越系统与氐羌系统民族之间。濮人是他称，自己并没有立国，一直是楚巴等国的附庸，濮人中也未能出现一个类似滇王、夜郎王这样的人物，这与其聚居区高山丘陵的地理形势所形成的内部互不相统的状况有关。杜预注《左传》："有濮夷无君长总统，各以邑落自聚。"濮字最早见于殷墟甲骨文"𤀰"字，是一个捧物带尾的奴隶形象，与奴仆之仆同义。

濮人最早出现在中原文献中，是贡丹砂的"卜人"，《逸周书·王会解》有"成周之会，……卜人以丹砂"。晋孔晁注："卜人，西南之蛮；丹砂所出。"濮人还见于《尚书》："及庸、蜀、羌、髳、微、卢、彭、濮人，称尔戈，比尔干，立尔矛，予其誓。"濮在西周中期又叫"𠬝"，即服。周厉王时的《宗周钟》铭文中有"南国𠬝孳"句，说明濮是周朝的南方属国。东周以后关于濮人的记载更多了，《国语·郑语》："叔熊逃难于濮。""楚蚡冒于是乎始启濮。"《左传·文公十六年》："楚大饥……庸人帅群蛮以叛楚；麇人率百濮聚于选，将伐楚。"《史记·楚世家》："熊霜元年……叔堪亡，逃难于濮。""（楚武王）三十七年……于是始开濮地而有之。"[16]

早期文献中，濮人多见活动在江汉间，《左传·昭公九年》詹桓伯俗："巴、濮、楚、邓、吾南土也。"濮与巴、楚、邓为邻，同为周之南服，其地应在江汉流域。所以不少学者认为濮人是起源于此，以后才向西南方向迁移的。事实上，江汉流域可看做濮的北界。自从楚武王大开濮地以后，濮在长江北岸之地，已尽为楚人占据。所以至周景王时，才有"楚子为舟师伐濮"（《左传·昭公十九年》），因两者隔江而居，此时伐濮就不得不使用舟师了。从考古资料看，三峡地区与朱家台文化共性较多的遗址多

---

[16] 庄燕和《古代巴史中的几个问题》，重庆出版社，1988年。

分布在西陵峡区的秭归、宜昌一带，这似乎正与文献上记载的早期濮人的分布范围吻合。濮人的东南界与楚毗邻，中心区则在湘西、黔东北和渝东山区。我国朱砂的主要产地就在辰州，故又称为辰砂，查新版中国矿产地图，汞矿的产地多集中在湘西、黔东北和渝东山区。贵州万山特区为中国汞都，水银储量居国内首位，居世界第三。时至今日，在国营矿外，居于深山中的仡佬族仍按祖传的经验和工艺，就地挖地开采，冶炼水银。所以，卜人向周王室进贡丹砂的记载，已经把卜人的地域铁定了。濮族的西界与巴为邻，地望应在乌江的彭水一带，这一带地形为海拔较高的骈褶地带，不仅有盐泉足以聚民兴利，还盛产丹砂。彭水县郁山镇伏牛山盐泉很早见于史载，《华阳国志·巴志》："汉发县，有盐井。"治地正在郁山镇。《史记·货殖列传》说："巴蜀寡妇清其先得丹穴，而擅其利数世……秦皇帝以为贞妇而客之，为筑女怀清台。"怀清台的地望一般都认为在彭水、黔江一带。任乃强《四川上古史新探》说，濮人即卜人，"其地在今四川彭水、黔江两县，为郁山盐泉与黔江丹穴所在之地"，而且称之为"郁山濮"。何光岳《南蛮源流史》也说："濮与涪只一音之转……故涪江，涪陵，当因濮人所居而得名。"而近来乌江边上的沿河小河口遗址的发现，更证明了此地为濮文化的分布区。而来凤牛摆尾遗址与朱家台文化遗址毗邻分布，反映了这一时期巴濮杂居的情况。

　　广义上的濮人地域很宽泛，但狭义上的濮族，濮族集团中心区，即《尚书》中的"濮人"，应在湘西丘陵和渝东山地，这才是濮人的真正故乡。王鸣盛《尚书后案》说："湖南辰州实古濮地。"吕思勉也说："后来所谓黔中郡，疑亦濮族之地。"（吕思勉《中国民族史》）这一点非常重要，这一时空范围正好与朱家台文化相吻合。

四、湘西濮人的流变与归宿

1. 战国时期的湘西濮文化

　　战国时期，楚文化在湘西大行其道，一部分濮人向西南地区迁移，并构成西南民族的来源之一，但也有一部分继续留下来，成为被楚人征服下的底层民族。那么，这部分濮人的考古学文化载体又是什么呢？我们从战国时期的墓葬中，发现了它的踪迹。

　　何介钧先生对湘西北出土的宽格铜剑进行过概括性的论述，并认为制造和使用宽格铜剑的主人为古代的濮人[17]。

　　这种剑多为宽格，平面呈长方形或梯形，剑身与茎合铸，大多数剑茎上有孔，原系有木质或竹质柄，也有铜质的，用绳或铜条与孔贯通相联，发现时大部分柄不存。

[17]　何介钧《湖南先秦考古学研究》，岳麓书社，1996年。

在格部和柄部饰有水波纹、回旋纹、云雷纹、曲折纹、"米"字纹、菱格纹等纹饰。从湘西发现的古铜矿、冶炼遗址情况看，战国时期的土著濮人已经掌握了小型的青铜器冶铸技术，宽格青铜剑应是本地铸造的（图六）。

目前，发现宽格青铜剑的地点有保靖四方城、泸溪桐木垅、慈利官山、慈利零溪、临澧太山庙、沅陵木马岭、益阳新桥山、辰溪米家山、溆浦马田坪、张家界永定区等，共数十件，在湘西以外也有发现，如云阳故陵三号楚墓，该墓棺椁形制、随葬品鼎、

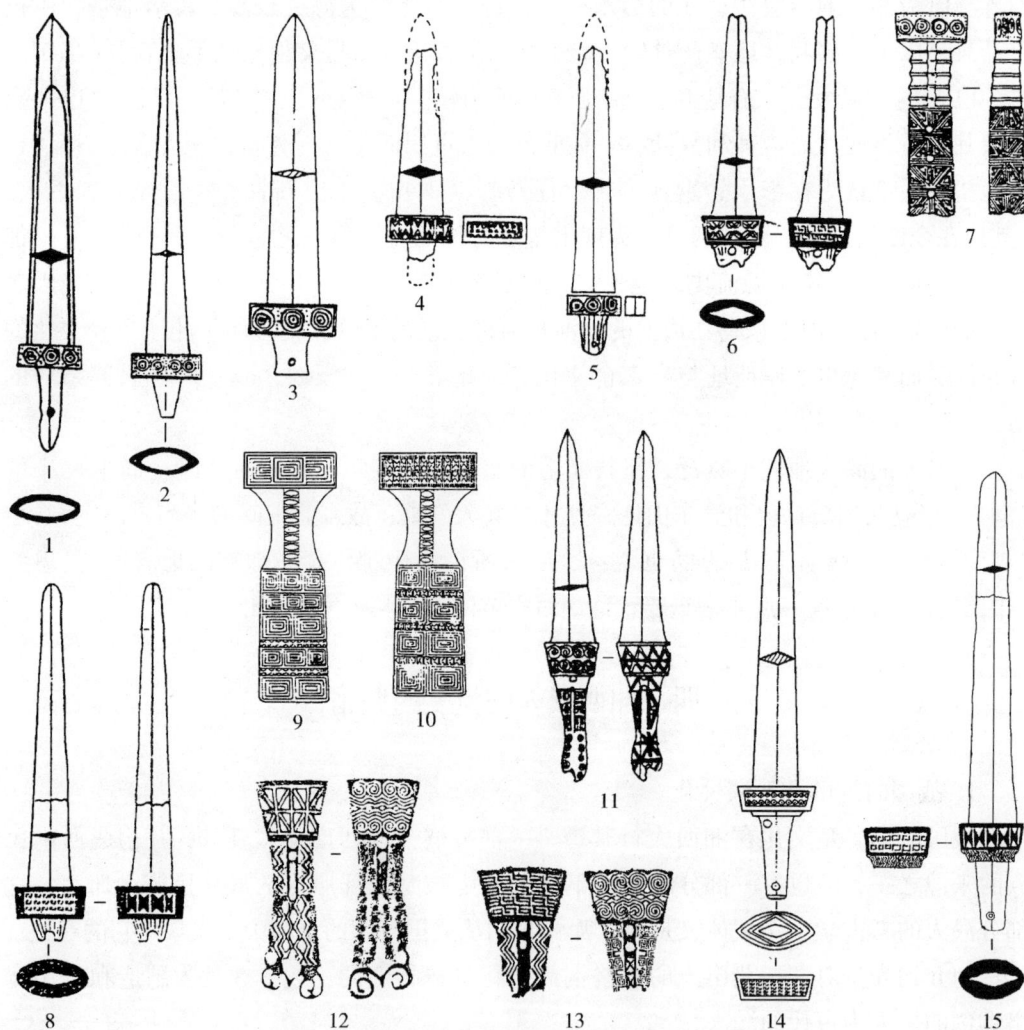

图六　濮式宽格青铜剑图案

1. 慈利官地 M5:1　2、6、8. 保靖四方城要坝采集　3. 常德官山 M2:1　4、5. 临澧太山庙 M5:1、M19:3
7. 慈利零溪石板 M20:1　9、10. 临澧太山庙 M23:3　11. 保靖四方城采集　12. 辰溪米家滩采集　13. 溆浦马田坪采集　14. 云阳故陵 M3:2　15. 张家界市菜籽湾 M12

敦、壶组合与形态，为战国中晚期楚文化风格，铜矛的形状与纹饰为鲜明的巴文化风格，而濮式宽格短剑同出于此墓中，反映了峡江中部多种文化的融合[18]。此外，在巴南区冬笋坝、云阳李家坝、四川宜宾的战国墓葬区中均有出土。

在中国青铜时代的铜剑大家族中，宽格剑具有自身独特的特征。在剑的形态上，大致介于西南地区扁柄无格剑型与中原型楚式有格剑之间。与滇文化以及夜郎地区出土的铜剑比较，形态上有很大区别，但剑柄与扁平剑茎的结合方式，剑格的形态，以及在格部及柄部的图案，却非常接近。宽格青铜剑分布东不过洞庭湖西岸，最北到重庆三峡地区，黔东南沅水上游绵屏、天柱县境清水江中，近年来在河沙中也发现了这种濮式宽格剑，这是宽格剑目前分布的西南至，中心区在湘西武陵山区腹地。这一中心区与朱家台文化分布中心大体一致，而且这种图案的作风与朱家台文化陶片的纹饰也有一种内在的联系，将它视为濮族的文物是合理的。

关于湘西濮文化，过去我们仅知道宽格青铜剑为濮人的遗物，至于其他文物均一无所知。通过检索出土宽格青铜剑的东周墓的陶器组合，可得出这样的结论：除极个别的情况外，宽格剑既不与代表楚文化的鬲和仿铜陶礼器鼎、敦、壶同出，也不与代表苗蛮文化的圜底内凹绳纹罐同出，而更多与壶、豆（钵、簋）同出。或者除剑外，空无一物。检索湘西的墓葬资料，确实存在一批以壶、豆陶器组合为主体的墓葬。这种壶的特点为粗矮颈、常附双耳、圜底圈足、素面灰陶、不见黑衣或彩绘，与楚人礼器中的长颈壶截然有别。豆在湘西战国墓中出土极多，也是区别于湖南其他地区的一个显著特征。2002年龙山里耶麦茶200多座战国墓的发掘整理，又一次支持了这一观点。壶、豆、宽格青铜剑这种器物的同出关系，也在2001年发掘的张家界市菜籽湾12号战国墓中又一次得到了印证。可见，将壶、豆、宽格青铜剑作为一个族属的标志，有着广泛的证据。值得注意的是，与宽格青铜剑一样，陶壶上的双耳、簋也似乎与西部草原的文化因素有关（图七）。

2. 濮人与现代土家族的关系

土家族是一个复合的民族，土家族中强宗大姓如向、田、彭、覃、冉、杨等，一直是这一区域的统治者，他们都是历史上一批又一批的外来者，皆源于汉族和其他一些民族。对于更后面的外来者来说，他们又是"毕兹卡"（本地人）。他们不仅统治着所在地土著，还统治过相邻地区的苗族和侗族，经过长期与土著居民融合，形成了现在的土家族。

从一些文献中，我们可以追溯这些大姓的渊源。

[18] 中国历史博物馆故陵考古队等《云阳故陵楚墓发掘报告》，《重庆库区考古报告集》（1998年卷），科学出版社，2003年。

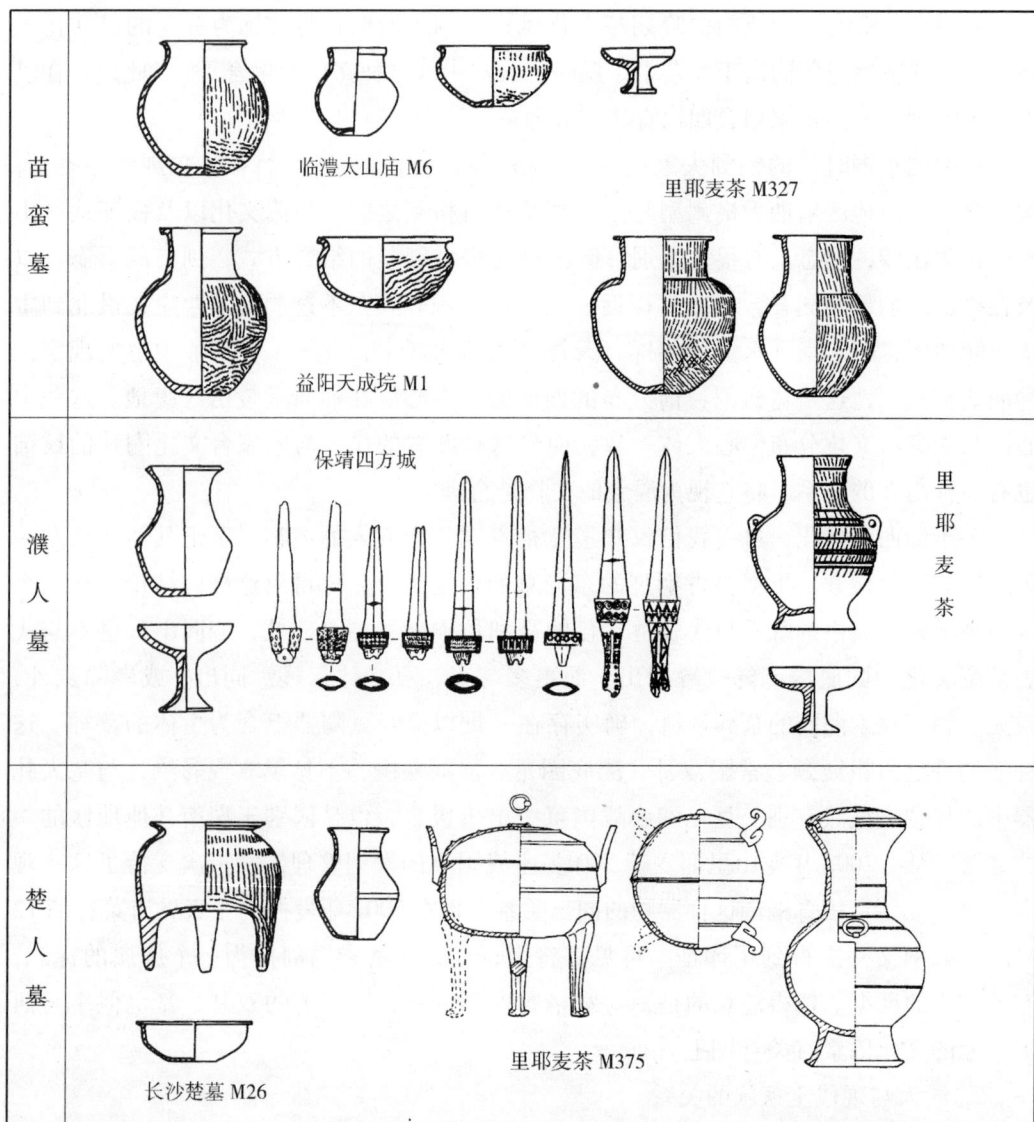

图七　湖南东周墓葬分类

《华阳国志·巴志》中的巴族，有"巴、樊、瞫、相、郑"五姓，它们都是以血缘关系为纽带的氏族共同体。其中覃（瞫）、向（相）也是土家族的大姓。"相氏族或称獽族，与蜒杂居或称獽蜒……獽即巴子五姓之相氏，或作向氏。"（董其祥《巴史新考》）

《尚书》记载武王灭纣的八国联军中有彭，五代时彭瑊为溪州刺史，从此彭氏拥兵割据，世有溪州一带，到彭士愁时，为下溪州刺史，自充靖边都誓主，统辖二十州。彭氏统治湘西达八百多年。一般认为彭姓来源于江西，也有人认为武陵山区彭姓中有土著与外来之分。

冉姓似乎与西部民族有关。中古时期，黄河上游氐羌系统的民族进入川、滇诸省一带，约在汉以后继续南迁，并与蛮、僚杂居，明代，川黔一带还有自称冉駹之后的。田汝成《炎徼纪闻》说："冉家，邛駹冉氏之裔，今西阳、乌罗部落之长，多冉姓者。"考西南民族地区古语，如"夜郎"、"且兰"、"头兰"、"黄螂"、"樟螂"、"堂獽"与"白狼"、"白兰"等之 lang 音，皆有统治者（头领）和统治地区之义。若把狼字读为攘（汝两切），则与冉同音。而土家族的语言，为汉藏语系藏缅语族，显然是氐羌的分支民族。据有关资料，在今四川平武县、南坪县、甘肃文县一带，居住着一支称为"白马藏人"的居民，他们是历史上氐族的后裔。他们的语言、姓氏、风俗与湘西土家族有很大的相似之处，这一现象也佐证了土家族中的一部分确源自西部氐羌民族[19]。

湘鄂渝黔交界带自汉至今一直分布着田氏大族。清水坪西汉墓地出土"陈农信印"、"陈过之印"铜印，这 2 座墓在整个墓群中规格比较高，证明西汉时期陈氏已为王朝建置中的郡县之长，而且可能具有世袭的性质[20]。1984 年保靖县梅花乡一座东汉砖室墓出土的滑石璧上，刻有"陈君子"3 字。陈即田，音韵学家早已把陈、田古音相转作了结论。田姓蛮酋见于史载的很多，如西汉时的武溪蛮田疆（或强）、田鲁、田仓，东汉时武陵澧中蛮田山，南北朝时宜都蛮田生、溇中蛮田向求、酉溪蛮田头拟、田娄候、田都，涪陵"蛮帅"田思鹤，武陵酉溪蛮田思飘等。而田姓又可能与文献中的蜒族有一定联系，蜒或作蜓、诞、但、延、古字互通。《后汉书·巴郡南郡蛮传》李贤注引《世本》："廪君之先，故出巫诞也。"乌江古称延江，当为蜒民居住之地，其民多为田姓，《南齐书·祥瑞志》有"建元元年（479 年）涪陵郡蜒民田健"的记载。

土家族的底层土著居民不是巴，也不是楚，而是土著濮人及其后裔。战国秦汉时期，楚人、巴人、汉人等外来者先后进入湘西，与土著濮人杂居。从此，濮人的名称在文献中销声匿迹，但无疑包括在"武陵蛮"或"五溪蛮"之中。以后又称为"僚"，如《南齐书》卷二二载："五溪禁断鱼盐，群蛮怒。……头拟子田都走入獠中。"大约在宋代前后称为"仡佬"。史籍中关于"僚"或"仡佬"的记载很多。宋代朱辅《溪蛮丛笑》叙述了武陵山区仡佬、瑶、苗等民族民俗的情况，其中以记录仡佬的为最多，实因仡佬为当地的原始土著。直到近代，仡佬族被认为是武陵山区和云贵高原最古老的民族，贵州民间常有"蛮夷仡佬，开荒辟草"之说，故称之为"古族"或"古老户"。关于濮人、僚人、仡佬人一脉相承的关系，田曙岚先生有过论证[21]。这里要补

---

[19]　易明《试论巴人中的氐羌成分》，《巴渝文化》第一辑，重庆出版社，1989 年。

[20]　湖南省文物考古研究所《里耶发掘报告》，岳麓书社，2006 年。

[21]　田曙岚《试论濮、僚与仡佬的起源及其相互关系》，《思想战线》1980 年第 4 期；田曙岚《僚的研究与我国西南民族若干历史问题》，贵州民族研究所编《民族研究参考资料》第八辑。

充的是，文献上提到濮人、僚人、仡佬人时，往往与朱砂联系在一起，"卜人贡丹砂"、"仡佬以火攻取"这些记载一方面使我们明确了卜人的地域，又说明从卜人到僚人，再到仡佬，的确是一脉相承的。

在相当长的时间内，外姓的迁入者与当地的土著间可能并没有太多的臣属关系，各有各的分界，各有各的部族。大约到了土司割据局面形成以后，随着定耕农业的普及，先后进入武陵山区的外来者与以仡佬为主体的土著民族，对土地共同的利用方式，产生了共同的文化适应经验，加上在羁縻州和土司制度下，有"汉不入峒，蛮不出境"的规定，形成了武陵山区"重山复岭，杂厕荆楚巴黔巫中，四面皆王土"（《宋史·蛮夷列传》）的政治格局。宋代"土蛮"、"土人"称号的出现，标志着土家族的形成。

五、结　语

在湘西武陵山区腹地的商时期文化中，有一支以朱家台文化为代表的土著文化，它与洞庭湖区的商周文化不属同一个文化系统，而与三峡地区的商周文化却有着诸多联系，但又与典型的巴文化有别，它的族属很可能就是文献上记载的濮人。战国时期，武陵山区以宽格青铜剑和以壶、豆为随葬品的墓葬，很可能为濮人的遗存。中古时代，这支民族在文献中被称作僚人、仡佬人，到宋代，它们成为了现代土家族的底层人群。

武陵山区一直是多民族杂居的地区，越在古代，这种情况越普遍。朱家台文化为濮文化的提出以及对战国时期濮人墓的确认，在濮民族史的研究领域真正建立了考古学的语汇，而濮文化与现代土家族关系的论述，又为这一纷争已久的话题作出了新的阐释。

中国数字的产生与文字的起源

葛英会[*]

The paper aims to interpret the origin of writing system in China through the analysis of the formation of numeral characters. A general review of current data shows that numeral characters had been the main part of early writing system in China. The formalization of numeral characters in fact might have set a model for the creation of the whole writing system.

追溯处在源头的原初文字是怎样产生的，是文字起源研究的关健所在。而原初的文字有哪些、其萌发与形成的途径是什么、原初文字的产生为其后文字的创制提供了哪些可以仿效的方法，则是关于文字起源研究的几个重要问题。

清徐灏在《说文解字注笺》中，最早表达了对原初阶段中国文字的看法，提出"造字之初，先有数而后有文"，认为中国文字的源起，是先有数字，而后才有象形字的。1944 年，于省吾先生著文《释一至十之纪数字》，也表述了与徐氏类似的见解："人类之进化，由结绳记事演进为数字之纪事，至今蛮夷犹有上古结绳之遗制。然则初有文字，当以数字为发轫，纪数字可谓初文中之原始字。"[1]也把数字视作原始阶段的中国文字。

见于史前陶器的刻画符号，记数字（或称记数符号）是其中的主要组成部分。这类符号个体不多但使用频率最高，结构简单但形体古今一致，不少学者认为它已经是远古先民用于记、计数目的数字。史前陶器符号中广泛使用数字的事实，与上述学界前辈对数字在文字发展史上所处位置的认识可以互证。

面对不断富积的史前陶器记数符号，学术界虽然存有"记号"或"纪数字"的不同理解，但在一些学者中却形成了一种认识，即包括记数符号在内的几何形符号，原是一种随意刻画的记事符号。有的学者还借此提出了文字起源的二元论或指事字产生

---

　*　作者系北京大学中国考古学研究中心专职研究员，北京大学考古文博学院教授。
〔1〕　于省吾《释一至十之纪数字》，《殷契骈枝》三编，1944 年 5 月。

早于象形字的见解〔2〕。"文字源于图画"的传统理论，由此受到了冲击与挑战。因此，考察史前记数符号的来源或产生途径，就成为文字起源研究的一个焦点。

一、古代文籍中对数字产生的论述

《左传·僖公十五年》有韩简论数的言论，云："龟，象也；筮，数也。物生而后有象，象而后有滋，滋而后有数。"这是古代文籍中关于数的生成的最早论述。韩简所论，物数生于物象，而龟卜卜法与易筮筮法均与此有关。晋杜预、司马彪在讨论这个问题时，对韩简的论述作了不同的取舍与理解。杜预《春秋左氏传集解》仅取韩简言论的前半部分，云："言龟以象示，筮以数告。象数相因而生，然后有占。"司马彪《后汉书·律历志》则截取韩简言论的后半部分，谓："古之人论数也，曰'物生而后有象，象而后有滋，滋而后有数'。"这里的所谓"象"，杜氏仅仅是指龟卜的兆象，司马氏乃是指世间的诸般物象；所谓"数"，杜氏仅仅是指演卦所得的筮数，司马氏乃是指蓍衍日盛的物数。关于数的生成，杜氏认为"象、数相因而生"，似乎认为象与数均出自相袭进行的龟卜与蓍筮。司马氏则认为"人、物既著，则筹数之事生"，即把数看做是人物滋益、庶务繁芜的产物。杜预仅就卜、筮谈象、数的产生，自然有悖于史实；司马彪论数回避卜、筮与象、数的关系，亦不免于偏颇。对此，唐颜师古在《汉书·律历志》注文中的阐释，较杜氏与司马氏要全面合理。颜氏的表述，颠倒了《左氏传》韩简的语序，先说"物生则有象，有象则滋益，滋益乃数起"，然后说："龟以象告凶吉，筮以数示祸福"。依照这个表述的逻辑关系，数乃是萌生于物象的滋蕃，筮乃是以已有的数（奇数与偶数）表阴阳刚柔，示凶吉祸福。颜师古的这个论述比韩简前进了一大步，对数的源起以及数与筮占的关系作了清晰的说明。但颜氏的看法并不是始终如一的。在《汉志》的另一处注文中，又作出了"万物之数因八卦而起"的论断，对数的产生是源自八卦，还是起于物象的滋益，颜师古仍然是游移不定的。

司马彪《后汉书·律历志》开宗明义，谓"人、物既著，则筹数之事生"，已摒弃了班固《汉书·律历志》中"伏牺氏画八卦，由数起"的模棱说法，认为数是远古先民在署著日渐蕃衍的人丁与不断繁盛的事物时，创制的一种新的管理手段。

〔2〕 郭沫若《古代文字之辩证的发展》认为："中国文字的起源应当归纳为指事与象形两个系统，指事系统应当发生于象形系统之前"，并说："指事先于象形也就是随意刻划先于图画。"（《考古学报》1972年第1期）杨建芳《汉字起源二元说》则不仅认为中国文字起源于指事、象形两个系统，还提出象形系统与指事系统的东西说。裘锡圭把史前陶器的"几何形符号"称为"记号"，实际上也是把它视为随意刻划而成的记事符号（见《汉字形成问题的初步探索》，《中国语文》1978年第3期）。

二、"数本杪㮦"的论断

以上录引前贤论数的种种见解，说明数的产生乃是适应统绪天下事物的需要产生的。然而数究竟是通过什么样的途径产生的，仍然不甚了了。

晋人司马彪在《后汉书·律历志》篇末赞语中，提出了"象因物生，数本杪㮦"的论断，这是司马氏就数的产生途径作出的具体表述，也是对篇首"人、物既著，则筹数之事生"的呼应。

这个标新立异的见解，由于倡言者未作任何阐释，又因为违离了传统的看法，在晋以来的一千五百多年中，不仅没有引起人们的重视，而且很少有人给予响应与评说。

司马彪"数本杪㮦"之说，向人们提出了一个关于数字起源的具体途径，即数字是本照杪㮦创制而成的。杪㮦是什么？它何以成为数字的本源？这在我国古代的文籍中是有迹可寻的。

在《集韵》、《韵会》两书中，都认为杪字的读音为"藐"。据《说文解字》，杪与标是意义相同或近似的两个字，云："杪，木标末也。"又云："标，木杪末也。"以杪、标两字往来互训，说"标末"就是杪，"杪末"就是标。朱骏声《说文通训定声》谓："高远之木枝曰标、曰杪"，说又高又长的树木枝条叫作杪，也叫作标。杨雄《方言》云："杪，小也，木细枝谓之杪。"郭璞注："言杪，梢也。"杪，就是今天所说的树梢。

"杪末"、"标末"的"末"，与杪、标并列连称，末与杪、与标也是意义相同或近似的字。《礼记·王制》郑注与《广雅释诂》都以"末也"训释杪字的意义，即末也就是杪。《说文》段注云："引申之，凡末皆曰杪。"如岁杪、秋杪、发杪，杪字的意义都与末字相同。岁杪即岁末，秋杪即秋末，发杪即头发的末梢。

在古代，本与末经常连言对称，本末一语在今天仍然是一个惯用词汇。在古代文籍中，本末又可称作本标。《庄子·天地》"长而无本标"，《管子·霸言》"大本而小标"，标的字义都与末相同。故《玉篇·木部》云："标，木末也。"《后汉书·马融传》李贤注："杪，并木末也。"

㮦，段玉裁谓今作忽（《说文》注）。其字《说文》正篆作㮦，或加木旁作㮦。该字的字义，《说文》解为"高貌"。《说文》木部又有杚字，云："杚，㮦也。"段注云："㮦、杚，皆谓杪末之高也。"《玉篇》曰："杚，木忽高也。"《说文》的㮦，《玉篇》写作忽。㮦与忽都应看作是末的假借字。末，明母月部字；㮦、忽，明母物部字。㮦、忽与末为双声旁转迭韵，可以通转。故《玉篇·木部》杚字条的"木忽"就是标字条的"木末"。在古代文籍中，杪㮦与杪末、标末一样，都是指树木的细枝。

《后汉书·律历志》所谓"杪㮦"，古时也称为策。《方言》曰：杪"燕之北鄙，朝鲜洌水之间谓之策"，说明在古代中国的北方，曾有折取树木细枝为策的习俗。与筹策一样，杪朅也是古代先民曾经采用的记、计数目的工具。司马氏以"数本杪朅"四个字，非常直白地表达了数字是先民本照记数工具创制而成的见解。

杪朅就是筹策，而筹策既是古代先民记、计数目的工具，又是筮占演卦的工具，所以，"数本杪朅"与"万物之数由八卦而起"的道理是一致的。前者讲数字本于筹策创制而成，后者则讲数字起于筹策演卦的实践。筮占演卦，实际上仍是以筹策记、计数目为基本手段。两者都是讲数字是本于记数的工具创制出来的。

在晚近的一些字书或词书中，或认为"杪朅"是一种极微小的数量单位（见《汉语大字典》），或说是相当于"分的万分之一的小数名"（见《辞源》）。两种说法的依据是《后汉书·律历志》"夫数出于杪朅，以成毫氂，毫氂积累，以成分寸"有关推计历日的论述。两书都把"杪朅"看做是累积成毫、氂、分、寸的最小数或单位。其实，此处所谓数是指宇宙时空的"自然之数"，需用"出于杪朅"的数对太阳周天运行的度、分乃至毫、氂加以推计，以定岁实及章、蔀年数。众所周知，推计世间各种事物，其计算单位虽各有不同，但计算所用的数字则是统一的。《后汉书·律历志》云："夫一、十、百、千、万所同用也，律、度、量、衡、历其别用也。"数与计数的单位属于不同概念。"杪朅"如果是某种量的单位，就不可是数。相反，"杪朅"如果是数，就不可能是某种量的单位。即使按"数出于杪朅"的语序分析，无论理解为数出自某种极小的数，或理解成数出自某种极小的量制单位，都是讲不通的。"数出于杪朅"与"数本杪朅"一样，都是说古代中国的基本数字是本于筹策产生的。

三、筹策、八卦与数字的产生

古代先民为了帮助记忆，曾撷取俯拾可得、便于使用、容易保存的小物件，当作助记与计算的工具，筹策就是我国先民曾长期使并发挥重要作用的一种助记手段。

筹策又称作算。《说文》竹部段玉裁注云："筹犹策，策犹算……故曰算、曰筹、曰策，一也。"在古代中国，筹、策、算是同一种助记工具的不同名称。

《后汉书·律历志》云："天地初形，人、物既著，则算数之事生。"这里的算就是指用于记、计数目的算筹。说社会发展、人丁与品物滋益繁盛的时候，就产生了以算筹计数、理事的方法。到汉代，算作为推计历日与数目的工具，已经形成了一定的规制。《说文》竹部："算，长六寸，所以计历数者。"《汉书·律历志》记古代算筹，云："其算法用竹，径一分，长六寸。"

筹策，原是人们信手拈来用于助记的竹木细枝或草本的茎莛。上录《方言》的杪字，就是树木细枝，古代燕国的北疆即以杪为策，用为助记数目的工具。

古代楚人筮占求卦，常以竹枝、茅草为策。《楚辞·离骚》"索藭茅以筳篿、命灵氛为余占之"，言取藭茅与竹筳进行筮占。王逸注云："藭茅，灵草也。"又云："筳，小折竹也。楚人名结草、折竹以卜曰篿。"

著，也是古人筮占常常取以为策的灵草。《史记·龟策列传》云："闻古五帝、三王，发动举事，必先决蓍龟。""传曰：天下和平，王道得，而蓍茎长丈，其丛生满茎。"在古代，著被视一种灵草，故《周易·说卦》云："昔者，圣人之作易也，幽赞于神明而生蓍。"说古圣贤深明神明之道，才产生了以蓍求卦的方法。

近年出土的战国楚人卜筮简文，其筮占的筹策取材于各种草本或木本植物，可以考定的就有十几种之多。如：

(1) 丞命：《天星观》1—01、37、38

(2) 新丞命：《天星观》11—02、24、32、34

(3) 共命：《包山》228、239

(4) 丞惪：《包山》：209、232、245

(5) 新丞惪：《新蔡》甲三：193

(6) 复惪：《新蔡》乙四：59

(7) 小央：《新蔡》甲二：22、23、24

(8) 大央（或英）《天星观》：3—01、5—01、14、15—01，《新蔡》甲一：3、甲三：208、258

(9) 长茟：《新蔡》乙三：7、乙四：105

(10) 卫茟：《新蔡》乙一：16、26—2

(11) 卫侯之筮：《新蔡》甲三：113、114

(12) 彤蓍：《包山》223

(13) 蓍丹：《天星观》16、62

(14) 勤蓍：《天星观》40、44

(15) 小敝（筹）：《望山》9[3]

由以上所述，可见古代中国用以记、计数目或演绎卦爻的筹策，原本不过是先民随时、随地、随意折取竹木细枝、草本茎莛作成的助记工具。随着岁月流逝，时代更替，这些长期被用作计数工具的筹、策、筭，就变成了无形数目的物化形式。

《尔雅·释诂》云："算，数也。"陆德明《经典释文》认为这里的算，应当写作

---

〔3〕 录引简文书目的全称是：王明钦《湖北江陵天星观楚简的初步研究》（未刊稿）；湖北省荆沙铁路考古队《包山楚简》，文物出版社，1999年；河南省文物考古研究所《新蔡葛陵楚墓》，大象出版社，2003年；湖北省文物考古研究所等《望山楚简》，中华书局，1995年。

筭筹的筭，言筭筹就是数目。《仪礼》之《乡饮酒礼》、《燕礼》、《大射礼》所谓"无算爵"、《有司彻》所谓"爵无算"、《特牲馈食》所谓"爵皆无算"、《礼记·檀弓下》所谓"为之节也有算"、《哀公问》所谓"然后言其丧算"，算均应写作筭，义为数。有算即有数，无算即无数。"无算爵"或"爵无算"，都是说饮酒的爵数不限，尽兴而已。

《汉书·律历法》颜注引苏林曰："策，数也。"《易系辞》："乾之策二百一十有六，坤之策百四十有四，凡三百有六十，当期之日。二篇之策万有一千五百二十，当万物之数也。"这里所说的策，都是数的意思。《老子》第二十七章"善数不用筹策"，是说善于计数的人，是用不着筹策这些工具的。

筹是中国古代计数的筹码。《乡射礼》郑注："筹，筭也。"又云："筹，策也。"故《汉书五行志》云："筹，所以纪数。"《说文系传》竹部云："筹，人以之算数也。"

古时演卦的策多以箸为之，故《战国策·秦策》高注、《集韵·麦韵》都说"策，箸也"。相传箸生百岁而百茎，古人视为灵草。《史记·龟策列传》云："能得百茎箸，并得其下龟以卜者，百言百当，足以决吉凶。"演卦是以箸策求取奇偶之数以卜吉凶的游戏，如《春官·太卜》郑注所云："易者，揲箸变易之数，可占者也。"在数千年箸筮演卦的过程中，箸逐渐具有了数的寓义。故《周易·说卦》注云："卦，象也；箸，数也。"正义云："箸是数也。传称物生而后有象，象而后有滋，滋而后有数。然则数从象生，故可以用数求象。于是幽赞于神明而生箸、用箸之法，求取卦爻以定吉凶。""既用箸求卦，其揲箸所得，取奇数于天，取偶数于地。"这里的天、地，是指天地万物，言数是从万千物象演生出来的，而具体的途径则是"用箸求卦"、"揲箸所得"。

中国古代有三《易》，称《连山》、《归藏》、《周易》。《周礼·春官·太卜》注引杜子春言："《连山》，宓戏；《归藏》，黄帝。"以《连山》易为伏牺所创，《归藏》易为黄帝所创。郑玄《易赞》采汉儒说《易》的见解，既遵从杜子春之意，又进一步指出其传承："夏曰《连山》，殷曰《归藏》。"晋皇甫谧《皇帝世纪》兼采杜、郑，但以《连山》属之神农，云："庖牺氏作八卦，神农氏重为六十四卦，黄帝、尧、舜引而伸之，分为二易。至夏人因炎帝曰《连山》，殷人因黄帝曰《归藏》，文王广六十四卦，箸九六之爻，谓之《周易》。"汉以降诸家说《易》，亦大体如此，皆以三易分属三代，如《国语·鲁语》韦注：三易"一夏《连山》，二殷《归藏》，三《周易》。"张华《博物志》："《连山》、《归藏》，夏商之书，周时曰易。"《隋书·经籍志》以经卦八，别挂六十四，皆由伏牺氏始创，与《帝王世纪》有所不同。

《周礼·春官》，载大卜一职"掌三易之法"，表明有周一代，凡筮占之事，皆以三易并占之。其要义包涵以下二个方面：其一，周代筮占三易并用，不独周易一法；其二，周代筮占兼用三易，是三易之法各有异同。

《春官·大卜》云：三易"其经卦八，其别六十有四"，讲三易经卦、别卦的数目是相同的。但是，如郑注所云："其名、占异也。"言三易的卦名与筮占的方法，是各有异同的。唯其如此，才成其为三《易》，如三者全同，则不必有三《易》之分。

所谓"三易之法"，指三《易》的筮法，即郑注所云"揲筮变易之数可以占者"。《易·系辞》："大衍之数五十，其用四十有九。分而为二以象两，挂一以象三，揲之以四以象四时，归奇于扐以象闰"，即此。筮者由揲蓍求得变易之数，卦者则因而画出变易之爻。

三易之法对于卦象的占断互有异同，《易纬·乾凿度》记三易卦象有变与不变之分，云："阳以七，阴以八为彖；阳变七之九，阴变八之六。"注云："彖者，爻之不变动者；九六，爻之变动者。《连山》、《归藏》占彖，本其质性也。《周易》占变，效其流动也。"故《春官·大卜》疏云："夏殷《易》（《连山》、《归藏》）以七八不变者为占，《周易》以九六变者为占。"

易法所谓七八、九六，是以卦之初爻与上爻对卦象、卦义的概括。各家称七八为不变者，称九六为变者，而变者乃是由不变者变化而来。《易纬·乾凿度》谓："阳变七之九，阴变八之六"，《春官·大卜》孙氏正义云："就《易》文卦画，七八爻称九六"，即实际揲蓍变易之数仍是七八，只是变称九六罢了。

古人所设易卦的卦象，今文周易都以一条长横线（——）与两条短横线（— —）表示奇偶，以象物的阴阳、刚柔。出土文献所见先秦《周易》或《归藏》卦象，都是用数字表示的。

殷墟、周原及多处周代遗址中出土的殷周甲骨、石器、陶器文字与青铜器铭文中，屡见以数字书刻的卦象（图一、二）[4]。有三个数字相迭而成的经卦，也有六个数字相迭组成的别卦。

图一之1所揭的卜骨，1950年春出土于安阳殷墟四盘磨探方中，是科学发掘所得。图一之5所揭的卜甲，亦发现于安阳殷墟，为非发掘品。经学者研究甄别，前者是殷人遗物，属康丁时期；后者是周人所制，属殷墟晚期[5]。

以上录引商周两代数字卦象，商代遗物两件：四盘磨卜骨刻有别卦三款：七八七六七六、七五七六六六、八六六五八七（图一:1），苗圃磨石刻有别卦六六一六六八，所及数字有一五六七八（图二:1）。已知的周人及周代数字卦象资料较多，这里仅选取

---

[4]　1980年，张政烺发表《试释周初青铜器铭文中的易卦》（《考古学报》1980年第4期），把以往在商周青铜和甲骨上发现的数字组成的特殊符号，解释为易卦卦爻。长期以来被人们视为神秘文字的易卦符号为人们所认识。

[5]　参见曹定云《殷墟四盘磨"易卦"卜骨研究》，《考古》1989年第7期。《殷墟发现的"易卦"卜甲与"文王演周易"》，载曹定云《商周考古论丛》，艺文印书馆，1996年。

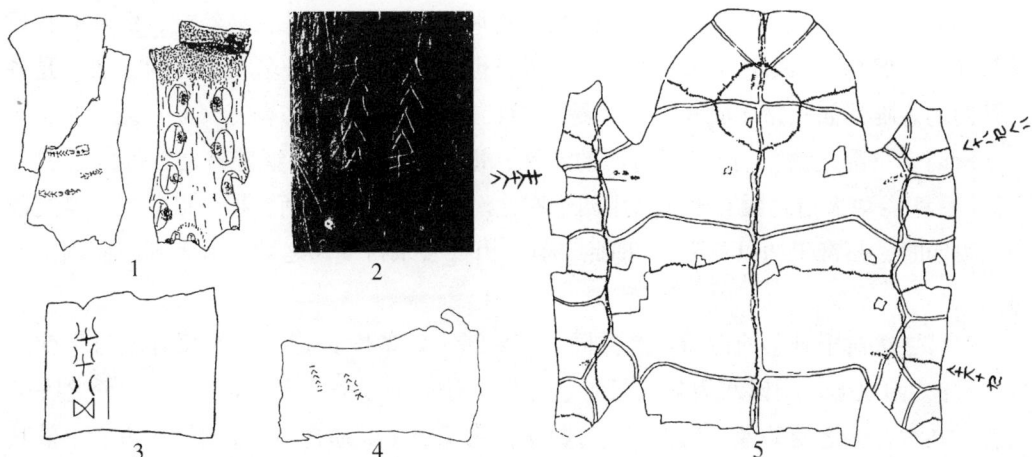

图一　商周卜骨上的数字卦象

1. 殷墟四盘磨 SP11 出土　2. 北京房山镇江营西周遗址出土　3. 岐山凤雏 H11：7 出土

4. 长安县张家坡西周遗址出土　5. 安阳殷墟出土

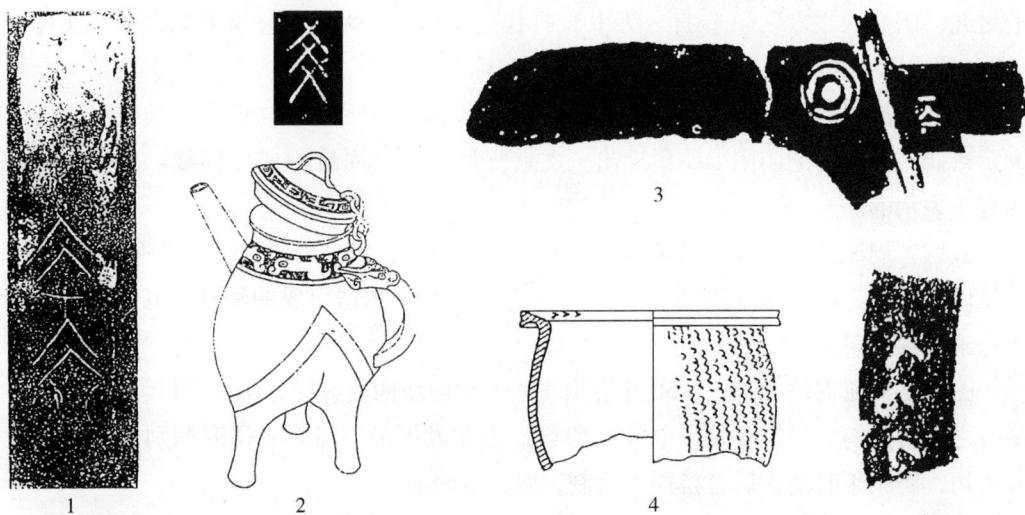

图二　铜、石、陶器上的数字卦象

1. 殷墟苗圃 M80 磨石　2.《三代》14、1、3 铜盉　3. 洛阳北窑西周 M203 铜戈　4. 洛阳西工战国陶鬲

具有代表意义的材料。殷墟周人卜甲刻别卦三则：六七一六七九、六七八九六八、七七六七六六（图一：5）。扶风齐家村卜骨刻有别卦六则：六九八一八六、九一一一六五、六八一一一八、八八六六六六、一八六八五八、六八一一一一、一六一六六八，其所及数字有一五六七八九。其中用九的只发现 4 例，其余卦象（如图一：2～4、二：2～4）所及数字与殷人一致，可能含有若干以殷人筮法所得的卦象。

　　由上述，可知出土所见商周卦象资料，与文籍所载殷周易法大体吻合。爻以九称，是《周易》的特征，也可视作《归藏》与《周易》的分界。

　　战国简文所见，湖北省江陵县王家台十三号秦墓所出为《归藏》易[6]，湖北省江陵县天星观一号楚墓、湖北省荆门包山二号楚墓与河南省新蔡县葛陵一号楚墓卜筮简文所采筮法，尚未见深入探索。但就数字卦象与所用数字而言，其间存在明显差别。王家台《归藏》卦象，只有一列六个数字相迭的本卦，而无两列各六个数字相迭的本卦加之卦者。记卦所采的数字只有两个，即奇数一与偶数六。而三地楚墓所见卦象，皆本卦、之卦并列的两列十二个数字，而无一列六个数字的本卦单独出现的。其记卦象所用的数字有四个，奇数为一、五、偶数为六、八（图三:1～6）。天星观资料没有正式发表，据王明钦摹本，其150号简数字卦有十，似是九字，果如此，则天星观所及、一、五、六、八之外，还有九字[7]。

图三　战国楚简数字卦象

1.《包山》229　2.《包山》239　3.《包山》232　4.《新蔡》乙二·2

5.《新蔡》乙四·68　6.《新蔡》乙四·79

　　如图一至图三所采资料，出土所见先秦时代刻、铸或书写在甲骨、石器、陶器、青铜器、简策上的筮占卦象，包括经卦、本卦、之卦，均以数字书写而成。偶数有六与八[8]。奇数有一、五、七、九，周人卦象用九，即"变七之九"者。

　　由以上的讨论，可见《易系辞》所谓"生蓍"、"倚数"（立数）、《汉书·律历志》所谓"自伏牺氏画八卦，由数起"，颜师古所谓"万物之数由八卦而起"，都不是

---

[6] 李家浩《王家台秦简易占为〈归藏〉考》，《传统文化与现代化》，1997年第1期；王明钦《〈归藏〉与夏启的传说》，《华学》第三辑，1998年11月。

[7] 参见王明钦《湖北江陵天星观楚简的初步研究》，北京大学硕士研究生论文。

[8] 曹定云《殷墟发现的"易卦"卜甲与"文王演周易"》一文曾指出："'九'爻的出现，是《周易》的重要特征"，"凡殷墟所出的殷人'易卦'中，尚未见到'九'字"，这是一项颇具学术意义的发现。

虚妄之谈。虽然八卦之术与数字生成孰先孰后以及二者因果还难以论定，但易卦筮法与数字卦象却表明了筹策与数字之间的客观联系。唐兰先生曾说："八卦的一画（指画成八卦卦爻的横画）和一字的一画很难区别……照我的意见，八卦的起源是用筭筹（卜算子）来布成爻，古文学字（𦥑）也就象两手布爻的形状。"〔9〕

如文籍与出土资料所载，不管筹策是用何种材料制成，都普遍被用作记、计数目或演绎易卦的工具。从而，数的概念与筹策总是有机地结合为一体。在这里，抽象的概念得到了物化。1600 年前晋代学者提出的"数本秒曶"即数字起于筹策的论断，已经科学地指出，我国数字的产生，其本源在于先民长期用筹策记、计数目的社会实践。远古先民最早创立的基础数字（一至八）就是由筹策直接导引出来的。一至八这八个数字，由远古陶器到殷墟甲骨，一直沿袭着古老的形体，写作一二三三×∧十八，都是由直线组成。一至四是一系，由累积笔画而成；五至八是一系，由笔画错落而成。这些直线数字，不是古人凭空想象或随意刻画的记号，而是由长期记、计数目、推求奇偶筮数的筹策脱胎而来的。

近百年中，随着出土古代文字资料的不断丰富，不少学者对我国数字的产生进行了探索与研究，其中丁山先生《数名古谊》、于省吾先生《释一至十之纪数字》、郭沫若先生《释五十》最有代表性。长期以来，以一至四为指事字，五至八为假借字的看法在学术界较为流行〔10〕。但是，这些见解脱离了古代中国的文化背景，对文籍中将筹筭、著策视同数目的记载以及"数生于秒曶"的论断弃置一旁，然后凭空地臆想这些数字的来历，是不足凭信的。另外，郭沫若先生有数起于手的论说〔11〕，唐兰先生有一至四与横绕的绳子有关的推想〔12〕，都与古代中国传统的记数手段不合。离开了古代先民记、计数目的实践，就失去了数字生成的基础。非历史的考证与研究，其结论是不可靠的。

四、结绳记事与数字的产生

文籍所见，早在传说的三皇五帝时代，远古先民已采用结绳的方法管理天下事物，

---

〔9〕 唐兰《中国文字学》，第 55 页，上海古籍出版社，1981 年。
〔10〕《说文解字》段注："一之形，于六书为指事。"徐灏《说文解字注笺》："一二三三，画如其数，是为指事。"郭沫若在《古代文字之辩证的发展》一文中，把包括记数符号在内的史前几何形符号称为"刻划系统"，"于六书中为指事。"丁山《数名古谊》以×（五）为古文互，∧（六）为古文入，十（七）为古文切，《说文解字》以八为古别字，象分别相背之形。数字五（×）、六（∧）、七（十）、八（∧）是互、入、切、别的假借字。
〔11〕 郭沫若《甲骨文字研究·释五十》，《郭沫若全集》第一卷《考古卷》，科学出版社，1982 年。
〔12〕 唐兰《中国文字学》，第 61 页，上海古籍出版社，1981 年。

伏牺氏、神农氏、轩辕氏等许多著名部族都曾流行"民结绳而用之"的治事手段。据汉、唐学者的理解，结绳之法是以绳的大小（粗、细）、结的多少助记事或物的数量。在"后世圣人易之以书契"的过程中，这种久已流行记数手段，无疑会对相关记数文字的创制，产生无可替代的启示作用。

在中国的古文字资料中，凡构形与结绳相关的，或本身就是数字，或字义与记数有关联，这不仅说明原始结绳记事的功用主要在于记数，同时也可以证明相关数字的产生，是由原始的结绳记事导引出来的。

一些学者指出，商周金文的十、二十、三十，写作｜、Ｕ、Ｗ，正象一根或几根打了结的绳子。甲骨文写作｜、Ｕ、Ｗ，是由于刻划不便，把中间象绳结的点省略了[13]。这是一种极富创见的诠释，把数字的产生与数千年结绳治事的文化积淀有机地联系起来，并清晰地揭示了由"结绳记事"到"代之以书契"的历史过程，文字始于结绳因此不再是捉摸不定的传说故事。

郭沫若先生认为数字起于手，因而据金文中一些写作"♦"的十字，把它视为手掌的象形[14]。丁山、于省吾两位先生则据甲骨文一写作一，十写作｜，认为是"纵一为十"[15]，即把横写的一纵写为｜，就是十。一与十不过是形体一致但书写方向不同的两个记号。

其实，金文十写成肥腴的"♦"，不过是取笔意之美[16]，是商末周初金文中流行的风尚，它与甲骨"｜"、金文"♦"，只是书刻风格的差异，本无实质的不同。郭沫若先生仅据十字的一种特殊书体来推断它的构成，脱离了该字产生的社会依据。

丁山、于省吾两位先生"纵一为十"的看法，只适用于甲骨文一（一）与｜（十）的诠释。在金文中一仍写作一，多数十字却写作♦或♦，则不可能是一的纵书。而合书的二十、三十、四十，甲骨写作Ｕ、Ｗ、Ｗ，金文写作♦、♦（金文四十资料尚缺），纵笔的下端皆弯曲相连，这种象结绳之形的书写形式，也证明"纵一为十"的说法不能成立。

除上述以象形的方法创制的十与十的倍数字以外，古文字资料中还可以觅得与结绳相关的会意字。兹举出几例并加以说明。

1. 直

---

[13]　以上的解释，是徐中舒先生首先提出的（参见徐氏《结绳遗俗考》，《说文月刊》第四卷，1944年）。江宁生先生在《从原始记事到文字发明》一文中采纳了徐氏的见解。

[14]　郭沫若《甲骨文研究·释五十》。

[15]　丁山《数名古谊》，载《中央研究院历史语言研究所集刊》一本一分；于省吾《释一至十之纪数字》，见《殷契骈枝》三编。

[16]　李孝定《甲骨文字集释》第三卷"十字条"按语。

甲骨文直字如图四之 1 所摹，目字上面的 | ，与甲骨文十字相同。西周金文直（图四：2）或从直的值字、德字（图四：3~8），目字上面纵写的笔画作 | 、◆、| 诸形，也与金文十字的几种变体相同。徐中舒《甲骨文字典》云："直，从目上一竖，会以目视悬测得直立之意。"这里所说的悬，是指以绳悬锤。《诗大雅·緜》"其绳则直"传："言不失绳直也。"近人或把《緜》诗的这句话读作"其绳测直"，于诗意也很贴切。我以为直字是从目从十的会意字，本义是以目视绳测取直线。《说文解字》直字条所附的古文直可隶写作桌，为上直下木的结合，应是视绳测度木材曲直之意。今时木作目视绳墨在木材上测取直线即其遗制。金、甲文直字为以目视绳的会意，亦可证明金文、甲骨文十字乃是绳的象形。

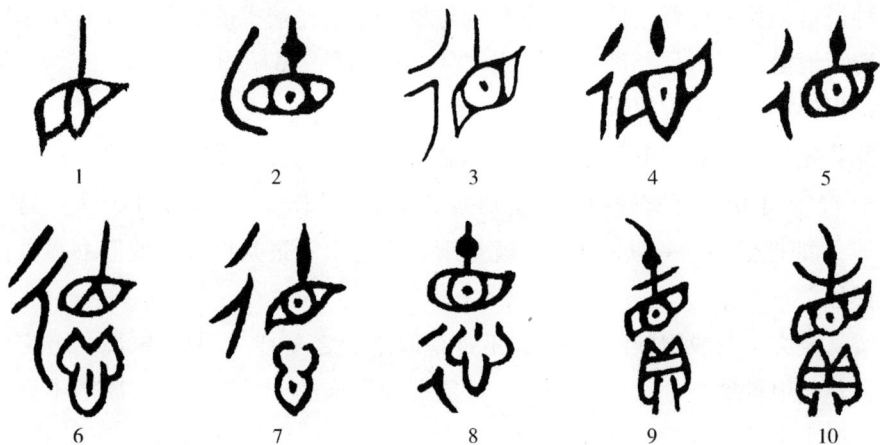

图四

1.《佚》57 2. 恒簋 3. 弔值簋 4. 值方鼎 5. 辛鼎 6. 师㝌鼎 7. 盂簋
8. 毛公鼎 9. 曶鼎 10. 曶鼎

2. 赎

西周《曶鼎》铭文有贵族间以"匹马束丝"（一匹马一束丝）与"五夫"（五个成年人）进行交易的记载，曰："我既卖汝五夫，用匹马束丝。"其中的卖字如图四之 9、10 所摹，在文中借为赎。《说文》贝部："赎，贸也"，是以物易物的行为。而财物的交易活动，必然与数量的多少相关。有学者认为鼎铭的这个字，象眼睛注视结绳，进行交易，从贝以示其意[17]。这个见解与字形传达的意义十分切合。

3. 媵

《说文解字》人部："俟，送也。从人，灷声。吕不韦曰：'有侁氏以伊尹俟女'。"容庚《金文编》卷八俟字条注：俟，"今经典作媵。《左僖五年传》以媵穆姬；《楚辞》

---

[17] 徐中舒《结绳遗俗考》，《说文月刊》第四卷，1944 年。

天命媵有莘氏之国。媵，《说文》所无。《说文》贝部：'賸，一曰送也。'"周代铜器
多见嫁女之器，古代文籍称为媵器。周金文媵字有多种写法，兹选择几个例子，分析
其结构并说明其字义。

（1）俟：癶十人（图五：1）
（2）艅：癶十舟（图五：2）
（3）媵：癶十舟十女（图五：3）
（4）賸：癶十舟十贝（图五：4）
（5）儨：癶十舟十贝十人（图五：5）

图五

1. 季宫父匜　2. 弔上匜　3. 区君壶　4. 录伯盘　5. 季良父壶　6. 蚉壶

以上各例字所含人、女、舟、（后讹变为月）、贝四种成分，或有或省，唯有"癶"
是共有的、必不可缺的成分。关于这个字的结构，徐中舒先生指出：癶象双手持绳以
进[18]，人、舟、贝表示嫁女陪送的随从与财货。这个见解不仅正确分析了上引诸字的
结构，而且又完全切合古代中国婚嫁送女的传统。《说文》以"送"为俟字的本义，其
实专指以人、财货与类似礼单的结绳送女出嫁。

4. 送

《中山王圆壶》铭文有"唯送先王"之语，"送"字（图五：6）所示，其核心部分
仍是象双手持奉结绳的癶，其上下所加的笔画只有装饰的意义。此赘加表示行进的辵，
是往送、奉送之意。该字从癶，仍然是以结绳表示奉送物品的数目。

五、刻契记事与数字产生

刻契在古代中国也曾是广为流行的记事方法。《墨子·备城门》所记木上刻齿标志
举木所需人数与《列子·说符》所载宋人于道中得契的故事，是见于文籍的典型事例。
刻契这个在古代社会曾产生重要作用的记事方法，其遗俗不仅远播中国边远的许多民
族，而且也积淀在中国古代的文字中。

---

[18]　同［17］。

1. 丰与韧

殷墟甲骨与周代金文有丰与韧字。如：

（1）贞：其宁秋于帝五丰臣，于日告。　　　《屯南》930

（2）癸酉贞：帝五丰臣其三百四十牢。　　　《后上》26. 15

（3）其贞：用三丰犬、羊。　　　《佚》783

（4）庚子贞：王其令伐丰山。　　　《屯南》2915

（5）癸已贞：其燎✳丰山雨。　　　《甲》3642

（6）乙亥王易□䉛玉十丰。　　　《乙亥殷》《三代》7. 34

（7）帝其降祸，其韧。　　　《合》14176

（8）车马五乘、大车廿、羊百韧。　　　《师同鼎》《文物》1982. 12

徐灏《说文解字注笺》引戴侗曰："丰，即契也。又作韧，加刀，刀所以契也。……古未有书先有契，契刻竹木以为识。丰，象所刻之齿。"高祥麟《说文字通》引《六书证伪》云："韧，本音器，约也。从刀、丰声。象刀刻画竹木以纪事。"

《说文解字》韧部有絜字，曰："絜，刻也，从韧、木。"大部又有契字，曰："契，大约也，从大、韧声。"《后汉书·张衡传》李注则云："契犹刻也。"故《集韵》云："絜，通作契"，《说文》段注云："絜，古经多作契"。马叙伦《说文解字六书疏证》引冯振心言："丰、韧，絜本字。丰象纵横刻契形，刻必以刀，所以从刀作韧；刻之于木，故又加木作絜。"

如上录卜辞、铜器铭文的"五丰臣"、"三丰羊"、"玉十丰"、"羊百韧"，郭沫若先生认为与《尚书·泰誓》"若有一介臣"为同例语、卜辞"五丰臣"即"五介臣，亦即五个臣"[19]。丰、韧本指竹木上用于记数的刻划，与记数的著策称为介、竹筹称为个类似，也用作记录事物的量词。因而与数字有着一定关联。

上录卜辞有"丰山"之语，其丰字的含义，可由以下卜辞得到求证。

（9）燎于十山　　　《掇》1. 378

（10）甲申卜：✳十山　　　《掇》2. 159

（11）又于五山，在齐。　　　《粹》72

此录"燎十山、✳十山"与前录"燎✳丰山"，此录"又五山"与上录"伐丰山"的语例相同，燎、✳、又、伐均祭名，五山、十山、丰山均祭祀对象。其中丰与五、十对应，似乎也是与纪数相关的字。

---

[19]　郭沫若《殷契粹编考释》，第5页，科学出版社，1965年。

丰，罗振玉释玉[20]，陈梦家释工[21]，都不妥。殷墟甲骨文玉写作珏或王，与丰显然是不同的两个字[22]。

2. 乍

如图六所示，殷墟甲骨的乍字有多种变体，在卜辞中的用例也很多，如乍邑、乍宗、乍寝、作墉、乍册、乍豊、乍宾、乍大田、乍三师等，乍都用为制作、造作之作。徐灏《说文解字注笺》："乍，古通作。"林义光《文源》："乍，即古文作。"《尔雅·释言》："作，造、为也。"

甲骨文乍字，如图六所摹，𝗬或反书𝗬是其主体部分，此外的ㄐ、卜、十、丰、丰、丰、干、主等，或竖立，或横卧，或侧置，位于主体部分所呈夹角中（图六：1～7）。

图六

1.《合集》32　2.《合集》23711　3.《合集》3711　4.《合集》14203　5.《合集》14202
6.《合集》31981　7.《合集》14207　8. 小子母己卣　9. 量侯簋

我们认为，乍字的主体部分乃是一种端锋刀具的象形。殷墟出土的铜质或玉质端刃小刀，学界多以为是一种用于契刻的工具，可能即乍字主体部分所本。而乍字上部所从的ㄐ、卜、十、丰、丰、丰、或干、主等，其形义均与丰字相同，是契刻竹木的象形。《量侯敦》的乍字（图六：9）从木，说明制作、造作之乍，原本是以刀刻木的行为。

《周礼·春官·卜师》："凡卜事，视高，扬火以作龟"，《仪礼·士丧礼》："宗人受卜人龟，视高涖卜……卜人坐作龟"，汉杜子春以此"作龟"即《緜》诗之"契龟"[23]，说明作字的本义确与刻契有关。

3. 干

这里所谓干，指甲骨文羊或羊。相关卜辞中多以"奏干"为词，如：

（1）戊辰卜，争贞：王归，奏干，其伐。　　《乙》4502

（2）奏干　《乙》3486

---

[20] 罗振玉《增订殷墟书契考释》中，第40页，1914年。
[21] 陈梦家《殷墟卜辞综述》，第572页，科学出版社，1956年。
[22] 殷墟甲骨文玉字写作珏或王，参见连劭名《甲骨文玉及相关问题》，《出土文献研究》，文物出版社，1985年。
[23] 《周礼·春官·太卜》孙诒让正义引汉杜子春说。

王国维以丰与¥、羊为一字，释为珏或朋，李孝定释丰、¥为玉，都是不对的[24]。但王国维以该字所从的丫与束（束）字上端相同则是正确的。卜辞有や或か，罗振玉认为是"㫃"字，丫象㫃之杠[25]。徐灏《说文解字注笺》谓："左象旗杠，右象缪游飘忽之状。"可知羊、束、卜所从丫（或丫）是旗杠、木杆一类。

说文解字以干（小篆作羊）与¥（小篆作羊）为二字，云："干，犯也。从反入，从一"，云："¥，撤也。从干，入一为干、入二为¥"，荒诞不经，不知所云。¥字只见于《说文》以下的字书，而于文献无征。因而不排除干、¥为同字异体的可能。

古代文籍中多以"干戈"之干为盾，显然与干字的形义不符。近人林义光《文源》谓："干，象形，实竿之古文，梃也。"并谓："《诗》'孑孑干旄'、《礼记·檀弓》'寝苫枕干'，干并为本义。注训盾，失之。"《汉语大字典》采林氏见解，云："甲金文干字象有桠叉的木棒形，古人狩猎作战，即以干为武器。"

殷墟甲骨的¥，象有桠叉的木杆，应是干字的初形。卜辞所谓"奏干"，应即《诗·公刘》"干戈戚扬"之干。奏干乃是执干而舞。《周礼》大宗伯属官有"司干"，掌舞器，《尚书·大禹谟》"舞干羽于两阶"，均为相关记载。

在文籍中，干亦用作数量词。《汉书·食货志》"或用轻钱，百加若干"注："若干，且设数之言也，干犹箇也，谓当如此箇数耳。"《字汇》干部："干，数竹木曰干，犹言个也。"各家都以干与个一样，亦用作记录某些品物的数量字。

干字用作量词，与木干兼作刻契记数的手段相关。所谓"若干"，其意似是"如干所识"。甲骨干字或多或少的横笔，正象木干之上刻契的痕迹。

4. 开

殷卜辞有¥¥、¥¥字，由两个¥字并列而成。以上已论¥（或作羊）是古干字，那么，¥¥或¥¥就应是古开字。王国维释为珏，不足凭信。

《说文》开部："开，象二干对构。"木部："桼，槎识也。《夏书》曰随山桼木，读若刊。㮃，篆文，从开。"段玉裁对这两个字作出了如下注释："槎识者，衺斫以为表志也。《禹贡》'随山桼木'，《夏本纪》作'行山表木'。""开从二干，古音乃读如干。何以证之，籀文桼读如刊，小篆作㮃。然则干、开同音可知。"

关于桼字所从的㱿，《说文》一书已不知所象为何物。今由甲骨文干作¥，开作¥¥，可证籀文所从的㱿，应是¥¥的倒置。卜辞丰字（此为豐的简化字，非前论丰，㓱字）从¥¥（《合集》16805）与从㽞（《合集》32536）者（图七：1、2）并存，亦是有

[24]　参见李孝定《甲骨文字集释》"玉字条"按语；王国维《说珏朋》，载《观堂集林》卷三。

[25]　罗振玉《增订殷墟书契考释》中，第41页。

力旁边证。图七之 3、4 所揭金文丰字，从艸、从林，也说明甲骨文半、羊字就是干与开字。

《汉书·地理志》"随山栞木"注："栞，古刊字。……言禹随行山之形状而刊斫其木，以为标记也。"《广雅释诂》："栞，识也。"王念孙《广雅疏证》："表，亦识也。今人谓刻木石曰刊，刊即表识之意。"甲骨文开字所从多少不一的横画，即刊斫表识的象形，也与以竹木刻契助记有关。

图七

1. 《合集》16085　2. 《合集》32536
3. 辅伯鼎　4. 王盉

中国史前以至夏商陶器的刻画符号，也有与甲骨文丰（契的本字）字类似的例子，可能也是刻契记事的遗迹。表一所列是西安半坡、临潼姜寨等十三个史前遗址与偃师二里头、藁城台西等三个夏商遗址出土陶器上所见的同类符号。这些符号从形式上可分为下述 4 种：（1）一条直线与二条、或多条直线垂直交叉，如长安五楼的丰属于此类；（2）为木片刻齿形，蚌埠双墩的三例属于此类；（3）竖画的一侧附加一个或多个略斜（斜上、斜下）的短画，临潼垣头、甘肃半山的两例属于此类；（4）两竖画外侧附加一个或多个略斜的短画，临潼姜寨几例陶文属于此类。以上的分类可能是互相关联

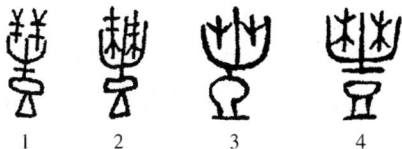

表一

陕西西安半坡	仰韶文化	
陕西郃阳莘野村	仰韶文化	
陕西长安五楼	仰韶文化	
陕西临潼垣头	仰韶文化	
陕西姜寨	仰韶文化	
陕西宝鸡北首岭	仰韶文化	
甘肃半山马厂	马家窑文化	
青海乐都柳湾	马家窑文化	
浙江良渚	龙山文化	
安徽蚌埠双墩		
湖北宜昌杨家湾	大溪文化	
河南偃师二里头	夏　早商	
郑州二里岗	商	
河北藁城台西	商	

的，其中（3）可能是（2）的急就形式，（4）可能是（3）的复合形式，（1）可能是（4）的简化形式。我们推测这些符号应是刻契记事的符号化，其意义也与记数有关。

北京大学严文明教授在《半坡类型陶器刻划符号的分类解释》一文，把仰韶文化半坡类型陶器刻划符号作了形式分类（表二）。其中 D、C 两类与 F 的一部分即我们划分的（1）、（3）、（4）三类。认为 D 类符号的性质比较单纯，重点在数量的变化上；C 类符号应该是表示某类既有多种性质或状态，又有一定数量变化的事物；F 类符号是前几类的复合体或构形的延伸（实际上 F 类的前五个符号是 C 类符号的复合），也应是与数量相关的符号[26]。

表二　半坡类型陶器刻划符号分类表

A	I_{128} II_{12} III
B	$\mathsf{1}_6\ \mathsf{1}\ \mathsf{1}_6\ \mathsf{L}_7\ \mathsf{1}_7\ \mathsf{1}_8\ \mathsf{1}_2\ \mathsf{1}_2$
C	$\mathsf{1}_2\mathsf{1}_2\ \mathsf{1}\,\mathsf{1}_?\ \mathsf{F}_?\mathsf{F}\mathsf{F}_3\ ,\,\mathsf{F}\mathsf{F}$
D	十$_7$　丰　丰
E	X$_7$ T$_4$ ∧$_4$ V$_2$ ↑ K X L P D 一 廾 巾 市 出 ⊔ ⌒ ㇉ 水 ⼁ ⼳ Ψ 肀 ↑
F	⼻⼁ ⼻⼁ 肀肀 肀肀 丰丰 又 丛 肖肖

注：转引自《文物天地》1993 年第 3 期，第 40 页。

另外，考古所见的刻契遗物，也可以证明远古先民曾长期用刻契的方法帮助记忆。如宝鸡北首岭、临潼姜寨、西宁朱家寨、乐都柳湾出土的刻契遗物，是通过刻齿或刻划的方式，把事或物的数目刻记在没有加工的或已经加工的骨角器上。这种刻齿或刻划的方式，使筹策记数的手段取得了更为简易的形式。由筹策记数到刻契记数的演变，实际上是一个符号化的过程。汪宁生先生以木刻记事为符号记事之一[27]，其见解具有重要学术意义。

史前刻契遗物上的刻齿与刻划，可能代表了刻契记数的不同阶段。在形式上刻齿是立体的，刻划的平面的；在记数方式上，刻齿与记忆对象是一一对应的，一个齿代

[26]　严文明《半坡类型陶器刻划符号的分类解释》，《文物天地》1993 年第 6 期。
[27]　汪宁生《从原始记事到文字发明》，《考古学报》1981 年第 1 期。

表一件事或物。刻划与记忆对象则不一定是对应的，一种刻划可能代表多件事或物。在数的概念与记数手段形成与发展的过程中，如果说记数工具是抽象数目的物化形式，那么保存在史前骨角器上的刻划符号则可能是记数手段的符号化形式。可以推想，更加简便易行的竹木刻契，由于容易朽蚀而没有保存下来，唐兰先生却认为那才是最为原始的用于记数的契。宋末元初，戴侗《六书通释》已经提出了数字为天、地、人等九类文字之首，云："书始于契，契以纪数，故首数"。

考古所见中国史前的骨角刻划与陶器符号，是伴生伴出的性质近似的文化遗存。两种载体上形式相同的刻划符号，其功用可能也是相同的。当我们历史地把出土所见的记契实物与积淀于文字、文籍中的记契遗制对比研究、往来考察的时候，就会对这些刻划符号的文字属性深信不疑。

六、象形是数字的构造法则

由以上的讨论可知，诸先贤有关文字源于结绳记事、筹策记数、八卦筮占的种种见解，虽然不尽相同，但却揭示了一个共同的关于文字、特别是数字源起的历史途径，即原初文字是远古先民本于长期使用的记事、记数工具创制而成。正是这些原始的记事方法，使我们的远古祖先产生了创制文字的最初的冲动。伴随上古时期生产力水平与社会群落规模不断发展与扩大，当世代沿用的原始的记事手段，在功用与操作方式上与管理日渐膨胀的公共事物不相适应的情况下，人们就不得不在管理手段上另谋出路。于是，一种源于原始记事方法、替代原始记事方法的新的管理手段产生了，这就是原始记事、记数方法的符号化形式——数字。资料表明，这种原初的数字大多是通过描绘原始记数工具的途径，即后来所谓的象形手段造成的。数原是由万事万物抽绎出来的抽象概念，但数字本身却是记数工具的具象表达。构造数字所采用的象形的方法以及抽象概念具象表达的方法，在此后中国文字的发展中，成为最基本的造字手段。

与此类似，西亚两河流域古苏美尔人数字的创制，也经历了大致相同的历史途径。考古研究表明，在西亚两河流域，出土所见的一种仿象不同物品的小泥具，早在公元前八千纪已经成为通行的记数工具。几千年以后，不知出于何种目的，这种泥具往往被封存于卵形泥球之中。此后，可能是为了便于回忆球内泥具的内容，又有了先以泥具在泥球表面压出印痕，然后再行封存的方法。正是在这种压印的启迪下，一种以芦苇为刻写工具记录封存泥具所代表的物品与数量的文字，不久就出现在泥球的表面。由于压印印痕与继之而起的文字代表了泥球内泥具的内容，泥具本身便成为不再必要的东西而被废弃。泥球由于不封存泥具逐渐由空心而实心，又由实心而变成平整泥板。因此，相关的名物字应是受到压印的启示，圆点状数字则普遍被认为是仿象一种最常

见的圆形泥具而来。鉴于以上研究成果，一位长期从事这项研究的美国学者认为：楔
形文字不是起源于图画，而是直接由三维的泥具演变而来[28]。其实就古代西亚用于记
事、记数的小泥具而言，其本身就是原始的泥塑艺术品，其与图画在性质上是相通的。
而受小泥具压印启示、仿象小泥具的泥板文字，与写实的图形之间也不存在本质的差
别。中国的酒（原写作酉）字原是陶质酒瓶的象形，龙字原是玉雕龙的象形，就与西
亚泥板文字创制具有大致相同的背景。说文字起于象形或许比"文字源于图画"更为
科学，更加切合文字产生的实际途径。

本文得到教育部人文社会科学重点研究基地基金资助。

---

[28]　参见拱玉书《楔形文字起源新论》，《世界历史》1997 年第 4 期。

親簋年代及相关问题

韩　巍*

Lu *gui* 親簋 is one of the important Western Zhou bronze vessels discovered in recent years. Most of the scholars date the vessel to the 24th year of the King Mu 穆王. This paper, based on a comprehensive research on the type, surface decoration and inscribed characters of the vessel, argues that it should be dated to the 24th year of the King Gong 恭王. Hence the King Gong might have been on his throne for at least 24 years and some related bronze vessels need to be re-dated. From an interpretation on the inscriptions on Lu *gui*, the paper suggests that Lu might be the Jing Bo 井伯 in other bronze inscriptions of the King Gong and King Yi period. He might just be the Zhou Shi Lu 周师彔 in later bronze inscriptions. This is helpful for the establishment of a genealogy for the powerful Jing family.

《中国历史文物》2006 年第 3 期发表了西周青铜器親簋的照片和铭文拓片。这件铜器非常重要，第一是因为其造型别致，前所未见；第二是因为器主"親"就是西周中期铜器铭文中经常出现的一代"井伯"，通过这个人物能把很多重要铭文联系起来。同期还刊发了王冠英、李学勤、夏含夷、张永山几位先生的论文，对親簋的器形、纹饰和铭文做了研究，并重点讨论了该器的年代问题[1]。几位先生一致认为，親簋的年代应为穆王二十四年。对于这个问题，我们有一些不同看法，在此提出以求教于方家。

一、由册命铭文的发展规律质疑親簋年代

先将親簋铭文隶定如下（对已有定论的常见字词直接写出通用字，不加括注，下同）。

---

　* 作者系北京大学历史系博士后。

[1]　王冠英《親簋考释》，李学勤《论親簋的年代》，夏含夷《从親簋看周穆王在位年数及年代问题》，张永山《親簋作器者的年代》，皆载《中国历史文物》2006 年第 3 期。下文引以上论文观点，不再另行出注。

　　唯廿又四年九月既望庚寅，王在周，格大室，即位。司工逋入右親，立中廷，北向。王呼作册尹册申命親曰：更乃祖服，作冢司马，汝乃谏讯有舜，取徵十锊，赐汝赤市、幽黄、金车、金勒、旂。汝乃敬夙夕勿废朕令，汝肇享。親拜稽首敢对扬天子休，用作朕文祖幽伯宝簋。親其万年孙子其永宝用。

　　这篇铭文属于西周中晚期最为常见的册命类。陈汉平先生曾总结册命类铭文的规律性，认为其内容大致可分为五个部分。

　　（1）时间地点，其正例为："唯王某年某月月相辰在干支，王在某，旦，王格于某"；

　　（2）册命礼仪，其正例为："（王）即位，某右某入门（或某入右某），立中廷，北向，史某授王命书，王呼史某（或尹氏、作册尹等）册命某，王若曰"；

　　（3）册命内容，册命者先直呼受命者之名，叙述册命缘由及告诫语，再叙册命之官职，最后记赏赐之物品（包括"取徵"等特权）及勉励语；

　　（4）受命礼仪；

　　（5）作器铭辞。

　　前三部分是册命铭文的主体，某些次要环节可以省略，册命内容的叙述顺序也可前后颠倒，但大体格式是固定的[2]。親簋显然已经具备了典型册命铭文的各项要素，属于比较成熟的形态。陈梦家先生认为，右者与史官代宣王命的制度，只有到恭王时才具体见于铭文[3]。如果将親簋定于穆王二十四年，那么册命铭文至少在穆王中期就已经非常成熟，陈梦家的论断也就不能成立了。实际情况是否果真如此呢？

　　我们选择了从穆王晚期到懿王时期的一些册命铭文，为方便比较，将其内容分各项要素，列为表一。对这些铜器年代的判断主要参考学术界的主流意见，同时对个别器物加入了我们自己的观点，大致依年代的相对先后为序。

　　在这些铜器中，狱簋（丙）、盘、盂应是年代最早的一组[5]。狱簋（丙）侈口带盖，造型与廿七年卫簋相似，盖缘及颈部饰顾首分尾的鸟纹。狱盘腹较深，耳截面呈圆形，腹部及圈足饰几周弦纹，外形与宝鸡茹家庄 M2 出土的铜盘（BRM2：15）最为相似[6]；该墓年代，发掘者定为穆王晚期。狱盂器身仅饰弦纹，造型与恭王前后的长

〔2〕 陈汉平《西周册命制度研究》，第27~28页，学林出版社，1986年。

〔3〕 参见陈梦家《西周铜器断代》，第401页，中华书局，2004年。

〔5〕 狱所作的一组铜器近年由上海崇源艺术拍卖公司从海外购回，最早在陈全方、陈馨《新见商周青铜器瑰宝》一文中公布（见《收藏》2006年第4期）。其后吴镇烽先生发表《狱器铭文考释》一文（见《考古与文物》2006年第6期），对狱器铭文作了较详尽的考释，并配有较清晰的铭文拓片和器形照片，可参看。

〔6〕 参看卢连成、胡智生《宝鸡强国墓地》，第365页，图二四九：7，图版二〇二：3，文物出版社，1988年。

由盉、卫盉接近。獄所作铜器还有一件鼎，两件簋，与上述器物基本为同时所作。獄鼎下腹倾垂较甚，柱状足，口沿下饰鸟纹，腹部饰斜行勾连云纹；其造型为穆恭时期所常见，纹饰显得略早。獄簋甲、乙造型同獄簋丙，口沿下饰兽面纹，器盖及腹部饰方格乳钉纹；与之相似的器物有传世的它簋盖以及宝鸡茹家庄 M1 出土的弭伯带盖簋和伯簋，年代大约在穆王时[7]；但獄簋的乳钉比较大而平，应比这几件器物略晚。总体看来，獄组器的年代宜定为穆恭之际。

表一　早期册命铭文形式比较

器名	册命地点	右者	史官宣命	职司	赏赐
獄簋（丙）	王格于康大室	獄曰：朕光尹周师右告獄于王			王或赐獄佩戈市、殳亢，曰用事
獄盘、盉	王格于师再父宫	獄曰：朕光尹周师右告獄于王			赐獄戈市、丝亢、金车、金旟，曰：用夙夕事
元年邰咠簋	王格于大室	康公右邰咠			赐哉衣、赤⊖市，曰：用司乃祖考事，作司土
盠方尊	王格于周庙	穆公右盠，立于中廷，北向	王册命尹		赐盠赤市、幽亢、鋚勒，曰：用司六师王行三有司，司土、司马、司工。王命盠曰：辥司六师众八师埶
哉簋	王格于大室	穆公入右哉，立中廷，北向		王曰：哉，令汝作司土，官司藉田，赐汝哉衣、⊖市、鋚旂，楚走马，取徵五锊，用事	
趞簋	王在宗周，戊寅，王格于大庙	密叔右趞即位	内史即命	命汝作夒师冢司马，啻官仆、射、士，讯小大有粦，取徵五锊	赐汝赤市、幽亢、鋚旂
师毛父簋	旦，王格大室。	师毛父即位，井伯右	大史册命		赐赤市
利鼎	王客于殷宫	井伯入右利，立中廷，北向	王呼作命内史册命利曰		赐汝赤⊖市、鋚旂，用事
豆闭簋	王格于师戏大室	井伯入右豆闭	王呼内史册命豆闭	赐汝哉衣、⊖市、鋚旂，用篆乃祖考事，司愛俞邦君司马弓矢	
七年趞曹鼎	王在周般宫，旦，王格大室。	井伯入右趞曹，立中廷，北向			赐趞曹截市、同黄、銮

---

[7] 它簋盖图像见《西周铜器断代》下册，第 658 页。后两器见《宝鸡弓国墓地》，第 290 页，图二〇〇及图版一五九：1、3。

续表一

十六年士山盘[4]	王在周新宫，王格大室，即位	士山入门，立中廷，北向	王呼作册尹册命山曰	
廿年休盘	王在周康宫。旦，王格大室，即位。	益公右走马休，入门，立中廷，北向	王呼作册尹册赐休		玄衣、黹纯、赤市、朱黄、戈琱威、彤沙、厚柲、銮旂
廿四年亲簋	王在周，格大室，即位。	司工逨入右亲，立中廷，北向	王呼作册尹申命亲曰	更乃祖服，作冢司马，汝乃谏讯有舜，取徵十锊	赐汝赤市、幽黄、金车、金勒、旂
廿七年卫簋	王在周，格大室，即位	南伯入右裘卫，入门，立中廷，北向	王呼内史赐卫		载市、朱黄、銮
卅年虎簋盖	王在周新宫，格于大室	密叔入右虎，即位	王呼内史曰：册命虎	更乃祖考，胥师戲，司走马驭人眔五邑走马驭人	赐汝载市、幽黄、玄衣、漶纯、銮旂五日，用事
元年师虎簋	王在杜㞷，格于大室	井伯入右师虎，即位中廷，北向	王呼内史吴曰：册命虎	令汝更乃祖考啻官司左右戲繁荆	赐汝赤舄，用事
救簋盖	王在师司马宫大室，即位	井伯入右救，立中廷，北向	内史尹册赐救	玄衣、黹纯、旂四日，用大备于五邑守	
师㝬父鼎	王格于大室	司马井伯右师㝬父	王呼内史驹册命师㝬父	赐载市、同黄、玄衣、黹纯、戈琱威、旂，用司乃父官友	
十二年走簋	王在周，格大室，即位	司马井伯〔入〕右走	王呼作册尹〔册赐〕走	飘廷〔益〕	赐汝赤□□□旂，用事
师瘨簋盖	王在周师司马宫，格大室，即位	司马井伯亲右师瘨入门，立中廷	王呼内史吴册命师瘨曰	命汝官司邑人师氏	赐汝金勒

　　狱器铭文记录册命礼的形式比较特殊。册命地点只说"王格于某宫（某大室）"，而不像后来的"正例"那样说"王在某地，格大室"。下面以"狱曰"开头，用受命者的口吻来叙述整个册命仪式，这样的文例以前还没有见过。"朕光尹周师右告狱于王"一句的文例也是前所未见，相当于"正例"的"周师入右狱，立中廷，北向"；"右告"为两动词连用，大概是指右者在即位之后向周王报告受命者的情况，这一环节

---

[4]　士山盘的形制接近西周早期，但腹部所饰顾首龙纹则为西周中期所常见，铭文中的"新宫"多　　见于恭懿时期。朱凤瀚先生将其定为恭王时器，其说甚是，参看朱凤瀚《士山盘铭文初释》，　　《中国历史文物》2002年第1期。

在以后的册命铭文中被省略了。近年山西绛县横水墓地 M1 出土的廿三年倗伯禹簋铭文曰："益公蔑倗伯禹曆，右告，令金车、旂。"[8]我们曾论证其年代为恭王 23 年[9]。可见，"右告"这种用法只流行于穆王末年至恭王时，且为数不多，应是早期册命铭文不成熟的一种表现。狱器铭文的另一个特点是没有出现代王宣命的史官，这也是年代较早的特征。

比狱器略晚的有元年郜曶簋。其铭文对册命地点的描述是"王格于大室"，也没有出现史官，这些都与狱器相同；对于册命礼仪则说"康公右郜曶"，与狱器相比更接近"正例"，但仍比"正例"简单。该器形制类似狱簋而更显矮扁，口沿下饰昂首分尾的小鸟纹，圈足饰斜三角云纹，铭文字体有较早的特征[10]。陈梦家先生认为铭文中的右者"康公"就是《国语·周语上》的"密康公"，故将该器定在恭王时[11]，我们同意他的看法。此器纪年应为恭王元年，是目前所见恭王时最早的一件铜器。

年代更晚的是由"穆公"担任右者的一组器物，包括盠方尊、方彝和噩簋。这些铜器铭文对册命地点的描述仍与狱器相同，但对礼仪的描述已经是正式的"某右某，入门，立（于）中廷"。盠方尊、方彝铭文中出现了代王宣命的史官，不过其形式为"王册命尹"，与"正例"仍有区别。其赏赐物品中有"幽亢"，郭沫若先生指出"亢"即是"黄"[12]。金文中称"黄"者占绝大多数，称"亢"者除盠器外，只有宋代著录的焵簋（朱亢）、传世的趞簋（幽亢）、近年出土的宰兽簋（幽亢）和狱组器（縠亢、丝亢）；除宰兽簋为孝夷时器外，其余年代均偏早[13]；可见"亢"这种用法流行于册命铭文形成之初，后来被"黄"取代。右者穆公自作的铜器有穆公簋盖，李学勤先生

---

[8]　参看山西省考古研究所等《山西绛县横水西周墓发掘简报》，《文物》2006 年第 8 期。

[9]　参见拙作《关于绛县倗伯夫妇墓的几个问题》，山西省考古研究所侯马工作站建站 50 周年会议论文。

[10]　器形、铭文参见《西周铜器断代》下册，第 720 页。

[11]　陈梦家《西周铜器断代》，第 175 页。

[12]　郭沫若《释亢黄》，《郭沫若全集·考古编》第五卷《金文丛考》，第 511～520 页，科学出版社，2002 年。

[13]　焵簋铭文曰："王呼虢仲入右焵"，前人多根据"虢仲"将其定为厉王时器。器形最早著录于《续考古图》卷三，据其形制、纹饰应为中期晚段之器。铭文中没有出现史官，"王呼某某入右"的格式也与正例不同，因此我们认为其年代应在较早的恭王时。趞簋的年代，过去多定为穆王，我们认为偏早。该器现藏于东京书道博物馆，器形见林巳奈夫《殷周青铜器综览一（图版）》，第 116 页，簋 294，吉川弘文馆，昭和 59 年（1984 年）。器形与郜曶簋近似而更显矮扁，腹部外鼓甚，口沿下饰顾首龙纹，龙身下有足；字体较草率，行款不整齐，与穆王时期差距较大。我们认为其年代应在恭王偏早阶段。彭裕商先生将其定为夷王时器（《西周青铜器年代综合研究》，第 375 页，巴蜀书社，2003 年），我们觉得失之偏晚。

定为穆王晚期器[14]。我们过去认为，穆公担任右者的铜器年代应在恭王时[15]。现在看来，这些器物应晚于狱器，而早于其他恭王时的册命类铜器，最有可能是在恭王早期。

另外，与上述诸器大约同时的，有现藏于私人手中的智簋[16]。其铭文曰："唯四月初吉丙午，王令智，赐载市、冋黄、□旂（?）。曰：用事，司奠驭（?）马。叔□父加（嘉）智曆，用赤金一钧。……"这应该是一篇册命铭文，但并没有出现册命地点、右者和史官，形式可谓很不"规范"。而且，在周王宣命之后，还出现了叔□父对智的"嘉曆"和赏赐，这在册命铭文中是前所未见的；我们怀疑，"叔□父"可能就是这次册命中的右者。该器造型、纹饰与趞簋最为接近，器身较为矮扁，口沿下饰身体折成"W"形的顾首龙纹，龙脑后有长而圈曲的"冠"，身下有小足。赏赐物品中的"载市、冋黄"，与七年趞曹鼎、师奎父鼎相同，后两者均为恭懿时器。张光裕先生认为智簋年代介于穆、恭之间，我们觉得还可进一步定在恭王时。这件铜器是早期册命铭文中一个比较特殊的例子。

在此之后，册命铭文形成了比较固定的格式。但在恭王至懿王初期，仍有许多不符合"正例"的现象。比如对册命地点的描述虽然已多是"王在某地，格大室"，但师毛父簋、豆闭簋、利鼎、师奎父鼎等器却仍是"王格于大室（某宫）"。对史官宣命的描述虽然多是"王呼内史某（作册尹）册命（赐）某"，但师毛父簋只说"大史册命"，趞簋说"内史即命"，救簋盖说"内史尹册赐救"，不言"王呼"[17]。可见，这一时期的册命铭文仍处在走向成熟的过程中。

由简单到复杂，由幼稚到成熟，由多变到固定，这是事物发展的普遍规律。西周册命铭文从萌芽到完全程式化，也经历了相当长的时间，绝非朝夕之间可以成就。这段时间大约相当于穆王末年到懿王初年[18]。親簋铭文的成熟程度，说明它在册命铭文发展的链条中不可能处于最开始的环节。若将其年代定在穆王 24 年，则下距恭王还有 30 年（取穆王在位 55 年说），而在親簋之后还出现了很多远远不够成熟的册命铭文，这显然不符合事物演变的一般规律。由此看来，親簋的年代不太可能早到穆王时。

---

[14] 李学勤《穆公簋盖在青铜器分期上的意义》，《新出青铜器研究》，第 68~72 页，文物出版社，1990 年。

[15] 参见拙作《眉县盠器群的族姓、年代及相关问题》，《考古与文物》2007 年第 4 期。

[16] 参看张光裕《新见智簋铭文对金文研究的意义》，《文物》2000 年第 6 期。智簋器形见该期封面。

[17] 此外，士山盘铭文中没有出现右者，大概是因为士山的使命比较特殊，不同于一般的册命仪式。

[18] 张懋镕先生也曾指出，册命金文大概在恭王末年开始程式化，参见《古文字与青铜器论集》，第 57 页，科学出版社，2002 年。

二、親簋应为恭王时器

我们认为親簋年代早不到穆王，还有其他一些根据。

親簋铭文的"谏讯有粦，取徵十锊"相当于趩簋的"讯小大有粦，取徵五锊"，是说受命者有司法裁判权，并可从罚款中征收一定数目作为自己的收入[19]。从现有材料看来，穆王时期还没有出现类似的说法。親簋的"十锊"比趩簋、裁簋的"五锊"级别更高，其年代不应早于后两器。赏赐物品中有"幽黄"，不称"亢"而称"黄"，说明其年代应晚于盠方尊、趩簋等器。"敬夙夕勿废朕令"这样的勉励语，在穆王时期的金文中也是见不到的。铭文字体结构疏朗，行款整齐，字间距小，接近恭懿时期的流行风格，而与穆王时常见的小巧谨饬、字间距较大的作风明显有别。因此，无论从铭文内容还是字体看来，親簋的年代都不会早到穆王时期。

目前，几位先生将親簋定为穆王时器，主要根据是其形制和纹饰。親簋的主体是西周早中期常见的敞口鼓腹圈足簋，特别之处在于圈足之下加了一个镂空"底座"。双耳作立鸟形，颈部饰顾首长尾的小鸟纹，腹部饰两两相对的大鸟纹，头顶有弯曲向前的硕大垂冠。这种大鸟纹，以往多认为是昭穆时期的流行纹饰。与親簋最为相似的器物是扶风庄白墓葬出土的或簋，其次是长安花园村 M17 出土的 簋（唯后者乃方座簋，且腹部大鸟纹为顾首卷喙形）[20]。前者公认为穆王时器，后者一般认为属昭王时。细审親簋腹部纹饰，与前两器以及昭穆时期一些同类的大鸟纹（如丰尊）相比，仍有明显区别。鸟纹的构图被横向拉长，不够紧凑、简练；形象不够饱满有力，立体感较弱；尾羽有一部分已与鸟身分离，与或簋和丰尊不同。双耳的立鸟形象与前两器以及其他同类器物相比[21]，也有很大差别：鸟的钩喙极尖，不像其他器物那样粗壮有力；头顶的羽冠不是饱满的钩形或水滴形，而是瘦小的锥状爵柱形；脑后的飘翎、对鸟眼以及羽毛的刻划都很简略，仅能看出翅膀的轮廓。考古类型学告诉我们，当某种器形或纹饰走向粗糙和简化的时候，一般也就接近其发展的尾声了。因此，親簋的大鸟纹和立

---

[19] "取徵"一词，陈梦家认为是征取罚款之意（《西周铜器断代》，第193页），陈汉平则认为是俸禄（《西周册命制度研究》，第261页）。按："取徵"往往与"讯讼"相连，故"罚款"之说似更有道理；但西周金文中出现罚款的例子都远远超过"取徵×锊"的数目，因此"取徵×锊"并不是指罚款的总额；我们认为"取徵"作为周王赋予贵族的一项特权，应该是允许贵族从司法审判中获取一定收益，因此有上述推断。

[20] 前者图像见王世民、陈公柔、张长寿《西周青铜器分期断代研究》（文物出版社，1999年），第62页，簋13；后者见该书第73页，簋43。

[21] 参见容庚《商周彝器通考》下册，图二七二、二七三、二七八，哈佛燕京学社，1941年。

鸟形耳在该类型的演变序列中应属于较晚的形态。

在传世铜器中，也能见到恭王以后大鸟纹的例子。比如师汤父鼎（《集成》5：2780）的腹部就饰有两两相对的大鸟纹，顾首卷喙，脑后有长翎，形象比親簋更饱满有力[22]。该器下腹倾垂特甚，三足呈发达的兽蹄形，与穆王时期的风格明显不同；铭文中有"周新宫"、"射庐"，又见于十五年趞曹鼎，学者多将其年代定为恭王前后[23]。又如宋代著录的师獣簋（《集成》8：4311）[24]，铭文中出现"伯龢父"，过去学者多与"共伯和"相联系，定其为共和前后器。该器形制与周厉王獣簋类似，双耳亦作立鸟形，颈部饰S形凸目窃曲纹；腹部的大鸟纹与親簋相似，但布局为两只前后相随的大鸟成一组，两组对称分布，和中期两两相对的布局不同；圈足饰波带纹，方座中央亦饰大鸟纹。从总体风格看来，其年代应属西周晚期。在考古学上，器形和纹饰的演变不可能是"一刀切"，总会有很多复杂的现象。親簋和师汤父鼎是较早的风格在晚期的延续，可称为"滞后"现象；师獣簋则是晚期器物对早期风格的模仿，可称为"复古"现象。这些现象虽然只有少数例子，但其对铜器断代的影响却不容忽视。

親簋圈足下附加的"底座"极为罕见，目前所见类似的器物只有平顶山应国墓地M242出土的柞伯簋[25]。柞伯簋的"底座"连接在簋底部，是一个素面的圈足；其年代在康昭时期，比親簋要早。親簋的"底座"是连接在簋的圈足外侧，像一个镂空的支架，其纹饰属于西周中期偏晚开始流行的波带纹。镂空波带纹的圈足主要见于"铺"这种器物上，流行于西周晚期至春秋早期。年代更早的例子还有平顶山M84出土的应侯再盨和传世的伯鲜盨[26]。前者的年代，发掘者定于恭王时，后者陈梦家先生定为孝王时[27]。从"底座"的风格看来，親簋的年代应该也不会太早。

因此我们认为，親簋不太可能早到穆王24年，将其定为恭王24年器应该是比较合适的。由此亦可知恭王在位年数至少有24年。

三、相关铜器的年代与恭王在位年数

几位先生将親簋年代定为穆王24年，重要原因之一是其铭文的"四要素"合于

---

[22] 参见《西周青铜器分期断代研究》，第35页，鼎53。

[23] 十五年趞曹鼎铭文中出现"恭王"，其记录的事件应发生在恭王十五年，作器年代应在懿王初年。

[24] 《博古图》卷十六，原名"周毁敦"。

[25] 参看王龙正等《新发现的柞伯簋及其铭文考释》，《文物》1998年第9期。

[26] 前者器形见《文物》1998年第9期封面；后者见《西周青铜器分期断代研究》，第102页，盨1。

[27] 参看《文物》1998年第9期，第16页；陈梦家《西周铜器断代》，第245页。

"夏商周断代工程"排出的《西周金文历谱》。而且"断代工程"推定恭王在位年数为23年，懿孝夷三代共22年[28]；亲簋的24年已经超过了恭王年限，更非懿孝夷三代所能容纳，只能置于穆王。然而，近年彭裕商先生指出，目前我们对西周历法的认识仍然非常有限，各家所排历谱都有不可靠之处，因此不能将历法作为铜器断代的主要手段，而应首先参考器形纹饰、铭文内容、字体、词汇等因素[29]。我们觉得彭先生的意见是很有道理的[30]。

以往各家对西周诸王年数的推断，很大程度上受制于他们对金文历谱的认识，往往莫衷一是。关于恭王在位年数，多数学者认为不超过20年，"断代工程"定为23年。因此，凡西周中期纪年超过23年的铜器，多被置于穆王时，比如廿七年卫簋和三十年虎簋盖[31]。近年彭裕商先生提出不同意见，认为这些铜器不可能早到穆王；但是他坚持恭王不超过20年的看法，于是将虎簋盖和卫簋定为夷王时器，然后通过系联，把一大批原先多定为恭懿时期的铜器拉到了夷厉时期[32]。我们觉得，无论是以"断代工程"为代表的意见，还是彭先生的做法，都有明显的缺陷。

根据我们对早期册命铭文演变规律的认识，卫簋和虎簋盖的铭文已属于比较成熟的形态，其年代应与亲簋接近。如果将它们定在穆王时，就会产生这样一个矛盾：册命铭文在穆王中期已经相当成熟，而到恭王早期却"倒退"回比较幼稚的形态。同时，还会把一批相关铜器的年代提前。比如李学勤先生在前引文中列了一个简表，除亲簋、卫簋、虎簋盖外，利鼎、豆闭簋和长由盉都被定为穆王时器。但是仔细分析起来，这些铜器的年代都不会早到穆王。

卫簋是敞口带盖的圈足簋，穆恭时期都能见到，但其盖缘和颈部的窃曲纹在穆王时期却不常见，属于较晚的特征。虎簋盖所饰的直棱纹，在恭王以前的铜器上只作为辅助纹饰，而在孝夷时期的太师虘簋、癲簋等器物上已经上升为主体纹饰；彭裕商先生将其定在夷王，这是很重要的理由。值得注意的是，在恭懿时期的佣生簋上，直棱

[28]　参见《夏商周断代工程1996—2000年阶段成果报告（简本）》，第36页，世界图书出版公司，2000年。

[29]　彭裕商《西周青铜器年代综合研究》，第13~23页，巴蜀书社，2003年。

[30]　其实陈梦家先生早就表达过类似的看法，参看《西周年代考》，第5页，商务印书馆，1955年。

[31]　目前所见只有刘雨先生将此二器定在恭王时，并认为恭王在位30年，但他并未具体阐述理由。参看刘雨《金文饔祭的断代意义》，《西周诸王年代研究》，第358~366页，贵州人民出版社，1998年。

[32]　参看彭裕商《西周青铜器年代综合研究》中的相关章节。

纹已经占据显著位置，因此虎簋盖也完全可能早到恭王时[33]。利鼎铭文中的"般宫"又见于七年趩曹鼎，故以往多定为恭王时器；但其形制为锅形深腹蹄足鼎，口沿下饰两周弦纹，与厉王时的大鼎（《集成》5:2807）、多友鼎等属同一类型，因此彭裕商先生将其改定于夷王[34]。该器与厉王时同类器相比，腹更深，蹄足不发达，我们觉得仍应属恭懿时器，但不太可能早到穆王时。豆闭簋过去多定为恭懿时器，为敛口环耳圈足簋，通体饰瓦纹；这种簋流行于西周中期晚段，目前还没有发现恭王以前的例子[35]。长由盉铭文中出现"穆王"，过去学者受"时王生称说"影响，多将其看作穆王标准器；近年来很多学者倾向于认为"穆王"属谥号，作器年代应在恭王初年[36]。这些铜器的铭文字体均接近恭懿时期的风格，与穆王时期差距较大。

　　按照彭裕商先生的做法，虽然避免了前面的矛盾，但不免会产生另外一些问题。他将原定为恭懿时期的很多铜器向下拉到夷厉时期，导致恭懿孝这一段出现明显的"空白"。这样一来，从西周中期向晚期的演变过程就显得模糊不清。很多昭穆时期的典型风格一直延续到夷厉时，然后被晚期的典型风格迅速取代，中间毫无过渡，这显

---

[33] 张光裕先生近年曾介绍藏于台湾的另一件虎簋盖，这件簋盖配有器身，盖、器大小吻合，锈色、花纹也完全一致；但器身是由名叫"老"的人所作，铭文曰："唯五月初吉，王在莽京，渔于大泽。王蔑老历，赐鱼百。老拜稽首皇扬王休，用作祖日乙尊彝，其万年用夙夜于宗。"（《虎簋甲、乙盖铭合校小记》，《古文字研究》第二十四辑，中华书局，2002年）李学勤先生曾引用张先生提供的资料，指出老簋的年代与虎簋盖大致相同。他认为，老簋是束颈、附耳、下附方座的直棱纹簋，与晋侯墓地M64出土的鬲休簋相似，铭文的内容、风格和字体都不会迟到恭王以下，由此可证明虎簋盖的年代在穆王时（《论虎簋盖二题》，《华学》第四辑，紫禁城出版社，2000年）。按：金文中记载"王在莽京"的，的确多为昭穆时器，但也有较晚的，如史懋壶（懿王）。铭文记载周王、大臣捕鱼及赐臣下以鱼的，也确以穆王时为多，但有些铜器可晚到穆恭之际，如遹簋和公姞鬲。因此我们认为老簋的年代可能在穆恭之际，这对彭裕商先生之说是有力的反证；而一种器形往往会延续相当长的时间，虎簋盖的年代晚到恭王末年也是完全可能的。

[34] 参见彭裕商《西周青铜器年代综合研究》，第378页。利鼎器形见《西周铜器断代》下册，第700页。

[35] 传世器通簋与这类铜簋接近，唯圈足下接三柱状小足。该器铭文中出现"穆王"，以往学者多根据"时王生称说"定为穆王时器，近年来很多学者指出"穆王"应为谥号，该器年代应在恭王初年。

[36] 李学勤先生早年亦曾采取"谥号说"，将长由盉定为恭王初年器（参看《论长安花园村两墓青铜器》，《文物》1986年第1期，第35页）。他还认为廿七年卫簋是恭王末年器，卫盉和两件卫鼎是懿王时器（《试论董家村青铜器群》，《新出青铜器研究》，第98页）。我们非常赞同李先生的这些看法，但近年来他似已放弃旧说，改取"时王生称说"。

然不符合器物演变的一般规律[37]。而另一些很早就出现的器形和纹饰又被拉得太晚。例如豆闭簋一类的敛口圈足全瓦纹簋（书中定为 Ec 甲 II 式）都被定在夷厉时期，但通体饰瓦纹的簋早在昭穆时期已经出现，两者之间的"空白"就难以解释。近年山西绛县横水墓地 M2 出土的一件簋（M2∶62）与豆闭簋等器非常相似，仅圈足下接三小足不同，而该墓随葬铜器大多应属恭王时，这就对彭先生的看法提出了反证。

就铭文内容而言，彭先生的断代体系也有难以解释的地方。例如由"司马共"担任右者的一组铜器（包括师晨鼎、师俞簋盖、谏簋等器），册命地点都在"周师录宫"，以往学者多定于孝夷时。陈梦家先生指出，"周师录"就是师瘨簋盖的"司马井伯亲"，"周师录宫"就是以前的"周师司马宫"，"司马共"应是井伯亲的下一代[38]。现在，親簋铭文已经完全证实了陈先生的推测。井伯家族世袭"冢司马"之职，井伯亲于恭王后期袭职，可能一直主政至懿王时；司马共应是井伯亲的继承人，主要活动于孝夷时期，此时井伯亲已经去世。彭裕商先生将井伯亲担任右者的师瘨簋盖定为厉王时器，而将"司马共"组器定在夷王时，就难以解释得通。

因此，无论是将親簋、卫簋、虎簋盖等高纪年铜器提早到穆王时，还是拉晚到夷王时，都会带来难以调和的矛盾。我们认为，要解决这一问题，只能打破传统的成见，承认恭王在位时间至少有 30 年，将親簋等器改定在恭王时。

众所周知，先秦两汉文献中并无恭王在位年数的确切记载。最早的记载见于西晋皇甫谧《帝王世纪》：一种为《太平御览》卷八十五所引，云"（恭）王在位二十年崩"[39]；另一种为《通志》卷三下所引，云"（恭王）在位二十五年，年八十四"[40]。而皇甫谧自己也承认："周自恭王至夷王四世，年纪不明。"（《太平御览》卷八十五引）因此，关于恭王在位年数，文献中并无坚实证据，主要还须依靠金文的证明。值得注意的是，《国语·鲁语下》记载了春秋晚期鲁国大夫闵马父的一段话，其中提到"周恭王能庇昭、穆之阙而为'恭'"。韦昭注曰："昭王南征而不反，穆王欲肆其心，皆有阙失。言恭王能庇覆之，故为'恭'也。"[41]恭王能弥补昭、穆二代的过失，而得到"恭"的美谥，这个评价比起以后的懿、孝、夷、厉诸王来，还是相当正面的。由此可见恭王是一位英明有为的君主，其在位时间应该不会太短。

---

[37]　考古学上也会有"突变"现象，但多数发生在特殊情况下。在西周中晚期之际，考古学文化的其他方面（如陶器）看不出"突变"的迹象，青铜器不会脱离文化的整体而独自发生"突变"。

[38]　参看陈梦家《西周铜器断代》，第 164 页。

[39]　《太平御览》第一册，第 402 页，中华书局，1960 年。

[40]　郑樵《通志》第一册，第 51 页，中华书局，1987 年。

[41]　《国语》，第 216～217 页，上海古籍出版社，1988 年。

将恭王年数定在 30 年以上，还须解决穆、恭两代积年过长的问题。《史记》和《帝王世纪》等文献记载穆王在位 55 年，"断代工程"也继承了这个说法。但是此说曾受到很多学者的质疑。一般说来，前一代君主在位时间很长的，其后一代就不会太长。如果采取穆王在位 55 年之说，恭王年数达到 30 年以上就不好解释。由鲜簋铭文可知，穆王在位至少 34 年。因此我们认为，穆王年数以定在 40 年左右比较合适，这样恭王在位 30 年以上也是完全合理的。

四、亲簋与井氏家族世系

我们在表一中列举了目前所见由"井伯"担任右者的所有铜器，它们的年代大约从恭王延续到懿王时期。由亲簋铭文可知，井伯亲在恭王 24 年被册命为"冢司马"，也就是周王朝掌管军政事务的最高长官；同时还赋予他"谏讯有狱，取徵十锊"的特权，其级别在当时应该也是最高的[42]。铭文说"册申命"，说明井伯亲已不是初次受命，他继任"井伯"之位应该在此之前。因此，恭王时担任右者的"井伯"可能都是井伯亲。而师瘨簋盖、师至父鼎、走簋等器的右者称"司马井伯"，救簋盖的册命地点在"师司马宫"，也就是师瘨簋盖的"周师司马宫"，即司马井伯亲之宫。这些铜器的年代均应在井伯亲担任冢司马之后，其中有些应已进入懿王纪年，如走簋的"十二年"应该就是懿王十二年[43]。需要指出的是，即使在井伯亲担任冢司马之后，有些铜器也仅称其为"井伯"（如元年师虎簋、救簋盖），而省去其官职"司马"。因此，有一部分仅称"井伯"的铜器也可能是在恭王 24 年之后。另外，"井伯"还出现在永盂和五祀卫鼎铭文中，前者多认为是恭王十二年器，后者我们认为是懿王五年器。那么，活动于恭懿时期的"井伯"应该都是井伯亲。

亲簋铭末称"作朕文祖幽伯宝簋"，前面的"命辞"也说"更乃祖服，作冢司马"。一般册命金文都说"更乃祖考司某事"，说明在周代贵族世官制度下，一个职位往往由同一家族代代相承。此处的"更乃祖服"极为罕见，说明井伯亲冢司马的职位是直接继承自其祖父，因此他才特意为"文祖幽伯"做了这件祭器。李学勤先生推测可能是因为亲的父亲早卒，他才直接承袭了祖父的世职。我们觉得还有另外一种可能性：亲的父亲虽然继承了井伯家族宗子之位，但是没有升到"冢司马"的职位就去

---

[42] 西周金文中的"取徵×锊"，目前所见有五、十、二十、三十 4 个级别，以"五锊"最为多见。恭王时的趞簋、裁簋都只有"五锊"，直到宣王时期的番生簋和毛公鼎才有"廿锊"、"卅锊"，可见亲簋的"十锊"在当时已是最高级别。

[43] 由此可知懿王在位至少有 12 年。而宰兽簋（六年）、谏簋（五年）、大师虘簋（十二年）等器通常被定为孝夷时器，那么"断代工程"所定懿孝夷三代共 22 年的推论就难以成立。

世了。

西周时期的贵族一生中往往要接受多次册命，官职和命服一次比一次高。比如虎簋盖属于初次册命，命辞中说："龏（载）乃祖考事先王，司虎臣，今命汝曰：更乃祖考，疋（胥）师戲，司走马驭人眔五邑走马驭人。"师虎簋属于再命，命辞说："载先王既令乃祖考事，啻官司左右戲繁荆；今余唯帅型先王令，令汝更乃祖考啻官司左右戲繁荆。"可见师虎初次受命是接受其祖考"师氏"的世职，管理"走马驭人"，再次受命时他又接受了祖考管理"左右戲繁荆"的职务。这说明西周世官制度并不是将祖先的职位"一次性"授予子孙，而是随着其年龄和阅历的增长逐渐授予；也就是说，同一家族的每一代人往往是沿着相同的"迁转"路线依次获得其祖先担任过的职位。这样，有些过早去世的贵族可能无法获得其祖先担任的最高职位，但这并不妨碍其后代继承这一职位。"冢司马"是井伯家族世袭的最高职位，亲的父亲可能去世较早，还没有来得及升到"冢司马"；于是在亲获得这一职位时，命辞就只提及其"祖"而不及其"考"。井伯亲的"文祖幽伯"应该活动于穆王时，我们认为他就是长由盉铭文中的"井伯"，很可能也就是《穆天子传》中的"井利"。长由盉记录的史事已接近穆王末年，因此亲的父亲继任井氏宗子的时间应是在恭王前期。

恭王前期金文中最活跃的人物是"穆公"，我们推测他就是井伯亲之父，这可以得到厉王时著名铜器禹鼎的证明。禹鼎记录了王朝重臣"武公"命禹率其私属讨伐鄂候驭方的史事，铭文曰："不显桓桓皇祖穆公，克夹召先王，奠四方。肆武公亦弗遐忘朕圣祖考幽大叔、懿叔，命禹厹（纂）朕祖考，政于井邦。"[44]禹的祖辈"幽大叔"、父辈"懿叔"都曾管理"井邦"的政务，为武公的家族服务，而禹的"皇祖穆公"则是供职于王朝的大臣。陈梦家先生指出，禹的祖考就是西周中期晚段金文中常见的"井叔"，禹本人也是一代"井叔"；禹的"皇祖穆公"可能是穆恭时期的井伯，穆公之后井氏才分为伯氏、叔氏两支[45]。陈先生的推测极具卓识，并且得到了考古发现的证明。上世纪80年代在长安张家坡墓地发掘了一组大型墓葬，出土铜器铭文表明这是井叔家族的墓地。其中M163出土的井叔叔来钟铭文称"文祖穆公"，朱凤瀚先生指出这

---

[44]　此外，禹自作的铜器有叔向父禹簋。"叔向父"还出现于多友鼎铭文中，在武公赏赐其家臣多友的仪式上担任相礼之人。

[45]　《西周铜器断代》，第270～272页。按：徐中舒先生在《禹鼎的年代及其相关问题》一文中也提出，穆公与穆、恭时期的井伯可能是一人，穆公即井穆公，可能是井伯晚年的尊称（参见《徐中舒历史论文选辑》下册，第999～1000页，中华书局，1998年）。徐文发表于《考古学报》1959年第3期，陈梦家在《禹鼎后记》中提到此文作于1951年，1957年付排未印，因此陈说的提出应在徐文之前。

位"穆公"和禹鼎的"皇祖穆公"很可能是同一人[46]。我们认为禹的"皇祖穆公"很可能就是活跃于恭王前期的那位"穆公"，他应该是穆王时井伯（幽伯）之子，井伯觌之父。他在穆恭之际继承井氏宗子之位，其后可能得周天子册命为"公"，故不称"井伯"而称"穆公"，其后代亦以"穆公"称之。但是他没有来得及担任冢司马的世职就去世了。其长子觌继任为"井伯"，而次子井叔则分立为"井叔氏"，也就是所谓"侧室"、"贰宗"。井叔家族改封于丰邑范围内，因此也称"丰井氏"，张家坡墓地就是其族葬之处[47]。

　　陈梦家先生认为师癞簋盖的"周师司马宫"即司马井伯觌之宫，说明井伯兼任"周师"之职；其后"司马共"组器的册命地点在"周师彔宫"，即"周师司马宫"的异称；"周师彔"就是井伯觌，司马共乃井伯觌的下一代[48]。其说甚是。目前所见由司马共担任右者的铜器有师晨鼎、师俞簋盖、谏簋和癞盨，册命地点都在"周师彔宫"。另外，宰兽簋的册命地点也在"周师彔宫"，右者为"司土荣伯"。狱簋（丙）、盘、盉以及守宫盘、免簋等器的铭文中都出现过"周师"，根据铭文内容，"周师"应该是器主的上司。狱组器的年代在穆恭之际，守宫盘和免簋多被定为懿王时器，因此这些铭文中的"周师"可能并非一人。孝夷时期的大师虘簋铭文中有"周师量宫"，与"周师彔宫"同例，说明"周师量"此时已去世，那么他应该是与"周师彔"（井伯觌）同时或更早的另一位"周师"。我们大胆推测：穆公（井伯觌之父）就是"周师量"，也就是狱组器的"周师"；狱盘、盉的"师禹父"可能是周师量之字，"师禹父宫"或即后来的"周师量宫"。"周师"是井伯家族世袭的另一个职位，或即"周地之师氏"，比冢司马的级别要低。井伯觌在被册命为冢司马之前也曾担任过"周师"，后来仍兼任此职；在某些场合他仍被称为"周师"，死后也被称为"周师彔"。这或许是因为井伯家族担任"周师"的传统更为久远。

　　由禹鼎等器看来，武公应该是厉王时井氏大宗的宗子。从时代上看，他可能是孝夷时期的司马共之子，也就是井伯觌之孙。舀壶盖（《集成》15∶9728）铭文中的右者"井公"应该也是这位武公。"武公"这个称谓与"穆公"类似，说明他也曾被册命为"公"，地位很高。在武公当政期间，井氏家族的势力达到极盛，其私属武装甚至强于王朝的军队"六师"、"八师"，隐隐有凌驾于周天子之上的势头。后来，周厉王的集权

〔46〕　《商周家族形态研究》（增订本），第 351 页。

〔47〕　关于井叔家族墓地及其世系，本文限于篇幅，不能详论，可参看朱凤瀚《商周家族形态研究》
　　　　（增订本），第 640～649 页，天津古籍出版社，2004 年。

〔48〕　陈梦家《西周铜器断代》，第 164 页。

措施激化了王权与井氏等大世族的矛盾，这可能是造成"国人暴动"的主要原因[49]。值得注意的是，在宣王时期的金文中，井氏族人不再担任册命仪式的右者，说明这个家族的政治地位已经一落千丈。宣王时与井氏有关的铜器屈指可数，东周时期的文献中更是找不到这个家族的任何线索。我们推测，井氏家族在"国人暴动"及其后的激烈斗争中，可能遭到了沉重打击，从此一蹶不振，到西周末年或已灭亡。再加上其政敌的有意抹杀，有关井氏的史料在春秋时期就已经极少流传。今天我们只有从地下出土的铜器铭文中，才能知道西周史上曾经存在过这样一个显赫世族。

总结上文，我们试将穆王以后井氏家族的世系整理为表二。

表二　井氏家族世系简表

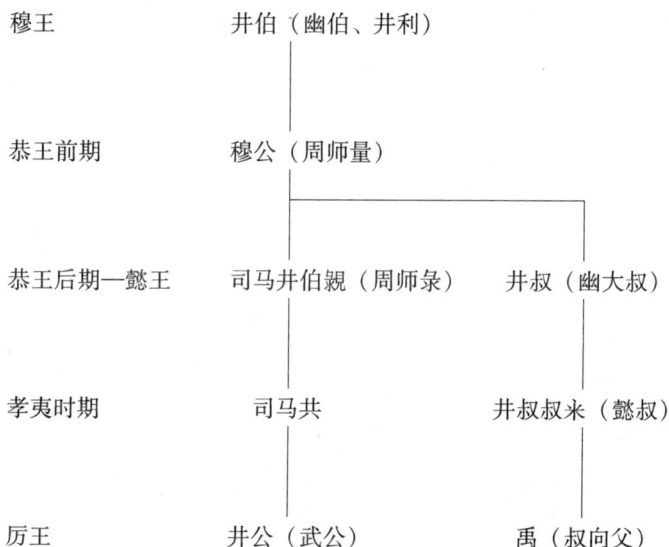

穆王	井伯（幽伯、井利）	
恭王前期	穆公（周师量）	
恭王后期—懿王	司马井伯亲（周师录）	井叔（幽大叔）
孝夷时期	司马共	井叔叔籴（懿叔）
厉王	井公（武公）	禹（叔向父）

表二只列出了井伯氏和井叔氏两个分支的世系，其中含有不少推测成分，还有待更多新材料的检验。此外，井氏家族大约在夷厉之际还分出另一个支系——郑井氏，其族长称"郑井叔"[50]。限于篇幅，本文不再详论。

最后还需提及一点，王冠英先生前引文透露，亲簋相传清末或民初出土于陕西宝鸡，这是探索井伯氏家族封地的一个重要线索。散氏盘（《集成》16:10176）铭文叙述矢、散两家划分疆界时，曾专门提到"井邑"。该器传出凤翔，王国维先生认为散之地望在今大散关附近，"又据此盘所纪地理观之，则矢在散东，井在矢、散二国间而少居

---

[49] 《史记·十二诸侯年表序》云："太史公读《春秋历谱谍》，至周厉王，未尝不废书而叹也。……及至厉王，以恶闻其过，公卿惧诛而祸作，厉王遂奔于彘，乱自京师始，而共和行政焉。"这段史料出自《春秋历谱谍》，应是早已失传的先秦古书，可信度较高。"公卿惧诛而祸作"，说明"国人暴动"的起因是上层贵族与厉王的矛盾，井氏等大世族应是反对厉王的主力。

[50] 代表器物有郑井叔钟、郑井叔康盨、康鼎、郑井叔䢼父鬲等。

其北。"[51]杨宽先生认为"井邑"（他称为"邢邑"）当在宝鸡附近[52]。亲簋的出土地点提示我们，井伯氏的封地很可能在今宝鸡一带，这应该引起考古工作者的重视。

附记：本文交稿之后获读张闻玉《亲簋及穆王年代》、叶正渤《亦谈亲簋铭文的历日和所属年代》两篇论文（皆载《中国历史文物》2007年第4期），二文均从历法角度论证亲簋的年代为穆王二十四年，其出发点和研究方法均与本文差异较大，结论也自然不同。笔者对目前金文历法研究的意见已见正文，在此不复赘言。

本文为教育部人文社会科学重点研究基地北京大学中国古代史研究中心重大项目（07JJD770091）"西周重要青铜器铭文综合研究"阶段性研究成果之一。

---

[51]　王国维《散氏盘跋》，《观堂集林》第三册，第886~888页，中华书局，1999年。
[52]　参看《杨宽古史论文选集》，第177页，上海人民出版社，2003年。

周原遗址商时期考古学文化分期研究

雷兴山[*]

The paper, mainly based on the stratigraphic and typological researches on the abundant data from the 2001 excavation at the Zhouyuan 周原 site, divides the Shang to Zhou assemblage at the site into two phases consisting of six sub-phases. An estimation of the dates of the phases and sub-phases establishes a finer chronological framework for the site. The identification of the sub-phase of the initial Western Zhou period based on the data from the 2002 season excavation at the Qijiabei 齐家北 of the Zhouyuan site, can just fill in the time-gap in the previous chronological framework.

一、前　　言

以往对周原遗址商时期考古学文化分期的研究，与遗址发掘情况及先周文化探索进程密切相关，大致可分为三个阶段。

第一阶段，20 世纪 60 年代至 80 年代初期。在这一阶段，周原遗址商时期遗存的发掘资料尚处在初步积累阶段[1]。虽然 1976 年开始的大规模发掘中，发现了不少商时期的考古学文化遗存，但仅有贺家墓地的资料发表较多[2]，相关资料多未刊布。20 世纪 70 年代末先周文化探索这一课题才被明确提出，先周文化的分期问题研究刚刚开始[3]，故周原遗址商时期的陶器仅被初步辨识出来，系统的分期研究尚未进行。

第二阶段，1984～1995 年。这 10 年间周原遗址的考古发掘工作几乎处于停顿状

---

[*] 作者系北京大学中国考古学研究中心专职研究员，北京大学考古文博学院副教授。

[1] 发表的资料主要有：陕西省博物馆等《陕西岐山礼村附近周遗址的调查和试掘》，《文物资料丛刊》(2)；陕西省博物馆《陕西岐山贺家村西周墓葬》，《考古》1976 年第 1 期。

[2] 陕西省考古研究所《岐山贺家村周墓发掘简报》，《考古与文物》1980 年第 1 期；陕西周原考古队《陕西岐山贺家村周墓发掘报告》，《文物资料丛刊》(8)，文物出版社，1983 年。

[3] 以徐锡台《早周文化的特点及其渊源的探索》(《文物》1979 年第 10 期) 和邹衡《论先周文化》(《夏商周考古学论文集》，文物出版社，1980 年) 两文为代表。

态，最重要的发现仅为刘家墓地的发掘[4]。关于该墓地分期与性质的讨论，几乎成为当时先周文化探索中不可回避的热点问题，但有关意见分歧甚大[5]。另外，对贺家墓地的分期研究也有了新的进展[6]。而这一时期，周原遗址周临地区商时期考古学遗存的重要发现较多[7]，有关分期研究已较深入，这些成果对周原遗址商时期考古学文化分期研究有着较大的促进作用[8]。但总体而言，该阶段周原遗址商时期考古学文化分期研究，仅限于以刘家墓地和贺家墓地为主要对象，系统的分期研究工作因资料的缺乏而未进行。

　　第三阶段，自 1996 年开始至今，是周原遗址商时期考古学文化遗存大量发现的阶段，相关系统分期研究亦正式开始。

　　1996～1997 年，为配合"夏商周断代工程"，陕西省考古研究所等单位对周原遗址王家嘴地点进行了发掘，获得了大量商时期考古学文化遗存[9]。发掘者王占奎、孙秉君将王家嘴居址与墓葬材料分为三期 6 段。这是依据层位关系对周原遗址商时期考古学文化遗存进行的第一次系统分期。但该研究并未进行细致的器物谱系分析，所分第三期第 5、6 段皆用墓葬材料作代表，尚未论及周原遗址晚商时期最晚段的遗存。

　　张天恩随后于 1998 年将周原遗址商代陶器分为四期 6 段，将商代铜器分为四期[10]。这是对周原遗址商时期考古学文化遗存更加细致、更加全面的系统分期研究，所得结论基本正确。但由于受发掘资料所限，该研究所用材料多为墓葬发掘材料，居

[4]　陕西周原考古队《陕西刘家姜戎墓地发掘简报》，《文物》1984 年第 7 期。

[5]　主要观点以原发掘报告及卢连成《扶风刘家先周墓地剖析》（《考古与文物》1985 年第 2 期）为代表。有关观点可参看雷兴山《先周文化探索历程》，《考古学研究》（五），科学出版社，2003 年。

[6]　代表作如徐锡台《周原贺家村周墓分期断代研究》（1993 年西安周、秦文化国际学术会议论文），《周秦文化研究》，陕西人民出版社，1998 年。

[7]　重要发现如：宝鸡市考古队《陕西武功郑家坡遗址发掘简报》，《文物》1984 年第 7 期；中国社会科学院考古研究所泾渭工作队《陕西长武碾子坡先周文化遗址发掘纪要》，《考古学集刊》（6），1989 年；北京大学考古系《陕西壹家堡遗址发掘简报》，《考古》1993 年第 1 期。

[8]　重要的研究成果有：胡谦盈《试谈先周文化及相关问题》，《中国考古学研究——夏鼐先生考古五十周年纪念文集》（二），科学出版社，1986 年；张天恩《高领袋足鬲的研究》，《文物》1989 年第 6 期；刘军社《郑家坡文化与刘家文化的分期及其性质》，《考古学报》1994 年第 1 期；孙华《陕西扶风县壹家堡遗址分析——兼论晚商时期关中地区诸考古学文化的关系》，《考古学研究》（二），北京大学出版社，1994 年。在上述研究成果中，诸研究者都对周原遗址商时期墓葬进行了分期研究。

[9]　王占奎、孙秉君《夏商周断代工程武王伐纣年代——先周文化分期专题初步报告》（待刊）。

[10]　张天恩《周原遗址殷商时期文化遗存分析》，《中原文物》1998 年第 1 期。该文后收入张天恩《关中商代文化研究》绪论第二节（北京大学震旦古代文明研究中心学术丛书之九，文物出版社，2004 年）。

址材料甚少且尚为调查采集品。故该研究所涉器类较少，有待补充，且各期段总体特征尚缺乏用以检验或支持的典型单位。

自1999年开始，由北京大学考古文博学院、陕西省考古研究所和中国社会科学院考古研究所联合组成的周原考古队，继1976年大规模考古发掘工作之后，又一次对周原遗址进行了大规模的考古发掘，获得了丰富的商时期考古学文化遗存，主要有：

（1）2001年秋，在王家嘴进行了发掘。发掘地点有三处，分属周原遗址统一分区的ⅡD1、ⅢE1和ⅢB4区[11]。

（2）2001年秋，在贺家村北清理了几座先周时期的灰坑。发掘地点属ⅡC2区，北距著名的凤雏建筑基址仅600米。有些灰坑陶器群的时代特征不见于周原遗址以往的发掘中[12]。

（3）2002年夏，在礼村北壕（ⅡA3区）发掘102平方米[13]。该发掘点位于2001年秋贺家发掘点正东约500米处，东紧临齐家沟。在此发现几个商时期灰坑。这几个灰坑的文化面貌特征亦不见于周原遗址以往的发掘中。

（4）2002年秋，发掘了齐家北制石作坊遗址（ⅡA3区）[14]。该发掘区西近临齐家沟，基本与礼村北壕发掘点隔沟相对。在此发现了大量商周之际的遗存，完善了周原遗址商周时期考古学文化的编年体系。

上述4个发掘地点，层位关系复杂，出土遗物丰富，特别是不见于以往发掘的新资料，给全面系统地研究周原遗址商时期考古学文化分期带来了新的契机。

本文拟以上述4次发掘所获为主要研究对象[15]，利用典型单位间的层位关系，在分析陶器形制与器类组合特征的基础上，对周原遗址商时期陶器进行系统分期研究，以此构建周原遗址商时期考古学文化的编年体系。

---

[11] 周原考古队《2001年周原遗址（王家嘴、贺家地点）发掘简报》，《古代文明》（第2卷），文物出版社，2003年。

[12] 周原考古队《2001年周原遗址（王家嘴、贺家地点）发掘简报》，《古代文明》（第2卷），文物出版社，2003年。

[13] 周原考古队发掘资料。

[14] 周原考古队《2002年周原遗址（齐家村）发掘简报》，《考古与文物》2003年第4期。

[15] 本文尚涉及王家嘴1996~1997年发掘的个别单位。承蒙有关单位和发掘者同意，笔者可以使用这些尚未正式发表的资料。

二、典型单位及层位关系

含典型单位的层位关系可举以下几组（→表示叠压打破，下同）[16]：

（1）ⅢE1 区：H5→H26→T0127⑤A→T0127⑥A→H16

（2）ⅢE1 区：G1→G2

（3）ⅡD1 区：T6809⑤→⑨→H77→T6809⑩B→⑪→H96→H94。其中 T6809⑩B 与 T6810⑥为同层，T6809⑪与 T6909⑦B 为同层。

（4）ⅡD1 区：H55→H28

（5）ⅡD1 区：H147→H148

（6）ⅡC2 区：H5→H6→H7→H9。三单位均被西周早期单位 H2、H4 所叠压。

（7）ⅡA3 区：LH11→LH8→LH13→LH14。这些单位均被西周早期单位所叠压。

另有典型单位 D1 区 H64、H28 等。

三、陶器形制分析

虽器类多，型式复杂，但能自早至晚贯串全部时段的器类却不多，有清晰演变轨迹和较明显阶段特征的型式更少。不同时段的典型器类各不相同，组合关系差异较大。故以下分析尽量涉及各个器类或其主要型式。

鬲　均夹砂，可分为商式鬲、联裆鬲、蛇纹鬲、高斜领分裆鬲、高领袋足鬲和异形高领袋足鬲等六类。

商式鬲　方唇，分裆，尖锥状实足根素面。多残破，分口部与足根两部分介绍。

口部　依唇部特征分二型：

A 型　直方唇。据唇、颈特征分三式：

Ⅰ式　方唇棱角明显，上微翻下微勾，中部有一道凹槽，束颈明显。标本 H28：2（图一：1）。

Ⅱ式　方唇上翻不明显或不上翻，唇下沟槽及束颈特征均不及上式明显。标本 H64：39（图四：1）。

Ⅲ式　方唇上不翻下不勾，亦无束颈。标本 T0127⑥A：15（图一：2）。

B 型　宽斜方唇。标本 H28：3（图四：3）。

---

[16]　本节所用地层单位，除 E1H5 和 C2H5 外，其余单位均无重号。为行文方便，以下涉及这些单位时均不注明区号。

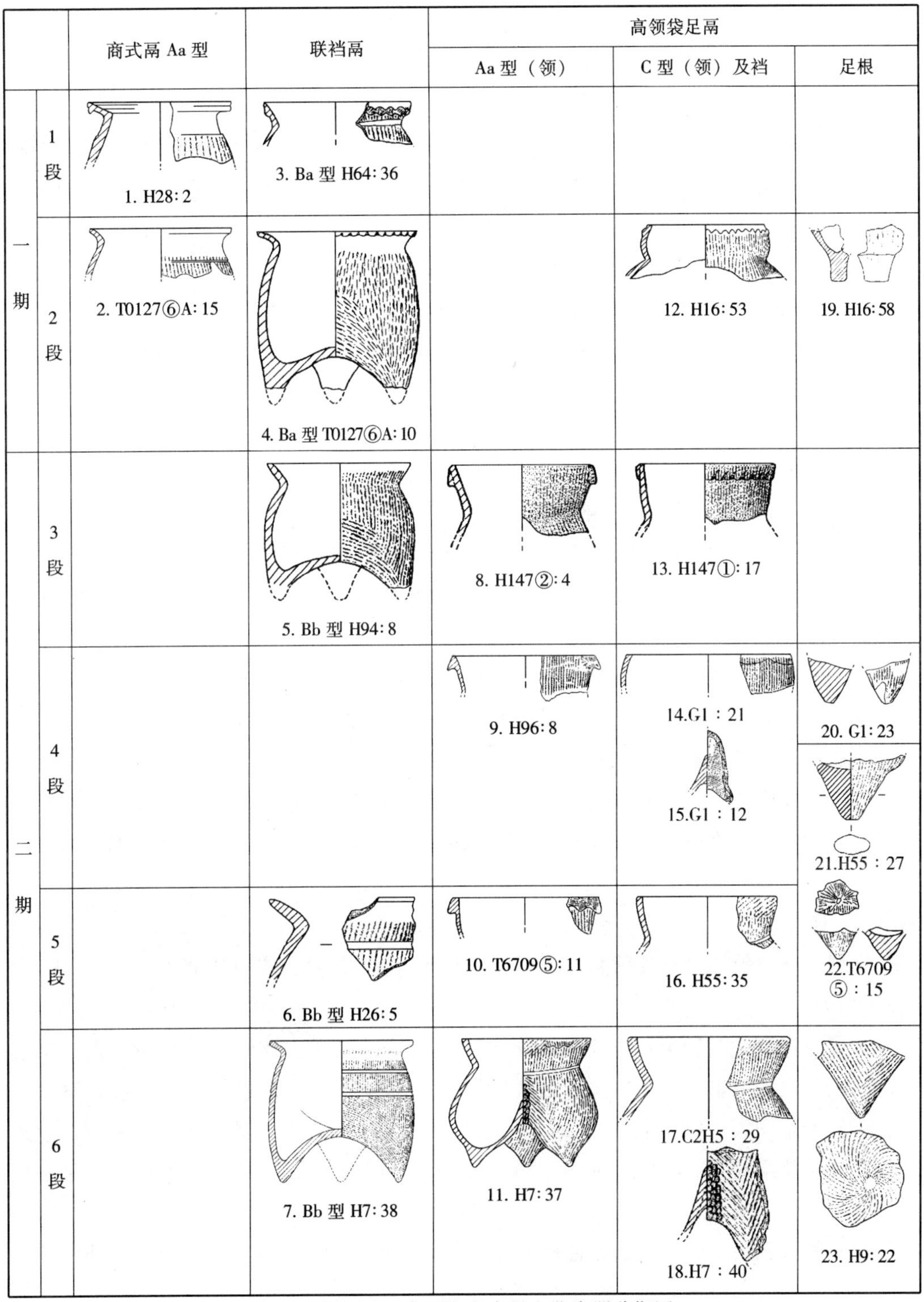

		商式鬲 Aa 型	联裆鬲	高领袋足鬲		
				Aa 型（领）	C 型（领）及裆	足根
一期	1段	1. H28：2	3. Ba 型 H64：36			
	2段	2. T0127⑥A：15	4. Ba 型 T0127⑥A：10		12. H16：53	19. H16：58
二期	3段		5. Bb 型 H94：8	8. H147②：4	13. H147①：17	
	4段			9. H96：8	14.G1：21 15.G1：12	20. G1：23 21.H55：27
	5段		6. Bb 型 H26：5	10. T6709⑤：11	16. H55：35	22.T6709⑤：15
	6段		7. Bb 型 H7：38	11. H7：37	17.C2H5：29 18.H7：40	23. H9：22

图一　周原遗址商时期考古学文化陶器分期图

鬲足　素面，尖锥状实足根。依其形状分二式：

Ⅰ式　较高较细。标本 H64：39（图四：1）。

Ⅱ式　较矮较粗。标本 T0127⑥A：25（图四：19）。

蛇纹鬲　侈口矮领，模制袋足，分裆，裆隔稍高，但远不及高领袋足鬲般尖锐，几无实足根。器壁较薄，一般常饰横截面多呈三棱体的弯曲细附加堆纹（以往研究中通常称之为蛇纹）。依领部特征分二型：

A型　方唇，领较矮。标本 H16：94（图四：5）。

B型　尖圆唇，领较高，极少见。标本 H16：51（图四：6）。

联裆鬲　虽数量少，但个体差异大，型式较多。由于所获标本多残破，仅根据口沿特征举例分四型：

A型　直口筒状。标本 H16：60（图四：7）、H147②：16（图五：5）。

B型　矮领卷沿。根据口沿有无花边分二亚型：

Ba型　口沿饰花边。依口部特征分二式：

Ⅰ式　侈口方唇，唇外附加堆纹较厚，饰散乱麦粒状绳纹。标本 H64：36（图一：3）。

Ⅱ式　卷沿，沿下角较上式小，唇外附加堆纹不及上式厚，饰麦粒状绳纹，麦粒散乱，坑窝仍较大，其内丝状痕迹明显。标本 T0127⑥A：10（图一：4）。

Bb型　口沿未饰花边。据纹饰特征分三式：

Ⅰ式　侈口，饰印痕较浅的散乱麦粒状绳纹。标本 H94：8（图一：5）。

Ⅱ式　口沿外卷甚，饰条状绳纹。标本 H26：5（图一：6）。

Ⅲ式　饰条状绳纹，口沿外侧绳纹被抹，余痕仍清晰可见。标本 H7：38（图一：7）。

Bb型似由 Ba 型演变而来，有无花边的特点应是时代作风，有花边者时代较早。

C型　直领。有高直领者，标本 T6809⑤：5（图六：5）；亦有直领较矮者，标本 LH8：2（图七：9）。

D型　侈口斜领。有尖圆唇者，标本 LH8：6（图七：8）；亦有方唇者，标本 LH8：1（图七：19）。

在周原遗址商时期考古学文化较早期段中，联裆鬲所占比例一直甚少，仅在最晚阶段，联裆鬲的数量才骤然增多。最晚阶段联裆鬲类型复杂，总体特点是：方唇者较多，一般沿下角大，沿外多饰绳纹。领高或沿宽的特点明显。器身或饰印痕较浅、纹理模糊的条状绳纹，或饰坑窝细小、略具纹理的麦粒状绳纹。一般足根较高，足根内侧不起脊。

高斜领分裆鬲　较少见，以往研究多将其归入联裆鬲类。据史家塬[17]、郑家坡等

---

[17]　北京大学考古文博学院等《陕西麟游县史家塬遗址发掘报告》，《华夏考古》2004 年第 4 期。

遗址所出完整者可知，此类鬲一般为高斜领，尖圆唇，早期者唇外多有一周花边。三足似模制，横截面为弧边三角形，微分裆，尖锥状实足根较矮。依唇外附加堆纹厚薄程度分三式：

Ⅰ式　较厚。标本 H147⑤:10（图二:1）。

Ⅱ式　较薄。标本 H94:10（图二:2）、H94:4（图五:1）。

Ⅲ式　极薄，几乎不辨。标本 T6809⑪:2（图二:3）。

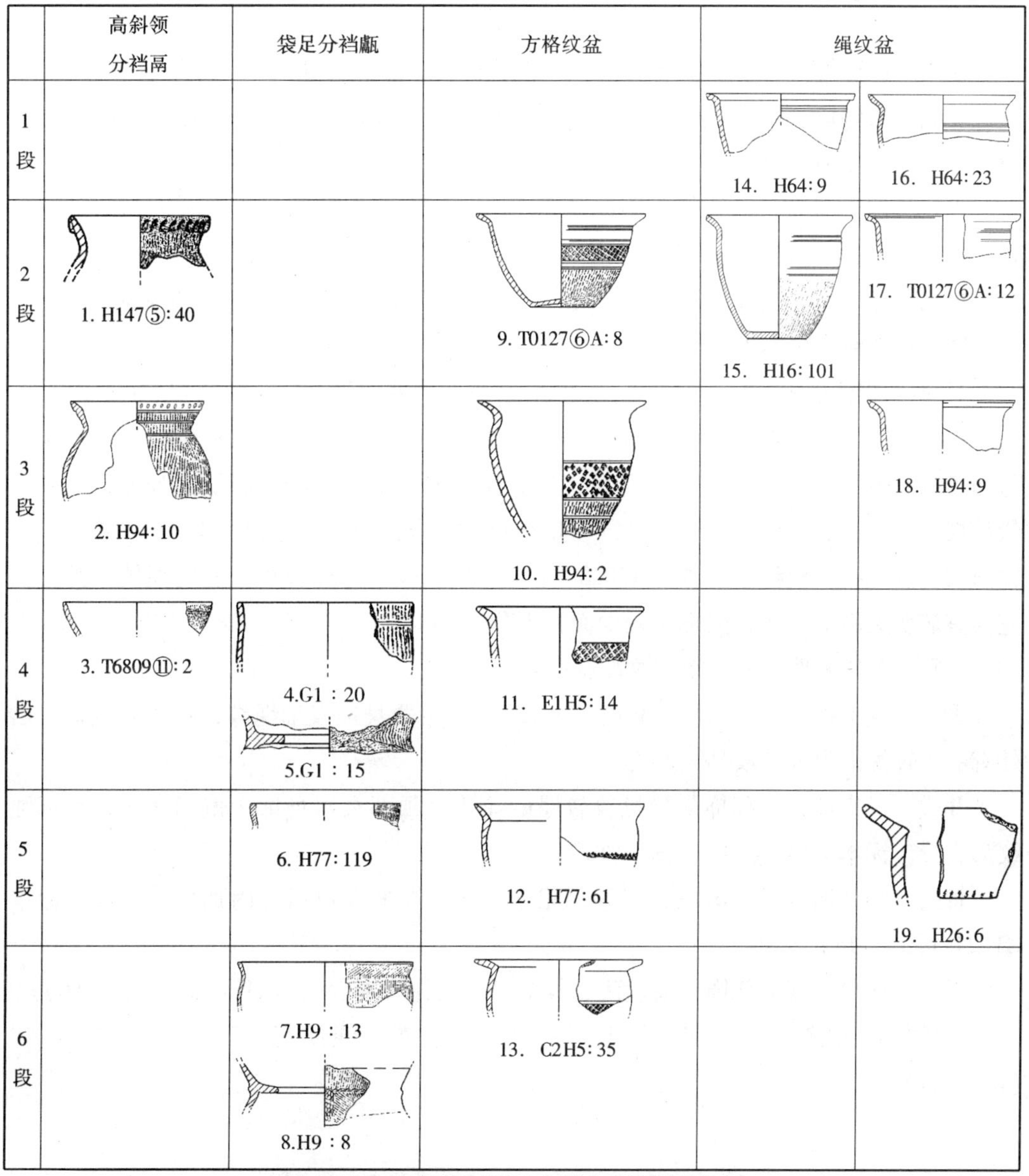

	高斜领分档鬲	袋足分档甗	方格纹盆	绳纹盆	
1段				14. H64:9	16. H64:23
2段	1. H147⑤:40		9. T0127⑥A:8	15. H16:101	17. T0127⑥A:12
3段	2. H94:10		10. H94:2		18. H94:9
4段	3. T6809⑪:2	4.G1:20 5.G1:15	11. E1H5:14		
5段		6. H77:119	12. H77:61		19. H26:6
6段		7.H9:13 8.H9:8	13. C2H5:35		

图二　周原遗址商时期考古学文化陶器分期图

高领袋足鬲　均夹砂，亦有个别夹陶末者，多灰褐陶，陶色斑驳不均。高领方唇，袋足系模制，有实足根，裆外用附加泥条联接三袋足，内裆隔尖锐，除唇面外，通体饰绳纹，部分器内壁隐约可见绳纹，领与袋足交接处常有一周抹痕，有些在领上部亦有一周抹痕。由于所获陶片残破过甚，故分领部、裆部和足部三部分分析。

领部　根据领部有无耳、鋬分三型。

A 型　有鋬，一般为对称双鋬。根据鋬的位置分二亚型：

Aa 型　鋬位于口沿处。依形制及纹饰特征分四式：

Ⅰ式　领部饰直行中偏细绳纹，舌状鋬较粗大。标本 H147②:4（图一:8）。

Ⅱ式　微侈口，领部饰直行绳纹，印痕较浅，椭圆形舌状鋬上多饰戳印纹，绳纹较上式粗。标本 H96:8（图一:9）。

Ⅲ式　领上部饰斜行绳纹，绳纹稍粗于上式，多鸡冠状鋬，其上多饰绳纹。标本 T6709⑤:11（图一:10）。

Ⅳ式　侈口，领上部斜行绳纹带较宽，绳纹较粗，印痕较上式深，鸡冠状鋬薄小，上均饰斜行绳纹。标本 H7:37（图一:11）、LH8:20（图七:6）。

Ab 型　鋬位于领的中部偏上处。均弧领，鸡冠状鋬较薄小。标本 H9:12（图七:1）。

B 型　带耳，一般为对称双耳。标本 H147③:1（图五:6），灰褐色，直口，领上部饰较薄的附加堆纹，双耳上饰锥刺纹并加饰小泥饼，袋足横截面呈椭圆形，椭圆柱状足根直立，裆底饰横绳纹，器身饰印痕模糊的中偏细绳纹。标本 G1:10（图六:1），领部饰直行绳纹，稍粗于前者。H7:28（图七:2），领上部饰较粗的斜行绳纹。此三器应为有演变关系的三式，因标本较少而暂不分式。

C 型　无耳无鋬。依形制和纹饰特征分六式：

Ⅰ式　仅 1 件，标本 H16:53（图一:12），领及器身饰极细绳纹，弧领微敛口，唇外有一周较细的附加堆纹[18]。

Ⅱ式　近直口，口部饰附加堆纹较厚的花边，领部及器身饰中偏细绳纹，领部绳纹为直行。标本 H147①:17（图一:13）。

Ⅲ式　领部饰直行中绳纹，绳纹稍粗于上式，有的在口沿外附加极薄堆纹。标本 G1:21（图一:14）。

Ⅳ式　侈口，领上部饰印痕较浅、较窄之斜行绳纹带。标本 H55:35（图一:16）。

Ⅴ式　口外侈较上式甚，领上部饰斜行绳纹带，绳纹粗、深。标本 C2H5:29（图一:17）。

---

[18]　该标本与常见的高领袋足鬲的形制稍有异，如领部弧度较大，领与腹交接处无一周抹痕，今暂将其归入高领袋足鬲类。

Ⅵ式　领上近口处较直，饰直行绳纹，其下为弧领，饰斜行和直行绳纹。标本 LH8：19（图七：5），此式数量较少，且多与前两式共出，应不是上式之发展形态。

档部　据档底所饰纹饰分二式：

Ⅰ式　饰横绳纹。标本 G1：12（图一：15）。

Ⅱ式　饰坑窝纹。标本 H7：40（图一：18）。档底饰坑窝纹者可分为两种情况，其一是仅在档底饰坑窝纹，其二是档部均饰坑窝纹，可高至领腹交接处。后者年代可能晚于前者。

足根　据其形制及纹饰特征分六式：

Ⅰ式　仅 1 件。标本 H16：58（图一：19），扁柱状，椭圆形平足尖，饰极细直行绳纹。

Ⅱ式　近椭圆柱状，足尖近尖，足根两侧外鼓，横截面呈椭圆形，饰印痕较浅的直行绳纹。标本 H96：5（图六：3）、G1：23（图一：20）。

Ⅲ式　扁锥状，尖足尖，足根内侧较平，外侧较鼓，饰中粗绳纹，印痕较上式深。标本 H55：27（图一：21）。

Ⅳ式　圆锥状，足根饰直行绳纹，实足根变矮。标本 T6709⑤：15（图一：22）。

Ⅴ式　圆锥状，足根上所饰绳纹以足尖为中心呈旋转状，绳纹粗，印痕深，实足根较上式矮。标本 H9：22（图一：23）、LH8：23（图七：10）。从贺家墓地出土的完整器看，该式高领袋足鬲的足根外撇，袋足部明显有折。

近年在周原遗址商时期遗存发掘中，所获高领袋足鬲数量较多，层位关系明确，故对其形制变化有了更加明晰的把握，其中有几点过去未曾注意：第一，高领袋足鬲应有一个椭圆柱状足根的发展阶段，H147（图一：8、13；图五：6）等单位中的完整器，应是这个阶段的标型器。第二，高领袋足鬲圆锥状足根阶段所饰绳纹特征有早晚之别：偏早阶段，足根绳纹自上而下为直行，偏晚阶段，足根绳纹则以足尖为中心呈旋转状。第三，Ⅵ式高领袋足鬲（领部）为以往研究所未提及，随着资料的增加，应对其进行进一步的研究[19]。

异形高领袋足鬲　该类器高领，多方唇，档部与袋足特征近同于高领袋足鬲，但

---

[19]　由于在以往的发掘中甚少见此式高领袋足鬲（周原遗址刘家墓地 M27 曾出土 1 件），故未引起研究者的注意。2001 年在周原贺家遗址的发掘中，出土了不少此式高领袋足鬲，引起了我们的注意。2005 年秋，在周公庙遗址夯土建筑区的发掘中，又发现了为数不少的此式高领袋足鬲。现知此式高领袋足鬲有带耳、带鋬和无耳无鋬三种，对其型式的划分还需进一步研究。此式高领袋足鬲出现的年代甚晚，档底均饰坑窝纹，圆锥状足根多饰旋转状绳纹。在周原贺家遗址西周早期灰坑 H4 中仍见有此式高领袋足鬲。如果将来的发掘能排除西周早期单位中的此式高领袋足鬲乃早期遗物混入的可能性，那么此式高领袋足鬲的下限有可能已进入西周时期。

其与高领袋足鬲特征有明显区别：该类器高领多微外侈或僵直，与高领袋足鬲领部均内弧不同，该类器都在领中部施錾，裆部上方施錾或短附加泥条，这些特征均不见于高领袋足鬲。从目前资料看，与异形高领袋足鬲共存的高领袋足鬲足根均为圆锥状，裆底均饰坑窝纹，所饰绳纹条理清晰，印痕较深，纹饰较粗。而此时的异形高领袋足鬲裆底不见坑窝纹，足根近鸭嘴状，所饰绳纹较细、印痕较浅，纹理较模糊。标本LH14:1（图七:18）。

甗　均夹砂，可分为商式甗、联裆甗和袋足分裆甗三类。

商式甗　方唇，唇部素面。根据唇部特征，将其甑部分三型：

A型　唇外附加泥条较厚。标本 H16:71（图四:21）。

B型　唇较薄。标本 H64:12（图四:2）、H16:46（图四:8）。

C型　唇面有凹槽。标本 H28:4（图四:4）。

联裆甗　数量甚少，残破过甚。据口部特征分二型：

A型　尖唇，沿部素面。标本 H16:67（图四:9）。

B型　方唇，唇面饰绳纹。标本 H16:81（图四:22）、H147①:13（图五:12）、LH8:11（图七:16）。B型这3件标本有早晚关系，但目前尚不能明确辨明各自的式别特征。

商式甗与联裆甗两者之裆部尚不能区别，一般腰外有附加堆纹，或厚或薄，有些饰绳纹，有些饰指窝纹。根据有无腰托分二型：

A型　有腰托，腰托一般较袋足分裆甗者窄。标本 H16:63（图四:10）。

B型　无腰托。标本 T0127⑥A:16（图四:15）、H147②:7（图五:8）。

袋足分裆甗　数量虽多，但均无法复原。根据大量残片分析，此类甗一般为矮领微内弧，侈口方唇，口部特点近同于高领袋足鬲口部，鬲部亦与高领袋足鬲相同。目前尚不知其足根形态，应与高领袋足鬲足根相同。

根据纹饰特点，可将甑部分三式：

Ⅰ式　领部饰直行绳纹，个别唇部似以薄泥条加厚，领下有一周抹痕。标本 G1:20（图二:4）。

Ⅱ式　领部饰斜行或横绳纹，纹饰较上式粗。标本 H77:119（图二:6）。

Ⅲ式　领部几乎全为斜行绳纹，印痕粗、深。标本 H9:13（图二:7）、LH8:16（图七:7）

袋足分裆甗腰部一般有腰托，较商式甗和联裆甗之腰托宽，腰外多有附加堆纹，一般为扭索状。据裆底纹饰特征分二式：

Ⅰ式　饰绳纹。标本 G1:15（图二:5）。

Ⅱ式　饰坑窝纹。标本 H9:8（图二:8）。

盆　均泥质，深腹，可分为绳纹盆和方格纹盆两类，据纹饰统计分析，前者数量远多于后者。但因陶片残破过甚，本节所谓绳纹盆之口沿，不排除系方格纹盆的可能。

绳纹盆　根据唇部特征分三型：

A 型　唇外附加宽厚泥条。标本 H16:65（图四:11）。

B 型　方唇。依唇外有无附加泥条分二亚型：

Ba 型　有附加泥条。标本 H16:41（图四:12）。

Bb 型　无附加泥条。据唇部特征分二式：

Ⅰ式　正方唇，棱角较明显，较厚。标本 H64:9（图二:14）。

Ⅱ式　斜方唇，棱角不明显，较薄。标本 H16:101（图二:15）。

C 型　圆唇或尖圆唇。依口沿及纹饰特征分四式：

Ⅰ式　沿下角较大，唇外附加泥条，腹上部饰数道旋纹，多饰印痕较深的散乱麦粒状绳纹。标本 H64:23（图二:16）。

Ⅱ式　沿下角变小，唇部较厚，腹上部饰数道旋纹，多饰略具条理的麦粒状绳纹。标本 T0127⑥A:12（图二:17）。

Ⅲ式　近同上式，但唇较薄，腹上部无旋纹。标本 H94:9（图二:18）、H147③:14（图五:12）。

Ⅳ式　薄尖圆唇，折沿，沿下角小，多饰条状绳纹。标本 H26:6（图二:19）。

方格纹盆　多圆唇或尖圆唇，不见方唇者，腹上部饰方格纹或方格乳钉纹，其下为绳纹，亦见旋纹，暂不分型，据口部和纹饰特征分四式：

Ⅰ式　侈口，厚唇，沿下角较大（一般大于 90°），沿下多饰旋纹，腹部饰菱形方格纹，间以旋纹，其下为印痕较深的散乱麦粒状绳纹。标本 T0127⑥A:8（图二:9）。

Ⅱ式　侈口，微卷沿，唇较薄，沿下无旋纹，腹部方格纹较散乱，似加饰于绳纹之上，间以旋纹，其下饰印痕模糊的麦粒状绳纹。标本 H94:2（图二:10）、H147③:5（图五:13）。

Ⅲ式　沿面较窄，所饰方格纹近正方形。标本 E1H5:14（图二:11）。

Ⅳ式　沿微折或平折沿。标本 H77:61（图二:12）、C2H5:35（图二:13）、H77:95（图六:9）、H77:117（图六:10）、LH8:18（图七:11）。

高领球腹罐　均夹砂，褐陶为主，通体饰绳纹。高领方唇，领部微外鼓，多敛口，领、腹交接处多有一周抹痕。领部形态及作风类同于高领袋足鬲，唯口径较小。鼓腹，平底，有耳。参照其他遗址材料，知此类器有单耳（耳在领部）、双耳（耳均在领部）、腹耳及无耳之别，但由于所获标本过于残破，无法细辨。暂不分型，仅根据纹饰特点及耳之形态分四式：

Ⅰ式　通体饰极细绳纹，领部饰直行绳纹，宽条形器耳，制作精细。标本 T0127⑥

A：7（图三：1）。

Ⅱ式　绳纹较上式细。标本 H147②：8（图三：2）。

Ⅲ式　通体饰中粗绳纹，领部饰印痕较浅的直行绳纹，器耳制作不如上式精致，但仍较规整。标本 G1：6（图三：3）、H55：19（图六：7）、H77：73（图三：4）。

Ⅳ式　通体饰中粗绳纹，领上部饰斜行绳纹，印痕较深，圆条状器耳，制作较粗糙。标本 H7：22（图三：5）。

钵　球腹钵均夹砂，多灰褐陶。方唇居多，亦有尖圆唇者，圆鼓腹，小平底，通体饰绳纹。口部纹饰作风与高领袋足鬲及高领球腹罐近同，无领，口径与高领球腹罐相若。此类器不见于以前报道，仅因在贺家居址发现多件完整器才得以辨识。据口部纹饰特征分二式：

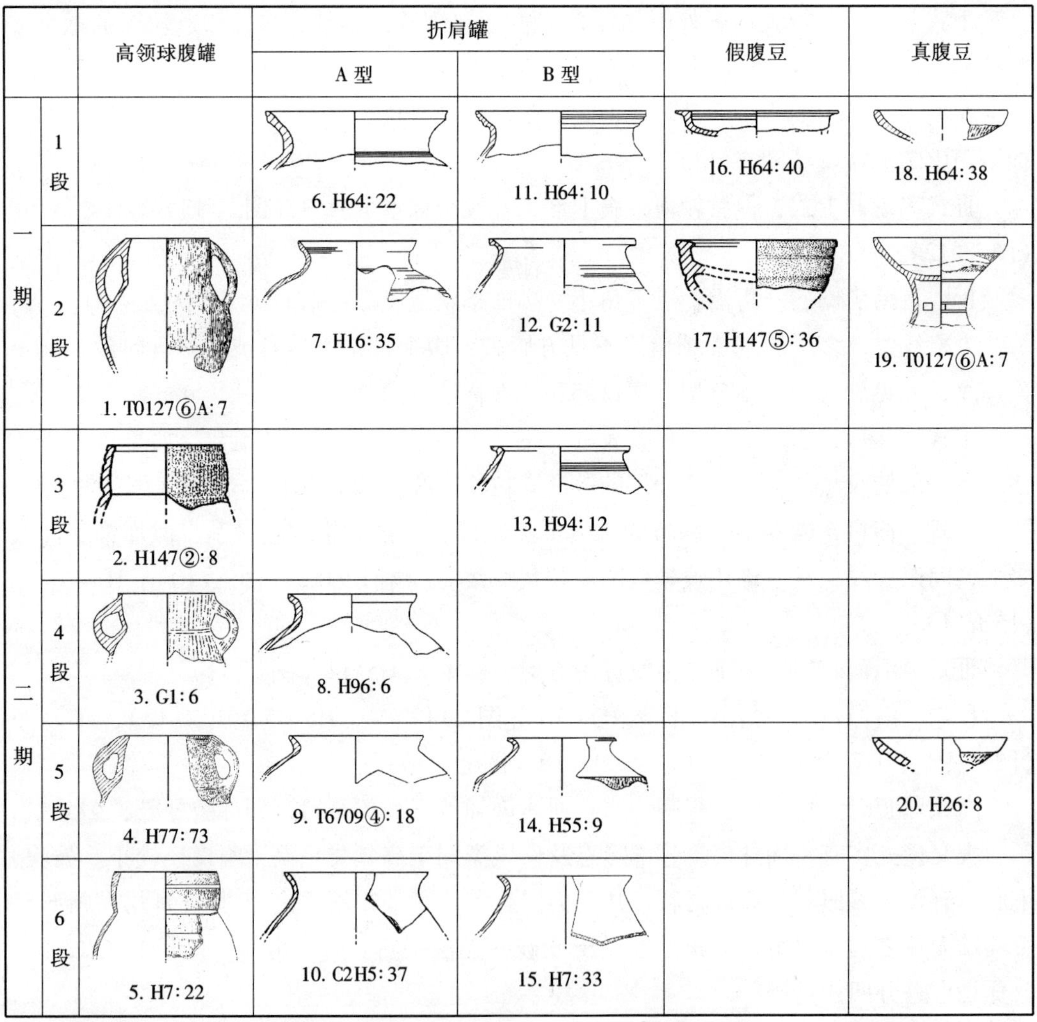

		高领球腹罐	折肩罐		假腹豆	真腹豆
			A 型	B 型		
一期	1段		6. H64：22	11. H64：10	16. H64：40	18. H64：38
	2段	1. T0127⑥A：7	7. H16：35	12. G2：11	17. H147⑤：36	19. T0127⑥A：7
	3段	2. H147②：8		13. H94：12		
二期	4段	3. G1：6	8. H96：6			
	5段	4. H77：73	9. T6709④：18	14. H55：9		20. H26：8
	6段	5. H7：22	10. C2H5：37	15. H7：33		

图三　周原遗址商时期考古学文化陶器分期图

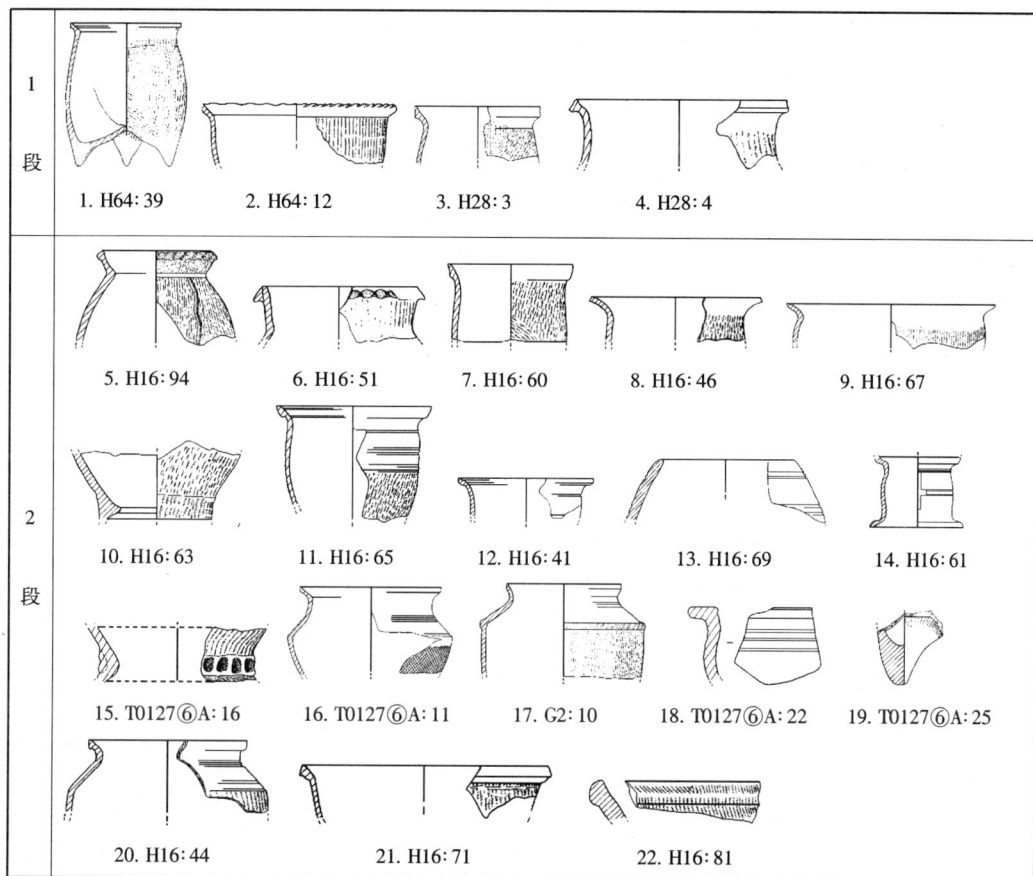

图四　周原遗址商时期考古学文化第一期陶器

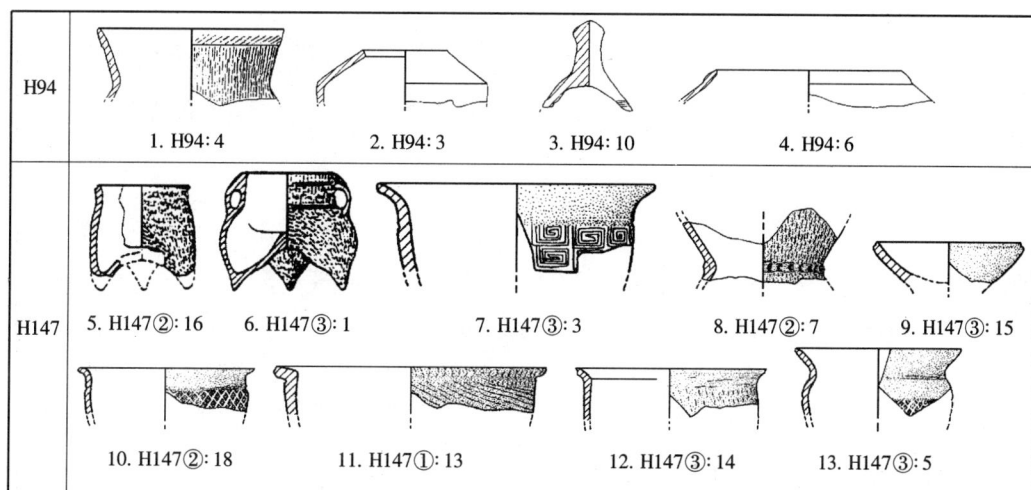

图五　周原遗址商时期考古学文化第二期第 3 段陶器

Ⅰ式　口外附加薄泥条，通体饰直行绳纹。标本 H77：116（图六：8）。

Ⅱ式　口外饰斜行绳纹或交错绳纹。标本 C2H5：23（图七：3）、C2H5：22（图七：4）。

折肩罐　均泥质，侈口或卷沿，似均为折肩。肩部一般饰旋纹或素面，腹部饰绳纹，不见饰方格纹者。根据肩部特征分二型：

A 型　广肩，肩部隆起。据口沿及肩部特征分五式：

Ⅰ式　正方唇较厚，束颈较直，颈部饰旋纹，有些沿面有细凹槽。标本 H64：22（图三：6）。

Ⅱ式　斜方唇微鼓边，束颈微卷，颈、肩部饰旋纹，有些沿面有凹槽。标本 H16：35（图三：7）。

Ⅲ式　唇变薄，有颈，口沿微外卷，颈、肩部素面。标本 H96：6（图三：8）。

Ⅳ式　卷沿，尖圆唇。标本 T6709④：18（图三：9）。

Ⅴ式　沿外卷甚，尖圆唇。标本 C2H5：37（图三：10）、LH8：17（图七：17）。

B 型　窄肩，肩部向下倾斜。根据口部及肩部特征分五式：

Ⅰ式　厚唇，束颈较直，口沿下饰旋纹。标本 H64：10（图三：11）。

Ⅱ式　厚唇，束颈不明显，口外侈，肩部饰旋纹。标本 G2：11（图三：12）。

Ⅲ式　唇变薄，侈口微折，无颈，肩部饰旋纹。标本 H94：12（图三：13）。

Ⅳ式　尖圆唇，卷沿，肩部微下凹。标本 H55：9（图三：14）。

Ⅴ式　卷沿，沿面下凹。标本 H7：33（图三：15）。

敛口罐　均泥质，敛口，折肩，肩部多素面，腹下部饰绳纹。由于标本较少，尚不能明晰其演变规律。标本 H94：3（图五：2）、H96：4（图六：2）、H77：81（图六：6）。

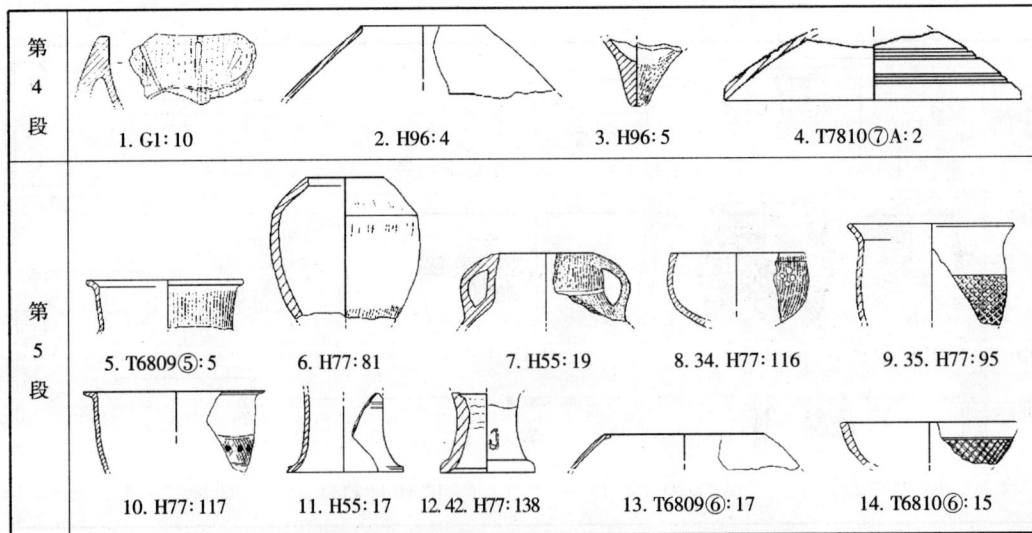

第4段			
1. G1：10	2. H96：4	3. H96：5	4. T7810⑦A：2
第5段			
5. T6809⑤：5	6. H77：81	7. H55：19	8. 34. H77：116　9. 35. H77：95
10. H77：117	11. H55：17	12. 42. H77：138	13. T6809⑥：17　14. T6810⑥：15

图六　周原遗址商时期考古学文化第二期第4、5段陶器

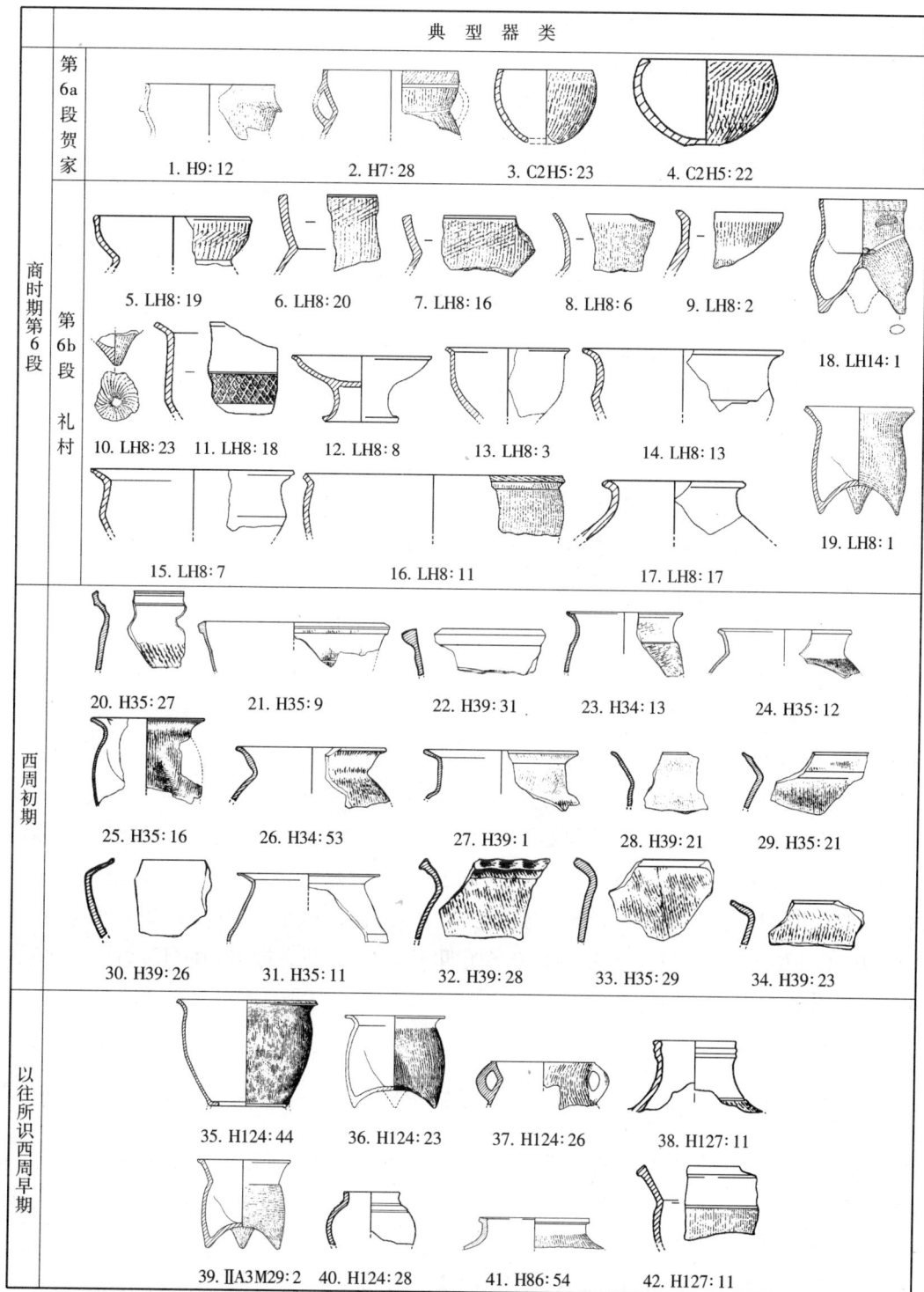

图七　周原遗址 H35 等单位、第 6 段、西周早期典型器类特征对比图

豆　均泥质，包括假腹豆和真腹豆两类。

假腹豆　根据口部特征分两型。

A 型　有沿，平折沿。标本 H64：40（图三：16）。

B 型　无沿。标本 H147⑤：36（图三：17）。

真腹豆　所见标本较少，且陶片多碎小，不易统一分型。其中有一型，盘口外饰附加泥条，壁外侧有纹饰，根据口部特点分三式。

Ⅰ式　口外附加宽厚泥条，饰散乱麦粒状绳纹。标本 H64：38（图三：18）。

Ⅱ式　口外泥条变薄，饰模糊麦粒状绳纹。标本 T0127⑥A：7（图三：19）。

Ⅲ式　附加泥条更薄，饰条状绳纹。标本 H26：8（图三：20）。

盘口外无附加泥条者除饰绳纹外，亦有素面和饰方格纹者，标本 T6810⑥：15（图六：14）、H147③：15（图五：9）、LH8：8（图七：12）。

由于几无完整器，故假腹豆与真腹豆的豆柄尚不能区分，依其形态分四型：

A 型　豆柄中部微鼓，柄身多饰有旋纹及"十"字镂孔。标本 H16：61（图四：14）。

B 型　柄身呈直筒状。标本 H55：17（图六：11）。

C 型　柄身中部微束。标本 T0127⑥A：7（图三：19），饰旋纹及方形镂孔。

D 型　柄身呈喇叭状。标本 H77：138（图六：12）。

尊　数量少，非典型器。一般口径大，个体亦较罐大，折肩明显，肩部多饰旋纹。根据领部特征分二型。

A 型　矮领，方唇。标本 H16：44（图四：20）。

B 型　高领，束颈，折沿。标本 T0127⑥A：11（图四：16）。

除上述分析外，还有一些其他器类，尚不能明晰其总体特征及演变规律。如：敛口瓮，标本 H16：69（图四：13）、H94：6（图五：4）、T6809⑥：17（图六：13）。簋，标本 T0127⑥A：22（图四：18）、LH8：3（图七：13）。器盖，标本 T7810⑦A：2（图六：4）、H94：10（图五：3）。大口瓮，标本 G2：10（图四：17）。大口罐，标本 LH8：13（图七：14）、LH8：7（图七：15）。

四、分组及相关问题

根据上述器物形制分析，可将典型器物式别特征相同、文化面貌近似的单位归并为六组：

第 1 组：H28、H64；

第 2 组：T0127⑤A、T0127⑥A、H16、G2、H148 等；

第 3 组：H94、H147；

第 4 组：G1、H96、T6809⑩B 与⑪、T6909⑦B、T6810⑥等；

第 5 组：E1H5、H26、H77、T6809⑤~T6809⑨、H55 等；

第 6 组：C2H5、H6、H7、H9、LH8、LH13、LH14 等。

在以上 6 组地层单位中，第 2—5 组之间因有直接的层位关系而早晚关系明确：第 2 组最早，第 5 组最晚。

但有些组之间因无直接的层位关系而需进一步证明：第 1、2 组的早晚关系与第 5、6 组的早晚关系。第 3 组及第 6 组所包含的典型单位间，或互含对方器类甚少或文化面貌有异，这些典型单位是否同时也需进一步论证。

（一）关于第 1 组与第 2 组的早晚关系

第 1、2 组的单位间虽无直接的层位关系，但这些单位中均包含有典型的如商式鬲等商文化因素，早晚关系可通过与商文化同类器的对比而得。按照以往商文化研究结果，第 1 组商式鬲形态早于第 2 组的同类器（详见下文），据此可证第 1 组早于第 2 组。

（二）关于第三组分组的讨论

第 3 组中两个典型单位 H94 与 H147 互含对方的器类非常少，两者是否同时，且与第 2 组与第 4 组的早晚关系需要讨论。

首先分析 H94。在周原遗址未发现 H94 与第 2 组之间的层位关系，不仅如此，目前在其他遗址，也未发现类似的地层关系。所以第 2 组与 H94 间的关系只能靠某些早晚关系明确的文化因素特征作判断，如印痕较深的散乱麦粒状绳纹早于印痕较浅的、较有纹理的麦粒状绳纹，同型联裆鬲口沿饰花边者多早于无花边者，折肩罐沿下角较大、唇外厚鼓边者早于沿下角较小、唇外不鼓边者。第 2 组联裆鬲（图一:4）饰印痕较深的散乱麦粒状绳纹，唇外饰较厚花边，而 H94 联裆鬲（图一:5）饰印痕较浅的、较有条理的麦粒状绳纹，麦粒状坑窝较小。H94 高斜领分裆鬲（图二:2；图五:1）的纹饰特点同于 H94 联裆鬲。第 2 组折肩罐（图三:11）唇外鼓边，沿下角较大，H94 罐（图三:13）唇较薄，无明显鼓边，沿下角较小。敛口罐常见于时间较晚的第 4、5 组中，而不见于时间较早的第 1、2 组中，应是时间较晚单位中的器类，而 H94 中有敛口罐（图五:2）。由上可证，第 2 组早于 H94。另因 H96 打破 H94，所以 H94 早于第 4 组。

H147 叠压属于第 2 组的 H148，其年代应晚于第 2 组。打破 H147 的 M4、M5、M7 中出有高领袋足鬲，形制近同于第 4 组中的同类器。H77 打破 H96，H77 中高领袋足鬲以扁锥足为主，而 H96 中出椭圆柱状足根，说明高领袋足鬲的椭圆柱状足根早于扁锥足根。而第 4 组以扁锥状足根为主，H147 足根均为椭圆柱状。H147 中尚有不少麦粒状绳纹，而第 4 组几乎不见麦粒状绳纹。由上可证，H147 早于第 4 组。

由上证明，H94 和 H147 均早于第 4 组、晚于第 2 组，两者在周原遗址商时期陶器编年体系中的相对位置相同。两者相同的器类较少，但互见于对方的器类形制却非常近同，如盆 H147③：14（图五：12）、H147③：5 分别与盆 H94：9（图二：18）、H94：2（图二：10）式别特征相同。1996—97 年发掘的 M9 中出土 1 件高领袋足鬲和 1 件高斜领分裆鬲，其式别特征分别相同于 H147③：1（图五：6）与 H94：10（图二：2）。由此可见，H94 和 H147 可归为同期同段。

（三）关于第六组分组的讨论

第 6 组中的典型单位 C2H5、H6、H7 和 H9 位于贺家村北，而该组 LH8、LH13、LH14 位于礼村东北。贺家地点几个单位的文化面貌和年代特征近同，礼村地点几个单位的文化面貌与年代特征相同。但两个发掘地点的文化面貌却差异甚大：

在贺家地点 4 个单位中，高领袋足鬲高达 50% 稍强，袋足分裆甗约为 28%，高领球腹罐约占 4%，球腹钵约占 2%，这四类器物口部作风近同，当是同一考古学文化的典型器类，此四类器物所占比例竟高达 87%，而联裆鬲仅占 3%，不见联裆甗。

礼村地点 LH8 出土物丰富，陶片近 4000 片，所见器类共 174 件，是周原遗址目前所见商时期最丰富的一个灰坑。LH8 中的联裆鬲，占全部器物的 26.4%，联裆甗所占比例为 9.2%。联裆鬲与联裆甗的比例是贺家地点同类器的十几倍。LH8 中高领袋足鬲、袋足分裆甗、高领球腹罐、球腹钵四类器物所占比例不足 20%，是贺家地点诸单位中同类器比例的四分之一稍弱。另外，LH8 中的许多器类尚不见于贺家诸单位中。

两地点的文化面貌差异如此之大，它们能否归为同期段吗？以往传统的有关考古学文化及其分期的认识，多认为同一遗址之内期段相同的诸单位，它们的文化面貌应该是相同的。若按此认识，贺家与礼村诸单位肯定不能归为同一期段中。但笔者认为，两地点的这些单位的期别应同属于第 6 组，理由有二：

其一，两地点典型器类的式别特征或年代特征完全相同。

LH8 与贺家地点诸单位中的高领袋足鬲均为圆锥足根，饰旋转状绳纹，领部斜绳纹带均较宽，裆部均饰坑窝纹，并至领腹交接处，器身所饰绳纹均粗、深。两地点所见袋足分裆甗，口沿均饰较宽的斜行绳纹带或均为斜行绳纹，腰部附加堆纹与裆底所饰坑窝纹特点相同。两地点高领球腹罐口部纹饰特点相同。两地点的盆均为宽折沿。上述器类均是年代特征变化明显的典型器类，这些典型器类的年代特征相同，表明两地点这些单位的期别应属同一期段。

其二，从理论上讲，两地点存在着同期段的可能性。

一般而言，同一遗址之内同时期的考古学文化面貌应是相同的。但从理论上讲，在同一遗址（特别是都邑或中心聚落）内，由于某些特定情形，有可能出现虽属同期段但文化面貌相异的情况。这些特定的情形如：（1）不同族群聚族居住在同一遗址的不同地点，使用着特征不同的物质文化；（2）一种新的考古学文化在极短时间内，完全替代了原来的考古学文化。考古学文化的"期、段"表示的是一个时间段，因此，在特定的一个时间段内，上述两种情形皆可使我们看到同一遗址同期段但文化面貌相异的情况。

综上分析，从典型器类年代特征和理论两方面分析，本文暂定贺家与礼村两地点的这些典型单位同属第 6 组[20]。

（四）关于第五组与第六组的早晚关系

第 5 段的典型单位位于王家嘴地点，而第 6 组见于贺家与礼村地点，两组间无直接层位关系。但与第 5、6 组典型器类式别特征相同、文化面貌相近、具有直接层位关系的地层单位在别的遗址多有发现。如在宝鸡市纸坊头遗址[21]，④A 层叠压④B 层，前者近同于第 6 组，后者近同于第 5 组。在麟游蔡家河遗址[22]，H20 打破 H21，前者近同于第 6 组，后者近同于第 5 组。由这两个遗址的层位关系可证本文第 5 组早于第 6 组。

综上分析，上述六组单位的早晚关系是：第 1 组最早，第 6 组最晚。

五、分期与年代

以各组早晚顺序来检验各典型器物的式别序列，皆为 I 式最早，依次发展为 II 式、III 式、IV 式等，无颠倒现象。在对各器类及其型、式在各组典型地层单位中的分布情况的统计基础上（表一），根据各组器类组合变化、典型器类型式组合及式别特征的差异程度，以及陶系、纹饰等特征，对这六组地层单位进行分期。

第 1、2 组与第 3~6 组间的差异较大：前两组中的商式鬲、蛇纹鬲、商式甗、假腹豆、Ba 型联裆鬲以及 A、B 型绳纹盆均不见于后四组。后四组常见的高领袋足鬲、袋足分裆甗、高领球腹罐、球腹钵、敛口罐等不见或几乎不见于前两组。前两组与后四组共有的器类方格纹盆、罐、高斜领领分裆鬲、真腹豆及联裆甗等器类，或式别不共存或形制不同。可见，就器物群来看，前两组特征相同，后四组特征相同，可将第 1、2 组归为一期，第 3~6 组归为一期。

由于第 1 组的遗物不甚丰富，故第 1、2 组间的差异不太明显。但从典型器物的式别特征看，两者仍有一些差异：第 1 组商式鬲足根仅有 I 式，口部以 A II 式为主，亦有

[20] 至于礼村和贺家这些单位间是否存在着绝对时间上的早晚、若属同段又是何原因形成的等问题，笔者将另文论述。或可参看雷兴山《先周文化探索》，北京大学博士学位论文，2002 年。

[21] 宝鸡市考古队《宝鸡市纸坊头遗址试掘简报》，《文物》1989 年第 5 期。

[22] 北京大学考古文博学院等《陕西麟游县蔡家河遗址商代遗存发掘报告》，《华夏考古》2000 年第 1 期；雷兴山《蔡家河、园子坪等遗址的发掘与碾子坡类遗存分析》，《考古学研究》（四），科学出版社，2000 年。

表一　周原遗址商时期陶器型式统计表

器类\型式	H28	H64	H16	⑥A	H147上	H94	H96	G1	H77	H55	H9	H7
（段）	1段	1段	1段	2段	2段	3段	4段	4段	5段	5段	6段	6段
商式鬲 口A	I	I	II	II	III							
商式鬲 足根	I	I	II	II	II							
假腹豆		△	△	△								
蛇纹鬲		△	△	△								
高斜领分裆鬲		I	△	△	II							
联裆鬲		A	A	A	A							
商式鬲	C	B	B	B	B							
高领袋足鬲 领Aa					I	II	II	II	III	III	IV	IV
高领袋足鬲 领Ab							△	△	△			
高领袋足鬲 领C			I	II		III	III	IV	IV V	VI	IV V	VI
高领袋足鬲 档						I	I	I	II	II	II	II
高领袋足鬲 足根			I	II	II	III	III	IV	IV	V	IV	V
袋足分裆鬲 甗						I	II	III	III	IV	IV	IV
袋足分裆鬲 档							I	II	III	III		
高领球腹罐					I	II	III	III	IV	III	IV	IV
球腹钵									I		II	II
联裆鬲 其他		△		△	△	△	△	△	△	△	△	△
联裆鬲 Ba		I		II								
联裆鬲 Bb						I			II	III	III	III
绳纹盆 A/Ba		Ba	A Ba	A Ba								
绳纹盆 Bb		I	II			△						
绳纹盆 C		I	II	△		III	III	△	△	△	IV	IV
方格纹盆		I	I	I		II	II	III IV	III	III IV	IV	IV
折肩罐 A		I	I	I	I	△	III	III	IV	IV	V	V
折肩罐 B		I	II	II	II	△	III	△	△	IV	V	V
敛口罐					△	△	△		△			△
真腹豆		I	II	II		△	△			△	III	

AⅠ式，第 2 组商式鬲口部以 AⅢ式为主，AⅡ式较少，足根以Ⅱ式为主。BbⅠ式和 C
Ⅰ式绳纹盆、AⅠ式罐、Ⅰ式真腹豆均只见于第 1 组，而第 2 组绳纹盆以 BbⅡ式和 CⅡ
式为主，罐 A、B 型以Ⅱ式为主，真腹豆多为Ⅱ式。根据这些差异，可将第 1、2 组归
为同一期中的两段，即第一期的第 1、2 段。

相比之下，第 3～6 组间的年代特征差异就比较明显：

（1）以分期特征最为明显的高领袋足鬲为例，其各段特征是：第 3 组以椭圆柱状
足根为主，领上部附加厚泥条。第 4 组主要为扁锥足根，偶见椭圆柱状足根，饰中粗
绳纹，领部绳纹为直行，裆底饰横绳纹。第 5 组以扁锥足根为主，亦有饰直行绳纹的
圆锥足根，裆底或饰绳纹或饰坑窝纹，领上部或饰直行绳纹或饰斜行绳纹，绳纹较第 4
组稍粗。第 6 组均为圆锥足根，多饰直行绳纹，少量饰旋转状绳纹，裆底均饰坑窝纹，
领上部均饰斜行绳纹，绳纹较第 5 组粗、深。

（2）当高领袋足鬲形态发生变化时，与其特征相近的袋足分裆甗、高领球腹罐、
球腹钵相应发生变化，演变特点亦相同，且同组时，口部特征近同。

（3）其他一些器类的变化也与上述四器的变化相对应。BbⅢ式联裆鬲只见于第 6
组，而第 5 组以 BbⅡ式为主。方格纹盆Ⅳ式只见于第 6 组，第 5 组以Ⅲ式为主。A 型
折肩罐的Ⅲ、Ⅳ、Ⅴ式分别只见于第 4～6 组，B 型折肩罐的Ⅳ式与Ⅴ式也分别只见于
第 5 与第 6 组。

（4）从陶质、陶色等方面也可看出三组间的差异，如第 4、5 组泥质陶稍多于夹砂
陶，而第 6 组（贺家地点）夹砂陶多于泥质陶，所占比例增至 70% 左右。

据上 4 点认识，可将第 3～6 归为同一期中的不同的四段，即第二期的第 3～6 段。
需说明的是，在目前尚不能完全肯定第 6 段礼村与贺家两地点相关单位间早晚关系的
情况下，为以示区别，本文暂把贺家地点相关单位称为第 6a 段，把礼村地点相关单位
称为第 6b 段。

本文将第 3 组单独定为一段，但本组仅有 H94、H147 两个典型单位，且两者面貌
差异较大，材料显得较为薄弱，若按考古学分期的一般作业方法，很难将其独立为一
段。本文之所以如此划分，主要是基于以下三点考虑：第一，两者的相对年代晚于第 2
段，早于第 4 段，在整个遗址编年体系中的位置是确定的，不能与其他段合并。较详
细的编年体系可能有利于对某些问题的分析。第二，高领袋足鬲年代特征类似 H147 同
类器的单位，在周原遗址尚有一些，如王家嘴地点的 M9 [23]，刘家墓地的几座墓葬 [24]，

〔23〕　王占奎、孙秉君《夏商周断代工程武王伐纣年代——先周文化分期专题初步报告》（待刊）。

〔24〕　除陕西周原考古队《陕西刘家姜戎墓地发掘简报》（《文物》1984 年第 7 期）中发表的 M37 外，
　　　　笔者尚见到在该墓地采集的另外 2 座墓葬亦属本文第 3 段。

表明周原遗址商时期遗存中应有这样一个期段。第三，也许受本次发掘面积的局限，类似 H94 的单位尚未过多发现，现暂时将其独立，仅作为一个重要线索，立此存照，以利于今后的发掘和研究[25]。

综上所述，可将周原遗址商时期考古学文化分为两期 6 段，其中第一期包括第 1、2 段，第二期包括第 3~6 段。

各期段年代判断如下：

第一期遗存中含有商文化因素，其年代可通过对比商文化的分期特征而得[26]。第

---

[25] 在现有资料的情况下，若有研究者将第 3 组与第 4 组合并为同一段，笔者认为亦可接受。

[26] 本文所用商文化分期体系基本采用邹衡先生的观点（详见邹衡《夏商周考古学论文集》，文物出版社，1980 年。本文图八中的第 5、6 均引自该书第贰篇《试论殷墟文化分期》之图一）。但长期以来，有关二里冈上层至殷墟二期（相当于商王武丁、祖庚、祖甲之时）之间的商文化资料较缺乏，有关这一时期的商式鬲标准器的特点尚不明确。特别是相当于商王盘庚、小辛、小乙之时的殷墟第一期的标准器尚无定论（邹衡先生对其所用标本特别注明仅为"参考"）。

郑州小双桥、洹北花园庄、邢台东先贤等遗址的发掘，弥补了上述遗憾。现在，研究者多认为"小双桥期"相当于过去的"白家庄期"，应晚于二里冈上层。对于洹北花园庄早、晚段的认识尚有不同意见，有研究者认为花园庄早段即为殷墟一期。笔者认为早段应早于邹衡先生所分的殷墟一期，有可能相当于商王河亶甲居相之时（《花园庄遗址与河亶甲居相》，《中国文物报》1998 年 11 月 25 日），亦即邹衡先生所分的第Ⅶ组，晚段有可能就是一直面貌不清的殷墟一期，即相当于商王盘庚、小辛、小乙阶段。"夏商周断代工程"的观点与笔者相近。《夏商周断代工程 1996—2000 年阶段成果报告简本》第 70 页："花园庄晚段遗存属于原来所分的殷墟文化一期偏早，约相当于盘庚、小辛、小乙时代，早段遗存则略晚于小双桥遗址。"又："东先贤遗址商文化遗存可分为五期，以 H15 和 H34 为代表的东先贤一期的年代晚于小双桥遗址，而与安阳洹北花园庄早段的年代大体相当。"而东先贤 F2 等单位与花园庄晚段的特征相同，应为相当于盘庚、小辛、小乙之时的殷墟一期（参见何元洪《太行山东麓商文化分期、分区研究》，北京大学硕士研究生学位论文，2000 年。本文所用殷墟一期鬲的标本引自该文图二之 3，编号为东先贤 F1②：15）。

综上，本文对比邹衡先生商文化分期的体系，把二里冈至殷墟二期间（相当于武丁、祖庚、祖甲）的商文化分为 3 段：第 1 段以小双桥遗存为代表，亦称为小双桥期；第 2 段以洹北花园庄早段和东先贤一期为代表，称为花园庄早段；第 3 段以花园庄晚段和东先贤二期为代表，称为殷墟一期（相当于盘庚、小辛、小乙之时）。这 3 段鬲（非圈络纹和矮小之普通型）的特征是：

小双桥期：方唇上翻下勾，腹及足根外撇，足根细高，似有颈，沿下素面，饰一至两道旋纹（如图八：1）。花园庄早段：方唇仍上翻下勾明显，微有颈，腹与足根较直，足根较小双桥期矮，沿下饰一道旋纹，有些腹部绳纹已越旋纹而至沿下（如图八：2、3）。殷墟一期：斜方唇，唇下勾不明显，无颈，沿下无旋纹，腹与足根较直，足根仍细高，略较花园庄早段粗矮（图八：4）。

但关中地区特别是关中西部地区商式鬲的完整者甚少见，其地方变异特征尚不能准确把握，故目前还不能很细致地与商文化分期进行对应。

1 段 A I 式商式鬲 H28∶3（图八∶7）束颈不如小双桥期者[27]明显（图八∶1），而与花园庄 G4∶2[28]相同（图八∶2），唯其正方唇上翻下勾程度不如花园庄早段两器。A II 式商式鬲 H64∶39（图八∶8）呈长方体，整体形态接近花园庄 G4∶1（图八∶3），且沿下有旋纹，此特点不见于殷墟一期以后。但 G4∶1 更具商式鬲较早特征：正方唇上翻下勾明显，实足根更细，微外撇。相比之下，H64∶39 方唇棱角不太明显，实足根直立，稍粗，与殷墟一期者（图八∶4）形制更接近，且后者沿下已不见旋纹。第 1 段以 A II 式商式鬲多见，A I 式较少，故其年代上限稍晚于花园庄早段，大约与殷墟一期相当或稍早。

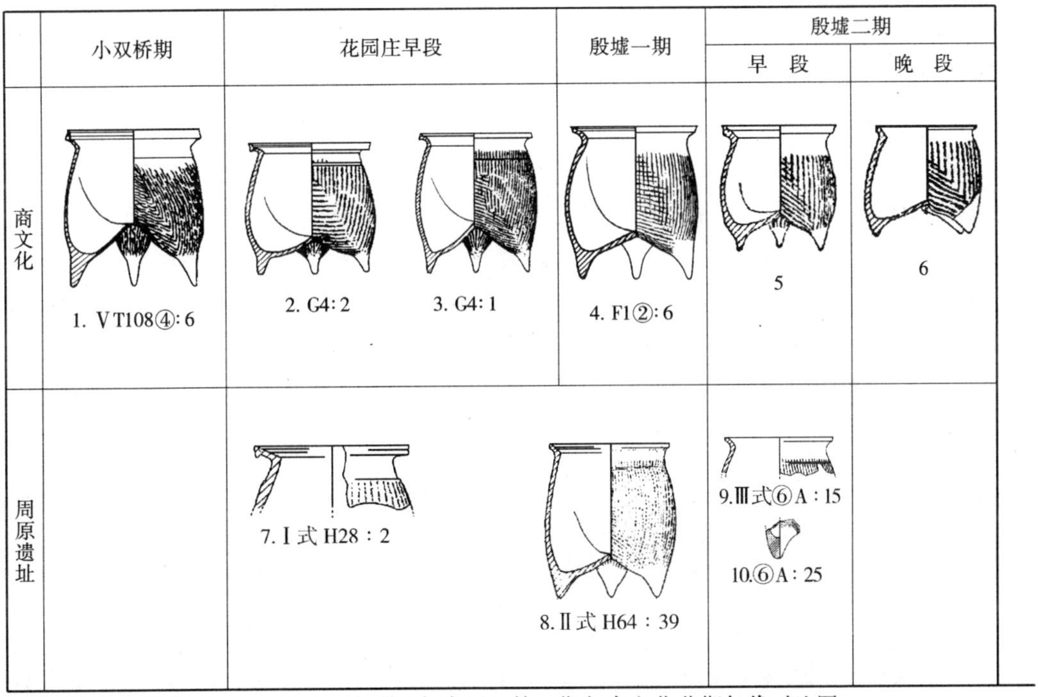

图八　周原王家嘴及贺家居址第一期与商文化分期年代对比图

第 2 段 A III 式商式鬲 T0127⑥A∶15（图八∶9）上部与 A II 式上部接近，但其斜方唇无棱角，更与殷墟二期偏早阶段同类器相近（图八∶5）。足根 T0127⑥A∶25（图八∶10）较肥，特征近同殷墟二期者（图八∶5、6）。第 2 段以 A III 式为主，A II 式较少，故其年代可定为殷墟二期偏早阶段，上限或可至殷墟一期，下限或可至殷墟二期偏晚阶段。

[27]　河南省文物研究所《1995 年小双桥遗址的发掘》，《华夏考古》1996 年第 3 期，第 20 页图四〇之 6。

[28]　中国社会科学院考古研究所安阳工作队《河南安阳市洹北花园庄遗址 1997 年发掘简报》，《考古》1998 年第 10 期。

第二期第 3~6 段中均不见商文化因素，它们的年代不能直接与殷墟文化分期相对比。第 3 段不早于第 2 段，故其上限不早于殷墟二期偏早阶段（或殷墟二期）[29]。第 6 段 LH8 的文化面貌、典型器物的式别特征均同于沣西 H18[30]，后者被认为是周人迁丰至灭商前的遗留。总之，第二期第 3~6 段的上限不早于殷墟二期偏早阶段（或殷墟二期），下限不晚于商周之际。

六、关于周原遗址西周初期考古学文化面貌的新认识

若要判断周原遗址商时期考古学文化分期是否完整及第 6 段的年代等问题，必须进一步确定周原遗址西周初期的考古学文化面貌。

经过 1999 至 2003 年对周原遗址的大规模发掘和研究，我们已初步建立了周原遗址商周时期较为详细的考古学文化编年体系，以贺家ⅡC2H7、ⅡC2H9 和礼村 H8、H14 等单位即本文的第 6 段为商代最晚段的代表[31]，西周早期（早段）的典型单位可以ⅠA1H124、ⅠA1H127、ⅠA1H2、ⅣA1M17 等单位为代表[32]。但同时亦感觉上述商时期第 6 段与以往所识西周早期面貌差异稍大，两者之间似有缺环，但究竟是缺少更晚的商代遗存，还是缺少更早的西周时期遗存，尚不能确定。

2003 年 12 月，北京大学考古文博学院师生在周原遗址以西 27 公里的岐山周公庙

---

[29]　关于第 3 段绝对年代的估计，尚需再作一些说明。由于现可确知第 3 段的上限不早于殷墟二期偏早阶段（或殷墟二期），与文献记载古公亶父迁岐的时期大致吻合，且由于以 H147 为代表的文化面貌与长武碾子坡早期的特征近同，所以很容易使人将第 3 段在周原遗址的出现与古公亶父迁岐这一重大历史事件联系起来，从而进一步认为第 3 段的绝对年代应是古公亶父迁岐之时。笔者认为，这一推断成立的可能性很大。但是，论证这一推断尚涉及周原遗址是否为"岐邑"、先周文化是什么，以及周原遗址商时期考古学文化遗存与先周文化关系等重大学术课题。如果这些重大课题尚未经过充分论证且无明确的结论，关于第 3 段的绝对年代为古公亶父迁岐之时的推断则失去了诸多必要的条件而仅限于猜测之中。而这些重大课题的论证显非本文所能，故本文暂不将第 3 段的绝对年代与古公亶父迁岐这一重大事件相联系。有关认识待另文详述，或可参看雷兴山《先周文化探索》，北京大学博士学位论文，2002 年。

[30]　中国社会科学院考古研究所丰镐工作队《1997 年沣西发掘报告》，《考古学报》2000 年第 2 期。关于对沣西 H18 年代的认识及与 LH8 的年代关系，可参看雷兴山《周公庙遗址卜甲坑 H45 的期别与年代——兼论对关中西部商周之际考古学文化分期的几点认识》，《古代文明》（第 5 卷），文物出版社，2006 年。

[31]　周原考古队《2001 年周原遗址（王家嘴、贺家地点）发掘简报》，《古代文明》（第 2 卷），文物出版社，2003 年；雷兴山《先周文化探索》，北京大学博士学位论文，2002 年。

[32]　周原考古队《1999 年度周原遗址ⅠA1 区及ⅣA1 区发掘简报》，《古代文明》（第 2 卷），文物出版社，2003 年；黄曲《周原遗址西周陶器编年与谱系研究》，北京大学硕士研究生学位论文，2003 年。

遗址调查时，发现了两片刻有 55 字的周人卜甲[33]，周公庙考古队遂于 2004 春对卜甲发现地点进行了抢救性发掘[34]。我们认为以卜甲坑 H45 为代表的一组单位，其期别应为我们以前所未辨识出的独立一段，介于以往所认识的先周晚期与西周早期之间，其年代已进入西周纪年，可作为西周文化初期的代表[35]。

按照这一新认识，我们重新检索周原遗址以往的发掘资料，结果在 2002 年齐家北制石作坊遗址发掘所获中，发现以ⅡA3H35、H39 等为代表的一组单位，其年代特征介于本文第 6 段与以往所识西周早期之间，近同于以周公庙遗址 H45 为代表的期段，应为西周初期遗存。申论如下。

（一）H35 等单位晚于商时期第 6 段的论证

其一，H35 等单位中，几乎不见或罕见一些周原地区商时期考古学文化中最为常见的典型器类，如高领袋足鬲、袋足分裆甗、高领球腹罐等。在第 6 段及与第 6 段同时的沣西 H18 中，高领袋足鬲与袋足分裆甗仍有较高的比例。笔者以前曾论证过这种不同点当是周原遗址及其以西关中地区商时期文化与西周文化特征的差异[36]。据此可认为 H35 等单位的年代（可能）已进入西周时期。

其二，H35 等单位中的一些殷墟文化器类不见于周原遗址商时期考古学文化中，而见于周原遗址西周文化中。这些器类如大袋足无实足根商式鬲（图七: 20）[37]、厚唇商式簋（图七: 21、22）等，年代特征与殷墟四期偏晚阶段同类器几无差别。笔者曾提出过一条区别关中西部地区商与西周时期考古学遗存的标准，即"凡包含典型殷墟文化最晚期型式的厚唇商式陶簋或大袋足无实足根商式陶鬲的遗存，其年代已进入西周时期"[38]。按照这条标准，H35 等单位的年代应进入西周时期。另外 H35 等单位中的矮直领瓮（图七: 24）亦不见于周原遗址商时期遗存中[39]。

其三，H35 等单位中的一些器类，虽见于周原遗址第 6 段中，但在形制年代特征

---

[33]　此次调查报告刊于北京大学中国考古学研究中心等《古代文明》（第 5 卷），文物出版社，2006年。

[34]　周公庙考古队《2004 年度周公庙遗址祝家巷北地点发掘简报》（待刊）。

[35]　雷兴山《周公庙遗址卜甲坑 H45 的期别与年代——兼论对关中西部商周之际考古学文化分期的几点认识》，《古代文明》（第 5 卷），文物出版社，2006 年。

[36]　雷兴山《周公庙遗址卜甲坑 H45 的期别与年代——兼论对关中西部商周之际考古学文化分期的几点认识》，《古代文明》（第 5 卷），文物出版社，2006 年。需要说明的是，周原遗址以东以联裆鬲为主的商时期考古学文化（如郑家坡文化）中，有无高领袋足鬲或高领袋足鬲数量的多少，并不是判断该遗存是否进入西周纪年的充分必要条件。

[37]　涉及 2002 年齐家北制石作坊器物的编号，请以将来正式发表的资料为准。

[38]　雷兴山《西安袁家崖墓葬年代为西周说》，《华夏考古》2008 年第 1 期。

[39]　笔者认为周原遗址西周文化中的矮直领瓮，亦可能是来源于殷墟文化中的商文化因素。但目前没见到完整器物，故尚不能明断。

上有别。第 6 段的联裆鬲多侈口，沿外多饰绳纹，器身所饰绳纹或偏细或略呈麦粒状，印痕浅，纹理模糊，而 H35 等单位中的联裆鬲（图七:25、26）口沿微卷，沿外绳纹被抹，器身所饰绳纹稍粗于第 6 段者，虽印痕仍较浅，但较之第 6 段者略具条理。按照周原遗址商末周初联裆鬲演变规律，H35 等单位联裆鬲的特征应晚于第 6 段同类器。总观 H35 等单位中的器类口沿，多宽卷，这种作风非周原遗址商时期器类的总体特征，而更近于西周文化陶器特征。

其四，陶系特征可作为判断期别的参考。周原遗址第 6b 段中泥质陶与夹砂陶比例相差不大，以泥质陶为主，褐陶比例多达近 40%。以往所识西周早期中夹砂陶所占比例一般为 70% 左右，灰陶数量占据绝对优势，可达 90%。而 H35 等单位中泥质陶稍多于夹砂陶，陶色以灰色为主，所占比例近 80%，而褐陶比例不足 25%。可见 H35 等单位的陶系特征大致介于本文第 6 段与以往所识西周早期之间。

（二）H35 等单位早于以往所识西周早期的论证

除上述陶系方面的比较外，尚有以下理由：

其一，H35 等单位中的一些器类或其型别，见于商时期第 6 段，而不见于西周早期。如 H35 等单位中的高直领型联裆鬲（图七:27）、高斜侈领联裆鬲（图七:28、29），这些型别的联裆鬲在 H35 等单位中并非偶见，但不见于以往所识的西周早期中。再如敛口罐（图七:30）、饰花边的联裆甗（图七:32）、大口折肩罐（图七:31）等亦不见于以往所识的西周早期单位中。这些因素应是周原遗址商时期文化的遗留特征，亦是其早于以往所识西周早期的证据[40]。

其二，H35 等单位中一些器类，其年代特征早于以往所识西周早期中的同类器。以往所识西周联裆鬲的演变规律是沿下角由大变小，西周早期者沿外素面，器身饰中偏细绳纹，印痕甚深，条理非常清晰（图七:36）。H35 等单位中的联裆鬲（图七:25、26）多侈口微卷，沿下角较以往所识西周早期者更大，沿外绳纹虽被抹，但保留较多，器身所饰绳纹稍细于西周早期者，印痕亦较西周早期者浅，凡此特征表明 H35 等单位的联裆鬲应早于以往所识西周早期者。H35 等单位中的联裆甗（图七:33、34），沿下角较以往所识西周早期者（图七:35）大，沿面较宽，所饰绳纹特征更近于商时期第 6 段。按照周原遗址西周联裆甗的演变规律看，H35 等单位中的联裆甗应早于以往所识西周早期的同类器。联裆鬲与联裆甗是周原遗址西周文化中最典型的器类，H35 等单位中这两类器早于以往所识西周早期的同类器，表明 H35 等单位的年代应早于以往所

---

[40] 我们发现在以 H35 为代表的多个单位（且有些单位直接打破生土）中，均或多或少地保留了一些周原遗址商时期特征的陶器，因此可基本肯定这些应为该段所固有，而非早期陶器之混入者。

识的西周早期。另外，H35 等单位中的横绳纹鬲（图七：23）领腹交接处，较以往所识西周早期者（图七：39）不明显，年代应较后者稍早[41]。周原遗址矮直领瓮的领部由高变矮，H35 等单位中的矮直领瓮（图七：24）的领部，较以往所识西周早期者（图七：41）稍高。H35 等单位中的商式簋（图七：21、22），侈口较直，颈部较短，而以前所识西周早期的商式簋（图七：42），口侈较甚，颈部较长，年代特征晚于 H35 等单位中的同类器。

其三，以往所识周原遗址西周早期中的典型器类或其典型特征，不见于 H35 等单位中。

如个体较小的圆肩罐（图七：40）、颈部较直的高直领罐（图七：38）及高领鼓腹带耳罐（图七：37），均是以往所识西周早期中数量较多且年代特征鲜明的典型特征，但不见于 H35 等单位中，亦不见于商时期第 6 段中。据此可进一步证明，H35 等单位的年代应早于以往所识的西周早期。

综上所述，我们认为，以ⅡA3H35、H39 等为代表的一组单位，其期别晚于商时期第 6 段，早于以往所识的西周早期，自成一段，其年代为西周初期。

该段遗存的辨识，填补了以往认识中的空白，进一步证明了第 6 段应是周原遗址商时期考古学文化分期体系中最晚的一段。

七、结　语

依据丰富的出土陶器及复杂的层位关系，本文对周原遗址商时期陶器分类及典型器类演变规律的总结，较以前研究，有了更加全面和深入的认识。

本文将周原遗址商周时期考古学文化陶器分为二期六段，其中第一期包括第 1、2 段，第二期包括第 3～6 共四段。第一期第 1 段的年代大约与殷墟一期相当或稍早。第一期第 2 段的年代为殷墟二期偏早阶段，上限或可至殷墟一期，下限或可至殷墟二期偏晚阶段。第二期第 3～6 段的上限不早于殷墟二期偏早阶段（或殷墟二期），下限不

---

[41]　关于横绳纹鬲的演变特点请参看雷兴山《周公庙遗址卜甲坑 H45 的期别与年代——兼论对关中西部商周之际考古学文化分期的几点认识》一文。

晚于商周之际[42]。

本文新辨识出一段周原遗址西周初期的考古学文化遗存。该段的辨识，不仅填补了以往周原遗址商周时期考古学文化分期体系中的缺环，进一步明确了第6段应为商时期最晚的一段，同时也完善了周原遗址西周文化的编年体系[43]。

由于受材料所限并基于以往研究成果，本文仅主要利用居址陶器，初步建立了周原遗址商时期考古学文化的分期体系[44]。该体系的建立，为判断周原遗址商时期相关遗存的分期年代、分布，以及为进一步研究先周文化等重大学术课题，提供了一把较为详细的年代标尺。

本文为教育部人文社会科学重点研究基地——北京大学中国考古学研究中心2002年度科研项目《周原遗址的分期与布局研究》阶段性成果之一，是在导师李伯谦先生指导下完成的笔者博士学位论文《先周文化探索》部分章节的基础上修改而成。

------

[42] 王占奎、孙秉君等在《夏商周断代工程武王伐纣年代——先周文化分期专题初步报告》中，将1996～1997年发掘的王家嘴居址与墓葬的材料分为三期6段。《报告》第一期第1、2段，第二期第3段与本文第一期第1、2段相当；《报告》第二期第4段即本文第4段；《报告》第三期第5、6段皆用墓葬材料作代表，大致与本文第三期第5段相当或略晚；本文第三期第6段不见于《报告》。张天恩在《周原遗址殷商时期文化遗存分析》（《中原文物》1998年第1期）中，将周原遗址商时期考古学文化分为四期6段，其中第一期包括第1、2段，第二期包括第3、4段，第三期与第四期分别包括第5段与第6段。张天恩认为第一期的年代相当于二里冈上层偏晚到殷墟一期或稍晚，第二期的年代相当于殷墟二期或稍晚阶段，第三期的年代相当于殷墟三期或稍晚，第四期的年代为殷墟四期，上限或略晚于殷墟四期的上限。由于张天恩与本文所用资料不同，故两文分期的结论不便作全面比较。大致而言，（1）两文对一些典型器类（如高领袋足鬲等）演变规律的认识基本相同，所作分期的相对顺序差异不大；（2）本文第一期略相当于张文第一期。本文第二期第3、4段大致相当于张文第二期。本文第二期第5、6段与张文第三、四期略有差异。两文对各期段绝对年代的估计稍有差异。

[43] 鉴于本文的新认识，我们建议将以ⅡA3H35及H39等为代表的一段，作为周原遗址西周文化分期的第1段，排在以往所识西周早期第1段之前。

[44] 需要说明的是：（1）由于周原遗址商时期的铜器发现得较少，且前人已有较好的研究，故本文不再进行重复分析。以往的研究成果可参见邹衡《论先周文化》（《夏商周考古学论文集》，文物出版社，1980年）与张天恩《周原遗址殷商时期文化遗存分析》（《中原文物》1998年第1期）两文。在周原遗址商时期遗存中，铜容器（甚至是铜器）与陶器共存的资料极为罕见。所以，关于铜容器分期与陶器分期的对应关系问题，还有待新资料的发现与进一步的研究。这也是本文不涉及铜器分期的原因之一。（2）由于本文所建立的居址陶器分期体系亦适用于周原遗址商时期几无层位关系的墓葬分期，加之刊布的周原遗址商时期墓葬的资料甚少，本文无法进行系统分期。故本文暂不涉及墓葬分期，笔者将另文讨论这一问题。

"虖台（丘）"略考

李鲁滕[*]

The words Huyiqiu Jun 虖台丘君 and Huyi Jun 虖台君 have been found in the inscriptions on several bronze vessels. The paper argues that Huyi might be the name of a capital city of the small Huyi 狐骀 state recorded in ancient texts. The state appeared in the early Spring and Autumn period and had survived till the early Warring States period. It had established marriage relationship with other small states including the Cao Ni 曹郳 and Ren Xue 妊薛. The location of the city might be the western foot of the Huyi Mountain in the Tengzhou 滕州 City, Shandong 山东 Province.

　　滕州市博物馆藏有一铜戈，其援窄平，中起脊，前锋呈三角形。斜角长方形内，内有一穿。长胡，三穿。形制为典型的战国早期器（图一:1）。胡上铸铭文一行"虖台丘子休之俗（造）"（以下简称"子休"戈）。1979 年出土于滕州市西约 7 公里的姜屯镇庄里西村滕国贵族墓地。

　　戈铭简单明了，例为地名（或国名）+ 作器者名之通式。唯地名（或国名）"虖台丘"，鲜为史家涉足。故笔者不揣浅陋，试为之解。

　　查金文中尚有"虖台"器数例，列之如下：

　　A. "虎（虖）伯（台）丘君□之元用"。见于《山彪镇与琉璃阁》M80:56（图二:1）。是戈笔者未见全形拓本或照片，谨据整理者描述，当与"子休"戈时代相当，为战国早期器。

　　该器作器者为虎伯丘君。考虎、虖上古音皆在晓母鱼部[1]。故朱骏声曰："凡虍之派，皆衍虍声。"[2]《史记·匈奴列传》："故使郎中系雩浅奉书"，《索引》："雩，《汉书》作虖。"《墨子·旗帜》："竞士为雩旗"，《北堂书钞·武功部》引雩旗作虎旗。

---

　　* 作者系山东省滕州市博物馆研究馆员。
〔1〕 郭锡良《汉字古音手册》，北京大学出版社，1986 年。以下凡涉及声、韵不另注者，皆出自该书。
〔2〕 （清）朱骏声《说文通训定声》，中华书局，1984 年。

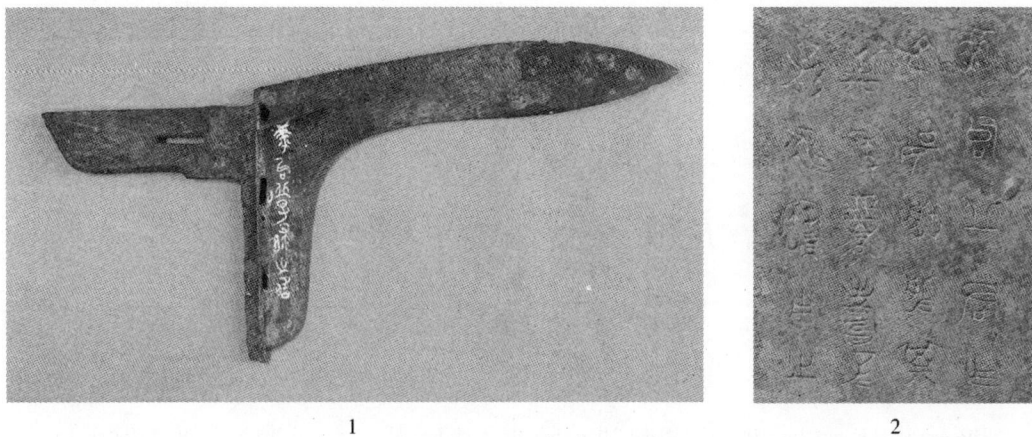

图一　滕州出土铜器及铭文

1. 滕州庄里西出土"子休"铜戈　2. 滕州薛国城 M147 铜盘铭文

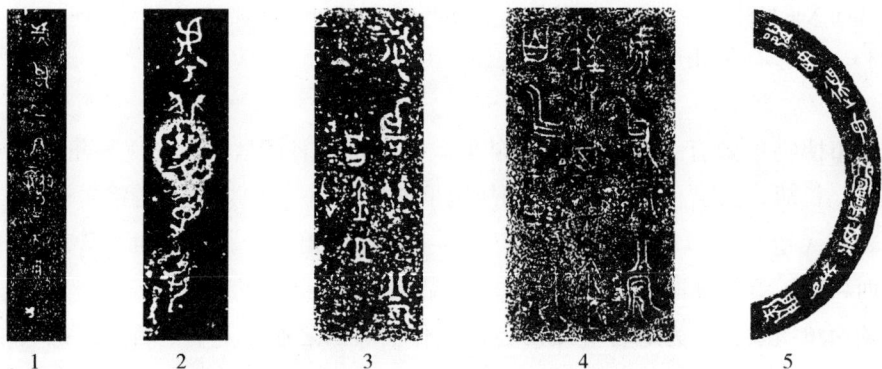

图二　滕州出土铜器及铭文

1. 辉县琉璃阁 M80∶56 铜戈铭文　2. 虖丘鼎铭文　3. 虖伿（台）丘匜铭文

4. 虖伿（台）君鼎铭文　5. 郳姻鬲铭文

同音相假，雩通虖，又通虎。故虖可以假为虎。

　　虖下一字，原作者未释。细审该字，从"台"从"人"甚明，后器数作此构，例应隶为"伿"。伿，《说文》："疑貌。从人台声。"伿、台音同字通，故台可以用为伿。

　　B. "虖伿（台）丘君作叔姻媵盘，其万年眉寿，子子孙孙永宝用之。" 1986 年出土于滕州市官桥镇狄庄薛国贵族墓地[3]（图一∶2），（同出尚有一同铭铜匜）时代为春秋中期偏晚。

_____

〔3〕　资料现存于山东省文物考古研究所。

C. "虎（虖）伯（台）君□择其吉金，自作□□。"载《商周金文录遗》79（图二：4）。该铭未见器形，审字体和行文体例，其时代当为春秋时期。

D. "虖丘作季姬"。见《三代吉金文存》二·四六·二及《殷周金文集成释文》第六卷2082（图二：2）。

是铭，《三代》书作"虖白"，吴镇烽先生称"虖北"，并定其为西周早期人氏[4]。细审《三代》拓本，"虖"下一字的下半部掩泐，仅余上部之"" 形，实则应补隶为"丘"字。罗振玉、吴镇烽先生不知古有"虖台丘"（省称"虖丘"）之名，故有误释。其时代据铭文书体观察，亦不应为西周早期，而以春秋为是。

E. "虖伯（台）丘尚之鉴匜"。载中国社会科学院考古研究所编：《殷周金文集成释文》第六卷上，10194器（图二：3）。时代为春秋时期。

F. "虘（虖）丘墅"。见《古玺汇编》3056。其时代应为战国晚期。

"虘"，字书所无。按其所从，或读"虎"声。"虎"、"虖"上古音均属晓母鱼部，音同故得相通。

上揭诸例中，子休戈及A、B、E四器作"虖台丘"；D、F作"虖丘"，省"台"字；C作"虖台"，省"丘"字。古之繁复地名，多有省减，例如"荆楚"，或"荆"或"楚"，其实一也[5]。至于国名省"丘"者，先秦文献典例甚多，恕不例举。俞伟超先生曾对本文所列A、C二器的作器者之间的关系有过论述，称他们二者"封君之号相同而非一人"[6]。要之，虽然上揭金文中存在虖台丘、虖丘、虖台三种称谓，但是我们认为它们实为一地，即"虖台（丘）"者。（F器"虘丘"在此为氏名，墅为人名。《左传·隐公八年》："胙之土而命之氏"，"虘丘"既所谓以邑为氏也。）

虖台（丘）为都邑名称，说见下文。丘，表地理形态。《说文》曰："丘，土之高也。"即今俗称之高陵之地（亦称丘陵）。然许叔重又云："一曰：四方高，中央下为丘。"是谓山间盆地亦为丘。上揭金文中，丘与地名虖台连读，又称"虖台丘"。先秦时代以"丘"为名之地，枚不胜举。据笔者粗略统计，仅《左传》中出现的名"丘"之地，就达50余处，且处处皆军略要地。因此"'丘'的重要或广袤大概近于都，决非村公社之名，也不是《周礼》中所指的'九夫为井，四井为邑，四邑为丘'，不到一百五十家的聚落。"[7]杜先生慧眼识法，斯言切中肯綮。

"虖台（丘）"，典籍无直书者。考《左传·襄公四年》有："邾人、莒人伐鄫。臧

[4] 吴镇烽《金文人名汇编》，中华书局，1987年。
[5] □簋："伐荆楚"，《小校》7·43；中子化盘："用保楚王"，《三代》17·13·1；贞簋："贞从王伐荆"，《三代》7·21·7。
[6] 俞伟超《周代用鼎制度研究》注释169，《先秦两汉考古学论集》，文物出版社，1985年。
[7] 杜正胜《周代城邦》，台北联经出版事业公司，1981年。

纥救鄑。侵邾，败于狐骀（《礼记·檀弓上》作臺鲐。郑注：'臺'当为'壶'之误也。《春秋传》作狐鲐。）"之说。狐，上古音在匣母鱼部，与"虖"旁钮同韵，音近可通。骀、台分别为定母之部、透母之部字，亦为旁钮同韵，故《说文》曰："骀，……从马台声。"《左传·昭公元年》："实沈臺骀为崇"，《论衡·引通》引"臺骀"作"臺台"。因此，骀、台亦可通假。据此，笔者以为，金文中的"虖台（丘）"应该就是先秦文献记载里的狐骀。如此经典与金文不一的现象在国名称谓中非常普遍，如薛国之薛作辪[8]；许国之许作鄦[9]；莒国之莒作篔[10]；莱国之莱作釐[11]等，俯拾即是。

狐骀之地望，杜预在《左传·襄公四年》条下注曰："狐骀，邾也。鲁国蕃县（今滕州市—笔者注）东南有目夷亭。"明·万历十三年《滕县志》曰："狐骀山，一名目台山。……俗呼省'台'字。……今山南头名木时者，疑亦目台之讹也。"是说以为狐骀在今滕州市东南约15公里的木石镇境内。然清·洪亮吉在《春秋左传诂》一书中则另辟一说："狐骀，杜注以为蕃县南之'目台亭'。今考'目台'，既《淮南子》之目台山，淄水所出。杜说非是。"考《左传》之狐骀，时为邾地，古今注疏，向无异辞。"臧纥救鄑"之鄑，杜注以为："今琅琊鄑县"。地在今山东省临沂市苍山县向城镇西北，其故城遗址至今犹存，称"鄑国故城遗址"（属省级重点文物保护单位）。邾在鲁国南部，鄑更在其南。臧纥救鄑，必须南跨邾境，故言"侵邾"。而狐骀则为其南下救鄑的必经之地。而《淮南子》之目台山，《地理志》谓"原山"，《太平环宇记》引《淮南子》谓"铅山"，地在今曲阜市（古鲁国）东北的莱芜市东部。臧纥自鲁国发兵救鄑、侵邾，如何南辕北辙？故洪说为非，杜说为是。

或以为"目台"即墨子所居之"目夷国"（意谓以氏名命为国名），论者引《史记·殷本纪》："契为子姓，其后分封，以国为姓，有……目夷氏"，并将"子休戈"（旧称虖台戈）释作"目夷戈"来作其论据之一，而结论为"可见，'目夷'原为商王朝所建的东方同姓（商为子姓—笔者）小方国。"[12]"目台"是否为墨子故居，不在本文讨论之列，弗论。但说"目台"为"子"姓，则谬矣。前已述及"目台"即"狐骀"，亦即"虖台"。薛国故城出土的"虖台丘君"器（上述之B器）是虖台丘君为出嫁的三女儿所铸的一套媵器。其姓为"妘"，甚为明确，故张说不确。传世有"郳妘

---

[8]　薛侯匜：《三代》17·36·1。
[9]　许子簠：《三代》10·23·1。
[10]　莒鼎：《三代》4·15·2。
[11]　叔夷钟：《啸堂集古录》下79。
[12]　张知寒《再谈墨子里籍应在今之滕州》，《墨子研究论丛》（一），山东大学出版社，1991年。

鬲"，铭作："郳妈□母铸其羞鬲"[13]（图二：5）。此为嫁与郳（既"小邾"）国的妈姓名□母之女自作器[14]。其姓作"敀"，与"虘台丘君盘"稍异。甲、金文中字形结构颠倒之例甚多，特别是姓氏，几乎都见异构，如姬作姫[15]、妃作改[16]、妊作姙[17]、姒作姒[18]等，实则一也。二器互校，可证妈姓无误。妈姓，典籍无载。古之先民，知母不知父，盖其姓氏多自"女"出。今观妈姓，可知其渊源甚古。另则，妈姓诸器的出土，也填补了古代姓氏之缺。

由于史籍记载的阙如，这个有着古老渊源的妈姓小方国—虘台（丘）的历史已不可考究。仅据地下出土的金文资料，我们知其最迟在春秋早期既已名世，而且一直苟存至战国早期。另外，在春秋时期还曾一度与嬴郳、妊薛、某姬姓国家（或为其西邻的滕国，也未可知）联姻。窥其所居，北为嬴姓之"郳"、东为"郳"（即小邾。2002年在其东约七公里的东江村，考古发现小邾国的贵族墓地[19]。推其都邑应在附近）、东南约四公里为邾之"滥邑"、西约十公里的土城村，《滕县志》谓"郳犁城"。直可谓四面皆"邾"。如此，其与"邾"之钩连，在文献记载缺失的情况下，后人岂能解释得了？！无怪乎杜预称其为"邾也"。从其存世有相对数量的青铜器以及遗世的金文铭刻，度之春秋大势以及虘台（丘）所处的特殊的地理位置，我们推测，春秋时期的虘台（丘）并未亡祀，在嬴邾扩张南下"别封小邾"、"居滥"之时，与邾有着姻亲关系的虘台（丘），仍蜗居在一方狭小的国域内，甚或成为仰"邾"鼻息的附庸小国。在嬴邾的庇护下，战战兢兢、苟延残喘。此于邾，既所谓"兴灭国，继绝世"也。其例如同"周"封"杞"、"宋"，更所谓"齐侯灭莱…迁莱于郳"（《左传·襄公六年》）之举。"周"封"杞"、"宋"，改变不了"普天之下，莫非王土"之事实；"邾"继"妈"世，"虘台（丘）"焉可不称"邾地"？！

如前所述，虘台（丘）君显为虘台（丘）之封君。例同黄国国君称"黄君"[20]、邛国国君称"邛君"[21]、邾国国君称"邾君"[22]者。君，"尊也"（《说文》）。《尔

[13]《三代》5·23·2。
[14] 对郳妈之释，世有方濬益、郭沫若、吴镇烽氏三家言。因系旁枝歧出，兹不赘言。参见拙作《也谈郳妈鬲》（待刊）。
[15] 秦公钟：《薛氏钟鼎彝器款式》7·2。
[16] □叔匜：《三代》17·40·2。
[17] 同［8］。
[18] 颂壶：《三代》12·30—31。
[19] 资料现存于枣庄市博物馆。
[20] 黄君簋：《三代》8·21·2。
[21] 邛君妇和壶：《三代》12·13·1。
[22] 邾君钟：《三代》1·8·1。

雅·释诂》："林烝天帝、皇王、后辟、公侯，君也。"《仪礼》注："群众所归，天子诸侯及卿大夫有地者皆曰君。故公、侯、伯、子、男虽臣于天下，在其国亦称君也。"虡台（丘）可自造兵器，似乎仍然拥有自己的军队。虽臣于"郳"，但其地域相对独立，"主权"相对完整，焉可不称"君"乎？只是"春秋"尊王正名，虡台（丘）为郳之别封，地小位卑，又非"王朝"所封，故不达于"天子"。非但不得称爵著名，更不得列于诸侯。此非独虡台（丘）如此，"当时小国泯没无传者，更不知凡几"[23]，其虽未受封称爵，但其"君"称，则是不能泯灭的。

滕州市博物馆藏戈铭曰："虡台丘子休"。是子，显非当政之封君，盖为虡台丘君之子，名"休"者。其是否太子不得而知。但"子休"可自造（铭）兵器，其身份、地位自然不可小觑，绝非一般庶子可当。《周礼·夏官》曰："诸子，掌国子之倅，掌其戒令，与其教治。辩其等，正其位。国有大事，则帅国子而致于太子，惟其用之。若有兵甲之事，则授之车马，合其卒伍，置其有司。以军法治之，司马弗正。"考金文"子×"前凡冠以国名者，皆属"国子"之族，一如"蔡子旅"[24]、"郑子石"[25]、"息子行"[26]之列。非"子孔"[27]、"子璋"[28]、"子疾"[29]之辈明矣！

前已述及，金文之虡台（丘）即典籍之狐骀。根据先贤之论，狐骀在今滕州市木时（今转音为"木石"）镇北首的狐骀山。考今狐骀山西坡下正有一处两周时期的古文化遗址，当地文物部门登记名称为"化石沟 II 号"遗址。该遗址地处东西相距约 5 公里、南北逶迤数十华里的两条山脉之间的山间盆地之上（合于《说文》之解），地面调查面积约 20 万平方米（实际面积可能更大），显非一般聚落遗址。距该遗址北约一公里的"后安上"遗址（面积约 3 万平方米），1933 年春天出土了十数件包括"郳义伯"鼎、"郜伯"鬲及"孟□父作幻伯"簋、"京叔"盘、匜等在内的一批时代为两周之际的有铭青铜器[30]。是年秋、冬季，原中央研究院、山东古迹研究所、山东大学等单位联合对该遗址进行了发掘，发掘证明出土这批青铜器的为一座周代大墓[31]。虽然该墓未出土明确的"虡台（丘）"器，但是我们仍然相信"后安上"遗址与"化石沟 II 号"遗址之间可能存在着某种不可分割的联系。

---

〔23〕　王献堂《春秋郳分三国考》，齐鲁书社，1982 年。

〔24〕　蔡子旅匜：《三代》17·26·1。

〔25〕　郑子石鼎：《三代》3·24·7。

〔26〕　息子行盆：《江汉考古》1980 年第 1 期。

〔27〕　子孔戈：《考古》1958 年第 11 期。

〔28〕　子璋钟：《三代》1·27·2。

〔29〕　梁阴令率鼎：《三代》14·58·8。

〔30〕　《续滕县志·金石卷》，1941 年。

〔31〕　尹秀蛟等《二十世纪枣滕地区考古发现与研究》，《齐鲁文博》，齐鲁书社，2002 年。

　　综合考古及文献资料，我们有理由认为金文中的虖台（丘）就是文献记载里的狐骀，亦既有着古老渊源的妘姓后裔所都居之地；今滕州市木石镇境内狐骀山下的"化石沟Ⅱ号"遗址就是两周时期的"虖台（丘）"。

滇国青铜器上的线刻技术

黄德荣[*]

Bronze wares with elegant inscribed designs have been found in large burials of the ancient Dian Kingdom. These characteristic designs had been popular from the middle Warring States to the late Western Han Dynasty. The paper discusses several issues pertaining to the inscribed designs, including the patterns of the designs, and the tools and techniques to inscribe the designs.

　　线刻又叫阴刻、刻纹、针刻、镌刻，它是我国青铜时代一种特有的工艺，春秋、战国时期伴随着多种装饰技术，如鎏金、错金银、镶嵌等相继兴起的同时，出现了一门新的工艺——线刻。它以精湛的技艺，丰富的图案为青铜器增添了异彩。其特征是手工作业，用锋利的刀在青铜器上刻出各种纷繁的纹饰，刀法娴熟、流畅，线条细如毫发。

　　线刻与范铸法的纹饰比较，线刻难度大，技术水平远远超过范铸法。线刻纹饰生动、活泼，富于创意，尤其适合线条复杂、刻画细致的图案，如人物、飞禽走兽、树木。由于是手工雕刻，因而数量少，没有一件相同的线刻纹饰，无法大规模生产。相反范铸法纹饰系事先在陶范上刻画好，因此容易铸造，能够大规模生产，纹饰显得几何化、公式化。

一

　　专门研究线刻的文章不多，笔者目前仅见到叶小燕[1]、艾兰[2]写的两篇，两篇文章分别涉及东周和汉代青铜器上的线刻技术，叶小燕认为：

　　我国最早的线刻工艺出现在春秋晚期，河北怀来北辛堡出土的缶（图一）和江苏

---

　　* 作者系云南省博物馆研究员。

〔1〕　叶小燕《东周刻纹铜器》，《考古》1983 年第 2 期。
〔2〕　艾兰《一组汉代针刻青铜器》，《欧洲所藏中国青铜器遗珠》，文物出版社，1995 年。

六合程桥出土的盘（？）残片是迄今为止我国最古老的2件线刻青铜器，2件器物上都以楔形点连续成线，再组成图案，其技法为錾凿法，楔形点头粗尾细。到了战国早、中期，线刻工艺已臻成熟，并逐步流行起来，技法由錾凿法变成线刻法，代表器物有湖南长沙黄泥坑出土的匜和河南辉县赵固村出土的盘。

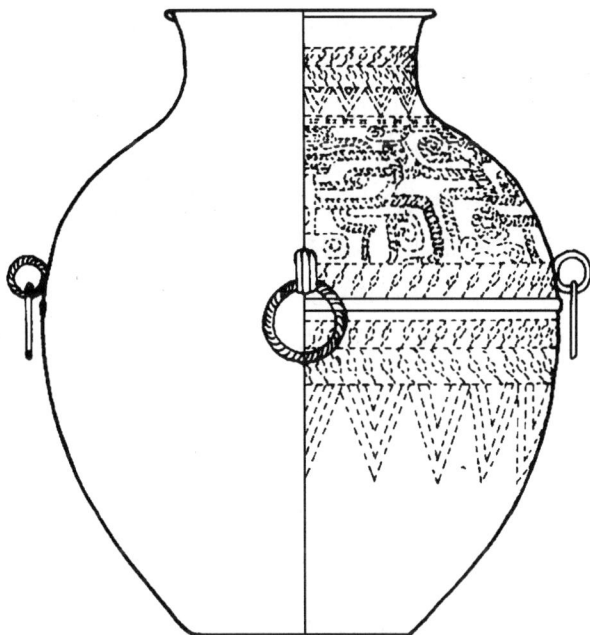

图一　怀来北辛堡 M1 出土铜缶

从年代上看錾凿法要早于线刻法，初期只用錾凿法，未见线刻法，战国中期以后，线刻法取代錾凿法，成为真正意义上的线刻。虽然如此，錾凿法并未消失，一些线刻纹饰的局部仍然用錾凿法，起装饰、点缀作用。

春秋晚～战国时期线刻青铜器发现的不多，共计22件，其中匜最多，计有11件，盘次之，4件，以盥洗器物为主。多数是墓葬随葬品，少数是传世品。这些器物的器壁都较薄，厚度不及1毫米。纹饰大部分刻在器物的内壁，如匜、盘内，少数刻在外壁，如奁和缶。纹饰内容以写实性为主，如人物、禽兽、台榭楼阁、苑囿、树木、车马等，多数纹饰都以一幢建筑物为中心，表现主人迎客，或主与客对饮，奴仆倒酒，或奏乐，或起舞，一幅贵族宴饮场面[3]。

据艾兰统计，汉代线刻青铜器有20件，其中酒器数量居首位，长颈壶有6件，灯次之，3件，多数出自中、小型墓里。内容以锯齿纹、席纹、菱形纹等几何纹为主，鹿、龙、虎等动物纹和山峰纹也颇具特点[4]。

从分布范围来看早期线刻中原地区发现较多，河北怀来、邯郸；河南辉县、陕县；山西长治等地都出土过。汉代线刻南方多于北方，广西合浦、梧州；贵州清镇、赫章；江西南昌；江苏扬州、盱眙都有发现。

至于产地，叶小燕认为线刻可能是某国某地区的一种青铜工艺，作为商品流通到

---

〔3〕　同〔1〕。

〔4〕　同〔2〕。

全国各地[5]。艾兰认为它的纹饰风格独特，而且固定出现在某一类器物上，是与楚人关系密切的越族制造的[6]。美国学者詹姆士·卡黑尔（James Cahill）说："这种图案……似乎跟商周青铜器所显示出来的发展主流大不相同，这些青铜器当属另一传统"[7]，即来自我国南方。

值得注意的是上述研究文章从未涉及滇国青铜器。事实上，滇国青铜器上普遍用线刻纹饰作装饰，纹饰精雕细刻，栩栩如生，其刀法之精，令人十分惊奇和赞叹！关于这一点，学术界也没有人专门研究过，基于此，笔者不揣浅陋，准备对滇国青铜器上的线刻技术做一些深入研究。

二

线刻技术是滇国青铜器中一种主要的加工工艺，使用频率极高，滇文化中带有线刻纹饰的青铜器数量相当多，根据笔者不完全统计，共计74件（内含2件金臂甲、金镯）。这74件中除江川李家山出土的1件弩机（M3:61）为中原输入的外[8]，其余73件应是本地制造，即是本地工匠在青铜器上线刻而成的。其根据是带线刻的这些器物，如贮贝器、铜鼓、执伞俑、铜锄（锄銎部两侧刻孔雀、牛头纹1）（图二）、铜锥、羊角编钟、刻纹铜片、卷刃器（卷刃器銎部饰2条互相缠绕在一起的龙纹）（图三）、铜剑等，都具有浓厚的地方风格，同样的器物（未有线刻纹饰）在滇文化中多有出土，线刻纹饰的内容也是本地范模铸造青铜器中的常见纹饰（表一）。

图二　晋宁石寨山 M12 出土
尖叶形铜锄（M12:104）

---

[5] 同[1]。

[6] 同[2]。

[7] 转引自[2]。

[8] 云南省博物馆《云南江川李家山古墓群发掘报告》，《考古学报》1975年第2期。

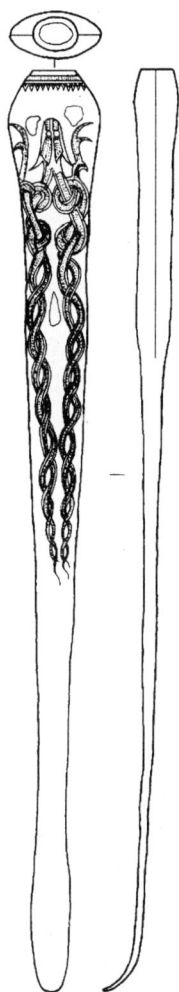

图三　昆明羊甫头
M113 出土卷刃器
（M113：356）

　　滇文化的重要墓地共发现 4 处，它们是晋宁石寨山、江川李家山、呈贡天子庙、昆明羊甫头，线刻青铜器都出自 4 处墓地的大型墓葬中，石寨山数量最多，43 件，李家山次之，16 件，羊甫头 11 件，天子庙最少，4 件。中型墓罕见，只有李家山 M13 出过 1 件铜臂甲、1 件铜盒〔9〕，是仅见的 1 例，小型墓不出。大型墓葬往往会共出多件，石寨山 M13 出土的件数居首位，共 16 件〔10〕，滇王墓（M6）5 件〔11〕；李家山 M24 有 9 件〔12〕；羊甫头 M113 有 10 件〔13〕。虽然大墓多出这类器物，但是不一定每座大墓都会出，羊甫头墓地大墓有 6 座，唯有 M113、M19 出过。

　　所有线刻青铜器都出自墓葬之中，未见传世品，李家山刻纹铜片（采：343）系仅有的 1 件采集品〔14〕，但可以肯定这件器物也是出自墓葬之中，因为发掘前当地生产队在李家山西南坡修梯田时，曾收集到大批青铜器，它也是其中之一。

　　滇文化中年代最古老的线刻纹饰分别刻在呈贡天子庙 M41 出土的头盔、衣甲片、胸甲片等 5 件器物上，都是几何纹，如太阳纹、刺点纹、绞索纹、圆圈纹〔15〕（图四）；以及昆明羊甫头 M19 出土的胸甲片，其上刻绞索纹〔16〕（图五），它们年代为战国中期。2 座墓在各自墓地中均属大型墓葬，天子庙 M41 是墓群中最大的 1 座，随葬器物 310 件，海贝 1500 多枚。羊甫头 M19 随葬器物有 221 个田野号，唯胸甲片带线刻纹饰，但是甲片并未穿在死者身上，而是置于墓坑东北角的铜釜、陶瓮中。早期线刻青铜器以防御性兵器（甲片、头盔）为主，几何纹居多，不见写实性人物、动物纹。

　　从这 2 批材料分析，早期刻纹大部分是线刻，少量为錾凿纹，天子庙 M41 衣甲片上的刺点纹即是用錾凿法凿成的，甲片厚度也比

〔9〕　同〔8〕。

〔10〕　云南省博物馆《云南晋宁石寨山古墓群发掘报告》，文物出版社，1959 年。

〔11〕　同〔10〕。

〔12〕　同〔8〕。

〔13〕　云南省文物考古研究所等《昆明羊甫头墓地》，科学出版社，2005 年。

〔14〕　同〔8〕。

〔15〕　昆明市文物管理委员会《呈贡天子庙滇墓》，《考古学报》1985 年第 4 期。

〔16〕　同〔13〕。

表一　滇国线刻青铜器统计表

序号	器物名称	出土地点	器物号	尺寸（厘米）	时代	纹饰内容	资料来源
1	杀人祭铜柱贮贝器	晋宁石寨山	M1	盖径 24.5 底径 31 高 21	西汉中期	腰部刻狩猎者 8，裸体 5 人，手持矛、弓、戈、曲柄斧、棒等兵器，向同一方向追逐野兽	《考古学报》1956 年第 1 期 55 页，图十三
2	七牛虎耳贮贝器	晋宁石寨山	M1	口径 24.8 高 25.5	西汉中期	器身从上至下刻 5 道纹饰带，1、3、5 纹饰带为卷云纹，2、4 纹带各饰头向相反的 2 只猛虎，各纹带之间用 3 弦纹分隔	《考古学报》1956 年第 1 期 54 页，图十一
3	纺织贮贝器	晋宁石寨山	M1	盖径 24.5 底径 31 高 21	西汉中期	器身刻大嘴长尾鸟 4	《考古学报》1956 年第 1 期 54 页，图十二
4	条形铜锄	晋宁石寨山	M1	长 18.4 宽 9.9	西汉中期	锄身銎两侧各刻凤头、牛头纹 1	《考古学报》1956 年第 1 期 56 页，图十五，1
5	铜矛（Ⅳ式）	晋宁石寨山	M3：108	长 35.9 叶宽 4.9 骹径 2.8	西汉中期	骹部刻长尾、张翅凤纹 1	《云南晋宁石寨山古墓群发掘报告》38 页
6	铜矛（Ⅳ式）	晋宁石寨山	M3：108	长 30.8 叶宽 5 骹径 2.3	西汉中期	骹部刻凤纹 1，前锋残	《云南晋宁石寨山古墓群发掘报告》38 页
7	尖叶形铜锄（Ⅲ式）	晋宁石寨山	M5：31	长 28.5 宽 20.5 銎径 4.2	西汉中晚期	銎部两侧各刻长尾孔雀纹 1	《云南晋宁石寨山古墓群发掘报告》20 页，图版陆，1
8	铜矛（Ⅳ式）	晋宁石寨山	M6：20	长 30.8 叶宽 4.6 骹径 2.4	西汉中晚期	骹部刻凤纹 1	《云南晋宁石寨山古墓群发掘报告》38 页
9	铜剑（残）	晋宁石寨山	M6：21	残长 20.5 身宽 6.5 茎残长 4	西汉中晚期	剑身两面各刻人、虎、猴搏斗图，虎咬住人胸部，人裸体，猴抱咬虎尾，纹饰极为复杂	《云南晋宁石寨山古墓群发掘报告》46 页，图 9，15、16；图版贰玖，1
10	铜剑（Ⅳ式）	晋宁石寨山	M6：39	长 29.5 身宽 3.5 茎长 11	西汉中晚期	剑身近格处两面各刻蹲虎 1	《云南晋宁石寨山古墓群发掘报告》43 页，图 9，5；图版贰伍，6
11	铜剑（Ⅻ式）	晋宁石寨山	M6：68	长 28.2 身宽 6.3 茎长 9.5	西汉中晚期	剑身刻竖线纹 2，侧面带卷云纹	《云南晋宁石寨山古墓群发掘报告》52 页

序号	器物名称	出土地点	器物号	尺寸（厘米）	时代	纹饰内容	资料来源
12	羊角编钟	晋宁石寨山	M6：125	通高 21 口径 14	西汉中晚期	钟身上部刻长角牛头纹 1，下部人头纹（？）2	《云南羊角编钟初探》，《云南文物》2004 年第 2 期 46 页，图一
13	铜戈（Ⅵ式）	晋宁石寨山	M10：49	长 23.5 援长 17.8 内长 2.7	西汉中期	圆銎中部一面刻虎 1	《云南晋宁石寨山古墓群发掘报告》34 页
14	铜戈（Ⅵ式）	晋宁石寨山	M12：21	长 24.3 援长 18.5 内长 2.6	西汉中期	圆銎中部一面刻虎 1	《云南晋宁石寨山古墓群发掘报告》30 页，图七，3；图版拾柒，3
15	尖叶形铜锄（Ⅱ式）	晋宁石寨山	M12：104	长 21.7 宽 20 銎径 3.4	西汉中期	銎部两侧各刻孔雀 1、牛头纹 1	《云南晋宁石寨山古墓群发掘报告》22 页，图版柒，2
16	铜蝉	晋宁石寨山	M12：152	长 12.5	西汉中期	正面刻蝉双眼及双翅	《云南晋宁石寨山古墓群发掘报告》104 页，图版玖陆，3
17	铜鼓	晋宁石寨山	M13：3	残片	西汉中期	胸、腰部刻舞人、吹葫芦笙者、鱼、鸟、虾、骑士、巫师	《云南青铜器论丛》196 页，图四～六
18	刻纹铜片	晋宁石寨山	M13：67	长 42 宽 12.5 厚 0.1	西汉中期	刻纹分四栏：一栏刻凤 1、戴枷人 1、牛头 1、马头 1、圆圈 12、兽头 1、豹、羊头各 1、海贝 3 二栏刻牛角 1、牛头 1、人头 1、双手捆绑人 1、豹头 1 三栏刻人头 1、虎头 1、跪着戴枷人 1、短仗 1、圆圈 1 四栏刻细腰条形物 1、斗拱形物 1、扇头形物 1 各栏中人、羊头之下刻 2～8 条短线	《云南晋宁石寨山古墓群发掘报告》104～106 页，图 26，1
19	铜剑（Ⅵ式）	晋宁石寨山	M13：71	长 21.8 身宽 5.7 茎长 8.7	西汉中期	剑身近格处两面各刻金钱豹 1	《云南晋宁石寨山古墓群发掘报告》49 页

序号	器物名称	出土地点	器物号	尺寸（厘米）	时代	纹饰内容	资料来源
20	铜斧（Ⅷ式）	晋宁石寨山	M13:119	长10.2 刃宽5 銎径2.1	西汉中期	銎部刻有纹饰，纹饰不明	《云南晋宁石寨山古墓群发掘报告》27页
21	条形铜锄（Ⅷ式）	晋宁石寨山	M13:130	长20.5 宽11.4 銎径3.7	西汉中期	叶中部一面刻一对飞鸟	《云南晋宁石寨山古墓群发掘报告》22页
22	条形铜锄（Ⅷ式）	晋宁石寨山	M13:130	长20.5 宽11.4 銎径3.7	西汉中期	叶中部一面刻一对飞鸟，叶尖残	《云南晋宁石寨山古墓群发掘报告》22页
23	铜锛（Ⅲ式）	晋宁石寨山	M13:158	长18.5 刃宽5 銎径4.1	西汉中期	銎部下端刻牛头1	《云南晋宁石寨山古墓群发掘报告》28页，图版拾叁，6
24	铜戈（Ⅵ式）	晋宁石寨山	M13:170	长22 援长16.2 内长2.7	西汉中期	圆銎中部一面刻虎1	《云南晋宁石寨山古墓群发掘报告》34页
25	铜剑（Ⅶ式）	晋宁石寨山	M13:172	长32 身宽6.8 茎长9	西汉中期	剑身两面各刻人、虎、猴搏斗图，人手持剑，裸体，虎咬住人颈部，猴抱咬虎尾，刻纹极精细、复杂	《云南晋宁石寨山古墓群发掘报告》44页，图9，8；图版贰陆，4
26	铜镰（Ⅱ式）	晋宁石寨山	M13:186	长24.2 宽4 銎径3	西汉中期	刃部刻蛇吃鱼纹	《云南晋宁石寨山古墓群发掘报告》23页
27	铜剑（Ⅷ式）	晋宁石寨山	M13:219	长33.5 身宽6.5 茎长9.3	西汉中期	剑身一面刻虎1、虎尾后刻蜂1。另一面刻豹1、猴1，猴抱咬豹尾，茎部刻双蛇缠绕纹，极精美	《云南晋宁石寨山古墓群发掘报告》45页，图9，10、11
28	半圆形铜盒	晋宁石寨山	M13:225	高6 宽10	西汉中期	正面刻菱形图案	《云南晋宁石寨山古墓群发掘报告》106页，图26，2；图版玖陆，4
29	铜剑（Ⅵ式）	晋宁石寨山	M13:233	长29.8 身宽5.8 茎长8.8	西汉中期	剑身近格处两面各刻金钱豹1	《云南晋宁石寨山古墓群发掘报告》43页，图9，7；图版贰陆，3
30	铜剑（Ⅵ式）	晋宁石寨山	M13:233	长24.5 身宽6 茎长7.9	西汉中期	剑身近格处两面各刻凤头兽身动物1	《云南晋宁石寨山古墓群发掘报告》43页，图9，6；图版贰陆，2

序号	器物名称	出土地点	器物号	尺寸（厘米）	时代	纹饰内容	资料来源
31	铜剑（Ⅵ式）	晋宁石寨山	M13:313	长29.2 身宽6 茎长7.7	西汉中期	剑身近格处两面各刻鹿1	《云南晋宁石寨山古墓群发掘报告》43页
32	刻花铜圆筒	晋宁石寨山	M15:26	高20 直径4.2	西汉早期	器表刻卷云纹、菱形纹、绞索纹、弦纹、三角齿纹，筒顶及底部刻太阳纹	《云南晋宁石寨山古墓群发掘报告》106页，图26，3；图版玖陆，6
33	执伞女俑	晋宁石寨山	M17:5	高26	西汉早期	衣襟、袖口上刻飞鸟、蟹、螺、蛇等纹饰	《云南晋宁石寨山古墓群发掘报告》82页，图版陆玖，4
34	铜壶	晋宁石寨山	M17:24	高40 口径5.7 足径13.4	西汉早期	颈上刻飞翔状鸟3、长角鹿3，腹上刻飞鸟2、豹2，相隔装饰	《云南晋宁石寨山古墓群发掘报告》66页，图19，3；图版肆拾，2
35	执伞女俑	晋宁石寨山	M18:1	高27.5	西汉中期	披帔上刻孔雀、鹿、狼、蛇等纹饰	《云南晋宁石寨山古墓群发掘报告》82页，图版陆捌，2、3
36	铜鸳鸯	晋宁石寨山	M20:5	长17 高11	西汉中期	身上刻极细的羽毛纹	《云南晋宁石寨山古墓群发掘报告》106页，图版玖陆，2
37	铜剑（Ⅵ式）	晋宁石寨山	M40:25	长32.3	西汉中晚期	剑身近格处两面各刻长尾豹1，与M13:233剑所刻纹饰相同	《云南晋宁石寨山古墓第四次发掘简报》，《考古》1963年第9期，482页，图六
38	铜剑	晋宁石寨山	M71:32	长30 格宽7.5	西汉中晚期	剑身刻竖线纹，侧面带卷云纹	《云南文明之光》345页
39	动物格斗贮贝器	晋宁石寨山	M71:133	通高42.8 身高22.3	西汉中晚期	器身近底部、器盖近顶处各刻螺旋纹1圈	《云南晋宁石寨山第五次抢救性清理发掘简报》，《文物》1998年第6期，12页，封面

序号	器物名称	出土地点	器物号	尺寸（厘米）	时代	纹饰内容	资料来源
40	叠鼓形狩猎贮贝器	晋宁石寨山	M71:I42	高65.8 下鼓足径45.2	西汉中晚期	两鼓胸、腰、足部各刻1圈纹饰，上鼓胸部刻飞翔状大嘴鸟10，腰部刻4幅狩猎图，足部刻虎、蛇、犬、兔搏斗图以及12棵树。下鼓胸部刻飞翔状长尾鸟8，腰部刻虎、牛、豹、猪搏斗图以及树、鹿、鹰等。足部刻鸟11	《云南文明之光》76～79页
41	铜戈	晋宁石寨山	M71:150		西汉中晚期	銎部刻虎及弦纹	《云南晋宁石寨山第五次抢救性清理发掘简报》，《文物》1998年第6期，10页，封三，2、3
42	弩机	江川李家山	M3:61	高17.4 郭长10.5	西汉中晚期	弩牙、悬刀等处刻隶书："河内工官二百口十口"	《江川李家山古墓群发掘报告》，《考古学报》1975年第2期，118页，图二一；图版玖，2
43	臂甲	江川李家山	M13:4	长21.7 上端直径8.5 下端直径6.6 厚0.5	战国末～西汉初期	正面刻虎、豹、猪、鱼、蜂、鸡等动物图像，外围刻线纹、绞索纹	《江川李家山古墓群发掘报告》，《考古学报》1975年第2期，120～121页，图二五
44	铜盒	江川李家山	M13:16	高7 宽8.2	战国末～西汉初期	正面圆泡周围刻带纹、波折纹，背面也刻有纹饰	《江川李家山古墓群发掘报告》，《考古学报》1975年第2期，132页，图三五
45	绕线板	江川李家山	M18:4	长8.9 宽6	战国末～西汉初期	板面刻绳纹、三角齿纹	《江川李家山古墓群发掘报告》，《考古学报》1975年第2期，127页
46	铜蝉	江川李家山	M21:14	长7.8	战国末～西汉初期	正面刻蝉形纹	《江川李家山古墓群发掘报告》，《考古学报》1975年第2期，138页，图四三

序号	器物名称	出土地点	器物号	尺寸（厘米）	时代	纹饰内容	资料来源
47	筒形器	江川李家山	M22:26	长10 直径6	战国末~西汉初期	筒壁刻平行线纹	《江川李家山古墓群发掘报告》，《考古学报》1975年第2期，139页，图版贰贰，1
48	背甲残片	江川李家山	M24:39		战国末~西汉初期	正面刻蛙纹和六角形纹	《江川李家山古墓群发掘报告》，《考古学报》1975年第2期，118~119页，图二二
49	铜锥	江川李家山	M24:43-4	长13.8	战国末~西汉初期	椭圆形球体上刻孔雀衔蛇图	《江川李家山古墓群发掘报告》，《考古学报》1975年第2期，127页，图三三，3
50	铜剑（Ⅰ型）	江川李家山	M24:82	长43	战国末~西汉初期	剑身近格处刻蛙形纹	《江川李家山古墓群发掘报告》，《考古学报》1975年第2期，115页，图一七，1
51	铜剑（Ⅱ型）	江川李家山	M24:80		战国末~西汉初期	剑身近格处刻蛙形纹	《江川李家山古墓群发掘报告》，《考古学报》1975年第2期，115页
52	铜剑（Ⅱ型）	江川李家山	M24:84		战国末~西汉初期	剑身近格处刻蛙形纹	同上
53	铜剑（Ⅱ型）	江川李家山	M24:101a		战国末~西汉初期	剑身近格处刻蛙形纹	同上
54	铜剑（Ⅱ型）	江川李家山	M24:101b		战国末~西汉初期	剑身近格处刻蛙形纹	同上
55	大衣甲片（残）	江川李家山	M24（68片）	长20~71 宽6.5~14	战国末~西汉初期	少数甲片上刻蛙纹、八角形纹、圆圈纹、绳辫纹等	《江川李家山古墓群发掘报告》，《考古学报》1975年第2期，122页，图二六

序号	器物名称	出土地点	器物号	尺寸（厘米）	时代	纹饰内容	资料来源
56	小衣甲片（残）	江川李家山	M21、M24共一千多片	长 3.2~4.1 宽 1.8~3.8 厚 0.4	战国末~西汉初期	少数甲片上刻圆圈纹、绳辫纹、带芒的太阳纹等	《江川李家山古墓群发掘报告》，《考古学报》1975年第2期，120、122页，图二四
57	刻纹铜片	江川李家山	采：343	长 12 宽 8	战国末~西汉初期	中间刻骑士1，椎髻，跣足，身披毡，手执缰绳，人小马大	《江川李家山古墓群发掘报告》，《考古学报》1975年第2期，150页，图五二，8
58	头盔	呈贡天子庙	M41：113	径 5.2 高 8.1（残）	战国中期	两面刻人形纹	《呈贡天子庙滇墓》，《考古学报》1985年第4期，519页，图一二，1
59	大衣甲片（残）	呈贡天子庙	M41	厚 0.03~0.15	战国中期	四周刻绞索纹、刺点纹	《呈贡天子庙滇墓》，《考古学报》1985年第4期，520页，图一二，3、4
60	胸甲片（残）	呈贡天子墓	M41	宽 2.6~3.2	战国中期	甲片多刻平行线纹、绳纹、刺点纹	《呈贡天子庙滇墓》，《考古学报》1985年第4期，520页，图一二，6
61	小衣甲片（残）	呈贡天子庙	M41	长 3.9 宽 2.6 厚 0.1	战国中期	甲片上刻太阳纹、刺点纹、圆圈纹	《呈贡天子庙滇墓》，《考古学报》1985年第4期，520页
62	胸甲片（残）	昆明羊甫头	M19：173-1	长 23.6 宽 13.6	战国中期	个别甲片上刻绞索纹	《昆明羊甫头墓地》135页，图一二一，2
63	头盔	昆明羊甫头	M113：224	面宽 40.4	西汉初~西汉中期	盔面上刻虎2、鸡2，边沿刻绞索纹、点纹	《昆明羊甫头墓地》195页，图一七六；彩版三七，1、2
64	漆木柲铜錾（B型）	昆明羊甫头	M113：351-3	通长 29.3	西汉初~西汉中期	錾身通体刻2条龙纹、爬虫纹	《昆明羊甫头墓地》208页，图一八四，1
65	漆木柲铜錾（B型）	昆明羊甫头	M113：351-13	通长 32.7	西汉初~西汉中期	錾身通体刻2条龙纹、长尾怪人纹1	《昆明羊甫头墓地》208页，图一八四，3

序号	器物名称	出土地点	器物号	尺寸（厘米）	时代	纹饰内容	资料来源
66	漆木柲铜凿（B型）	昆明羊甫头	M113:351－14	通长30.4	西汉初~西汉中期	凿身通体刻2条龙纹、人牵马纹	《云南文明之光》66、67页
67	卷刃器（B型Ⅰ式）	昆明羊甫头	M113:353－2	长29.5	西汉初~西汉中期	器身刻4条缠绕龙纹	《昆明羊甫头墓地》212页，图一九〇，2
68	卷刃器（A型）	昆明羊甫头	M113:356	长27	西汉初~西汉中期	器身刻2条缠绕龙纹	《昆明羊甫头墓地》59页，图五一；彩版四四，1、2
69	箭箙	昆明羊甫头	M113:365	长49.6 宽12.8 厚4	西汉初~西汉中期	正面刻孔雀、蚊虫、蛇、虎牛、人牛组合纹饰	《昆明羊甫头墓地》195页，图一七四；彩版三六，1、2
70	铜片（箭箙背面）	昆明羊甫头	M113:366－2	长47 宽11	西汉初~西汉中期	正面刻锯齿纹、绞索纹、蟾蜍、双头怪兽、虎噬龙等纹	《云南文明之光》358、361~363页
71	漆木柲铜锛	昆明羊甫头	M113:368－8	通长47	西汉初~西汉中期	顶端铜质蛇首上刻蛇皮纹	《云南文明之光》68~69页
72	甲片	昆明羊甫头	M113:391	长、宽约3	西汉初~西汉中期	甲片上刻太阳纹	《昆明羊甫头墓地》201页，图一七七，3
73	金镯	晋宁石寨山	M1	高5.3	西汉中期	镯边上刻波折纹	《云南文明之光》154~155页
74	刻纹金臂甲	晋宁石寨山	M13:26	长19	西汉中期	边上刻平行短线纹	《云南晋宁石寨山古墓群发掘报告》110页，图壹零叁，3

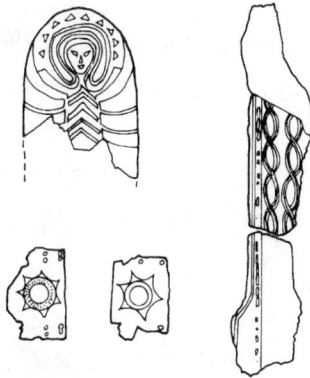

图四　呈贡天子庙M41出土头盔、衣甲片

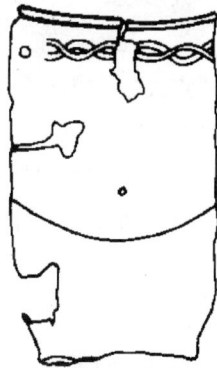

图五　昆明羊甫头M19出土胸甲片（M19:173－1）

较薄，M41 的衣甲片厚仅 0.4 毫米[17]。早期线刻纹饰并不复杂，纹饰简单，容易刻成，只限于甲片这类相对比较薄、造型简单的器物上。

从年代视之，滇线刻青铜器的流行范围为战国中期～西汉晚期。战国中期出现，为数不多，仅发现 5 件，战国末～西汉初开始兴盛、流行，有 15 件。西汉初、中期为鼎盛时期，共计 42 件，西汉中、晚期逐渐衰退，只有 12 件。之前（楚雄万家坝）之后（东汉砖室墓）都未发现。

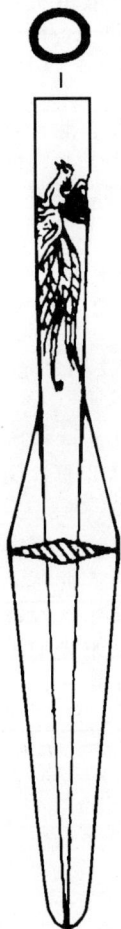

线刻青铜器的器类较多，计有生产工具 14 件：尖叶形铜锄 2、条形铜锄 3、铜镰 1、铜斧 1、铜锛 2、铜凿 3、卷刃器 2。生活用具 19 件：铜壶 1、半圆形铜盒 1、铜盒 1、铜锥 1、刻纹铜片 2、执伞女俑 2、贮贝器 5、刻花铜圆筒 1、铜蝉 2、铜鸳鸯 1、筒形器 1、铜镯 1。兵器 38 件：铜戈 4、铜剑 16、铜矛 3（骹部刻凤纹 1）（图六）、臂甲 2、背甲 1、胸甲 2、衣甲 5、头盔 2、箭箙 2、弩机 1。乐器 2 件：铜鼓 1、羊角编钟 1。纺织工具 1 件：绕线板 1。兵器最多，占总数一半以上，其中又以铜剑为最，生活用具、生产工具次之。

纹饰内容丰富多彩，大致能够分成写实和几何纹饰两类，写实纹饰主要有以下几种：动物图案 43 件，种类有虎、豹、牛、孔雀（凤）、猴、猪、鸡、蜂、蛇（龙）、蛙、兔、鹿、狼、鹰、蟹、螺、鱼、虾等，虎的图案最多（图七），其次为孔雀、牛、豹等。人与动物、动物与动物搏斗图案，9 件，具体为人与虎、人与牛、蛇吃鱼、猴咬虎、猴咬豹、虎噬牛、虎噬猪、鸡吃蜥蜴、狐狸吃鸡、孔雀衔蛇等。狩猎图案，4 件，表现人追逐、刺杀野兽场面；娱乐场面，1 件。图画文字，1 件。人物纹饰，2 件，天子庙头盔（M41:113）、李家山刻纹铜片表面（采:343）都刻着人形纹，比较抽象化。

几何纹饰，15 件，以几何图案为主，不见动物图案，有圆圈纹、刺点纹、太阳纹、平行线纹、卷云纹。器物为甲片、铜盒、铜剑、刻花铜圆筒等。

李家山 M3 出土 1 件弩机，弩牙、悬刀等处用隶书体刻"河内工官二百口十口"字样，不在上述之列。纹饰模糊不明 1 件（石寨山 M13 铜斧）。

线刻纹饰如果以题材的多少来统计，动物题材约占三分之二，倘若再加上动物搏斗、狩猎中的动物形象，数量就更多了。几何纹次之，其

图六　晋宁石寨山 M3 出土铜矛（M3:108）

〔17〕　同〔15〕。

图七　晋宁石寨山 M1 出土七牛虎耳贮贝器纹饰展开图

后依次为动物搏斗、狩猎、人物、娱乐、图画文字、隶书。显而易见，滇人比较喜爱写实性动物纹饰。

　　以上写实性线刻动物纹饰与范铸法铸出的纹饰、浮雕状动物搏斗以及狩猎、献俘等扣饰上的动物形象完全一样，都是当时滇人生活环境的真实写照，反映出动物在滇人生活中占据较大的比重，同时说明动物也是滇国工匠最常用的线刻装饰题材（图八）。

三

　　线刻技术掌握在专职的滇国工匠手中，这些工匠必须具备雕刻的工力和美术基础，刻的具体方法都是在器物表面设计好图案和位置，先刻轮廓，后刻细部，因为从不少内部线条打破外轮廓线条来看，它们的先后关系十分清楚，最后再用圆点或短线来做装饰。刻纹都施在器表，未见内壁刻纹的器物。除少数为薄壁件外，多数线刻器物都与其他青铜器一样，厚度较厚，不一定是薄壁件。

　　滇青铜器以线刻法为主，线条不间断，未见断续的刻纹。少量器物上用錾凿法，都是以圆点状形式出现，假如仔细观察，一些圆点比较圆，另一些则成半圆状，未凿成。錾凿法仅用于动物羽毛及翅膀、身上纹饰内部的点缀，起辅助作用。不同墓地使用錾凿法的频率也不一样，羊甫头使用的频率最高，箭箙、头盔、卷刃器、凿表面普遍使用，比如铜凿的凿身用线刻法刻出轮廓，内部均用錾凿法的点纹做装饰（图九）。李家山只有臂甲、铜锥上使用此法。而且臂甲中的同一动物纹饰如雄鸡的尾羽，既有錾凿法的圆点，也有

图八　昆明羊甫头
M113 出土箭箙
（M113：365）

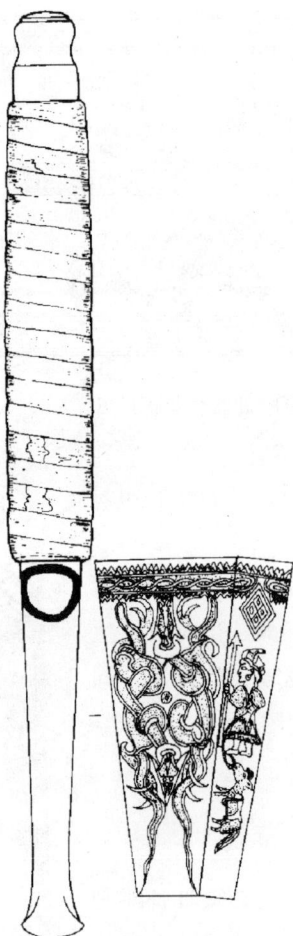

图九　昆明羊甫头 M113
出土铜凿（M113：351－14）

图一〇　昆明羊甫头 M113
出土箭箙（M113：366－2）

线刻法的短线。石寨山錾凿法也用得少，仅见于铜剑虎、猴身上的纹饰。而且线刻纹饰内部，多数用短线来表现，很少用圆点。

　　滇工匠们在刻的过程中已经懂得透理原理，前后、叠压关系交待得一清二楚，像不少器物上都有绞索纹，两条细绳互相缠绕在一起，什么地方应当完全刻出来，什么地方不刻，前后关系一目了然，不会混淆（图一〇）。

　　对于一些必须刻直线的地方，工匠们曾经使用过直尺类的工具来刻，比如羊甫头 1 件箭箙背面的铜片（M113：366－2）[18]，上面刻着不少直线，非常直，并且都是一次

〔18〕　同〔13〕。

刻成，未见二次加工痕迹。如果没有直尺类的工具，凭手是很难一次就刻得这么直。

古代滇国工匠们是用什么质地的刻刀在青铜器上刻出如此复杂而又流畅的线条呢？至今仍是个谜。不过我们也可以做些推测，从常理上分析，刻刀的硬度应当比较硬，要高于青铜器的硬度。红铜的硬度是 5 度，青铜的硬度是 5~6 度，钢的硬度是 6~7度，硬玉是 7~8 度，钢玉是 9 度。钢、玉的硬度都超过青铜器。具体地说，硬玉、钢玉等玉石和高质量的青铜刀以及铁刀、钢刀都适合做刻刀，最理想的是用钢刀。这些刀具的制造离不开青铜、铁的冶炼技术，青铜的冶炼无论中原，还是滇池地区，此项技术的年代甚为古老。至于铁的冶炼，根据调查，春秋晚期~战国早期中原地区铁器已经出土不少，主要分布在楚、吴、赵、燕、韩、洛邑等国，数量约 40 件，器物有匕首、剑、凿、斧等。战国中期以后就更多了，当时已出现钢制品，湖南长沙杨家山M65 曾出土过 1 件钢剑，含碳约 0.5%，时代为春秋晚期[19]，它是到目前为止我国所知最早的钢件。有的学者认为：中原地区的刻纹青铜器是用钢铁刃具刻镂而成的[20]。

此时期的古文献也有关于刻纹技术的记载，《禹贡》载梁州："厥贡璆、铁、银、镂……"梁州为今四川及陕西西南部，注家这样解释"镂"："镂者，可以刻镂，故为刚铁也。"《说文解字》解释成："刚铁，可以刻镂"，"刚铁"即是钢铁，战国时代并没有"钢"字，两汉以后才称之为"刚"、"刚铁"、"钢铁"。郭沫若等考订《禹贡》系战国时的著作。"镂"这里做名词用，"镂"还可以做动词用，系刻之意。《荀子·劝学》曾说："锲而不舍，金石可镂"。

需要指出的是古代"刻"的本意并非今天我们所说的"刻"，范围要窄得多，《春秋·庄二十四年》："刻桓宫桷"，注家解释说："刻，镂也"，"金谓之镂，木谓之刻"。很明显，在金属上加工称之为镂，木器上才称之为刻。到现代，无论金属还是木器上的加工都可以称为"刻"。

滇文化中铁器情况又如何呢？铁器在战国中、晚期已在云南出现，天子庙 M41（战国中期）出土过 1 件铁削（M41：121）[21]，李家山 M13（战国晚期）出土过铜銎铁凿[22]，这种工具完全可以用于錾凿法。到了西汉铜柄铁器、纯铁器在滇池地区发现的数量已不少，种类有铜柄铁剑、铜柄铁锥、铜骹铁矛、铜銎铁斧、铜銎铁凿、铜銎铁镰以及铁剑、环首铁刀、铁斧等。石寨山出土的 1 件铁器经清华大学化学实验室检测，

［19］　长沙铁路车站建设工程文物发掘队《长沙新发现春秋晚期的钢剑和铁剑》，《文物》1978 年第10 期。

［20］　魏庆同、华觉明《论我国早期"刃"和刃具》，《科技史文集》第 9 辑，上海科学技术出版社，1982 年。

［21］　同〔15〕。

［22］　同〔8〕。

属于高碳钢[23]。以上实物表明，滇文化客观上已为刻纹所需的铁（钢）刀具提供了优良材质。

四

滇文化中有没有发现过在青铜器上刻纹饰所用的刻刀？

滇国墓葬中曾经发现过大量玉器，但是没有出土过玉刀。至于其他质地的刀具，云南青铜时代发现过以下几批。

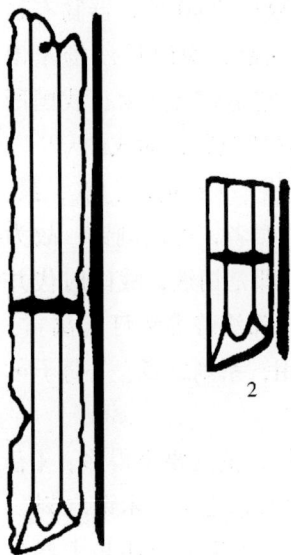

图一一　个旧石榴坝
出土铜刻刀
1. 采:4　2. M22:5

其一，个旧倘甸石榴坝[24]出土过6件铜刻刀（图一一），表面为黑漆古，长条形，长度约在4.5～6.6之间、宽2厘米，最长的1件长16.6、宽2厘米，无柄，正面起2条脊，脊间为凹槽，背面平，前端为单面斜刃，有使用痕迹。元江洼垤打蒿陡[25]也出过2件同样的铜刻刀。经检测石榴坝刻刀的基体内部含锡量为30.1%，锡含量颇高。打蒿陡刻刀基体内部含锡量为21.38%，二者都属高锡青铜。一般说来，黑漆古表层的硬度要比基体高出16%，加之高锡含量能增加青铜器自身的硬度，硬度比低锡青铜器要高得多，因此用做刻刀比较合适。

同样形状的铜刻刀在安宁太极山1993年第二次发掘时也出过1件，该件铜刻刀保存完整，刃端宽于尾端，表面无黑漆古层，长度大约为13、宽1.5厘米[26]。

其二，石寨山第二次发掘时，M10出土4件铁刀（M10:34），不过在《云南晋宁石寨山古墓群发掘报告》中将它们误认为是铁削[27]，实际上应为铁刀，对此已故的马德娴女士曾经做了更正[28]。4件铁刀的特征是刃直，尖头，厚脊，残长17～16.4厘米，后端为环首状，都用藤皮缠柄。石寨山所有出土铜器、铁器中无一件与它们相似，特别是柄部缠藤皮，只有这4件，造型颇为精巧、奇特。

〔23〕　杨根《战国、西汉铁器的金相学考查初步报告》，《考古学报》1960年第1期。
〔24〕　云南省博物馆文物工作队等《云南个旧石榴坝青铜时代墓葬》，《考古》1992年第2期。
〔25〕　云南省文物考古研究所《云南元江县洼垤打蒿陡青铜时代墓地》，《文物》1992年第7期。
〔26〕　此件铜刻刀的材料未发表，现陈列在安宁市博物馆内，笔者参观时见到。
〔27〕　云南省博物馆《云南晋宁石寨山古墓群发掘报告》，第107页，文物出版社，1959年。
〔28〕　云南省博物馆《云南晋宁石寨山古墓群出土铜铁器补遗》，《文物》1964年第12期，图一七。

这4件会不会是环首铁刀？环首铁刀是一种常见兵器，中原西汉中期已经取代了青铜剑，西汉中、晚期滇池地区才开始出现环首铁刀，但是它并未取代青铜剑，两者同时在用。4件铁刀不是环首铁刀，后者长，李家山出土的1件完整环首铁刀（M26：15），长66.2厘米[29]，柄部没有藤皮缠绕。它们与铁削也不一样，削为弧刃，而铁刀为直刃，长度也比削短。由于没有做过金相分析，它们是铁刀还是钢刀不得而知。

其三，石寨山第二次发掘还采集到1件铁刀（4：4）[30]，完整，形状比削稍大，尖头，刃部长于柄部，柄部两面各用一片牛角包镶，再用圆钉铆紧。刃长19.3、宽1.5、柄长11.7厘米。虽说是采集品，但它肯定出自墓葬之中，年代与其他墓葬相同。该件铁刀也不是环首铁刀，属于小型工具，但它又比上述4件铁刀长。从刻的技术要求来看，刀的刃部不宜太长。

其四，石寨山第五次发掘在M71棺外左侧（西面）出土4件铜刻刀[31]，形状短小，平刃，刃窄，柄后端为实心半圆环首，柄部略向内弯曲，剖面成扁平状，未缠藤皮，刃部短于柄部，长度约为柄部的二分之一，刃部与柄部垂直。3件柄部完好，刃部残，长10.2～11.8、柄宽2.2～2.3厘米。1件［M71：64（2）］完整，长13.7、刃宽约1厘米，从4件刻刀的表面颜色来看，柄部与刃部差别较大，刃部又不见铁锈，疑是某种特殊的铜合金，因未检测过，无法肯定。这种铜刻刀过去从未发现过。

至于具体用途，发掘报告没有提到，但以上4批从它们的长度、柄部缠藤皮、尖头、平刃等角度来考虑，笔者认为都不是兵器，应是雕刻用的工具。其一、二、四批很可能是用于线刻的刻刀，尤其是其二、四批的可能性最大，与它们共出的墓中都发现过线刻青铜器。

五

滇国与外界的线刻青铜器技术上有何区别呢？

滇青铜器线刻技术自成一派，独树一帜，如果仔细对比，能够找出二者之间的一些差别：

时代不同，中原地区比滇青铜器上的线刻技术年代要早，春秋晚期就出现了，战国早、中期成熟起来，为鼎盛时期，战国晚～西汉逐渐衰落。滇青铜器的线刻战国中

[29] 同[8]。

[30] 云南省博物馆《云南晋宁石寨山古墓群发掘报告》，第128页，图版壹壹捌之3，文物出版社，1959年。

[31] 4件铜刻刀在《云南晋宁石寨山第五次抢救性清理发掘简报》中未报道，实物陈列在昆明市博物馆青铜器展厅内，以上是笔者参观时所见。

期才出现，西汉早、中期发展成鼎盛时期，西汉晚期逐步走向消失，东汉以后不见此项技术，与滇青铜器的产生、发展、衰落完全同步，从这个角度分析滇人的线刻技术可能是从中原地区传入的。

数量不一样，滇文化共发现74件，而外界春秋、战国时期统计过的线刻青铜器仅有22件（20世纪80年代以后的新发现没有统计），汉代20件，二者相比，前者多于后者，说明滇人使用该项技术相当普遍。

滇国线刻青铜器种类繁多，大大超过外界（匜、壶居多）。兵器、生产工具、生活用具、乐器、装饰品都有，尤其是兵器（剑、矛）、生产工具（铜锄、纺织工具、卷刃器）、乐器（铜鼓、羊角编钟）不见于其他地方。生活用具也不少，最多的是贮贝器，5件，贮贝器、执伞俑、铜锥、铜鸳鸯等都是滇国特有的器物。壶只有1件。

我国初期的线刻技术是从錾凿法发展而来的，錾凿法早于线刻法。滇人的线刻技术没有经历过錾凿法阶段，錾凿法与线刻法同时出现，以线刻法为主。二者选择所刻的器物对象也不同，外界初期多数刻在匜、盘等器物的内部，器壁一般都比较薄。到了汉代，换在壶、樽等器物外壁上刻，器壁一般比较厚，未见双面刻的现象。滇人选择器类对象的面很广，无论大到叠鼓形贮贝器，小到甲片，还是人形体（执伞俑）、动物体（铜蝉）、球形体（铜锥）、圆柱体（贮贝器）、平面体（刻纹铜片）的青铜器都可以刻。对器物的厚薄，厚的如铜鼓，薄的如甲片，也没有具体要求。既可以在器物的一面刻，例如石寨山M1出土的1件条形铜锄銎部两侧各刻牛头、凤头1（图一二），M12出土的尖叶形铜锄（M12：104）也如此。同样也能在器物的两面刻，石寨山M6的1件铜剑（M6：21）剑身两面均刻着非常精致的人、虎、猴搏斗图（图一三）。类似的两面刻铜剑不止1件，石寨山M13出土的2件铜剑（M13：172、M13：219）也有这种人与动物或者动物与动物之间搏斗的精美图案。

图一二　晋宁石寨山M1
出土条形铜锄

纹饰内容迥异，所选题材各异，差别甚大。中原地区春秋、战国刻纹一反商周青铜器惯用的饕餮纹、云雷纹等比较抽象的风格，变成反映封建贵族豪华生活，写实性风格极浓的纹饰。汉代的刻纹流行锯齿纹、动物纹（鹿、龙、虎）、山峰纹。滇青铜器刻纹基本上沿袭范铸纹饰的写实风格，地方色彩相当鲜明，青铜器上常见的范铸纹饰，如动物、狩猎、人与动物、不同动物之间的搏斗、嘶咬，这些都被刻在青铜器上，纹饰内容完全一样，没有什么区别，所刻纹饰十分生动、逼真。

假如用同种器物长颈壶（滇文化称为壶）做比较，能够

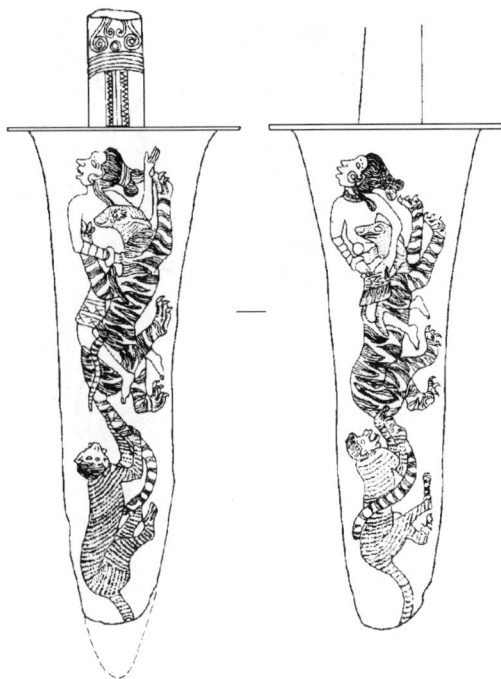

图一三　晋宁石寨山 M6 出土铜剑
（M6：21）两面纹饰

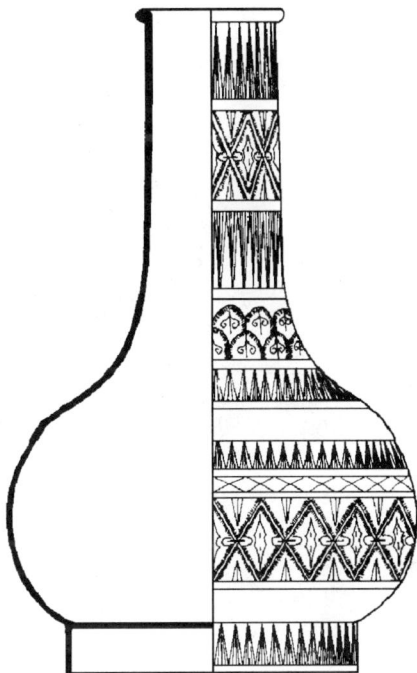

图一四　广西合浦汉墓出土长颈壶

看出二者的区别。滇文化出土的长颈壶盖顶普遍铸着立牛，这种风格只见于滇文化之中。器身纹饰也完全不同，如广西合浦望牛岭汉墓（西汉晚期）出土的 1 件长颈壶遍身刻三角纹、羽纹、菱形纹等[32]（图一四），而石寨山 M17 出土的长颈壶（M17：24）遍身刻的却是飞鸟、鹿、豹等动物纹（图一五）。

产地不同，尽管涉及线刻技术的产地学术界没有统一的说法，但是无论中原还是南方，带线刻的滇青铜器都不会出自上述地区，而是出自本地，这些器物和线刻纹饰其他地方从未发现过。

六

滇青铜器上的刻纹，纹饰繁缛，线条流畅，运刀熟练，应用自如，中间没有停顿或修改痕迹，既能够在高达 60 多厘米的大型贮贝器（石寨山 M71：142）上刻纹，也能够在铜锥（李家山 M24：43 - 4）长约 5 厘米的球形体上微刻（图一六），每件青铜器上

---

[32]　广西壮族自治区文物考古写作小组《广西合浦西汉木椁墓》，《考古》1972 年第 5 期。

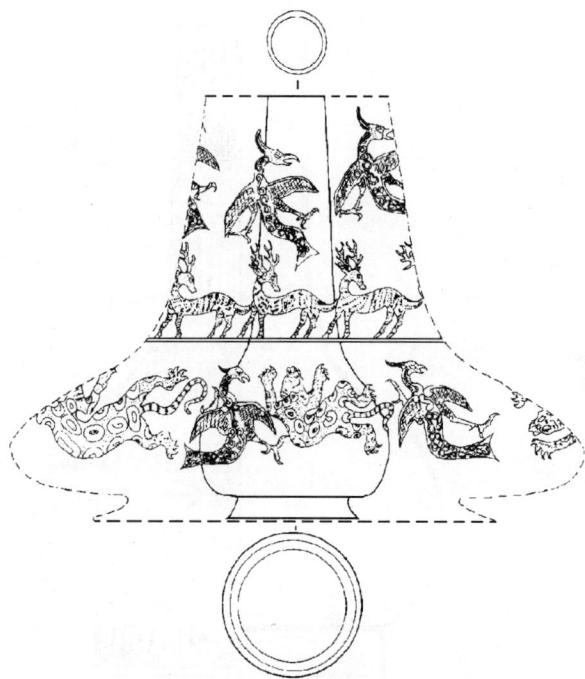

图一五　晋宁石寨山 M17 出土铜壶
（M17：24）纹饰展开图

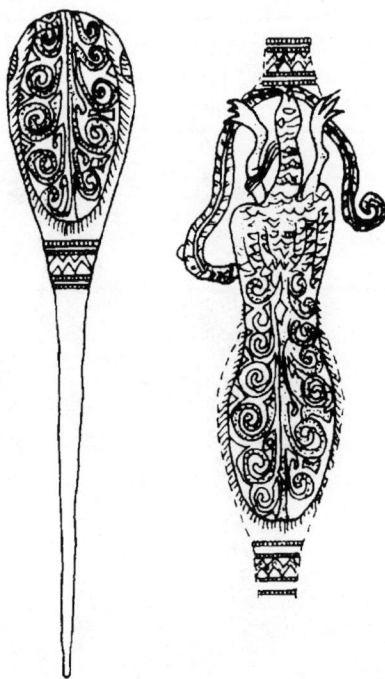

图一六　江川李家山 M24 出土
铜锥（M24：43－4）

的线刻纹饰都是观赏价值极高的古代艺术品。

　　这些线刻纹饰除了能够反映滇国工匠们炉火纯青的技艺，体现高超的艺术水平外，还有极高的学术价值。可以说正是有了青铜器上的刻纹，我们才能了解到更多滇文化的信息，下面举例说明。

　　图画文字　滇国没有本民族的文字，虽然部分汉式器物上刻有汉字，但为数极少，它们是从中原地区传入的，并非说明滇国流行和使用汉字。

　　通过分析石寨山 M13 出土的 1 件刻纹铜片（M13：67）上的线刻图案，表明滇人很可能在使用图画文字。刻纹铜片分四栏，各栏中刻着戴枷奴隶、牛头、马头、豹头、羊头、牛角、辫发人头、双手捆绑人、虎头等。如果只有以上纹饰，铜片的内涵比较好理解，奇怪的是在上述图案下面刻着数量不等的圆圈、短线、海贝，很显然，这些圆圈、短线、海贝代表一定的实际涵义，因而它不是一块简单表示纹饰的铜片。研究过这件刻纹铜片的学者们都认为：它上面的符号是一种原始的"图画文字"[33]，它用

─────────────

[33]　林声《试释云南晋宁石寨山出土铜片上的图画文字》，《云南青铜器论丛》，文物出版社，1981 年。

会意的表现形式，代表了各种动物、人物、事物的
价值及数量，这种"图画文字"带表意成分，属于
原始记事范畴（图一七）。滇国青铜器中发现"图画
文字"的器物仅此 1 件，它为研究滇国本民族的文
字提供了实物证据，其意义可见一斑。

　　动物界中的"食物链"　动物界中存在着弱肉
强食，互相依赖、生存的"食物链"关系，滇人早
已注意到此种现象，并且把这种关系用线刻的方式
记录下来，李家山 M13 出土铜臂甲（M13：4）上的
刻纹就是动物界中"食物链"的具体体现，臂甲上
通体遍刻虎、豹、猪、鸡、蜥蜴等许多动物，刻工
细针密缕，尤为精湛。工匠们选择了豹食鸡、鸡食
蜥蜴的"食物链"。这是唯一一件表现此内容的线刻
青铜器[34]（图一八）。

　　文身　文身是古代南方民族的一种常见习俗，
用线刻工艺能够逼真地勾画出文身线条的纤细，石
寨山线刻青铜器中有反映滇人文身习俗的纹饰，M13
出土 1 面残破铜鼓（M13：3），腰部刻着盛装骑士 1，
他的小腿处线刻着蛇图案（图一九），显然它是文身
的真实写照[35]。

　　弓　弓是古人常用的兵器，因为质地的关系，
虽然至今从未发现过滇国弓的实物，但是滇人用弓的
情况，我们能从线刻纹饰找到一些线索。在石寨
山青铜器上有 3 例使用弓的图案，1 例是在八人猎虎铜扣
饰（M17：14）上，1 人持弓，弓的一端已残[36]。另
外 2 例为线刻图案：一处是在 M13 出土的残破铜鼓
（M13：3）上，其腰部刻着 1 巫师，穿着奇特，双手
持 1 弓，横置于腰前，弓背略凹[37]。另一处在 M1

图一七　晋宁石寨山 M13 出土
刻纹铜片（M13：67）

［34］　同［8］。
［35］　李伟卿《云南古代的铜铸艺术》，《云南青铜器论丛》，文物出版社，1981 年。
［36］　同［10］。
［37］　同［35］。

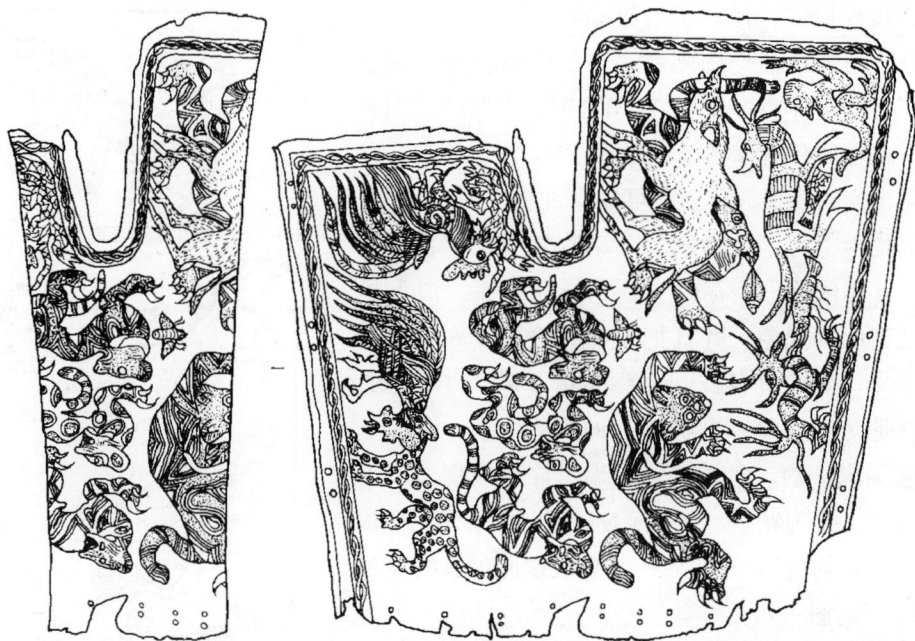

图一八　江川李家山 M13 出土铜臂甲（M13：4）

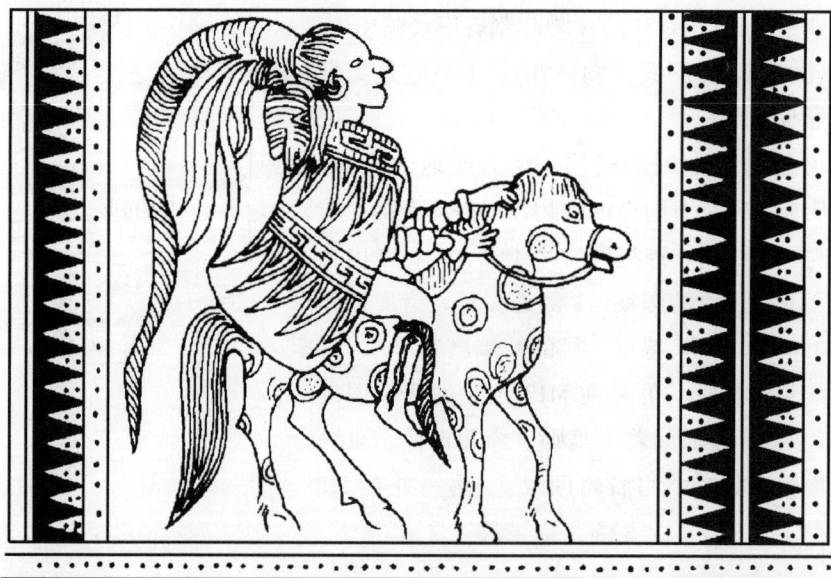

图一九　晋宁石寨山 M13 出土铜鼓残片（M13：3）

图二〇　晋宁石寨山 M1 出土贮贝器纹饰展开图

图二一　晋宁石寨山 M71 出土叠鼓狩猎贮贝器（M71:142）线刻纹饰展开图

图二二　晋宁石寨山 M13 出土铜鼓残片（M13:3）

出土的杀人祭铜柱贮贝器腰部，有一幅狩猎图，其中1人双手持弓，正准备引弓射箭[38]（图二〇）。

树木　滇青铜器上的动物图像较多，相反植物图像却极少，寥寥无几，石寨山第五次发掘71号墓出土的动物格斗贮贝器（M71：133）盖顶立着1棵树，只有树干和树枝，属乔木类，树上有猴、鸟各2只[39]。由于没有树叶，不知是针叶还是阔叶树？同墓中还出土另一件叠鼓形狩猎贮贝器（M71：142），上、下2面叠鼓的胸、腰、足部都布满线刻纹饰，它是74件滇国线刻青铜器中场面最宏大、壮观、图形最多的线刻纹饰图。难得的是正因为采用线刻技术，把树叶也准确地刻出来，器物表面刻出12棵乔木，内含7棵属阔叶树，阔叶树中又能分出两种树，一种只有1棵，树干高，叶子大。另一种有6棵，树干矮，树叶小。5棵属针叶树，针叶很难刻，纹饰中的针叶刻得极为细密，一条条细线刻得丝丝入扣。这些树上、树旁分别刻着飞鸟、狩猎、动物搏斗图像，表明这些情景都在森林中进行，正是有了这些树木的烘托，才使整个画面显得更加生动、丰富多彩[40]。在众多青铜器中唯有此件贮贝器把树刻画得如此细致、真实，可以说只有线刻技术才能做到，范模技术则无法完成（图二一）。

纹饰的融合　石寨山M13出土1件铜鼓胸部残片（M13：3），在原来铸着船体前半部及2个坐着划船人纹饰的基础上，工匠们于船体空隙处用线刻的方式补刻上5人，2人为奏乐者，其中1人正在吹曲管葫芦笙，另外3人站立，双手前后伸展，呈舞蹈状，前面1人边舞边唱。残片后端还有1人，因残甚，形状无法分辨[41]。同一图案中既有范铸法，又有线刻法，范铸纹饰线条粗犷，轮廓感强；线刻纹饰线条流畅，刀法细腻，二者互相配合，相得益彰，巧妙地构成一个整体，表现滇人在行进的船上正在娱乐的场面，效果极佳。二千多年前滇人就用不同纹饰的搭配来形成另一种艺术效果，这种构图方式国内还未见到（图二二）。

〔38〕　云南省博物馆考古发掘工作组《云南晋宁石寨山古遗址及墓葬》，《考古学报》1956年第1期。
〔39〕　中国国家博物馆等《云南文明之光》，第244页，中国社会科学出版社，2003年。
〔40〕　中国国家博物馆等《云南文明之光》，第77页，中国社会科学出版社，2003年。
〔41〕　同〔35〕。

唐至北宋时期陶瓷器中的金属器因素

袁 泉[*]

The period from the Tang to Northern Song Dynasties was important for the development of ceramics industry, when ceramic handicraft imitated metalworks, especially gold and silver objects, not only on the shapes of wares, but also on the decorations and manufacturing technology. The imitation resulted in both the increase of types and decorations and a renovation of ceramic technology. Since the Northern Song Dynasty, the increasingly mature ceramic industry had started a strong interaction with the metalwork industry, and they together formed a new artistic fashion of that time.

绪 论

唐宋时期，尤其是唐代，是中国金银制造业发展的高峰时期。金银器形制多样，纹样丰富，技术精湛；不仅兼收并蓄地借鉴了外来文化，亦别开生面地创造出独具特色的中国意匠。其面貌和工艺亦对其他手工业部门的生产发展产生了深远影响，陶瓷业生产即为典型一例。

唐至北宋是陶瓷生产（尤其是制瓷业）的一个重要发展时期，许多产品从器形、纹样及成形装饰工艺等诸多方面对金属器多有借鉴，对金银器的模仿尤为突出。借由此途，不仅丰富了陶瓷器的传统形制，更在借鉴模仿的过程中推动了整个行业的技术革新，最终形成了适于自身发展的工艺特色及各窑口独特成熟的风格。其后，作为一

---

* 作者系北京大学中国考古学研究中心专职研究员。

种独立成熟的手工制造业，与金属器生产交互影响，并为其提供借鉴模式[1]。

金属器对陶瓷业的影响问题，已为诸多学者广泛关注，不仅对陶瓷器中的仿金属器因素进行了甄别，亦对其文化来源、工艺影响和模仿动机等问题广有论及，奠定了良好的研究基础[2]。但多数探讨限于现象的勘比和罗列，尚乏详尽阐述及全面考量；且往往限于某一窑口及特定工艺，而未从整个陶瓷工业的大视角透析此问题，这又为本文提供了相当的创新空间。

本文在前人基础上，将研究范畴扩大化：时代上将传统的唐末—宋初的时间界限

---

[1] 对本文研究对象的几点说明：

第一，"金属器"的界定。此处提到的金属器包括金银器和铜器。在谈及其对陶瓷器的影响时，主要涉及的是金银器；相对的，保留至今的铜器标本较少，究其原因，在于唐代禁铜的明令将铸铜业限定在铸币和铸镜的范围内，虽不乏私铸容器者，但因政府多次将其熔毁铸币，同时铜料可反复熔化再铸，故器物不易传世。铜器的材料虽不多，但在研究中却不能忽视。一方面，中国唐宋时期铜器的应用集中在某些特定领域，尤以佛教用具较突出；另一方面，对中国产生影响的外来金属器（主要包括萨珊、粟特、拜占庭和印度系统），印度系统主要为铜器，余者虽以金银器为主，亦不乏铜器一并作为其文化传播的媒介，对中国的多种手工业产生深远的影响。鉴于上述因素，本文在论及金属器对陶瓷器的影响时，主要运用的是金银器的资料，同时将收集到的铜器标本作为重要参照。

第二，所谓"因素"，包括两方面的含义。其一，双向性。指双方共同出现的相类构形意匠和装饰方法，包括陶瓷器对金属器的模仿和二者的交互影响。其二，广义性。就陶瓷器对金属器的仿借而言，不论是全面肖似的精仿之属，还是部分借鉴的概仿器物，均在本文研究的范围之内。

[2] 目前涉及陶瓷器仿金属器的研究主要分为三类：

第一类，以陶瓷器为参辅资料的金属器研究，即以陶瓷器为同时期金银器类型、纹样和文化来源等问题分析中的重要参辅材料。如：俞博《唐代金银器》（Bo Gyllensvard, T'ang Gold and Silver, Stockholm, 1957）；齐东方《唐代金银器研究》，中国社会科学出版社，1999年。

第二类，陶瓷手工业研究中对金属器影响因素的提及，主要集中在磁州窑、越窑、长沙窑及"官"款白瓷的研究中。如：秦大树《白釉剔花装饰的产生、发展及相关问题》，《文物》2001年第11期；郑嘉励《宋代越窑刻划花装饰工艺浅析——以碗、盘为例》、林士民《试论越窑青瓷的外输》、黎淑仪《供瓷遗珍——国外所见五代越窑精品与晚唐金银器之传承关系》，均见《浙江省文物考古研究所学刊》第五辑，《2002越窑国际学术讨论会专辑》，杭州出版社，2002年；金英美《越窑研究》，北京大学博士研究生学位论文，2002年；袁胜文《长沙窑模印贴花装饰研究》，《中国古陶瓷研究》第九辑，紫禁城出版社，2003年；高至喜《长沙出土唐五代白瓷的研究》，《文物》1984年第1期。

与之相对，虽然在学术界占少数，亦有学者持相反意见，提出所谓仿金银器的花口瓷器实为避免烧制中胎骨收缩变形所采用的权宜之计。

第三类，金属器和瓷器关系的专题研究。通过对唐代金银器和陶瓷器的对比研究和系统梳理，从艺术史和工艺方面探讨中国银器和瓷器的关系。如：罗森《中国银器和瓷器的关系》，《故宫博物院院刊》1986年第4期；张东《唐代金银器对陶瓷器造型影响问题的再思考》，《上海博物馆集刊》第八期，上海书画出版社，2000年。

向前溯至初唐，后延至北宋中后期；类别上在瓷器的主流研究外，并入三彩、釉陶和彩绘陶，力图在更广阔的时空范围内进行更深入的比较研究。同时，重视宋辽金银器对陶瓷业的影响：希图通过资料的比较和分析，解决如下问题：第一，金属器因素对陶瓷工业的影响；第二，考古学的分期研究；第三，按仿制意图对具有金属器因素的陶瓷器作内部系统的划分；第四，探讨精仿瓷器的来源、外销瓷与仿金属器瓷器的关系等相关问题。

一、陶瓷器对金属器的模仿

当前陶瓷器仿金属器的论述中，大多着眼于细部特征（如纹饰、器形）的比较，而乏以纲举目张的宏观把握。本文首先从工艺学和年代学的角度，证明"陶瓷器仿金属器"这一命题的确实性。

其一，陶瓷器中保留了一些明显更适用于金属器的特征。

唐宋时期，一些在陶瓷器皿渐次引入并日趋流行的塑形和装饰因素从工艺学角度讲，明显更适用于金属制品，应用在陶瓷器上则既须革新技术且待精工制作，非为经济之途[3]：此种现象唯以"陶瓷器仿金银器"一解才不觉突兀。以下将对此类特征列举详述。

（1）分节且折曲明显的手柄（图一:1、3）。

（2）壶柄和壶盖上的连锁环。此特征在金属器中往往表现为连接壶身和壶盖的环链（图一:2），此种做法在陶瓷器中多以绳类代替金属环链，但鉴于其材质脆硬而易碎，故实用性并不强，更多的是肖形而已。

（3）长而弯曲明显的流。长而翘曲的流更适于金属薄片冷加工的技术，应用于陶瓷生产中，就要改变传统的轮制成形而仿效金属器以薄泥片卷制而成，乃因仿金属器所刻意为之（图一:5）。

（4）器腹陡折。按照陶瓷通常的拉坯成形技术所产生的器壁为漫弧流线型，断不致陡折。与之相对，此类形制以金属打作为之则较为轻易（图一:5、6）。

（5）内壁"出脊"的凸棱。多见于多曲碗、盘，本为金属器捶揲成形时在器物内壁形成的痕迹，以碗心为中心呈放射状，是为金属延展轻薄的特性所致（图二:2），此特点亦在陶瓷器中长久保留[4]（图二:1）。

（6）翘而卷曲的口沿。集中在盏托（图二:3）和盘碟上，是金银材质特性与捶揲

---

〔3〕　相似的论点见罗森《中国银器和瓷的关系》，前揭注。
〔4〕　定县博物馆《河北定县发现两座宋代塔基》，《文物》1972年第8期。

图一

1. 宋青白瓷执壶（11C 初）　2. 咸阳金执壶（9C）　3. 北韩村白瓷执壶（9C 后半）

4. 不列颠银执壶（9C 后半）　5. 宋青白瓷执壶（11C 末）　6. 辽银执壶（11C 后半）

工艺结合体（图二:4）在陶瓷器中的再现。

（7）有深度的多瓣器壁。

（8）分曲的高圈足。主要体现在瓷盒[5]中（图二:5）。器足越高越不利于瓷器烧制过程中的定型和承重，采用此种形制，显然有意模仿金属器（图二:6）。

（9）宽平折沿。有此特征的盘碟类金属器（图二:8）从唐代即开始使用，但其广泛为陶瓷器采用却稍后延，因为这一器形就陶瓷原料而言制胎时成形不易，烧造时又易变形，此问题直至模制和覆烧技术成熟才得以解决（图二:7）。

其二，时间逻辑的合理性。

一种工艺要对其他工艺门类产生影响，从逻辑上讲除了技术成熟外，在时间上必须具有相对的超前性或相近性。即是说仿金属器的陶瓷器在时代上应略晚于其所模仿的金属器模本；同时，二者又必须具有相近或基本同期的交集时段，这是两种手工业产生互动影响的时间前提。此处以仿华化金属器的陶瓷标本为例，列表比较（表一）。

---

[5]　镇江博物馆《江苏镇江唐墓》，《考古》1985 年第 2 期。

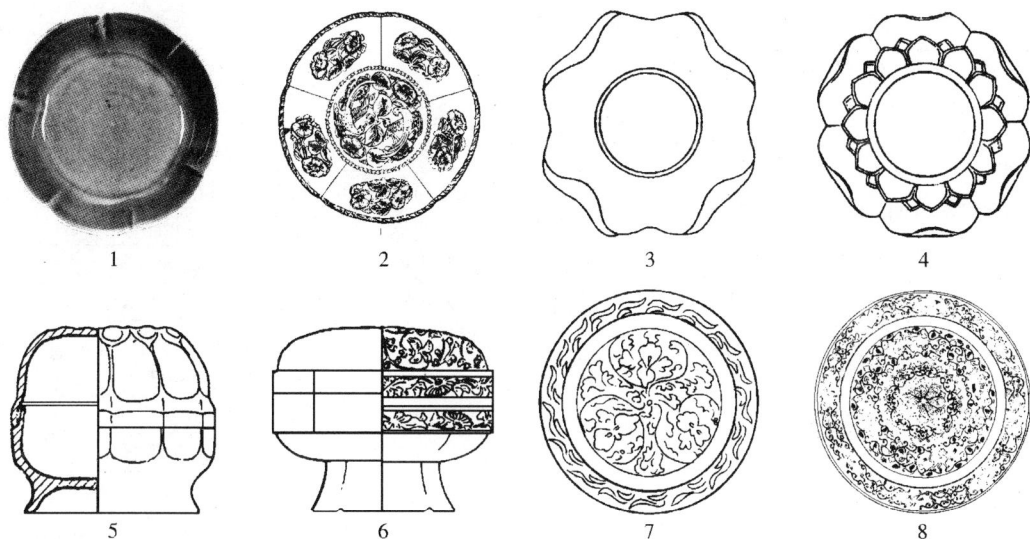

图二

1. 青瓷葵口盘（977AD）　2. 蓝田葵花银盘（9C 后半）　3. 越窑青瓷盏托（9C 后半）

4. 和平门银盏托（9C 后半）　5. 晚唐白瓷盒（9C 末）　6. 丁卯桥银盒（9C 后半）

7. 越窑折沿盘（12C 初）　8. 克里夫兰银折沿盘（8C 中后）

以下分别从器物性质、装饰纹样和工艺技法三方面分类列述陶瓷器仿金属器的具体表现。

（一）器物形制

1. 外来金属器的影响

唐代是一个中西文化交流的繁荣时期，异域文化对当时的社会生活产生了广泛而深刻的影响。其中外来金属器因质地珍贵、造型丰富而承载了丰富的文化信息，在文化传播中充当重要媒介；并首先影响上层社会的审美意趣，继而上行下效，成为社会追求的时尚。在此社会背景下，陶瓷器生产亦有意模仿外来金属器的器形特点，这些因素具体分类表现如下。

其一，瓶壶类。

"胡瓶"　此类禽首、扁流的带把容器是中亚、西亚金属器和陶器的常见形制[6]（图三:4），东传之后，被称为"胡瓶"。这种形式的金属器作为输入品早在北朝时即已

[6]　Б・И・Маршакэ，Согднйское серебро・Москьа，1971。

表一　时代对比表

器　类				标　本	年　代
碗	口沿分曲	深腹		法门寺五曲秘瓷碗	唐咸通十五年（874 年）
				丁卯桥素面多曲银碗	9 世纪后半
		中腹		广东四曲青瓷葵口碗	9 世纪中后
				芝加哥荷叶多曲银碗	9 世纪
		浅腹		北窑湾五曲葵口碗	唐末
				凯波折枝纹多曲银碗	9 世纪
	碗体分瓣			越窑五曲青瓷碗	五代
				旧金山鹦鹉纹多曲银碗	9 世纪
	菱口			长沙窑四曲菱口碗	晚唐
				繁峙菱花银盘	9 世纪后半
盘	圆盘	葵口	分曲明显	长沙窑团花印纹盘	晚唐
				繁峙多曲银碗	9 世纪后半
			分曲较明显	净觉寺白瓷葵口盘	辽天庆五年（1115 年）
				房山辽塔银盘	辽重熙廿年（1051 年）
		菱口		长沙窑彩绘鸟纹盘	晚唐
				繁峙菱花银盘	9 世纪后半
	方盘	菱花		长沙出土定窑白瓷盘	五代
				丁卯桥凤纹花瓣形银盒	9 世纪后半
		委角		长沙窑白瓷盘	晚唐
				法门寺花瓣形银盒盖	9 世纪后半
	三角形盘			长沙出土蝴蝶纹白瓷盘	五代
				丁卯桥蝴蝶形银盒	9 世纪后半
	海棠盘	各角双弧		钱宽墓白瓷海棠盘	光化四年（900 年）
				丁卯桥双鸾海棠银盘	9 世纪后半
		各角单瓣		长沙窑印纹海棠盘	晚唐
				不列颠鹦鹉纹海棠银盘	9 世纪
杯	圆杯			寺龙口越窑多曲杯	北宋中期
				耶律羽之墓鎏金银杯	辽会同四年（941 年）
	长杯	四曲长杯		三彩摩羯纹长杯	中唐（758 ~ 840 年）
				崔防墓白瓷长杯	开成五年（840 年）
				西安摩羯纹金长杯	8 世纪末 9 世纪初
		八曲长杯		钱宽墓白瓷长杯	光化四年（900 年）
				水邱氏墓白瓷长杯	天复元年（901 年）
				正仓院鎏金铜长杯	8 世纪

出现[7]，但真正较广泛、多材质的仿制则始自唐代[8]。陶瓷类胡瓶主要集中在三彩[9]（图三:2）和单色釉陶[10]（图三:3）上，亦有制作精美的白瓷标本[11]（图三:1），多作为随葬明器使用。在模仿外来器形的同时，不乏本土性创新，最突出的特点为将原仅具禽首意向的扁流部分具像为写实性较强的凤首造型。

　　长颈瓶　此类器物很大程度上受印度佛教因素的影响，多见于佛教石刻和壁画中，又名净水瓶和宝瓶，通常为协侍菩萨指间所持或供养人捧持。实物标本可上溯至北朝时期[12]，隋唐唐时期的陶瓷长颈瓶主要为三彩[13]（图三:5）、彩绘陶[14]（图三:6）、低温单色釉（图三:7）或白瓷[15]，多作为供养器和明器。

　　龙耳瓶（壶）　此类器物形制殊异，有盘口双耳瓶[16]（图三:9、10）、龙首龙柄壶[17]（图三:11）等，但都具有龙形器耳或器柄的共通之处，均为吻噬口沿，爪抵肩腹。这一特点可在萨珊金属器中找到原形[18]（图三:12）。陶瓷标本出现于唐前期至盛唐，材质有白瓷和三彩。

　　其二，杯类。

---

[7]　见固原北周李贤墓出土的鎏金银胡瓶。宁夏回族自治区博物馆等《宁夏固原北周李贤夫妇墓发掘简报》，《文物》1985 年第 11 期。

[8]　现存的唐代胡瓶有金银器、釉陶和漆器等多种材质，典型标本分别为李家营子银胡瓶、山西大同唐墓出土的绿釉陶胡瓶和正仓院银平脱漆胡瓶。此三材料依次出自敖汉旗文化馆《敖汉旗李家营子出土的金银器》，《考古》1978 年第 2 期；大同市考古研究所《大同市南关唐墓》，《文物》2000 年第 7 期；奈良国立博物馆《正仓院展》，（日本）株式会社便利堂，1990 年。

[9]　国家文物局主编《中国文物精华大辞典·陶瓷卷》，第 126 页，图 439，上海辞书出版社，1996 年。

[10]　大同市考古研究所《大同市南关唐墓》，《文物》2000 年第 7 期。

[11]　国家文物局主编《中国文物精华大辞典·陶瓷卷》，前揭注第 239 页，图 216。

[12]　瓷器标本有安阳北齐范粹墓出土的青釉瓷瓶（河南省博物馆《河南安阳北齐范粹墓发掘简报》，《文物》1972 年第 1 期）、河北磁县东魏墓出土的褐釉瓷瓶（磁县文化馆《河北磁县东陈村东魏墓》，《考古》1977 年第 6 期）。金属器标本均为银质，分别出土于河北景县封氏墓（张季《河北景县封氏墓群调查记》，《考古通讯》1979 年第 3 期）、河北赞皇李希宗墓（石家庄地区革委会等《河北赞皇东魏李希宗墓》，《考古》1977 年第 6 期）、山西北齐库狄迥洛墓（王克林《北齐库狄迥洛墓》，《考古学报》1979 年第 3 期）。

[13]　湖北省博物馆等《湖北郧县唐李徽、阎婉墓发掘简报》，《文物》1987 年第 8 期。

[14]　临潼县博物馆《临潼唐庆山寺舍利塔基精室清理记》，《文博》1985 年第 5 期。

[15]　洛阳市文物工作队《洛阳龙门唐安菩夫妇墓》，《中原文物》1982 年第 3 期。

[16]　王文强、霍保成《鹤壁市发现一座唐代墓葬》，《中原文物》1988 年第 2 期。

[17]　国家文物局主编《中国文物精华大辞典·陶瓷卷》，前揭注第 239 页，图 217。

[18]　Prudence Oliver Harper, *THE ROYAL HUNTER: Art of The Sasanian Empire*, The Asia Society, Inc. 1978.

图三　瓶壶类

1. 白瓷胡瓶 (8C 前)　2. 三彩胡瓶 (8C 中)　3. 黑釉胡瓶 (8C 中)　4. 粟特银带把壶 (8C)

5. 三彩长颈瓶 (8C)　6. 彩绘陶长颈瓶 (741AD)　7. 褐釉长颈瓶 (7C 中)　8. 银长颈瓶 (7C 后半)

9. 龙柄瓷壶 (741AD)　10. 白瓷龙柄壶　11. 青瓷龙柄壶 (8C 中)　12. 萨珊银壶 (8C)

高足杯　外来风格浓厚的器物种类,渊源在罗马及中亚地区[19]。形制分上下两部分: 杯体和器足。此类器物在唐以前极少见,唐以后亦不多见,而唐前期的陶瓷和金

----

[19]　齐东方《唐代金银器研究》, 前揭注第三编《唐代高足杯研究》, 第 398～419 页。

银器物更忠实地体现了对外来因素地模仿，如承接杯体的圆形托盘和高足中部的算盘珠节，材质类型多样化，计有釉陶[20]（图四:1）、三彩[21]（图四:2）、白瓷[22]（图四:3）和青瓷[23]（图四:4）。

图四　高足杯和带把杯

1. 釉陶高足杯（7C 中）　2. 三彩高足杯（7C 末）　3. 白瓷高足杯（7C）　4. 青瓷高足杯（7C 初）

5. 何家村银高足杯（8C 初）　6. 何家村银高足杯（8C 初）　7. 青瓷把杯（7C）　8. 西安银把杯（8C 初）

带把杯　为粟特银器的代表器形，侧腹有各种形制的鋬把。杯体器壁内弧、下腹斜折的特点完整地保留在唐初的金银器[24]（图四:8）和陶瓷器[25]（图四:7）中，其后则逐渐华化。

长杯（不分曲）　两端翘起的不分曲长杯多见于萨珊银器[26]（图五:4）和片治肯特壁画中，相似器形的陶瓷器仅发现于唐前期的墓葬中，且为专用明器，只是有的杯

[20]　湖南省博物馆《湖南长沙近郊隋唐墓清理》，《考古》1966 年第 4 期。

[21]　河南省文物考古研究所等《巩义市北窑湾汉晋唐五代墓葬》，《考古学报》1996 年第 3 期。

[22]　Bo Gyllensvard, *Chinese Gold, Silver and Porcelain: The Kempe Collection*. Distributed by New York Graphic Society Ltd, 1971. 此处资料转引自齐东方《唐代金银器研究》，第 413 页。

[23]　《长沙咸家湖唐墓》，《考古》1980 年第 6 期。

[24]　齐东方《唐代金银器研究》，第 48 页。

[25]　杨后礼《谈洪州窑的历史地位》，中国古陶瓷研究会 1994 年年会论文。

[26]　P. O. Harper, *The Royal Hunter*. fig. 11. New York, 1987.

体两侧附两耳[27]（图五:1），且两端翘曲程度减缓[28]（图五:3），与时代稍早的北魏发现银长杯更为接近[29]（图五:2）。

兽首杯 仿自银来通（rhyton），杯体颇似兽角，尖端多作兽首状，故得名。目前发现的陶瓷兽首杯均属唐前期，材质有三彩和白瓷两类。按孙机对来通的形制分类[30]，分别属Ⅱ型和Ⅴ型。其中Ⅱ型兽首杯兽首部分折曲近直角，兽首写实，甚至带有前肢[31]（图五:7）；Ⅴ型则呈弧形弯曲，兽首与口沿近乎平齐[32][33]（图五:5、6）。

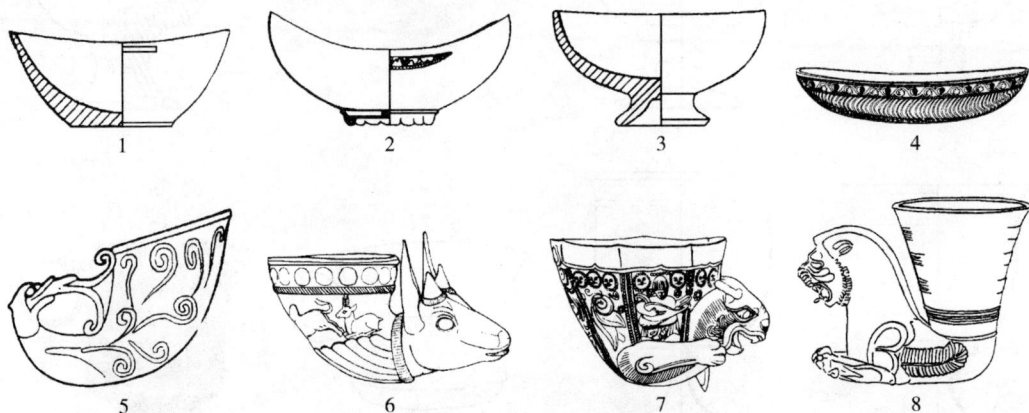

图五 长杯和兽首杯

1. 昭陵陶长耳杯（643AD） 2. 固原北魏墓银耳杯（6C） 3. 青釉长杯（7C 中）
4. 萨珊水波纹银长杯（5C） 5. 凤首三彩角杯（7C 末） 6. 克里夫兰银来通（4C）
7. 白瓷狮首杯（7C） 8. 银来通（5C）

其三，碗类。

折腹碗 折腹器是西方陶器、金银器较流行的形制，其对中国的影响，反映在8世纪前半叶的陶瓷器和金银器中，如：开元廿六年瓷折腹碗[34]（图六:1）、开元廿一年

[27] 昭陵博物馆《唐昭陵长乐公主墓》，《文博》1988年第3期。
[28] 长沙市文化局文物组《唐代长沙铜官窑址调查》，《考古学报》1980年第1期。
[29] 宁夏固原博物馆《宁夏固原北魏墓漆棺画》，宁夏人民出版社，1988年。此资料间接得自齐东方《唐代金银器研究》第二编，第221页，图2-37。
[30] 孙机《玛瑙兽首杯》，《中国圣火》，辽宁教育出版社，1999年。
[31] Bo Gyllensvard, 前揭注, fig. 26a. BMFEA29。
[32] 湖北省博物馆等《湖北郧县唐李徽、阎婉墓发掘简报》，前揭注。
[33] A. C. Gunter, The Art If Eating and Drinking in Ancient Iran, Asian Art, Spring 1988.
[34] 洛阳市文物工作队《洛阳龙门唐安菩夫妇墓》，前揭注。

韦美美墓三彩折腹碗[35]（图六：3）、何家村折腹银碗[36]（图六：2）和沙坡村折腹银碗[37]（图六：4）。

其四，盘碟类。

平折沿盘　宽平折沿盘中有萨珊、粟特文化的因素，这一器类在初唐和盛唐的金属器中多有出现[38]（图六：8），有的在盘体下底带有三足[39]（图六：6）或五足；相同的形象亦在高等级墓葬中作为捧奉容器存在[40]。类似底陶瓷器有三彩[41]（图六：5、7）、釉陶和白瓷盘，多作为供盘随葬或供养。

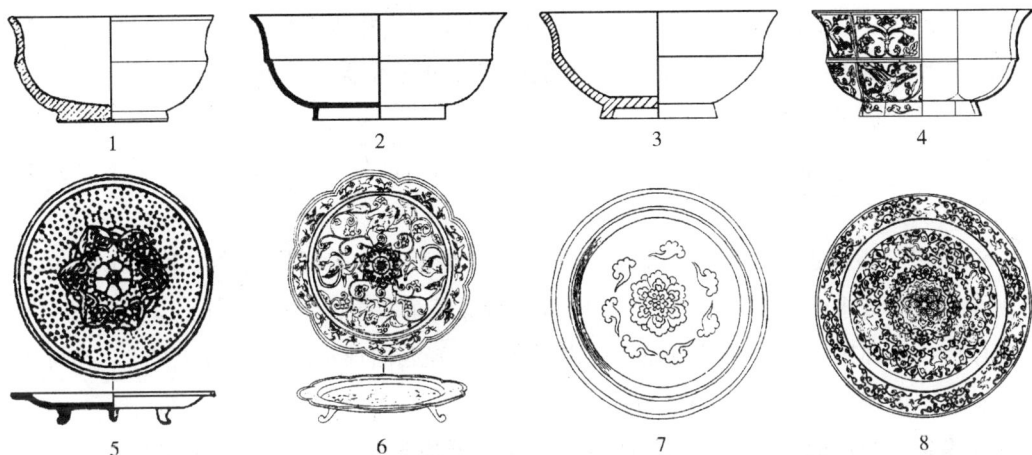

图六　碗、盘

1. 瓷折腹碗（741AD）　2. 何家村银折腹碗（8C初）　3. 三彩折腹碗（733AD）
4. 沙坡村银折腹碗（8C前半）　5. 三彩三足供盘（741AD）　6. 葵花形银盘（8C前半）
7. 三彩折沿盘（8C中后）　8. 克里夫兰折沿盘（8C中）

2. 中国金属器的影响——以碗、盘、杯为例

在"西风东渐"的影响之后，中国金银器进入发展的成熟时期，直接仿效"胡化"器物渐少；与此相对，出现了既有别于传统又具有本土特色的形制：造就了中晚唐

[35] 洛阳市文物工作队《西安东郊韦美美墓发掘记》，《考古与文物》1992年第5期。
[36] 齐东方《唐代金银器研究》，第66页。
[37] 齐东方《唐代金银器研究》，第66页。
[38] 齐东方《唐代金银器研究》，第55页。
[39] 齐东方《唐代金银器研究》，第60页。
[40] 见房陵大长公主墓壁画中的金属器供盘形象。引自安峥地《唐房陵大长公主墓清理简报》，《文博》1990年第1期。
[41] 河南省巩义市文物保护管理所《黄冶唐三彩窑》，彩版五一：4，科学出版社，2000年。

"普及和多样"的时代特点。其后宋辽金银器承继唐风又但开风气，其轻巧雅致的特色更丰富了中国金银器的面貌。在此影响下，陶瓷器的器形借以多样；同时，在对金银器因素的模仿过程中体现出自由灵活的特点，不拘于同类器物，出现了跨器类的仿制；其中最有代表性的即为形形色色的花口器。下以碗、盘、杯三类最集中、最普及的器物为例，分项说明。

（1）花口碗

陶瓷器中的花口器是在单一圆口器基础上出现的新形制，其产生并非防止烧制变形的权益之计；正相反，此前中国烧制圆口器的技术已相当成熟，断不需借由此途来提高烧成率。这种变化是陶瓷工业对金银器中多曲分瓣容器的模仿和借鉴。

陶瓷花口碗又可细分为三类。

其一，"口沿分曲"类。分曲主要体现在碗的口沿部分，器腹则凹曲不明显。此类按腹深之别分为深腹碗、中腹碗、浅腹碗。

深腹碗　腹深近盅，多为高圈足，足墙外撇明显。代表器物为维多利亚·阿尔伯特美术馆藏青瓷多曲碗（图七:1），器形与丁卯桥素面多曲银碗[42]（图七:2）相似。

中腹碗　弧腹稍浅，圈足微撇。代表器物为青瓷四曲葵口碗[43]（图七:5），其与芝加哥荷叶多曲银碗[44]（图七:6）肖似。

浅腹碗　腹浅似盘，大敞口，矮圈足。代表器物为北窑湾白瓷五曲葵口碗[45]（图七:7），其与唐折枝纹多曲银碗[46]（图七:8）。

其二，"碗体分曲"类。碗体分曲明显，凹曲深刻，呈花瓣状；代表器物为龙泉务窑白瓷六瓣碗[47]，其与唐旧金山鹦鹉纹多曲银碗的碗体类同。

其三，"跨形仿类借"。多借盘碟之形。此类碗分曲较少，多为四曲，口沿作漫圆弧的葵口和菱口，且碗体较浅，其构形思想多取自金银花口盘。典型器物为长沙窑四曲菱口碗[48]（图七:3），相似形制的金银器标本为唐繁峙菱花银盘[49]（图七:4）。

（2）花口盘

此类器物数量较多且形制丰富，不仅溶入了同类金属器造型因素，更广泛借鉴了

〔42〕　齐东方《唐代金银器研究》，第77页。

〔43〕　广东省文物考古研究所等《广东和平县晋至五代墓葬的清理》，《考古》2000年第6期。

〔44〕　齐东方《唐代金银器研究》，第78页。

〔45〕　河南省文物考古研究所等《巩义市北窑湾汉晋唐五代墓葬》，前揭注。

〔46〕　齐东方《唐代金银器研究》，第77页。

〔47〕　首都博物馆《首都博物馆藏瓷选》，第81页，文物出版社，1992年。

〔48〕　长沙窑课题组《长沙窑》，第181页，紫禁城出版社，1996年。

〔49〕　齐东方《唐代金银器研究》，第57页。

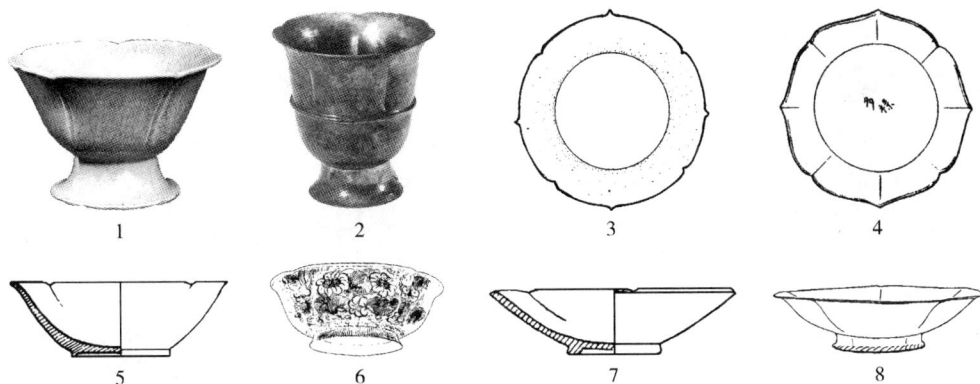

图七　多曲碗

1. 青瓷五曲碗（10C）　2. 丁卯桥多曲银碗（9C 后半）　3. 长沙窑菱口碗（9C 后半）

4. 繁峙菱花银盘（9C 后半）　5. 青瓷葵口碗（9C 中后）　6. 芝加哥多曲银碗（9C）

7. 北窑湾白瓷葵口碗（9C 末）　8. 折枝纹多曲银碗（9C）

其他器类（碗、盒、枕等）的形象特色，并将其与盘碟类自身的特点巧妙结合，形成了样式繁多的自由面貌。瓷花口盘按整体形制的不同可分为近圆形、方形和其他形制三类。

其一，近圆形花口盘。口沿整体近圆，呈多曲花瓣状，其中又有葵口和菱口之别。

葵口圆盘　按分瓣的明显程度又可细分为两种。

第一种，分瓣明显，呈典型的漫弧葵花形。代表器物为长沙窑团花印纹盘[50]（图八：1）；相同形制的唐代金银器为数不少，如何家村熊纹葵花银盘、曲江折枝纹葵花银盘等，但繁峙多曲银碗[51]（图八：2）对这一长沙窑标本的影响更为直接。

第二种，分曲较不明显，花瓣弧度减小。典型标本为净觉寺地宫白瓷葵口小盘[52]（图八：3），其分曲较多、盘体清浅的特征与宋房山辽塔出土银盘[53]（图八：4）即为相似。

菱口圆盘　盘体平面呈菱花形，花瓣为尖状。典型器物为长沙窑彩绘鸟纹盘[54]（图八：5），而为其提供形制模式的金银器代表标本为唐繁寺菱花银盘[55]（图八：6）。

其二，方形花口盘。此类器物为陶瓷器在仿金银器中的创新之作，其并非直接仿

[50]　长沙窑课题组《长沙窑》，第 181 页。

[51]　齐东方《唐代金银器研究》，第 57 页。

[52]　河北省文物管理处《河北易县净觉寺舍利塔地宫清理记》，《文物》1986 年第 9 期。

[53]　齐心、刘精义《北京市房山县北郑村辽塔清理记》，《考古》1980 年第 2 期。

[54]　长沙窑课题组《长沙窑》，第 180 页。

[55]　齐东方《唐代金银器研究》，第 57 页。

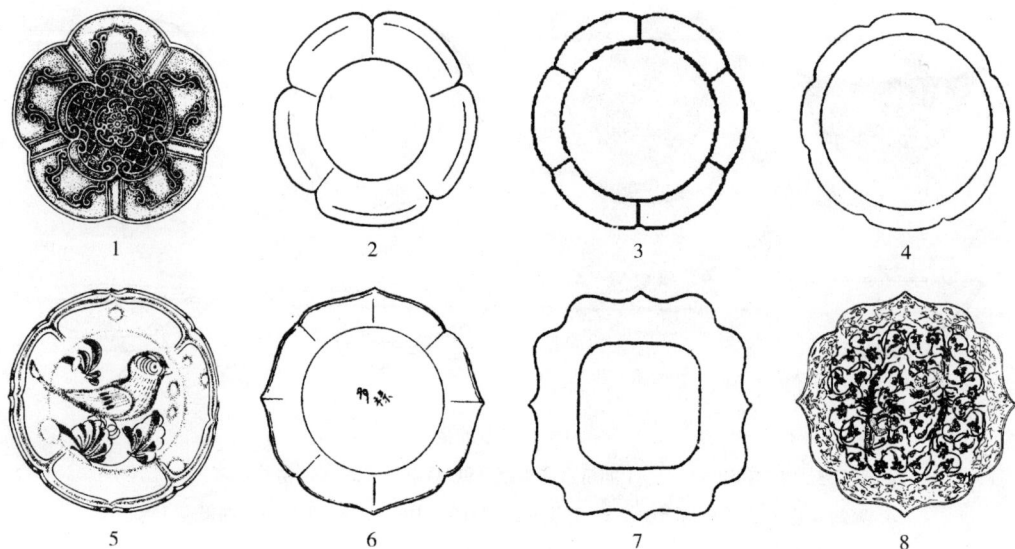

图八　花口盘（一）

1. 长沙窑团花印纹盘（9C 后半）　2. 繁峙多曲银碗（9C 后半）　3. 净觉寺白瓷葵口盘（1115AD）
4. 房山辽塔出土银盘（1051AD）　5. 长沙窑彩绘鸟纹盘（9C 后半）　6. 繁寺菱花银盘（9C 后半）
7. 定窑白瓷盘（五代）　8. 丁卯桥凤纹花瓣形银盒（9C 后半）

自金银器的某类器形，而是借鉴了其中的一些构形因素和图案的骨架结构，并结合盘碟类自身的特点，形成了自由多变的特点。现存标本可分两类。

菱花方盘　平面由四瓣菱花组成，各瓣间折曲呈直角且脊线明显。代表器物为定窑白瓷盘[56]（图八:7），这种构形方式取材于唐代花瓣形银盒盒盖的平面造型，如丁卯桥凤纹花瓣形银盒[57]（图八:8）。

委角方盘　平面整体呈四边内弧的方形。代表器物为长沙窑白瓷盘[58]，这种形制在金银器中并没有直接相近的器形，但在法门寺花瓣形银盒盖[59]上可见相同的捶揲构图。

其三，其他形制的花口盘。包括多类盘碟之属，其中较典型的有三角形盘和海棠盘两类。

三角形盘　此类盘多为白瓷，且主要为定窑产品，有的报告和文章中称其为"辽

---

[56]　河北省文化局文物工作队《河北曲阳县涧磁村定窑遗址调查与发掘》，《考古》1965 年第 8 期。
[57]　齐东方《唐代金银器研究》，第 86 页。
[58]　长沙窑课题组《长沙窑》，第 61 页。
[59]　齐东方《唐代金银器研究》，彩图 32。

风格盘"。典型标本为长沙市郊出土白瓷盘[60]（图九:1）。其形制新颖别致，平面近三角形，各边均呈波浪形翘曲，灵活借鉴了唐蝴蝶形银盒[61]（图九:2）的造型特点。

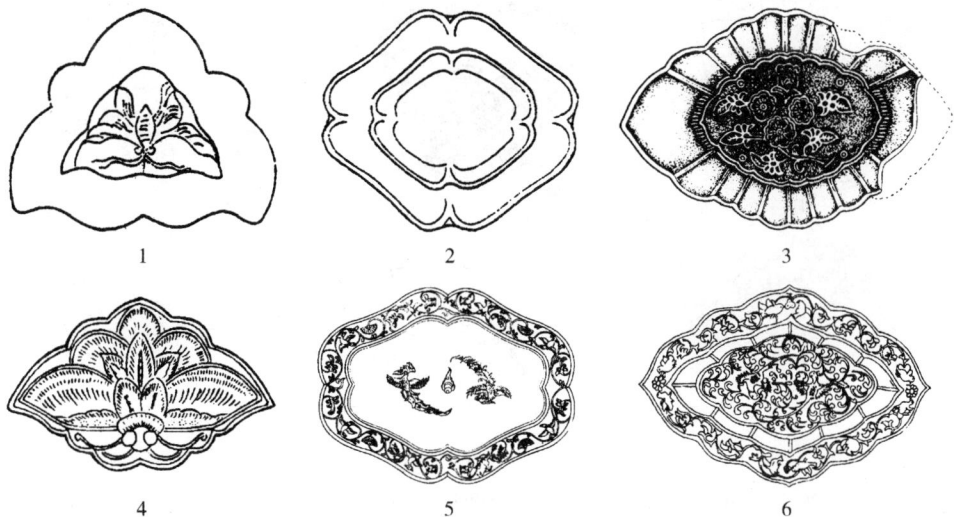

图九　花口盘（二）

1. 长沙市郊出土白瓷盘（五代）　2. 蝴蝶形银盒（9C 后半）　3. 钱宽墓出土白瓷海棠盘（900AD）
4. 丁卯桥双鸾海棠银盘（9C 后半）　5. 长沙窑海棠印纹碟（晚唐）　6. 不列颠鹦鹉纹海棠银盘（9C）

海棠盘　又称菱形盘。其下又可分为两小类。

第一类，重瓣类。菱形四角均为为双葵瓣形。四边内弧。代表器物为钱宽墓出土白瓷海棠盘[62]（图九:3），其明显模仿唐唐丁卯桥双鸾海棠银盘[63]（图九:4）的造型特点。

第二类，单瓣类。菱形四角均为单瓣菱花形，四边外弧。代表器物为长沙窑海棠印纹碟[64]（图九:5）。为其提供形制模本的金银器典型器物为不列颠鹦鹉纹海棠银盘[65]（图九:6）。

（3）多曲杯

按整体形状可分为圆杯和长杯两类。

---

[60]　高至喜《长沙出土唐五代白瓷器的研究》，第86页。
[61]　齐东方《唐代金银器研究》，第93页。
[62]　浙江省博物馆等《浙江临安晚唐钱宽墓出土天文图及"官"字款白瓷》，《文物》1979年第12期。
[63]　齐东方《唐代金银器研究》，第62页。
[64]　长沙窑课题组《长沙窑》，第182页。
[65]　齐东方《唐代金银器研究》，第62页。

其一，多曲圆杯。平面呈圆形多曲花瓣状，类似唐花瓣形高足杯的杯体，下接圈足。代表器物为越窑青瓷杯[66]（图一〇:1）、辽耶律羽之墓出土银杯[67]（图一〇:2）。

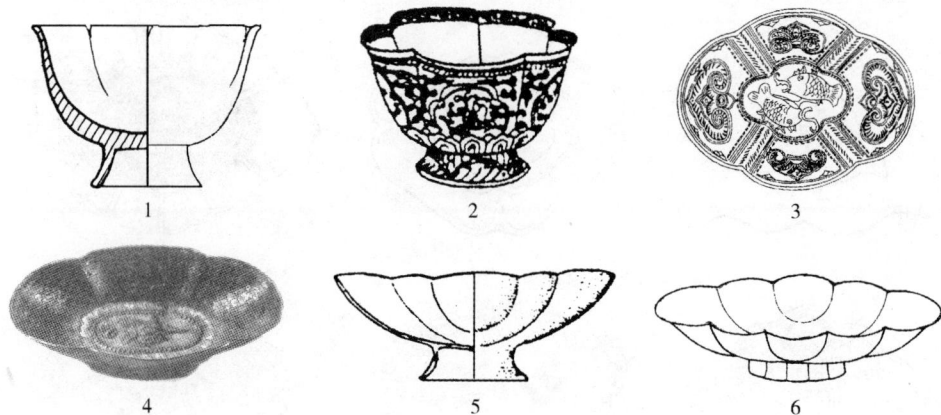

图一〇　多曲杯

1. 越窑青瓷杯（北宋中期）　2. 耶律羽之墓出土银杯（941AD）　3. 郑州唐墓三彩长杯（8C前半）
4. 摩羯纹金长杯（8、9C之交）　5. 钱宽墓白瓷长杯（900AD）　6. 正仓院鎏金铜长杯（8C）

其二，多曲长杯。平面呈多曲椭圆形，带有高矮不同的圈足，杯体自身的深浅亦有差别。按分曲数量的不同又可分为两小类。

第一类，四曲长杯。分曲线均至器底，形成纵向分列的曲瓣，瓣体不甚明显。计有白瓷和三彩两类，典型器物为郑州唐墓三彩摩羯鱼长杯[68]（图一〇:3）和崔防墓白瓷长杯[69]，相近造型的金银器有西安摩羯纹金长杯[70]（图一〇:4）等。

第二类，八曲长杯。两侧曲瓣的曲线不及底，为横向分层式曲瓣，瓣体凹曲明显。此类器物以白瓷为主，代表器物为钱宽墓白瓷长杯[71]（图一〇:5）和水邱氏墓白瓷长杯[72]，它们所借形的金属器以正仓院鎏金铜长杯[73]（图一〇:6）为代表。

（二）装饰纹样

[66] 浙江省文物考古研究所等《寺龙口越窑址》，第140页，文物出版社，2002年。

[67] 内蒙古文物考古研究所等《辽耶律羽之墓发掘简报》，《文物》1996年第1期，彩色插页壹。

[68] 郑州市文物考古研究所《郑州西郊唐墓发掘简报》，《文物》1999年第12期。

[69] 齐东方《唐代金银器研究》，第395页。

[70] 齐东方《唐代金银器研究》，彩版13。

[71] 浙江省博物馆等《浙江临安晚唐钱宽墓出土天文图及"官"字款白瓷》，《文物》1979年第12期。

[72] 明堂山考古队《临安县水邱氏墓发掘报告》，《浙江省文物考古研究所学刊》，文物出版社，1981年。

[73] 奈良国立博物馆《正仓院展》，图66，（日本）株式会社便利堂，1994年。

　　陶瓷器不但模仿金属器形，在装饰纹样上亦多有借鉴。金属器质地珍贵，故装饰纹样多繁复精致，几乎覆盖了当时社会纹样的全部类型，为陶瓷生产提供了丰富的借仿原形。

　　这些仿金属器的装饰纹样根据装饰部位和重要程度，可分为主题纹样和附属纹样两种。

　　1. 主题纹样

　　装饰于器物的显著部位，所占比重大，突出醒目，是器物装饰的主体。其内部可分为构图模式和图案主题两类。

　　其一，构图模式。主要指纹饰的布局安排和空间分割。尤以对旋类布局最为典型：多为两个相同图案以中心对称的方式呈顺时针或逆时针旋转，是同一图案单元的重复与对称。此类下所含纹样丰富，以对旋动物为主。

　　对旋鹦鹉纹　衔枝鹦鹉的逆时针对旋。典型纹样为寺龙口越窑碗内底纹样[74]（图一一：1），这种图案在唐代金银器中十分普遍，但多为顺时针旋转，如丁卯桥鹦鹉纹海棠银盒盖上的纹饰[75]（图一一：4）。

　　双雁纹　基本图案单元为展翅鸿雁，典型纹样见于越窑青瓷盘内底[76]（图一一：2），其所模仿的金银器纹饰见于唐西安蝴蝶纹平底碗内底[77]（图一一：5）。

　　双鸾纹　基本图案单元为鸾凤纹，代表纹样见于越窑青瓷碗内底图案[78]（图一一：3），相似纹样在金属器中的碗、盘、盒中均有体现，如丁卯桥双鸾海棠银盘[79]（图一一：6）。

　　双鱼纹（摩羯纹）　顺时针对旋的双鱼图案，亦有鱼唇上卷作摩羯状的。代表纹样见于越窑青瓷残片上[80]（图一一：7），双鱼纹也是唐代金银器碗盘杯之属的主要内底纹样，如齐国太夫人双鱼纹金长杯[81]（图一一：10）。

　　对蝶纹　多饰于盘碟底心，如越窑青瓷对蝶纹盘[82]（图一一：8）。金属纹饰虽未见此二元对称图形，但瓷器中的蝴蝶样式却受到金银器的深刻影响，尤以蝴蝶纹银盒图

〔74〕　浙江省文物考古研究所等《寺龙口越窑址》，第82页。
〔75〕　齐东方《唐代金银器研究》，第91页。
〔76〕　徐定宝《越窑青瓷文化史》，人民出版社，2001年。转引自郑嘉励《宋代越窑刻划花装饰工艺浅析》，前揭注图二：2。
〔77〕　齐东方《唐代金银器研究》，第74页。
〔78〕　浙江省文物考古研究所等《寺龙口越窑址》，第44页。
〔79〕　齐东方《唐代金银器研究》，第62页。
〔80〕　徐定宝《越窑青瓷文化史》，第116页。
〔81〕　齐东方《唐代金银器研究》，第52页。
〔82〕　浙江省文物考古研究所等《寺龙口越窑址》，第84页。

图一一　构图模式

1. 越窑对旋鹦鹉纹　2. 越窑双鸿纹　3. 越窑双鸾纹　4. 丁卯桥海棠银盒盖上的鹦鹉纹

5. 银碗内底双鸿纹　6. 丁卯桥海棠银盘中的双鸾纹　7. 越窑双鱼纹　8. 越窑盘中的对蝶纹

9. 越窑双鲵纹　10. 齐国太夫人金长杯中的双鱼纹　11. 蝴蝶纹银盒　12. 水邱氏银温器上的双鲵纹

样为例。

双鲵纹　典型纹饰见于越窑青瓷盘[83]（图一一：9），其与唐代水邱氏银温器上的纹饰[84]题材相同（图一一：12）。

其二，图案主题。纹样的具体类型，计有团花纹、四荷纹、缠枝纹、绶带纹和云鸟纹等。

团花纹　多为写实的自然花朵，平面形状大体为圆形，似俯视花朵。其中以莲花纹最为多见。典型纹饰见于越窑莲花纹盏托[85]（图一二：1），金属器中则以何家村独角兽纹银盒外底纹样[86]（图一二：2）为代表。

四荷纹　此类纹样多见于越窑青瓷内底。莲花枝茎缠绕呈十字圆环状，即一个四方连续，每个单元格内有莲花一朵，如寺龙口青瓷盘底四荷纹[87]（图一二：4）。这种图案似是唐代金银器中宝相花纹花心部分和某类绶带纹[88]（图一二：3）的结合体。

缠枝纹　枝藤卷曲，间以花叶和禽鸟。代表纹样见于越窑盘内底[89]（图一二：5），同类花纹在金属器中见于唐芝加哥缠枝纹蛤形银盒[90]（图一二：6）。

绶带纹　形如带状系结在一起。典型图案见于青瓷套盒[91]（图一二：7），与之相近的金属器纹样则以李郁绶带纹银盒[92]（图一二：8）为代表。

云鸟纹　代表纹饰见于长沙铜官窑白瓷蝶内底[93]（图一二：9），其与沙坡村银高足杯外腹纹样[94]（图一二：10）类同。

人物纹　多为席坐形象。代表纹饰见于越窑人物纹壶[95]（图一二：11）。其类似于唐法门寺人物纹银香宝子[96]（图一二：12）。

2. 附属纹样

---

[83]　林士民《青瓷与越窑》，上海古籍出版社，1999年。转引自郑嘉励《宋代越窑刻划花装饰工艺浅析》，前揭注。

[84]　齐东方《唐代金银器研究》，第124页。

[85]　浙江省文物考古研究所等《寺龙口越窑址》，第112页。

[86]　齐东方《唐代金银器研究》，第145页。

[87]　浙江省文物考古研究所等《寺龙口越窑址》，第44页。

[88]　齐东方《唐代金银器研究》，第27页，齐国太夫人绶带纹弧腹银碗内底图案。

[89]　浙江省文物考古研究所等《寺龙口越窑址》，第82页。

[90]　齐东方《唐代金银器研究》，彩图41。

[91]　浙江省文物考古研究所等《寺龙口越窑址》，第210页。

[92]　齐东方《唐代金银器研究》，第155页。

[93]　长沙市文化局文物组《唐代长沙铜官窑址调查》，前揭注，第78页。

[94]　齐东方《唐代金银器研究》，第147页。

[95]　金英美《越窑研究》，北京大学博士研究生学位论文，2002年。

[96]　齐东方《唐代金银器研究》，同注10，第122页。

图一二　图案主题

1. 越窑盏托中的团花纹　2. 何家村银盒外底团花纹　3. 银碗内底绶带纹　4. 越窑盘底四荷纹

5. 越窑盘心缠枝纹　6. 芝加哥蛤形银盒缠枝纹　7. 青瓷套盒绶带纹　8. 李郁银盒上的绶带纹

9. 白瓷碟内底云鸟纹　10. 沙坡村银高足杯云鸟纹　11. 越窑执壶上的人物纹　12. 法门寺银宝子人物纹

　　主要装饰于器物的口沿、底边和折棱处，或环绕于主题纹样周围，展开后呈条带状。有连珠纹、卷云纹和半花纹等。

　　连珠纹　由小圆圈或圆珠连续排列而成，可由模印、戳印等多种工艺形成，其既可用于器物不同部分的相接处，如白瓷凤首龙柄壶（图一三：1），类似于唐何家村银高足杯珠节处（图一三：2）；又可环绕于主题纹样周围作为边饰，如李静训墓出土白瓷扁壶上的连珠纹图案边围（图一三：3），即与西安摩羯纹金长杯内底的图案边试十分相似[97]（图一三：4）。

　　卷云纹　由卷曲的云头连续排列而成（图一三：5）。类似于背阴村三足银壶外颈纹

---

[97]　齐东方《唐代金银器研究》，彩版13。

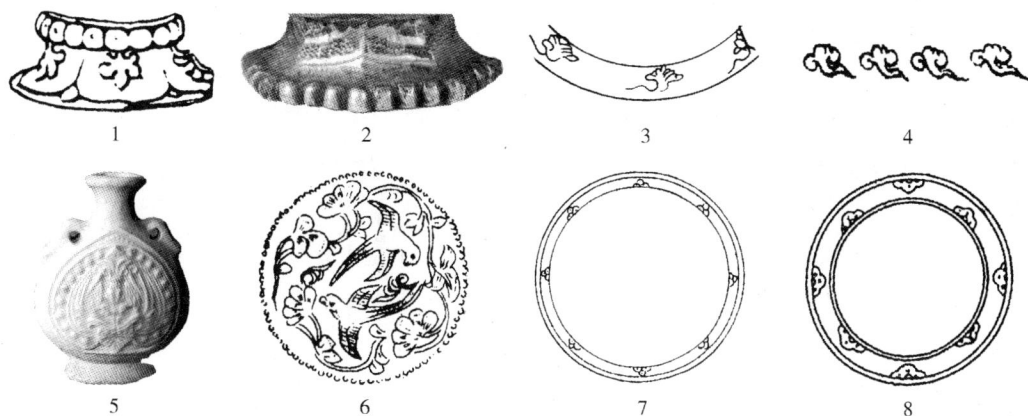

图一三　附属纹样

1. 白瓷凤首龙柄壶的联珠纹　2. 何家村银高足杯的联珠纹　3. 李静训墓白瓷壶的联珠纹
4. 西安摩羯纹金长杯内底联珠纹　5. 越窑卷云纹　6. 阴村三足银壶外颈上的卷云纹
7. 越窑半花纹　8. 西安蝴蝶纹银碗内底上的半花纹

样[98]（图一三:6）。

半花纹　由四瓣小花的一半排列而成（图一三:7）。其肖似于西安蝴蝶纹银碗内底
纹样[99]（图一三:8）。

（三）工艺和装饰技法

1. 金属器对唐宋陶瓷成形工艺的影响

一种手工业的成形工艺主要取决于其自身材质的特性：金属器主要是通过冷加工
的手段利用捶揲、焊接和旋削等工艺对金属薄片进行平行方向的延展处理，故其器物
形态具有较大的自由性；而制瓷工艺则主要依赖轮制成形使泥土作三维方向的同心环
绕运动，故其产品横截面必然局限于圆形或近圆形。

陶瓷工艺对金属器的模仿，最先需要克服因材质差异而造成的原有成形技术的欠
缺，不断摸索出新的工艺以求形似。这种工艺探索，集中体现在模制工艺和接胎工艺
的发展上。

其一，模制成形工艺的发展。

在模仿金属器而进行的工艺探索中，唐宋陶瓷成形技术最早得以发展的是外模法。
即根据器物外形，焙制成范，再将泥片紧贴于范内，拍压成规定形状，最后脱模烧制
而成。这种外模法和捏塑成形，在唐以前已成为俑类和模型明器的主要制作手段；但

---

[98]　齐东方《唐代金银器研究》，第 162 页。
[99]　齐东方《唐代金银器研究》，第 163 页。

较为广泛地应用于陶瓷容器，则是唐代仿制外来金属器的产物。

初唐至盛唐是一个崇尚外来物品的时代，外来金属器作为异域文化的重要载体，成为唐代金银器和陶瓷器共同的塑形模本，其中不乏造型复杂的容器。而这种不规则几何体的造型是传统轮制成形技术难以解决的，这为以前鲜用于容器制作的外模工艺提供了新的发展空间。

由是，外模法的最初应用既是为迎合外来器物的复杂造型，也是处理繁复纹样装饰的有效技术，解决了以小块花纹印模多次戳印的操作复杂性，可视为模印花纹工艺的进一步发展：也就是说，外模法在陶瓷容器生产中的应用，是为了同时完成外壁纹样和器物成形的制作。

在华化金银器取代外来金银器、成为唐代金属器的主要模式后，另一种成形技术——内模法在陶瓷器的仿制工艺中得到了长足的发展。内模法是用泥土制成器物的内部形状焙烧成模，或用传统的拉坯技术拉制与之形状大小相似的坯体，将其扣合在内模外，或直接将厚薄均匀的泥片贴合覆盖在模子上：则既可借助模子成形，又可获得精致准确的内壁线条。

唐宋华化金银器的突出特点，是花口器的大量出现。这一特点也集中体现于陶瓷器对金属器的模仿中。多曲分瓣的容器改变了传统圆口容器的单一性，丰富了陶瓷产品的面貌。

多曲的金属容器依据分瓣部位和曲度深浅，可分为口沿分曲和腹壁分曲两大类，相应的陶瓷仿制品也有两种成形方式。制作口沿分曲的容器，仅仅借助传统的拉坯成形和修胎技术就可以完成：在坯体口沿处用刀即可削修出多曲的葵瓣形状[100]（图一四：1）。这一成形技术同样可以粗率应对器壁分曲轻浅的容器：或在尚未干透的坯体上，用锐物沿削修好的口沿凹缺处向器底轻划阴线，以之表现器壁分瓣的视觉效果；或者直接在器壁上用工具压印出等距的凹棱[101]（图一四：2），以表现更为立体的分瓣效果。以上成形方法均难以达到精致严谨的仿制要求，同时在制作起棱明显、分曲较深的器物时就显得力不从心了。基于此，内模技术迅速发展起来，成为陶瓷器逼真仿制金属器造型的工艺基础。

内模法应用于圆口坯体，主要是为了表现出均匀的分曲和明显的出筋，使器物制作精准细致，阴刻凹线分布等距（图一四：4），从而在内壁形成极为逼真的仿金属捶揲棱线。黄冶三彩窑址出土了一件五曲碗的内模标本，五葵口切分均匀准确，同时在每个曲分单元内刻有游鱼一尾，可达到金属器錾刻般的纹样效果。这件标本所体现的形

---

[100] 阜新市博物馆筹备处《辽宁阜新县契丹辽墓的清理》，《考古》1995 年第 11 期。

[101] 长谷部乐尔、今井敦《日本出土の中国陶磁》，《中国の陶磁》卷 12，平凡社，1993 年。

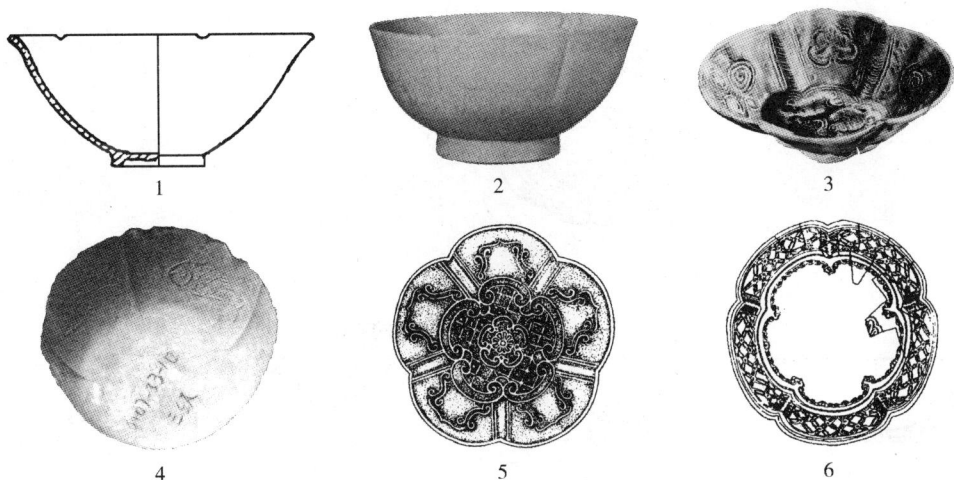

图一四　成形工艺（一）

1. 白瓷五曲葵口碗　2. 青瓷葵口碗　3. 三彩多曲杯　4. 黄冶窑多曲碗模
5. 长沙窑印纹盘　6. 日本出土印纹盘

纹合一的制作规程，不仅在三彩中得以应用（图一四:3），同样见于青瓷和单色釉陶的生产中。长沙出土的绿釉印纹碟[102]（图一四:5）和日本柏原绿釉褐彩盘[103]（图一四:6）均是使用内模将葵口造型与繁复纹饰一并完成的。

　　需要指出的是，内模法出现的初衷是辅助器物成形。形纹一体、一并脱范的器物虽然存在，但仿金属陶瓷器的主流仍为素面多曲器物：这种仅靠造型和釉色表现的仿制工艺在晚唐宋初的越窑产品中达到高峰。静志寺塔基地宫出土的六曲葵口青瓷盘即以其洗练的造型、清晰的出棱和平整的内壁而达到了肖似的仿借效果[104]（图一五:4）。这说明内模法自其产生，即作为重要的成形工艺存在。另一个证据在于，相当一部分有纹样装饰的多曲陶瓷器，其内模成形和纹样加工是先后有别的两个不同加工程序。印尼出土的黑石号沉船中发现了一件白釉绿彩龙纹盘，五曲葵口，内壁出棱明显，内底饰有浅浮雕效果的龙纹；相似的器物也见于黑石号沉船（图一五:1）和埃及撒马拉遗址[105]（图一五:2）。由撒马拉自器物上脱落的模印贴花龙纹可见，此类器物的基本成形和纹样装饰是分步单独进行的：先以内模成形，再贴塑事先模印好的纹样。从定窑的一件双鱼白瓷盘上（图一五:3），则可看出另一种加工方法：内壁放射形的细脊是通

[102]　长沙窑课题组《长沙窑》，第81页。

[103]　芟岚《7—14世纪中日文化交流的考古学研究》，第341页，中国社会科学出版社，2001年。

[104]　定县博物馆《河北定县发现两座宋代塔基》，《文物》1972年第8期。

[105]　谢明良《记黑石号沉船中的中国陶瓷器》，《美术史研究集刊》第十三期抽印本，第57页。

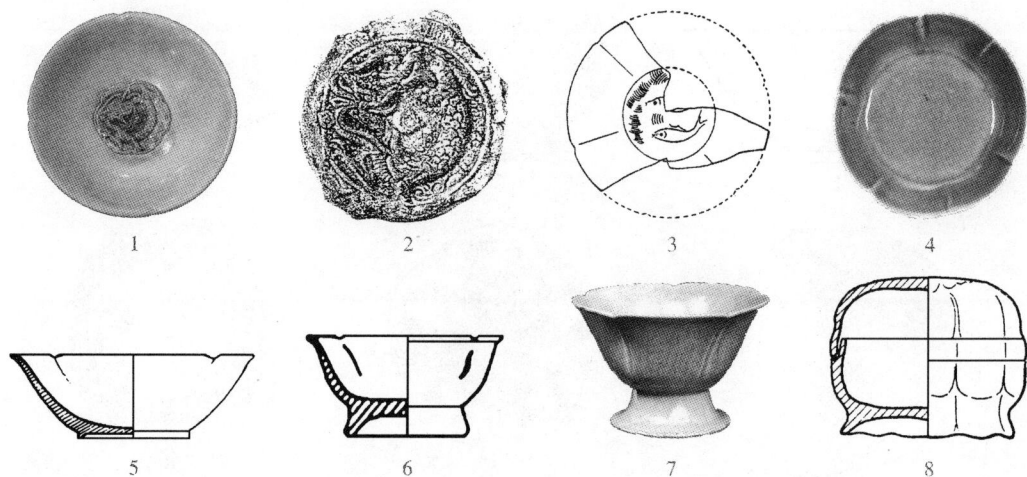

图一五　成形工艺（二）

1. 黑石号出水龙纹盘　2. 撒马拉绿釉龙纹印模贴花　3. 定窑白瓷双鱼盘　4. 静志寺越窑青瓷葵口盘
5. 白瓷五曲葵口碗　6. 浙江出土越窑青瓷分碗　7. 法门寺秘瓷葵口碗　8. 镇江晚唐白瓷盒

过内模法成形的，而盘心的鱼纹则明显是成形后用细锐之器刻划上去的。

以上两例可见，多数分曲陶瓷器应用内模法，都是单纯以成形为目的，至于其纹样装饰，则多是另行以印纹贴塑或刻划后来附加上的。

除了将轮制的圆口坯件扣于内模上，也可用厚薄均匀的泥片直接贴于其上。这样成形的器物造型可以随着模制技术的日渐成熟，根据不同的内模形状，成功的仿制出三角形盘、菱形盘盒、多曲长杯等较为复杂的金属器造型。但是，这种泥片内模工艺存在一个问题，它无法如拉坯而成的器物那样直接旋刀挖足，故而制作的器物或为平底，或需要另行接足。而它所接的底足也常常作金属器那样的外撇高圈足，这就涉及到金属器影响下的另一种成形工艺——接胎。

其二，接胎工艺的新发展。

所谓接胎，就是将整件器物分为若干部分分段拉坯成形，再将这些坯件接合在一起。接胎技术在新石器时代的陶器制作中即已出现，此后一直沿用，成为陶瓷成形工艺的重要技术构成。唐代接胎工艺的新发展，体现在仿金属器外撇高圈足的接合技术上。

晚唐以前轮制拉坯而成的器物或呈饼形底和玉璧底，或通过挖足形成略微内凹的底足[106]（图一五:5），其均为一次成形。而在金属器中，那些足墙轻薄且明显外撇的高圈足则是与器物主体分别捶揲成形，再用焊接相结合的。为了达到对金属器的逼真仿

---

[106]　广东省文物考古研究所等《广东和平县晋至五代墓葬的清理》，《考古》2000年第6期。

效，陶瓷工业将传统的接胎工艺与焊接工艺结合，通过接足的方式使高圈足在陶瓷造型中成为可能（图一五:6~8）。罗森将这一特征归入陶瓷器仿金银的 11 个明证中，可见接足技术是以模仿金属器为目的，巧妙嫁接了焊接工艺发展而成的。同时，模制成形工艺也是接足技术发展的重要动因，这在上一问题中已有提及，此不赘述。

2. 金属器对唐宋陶瓷装饰技法的影响

（1）在"局部鎏金"技术影响下产生的陶瓷装饰技法。局部鎏金工艺在唐代最常见，主要用于银器，只在花纹部分鎏金，以产生黄白鲜明对照的艺术效果，文献中称之为"金花银器"。陶瓷工艺对其的模仿主要体现在以下方面。

其一，釉色的鲜明对比。主要用于长沙窑和黄冶三彩窑的生产中。

长沙窑褐彩瓷：即在淡青釉或白釉上贴花，并在贴花部位涂上一片棕褐色，对比鲜明，醒目突出（图一六:1）。

黄冶窑三彩器则常在绿釉、白釉或淡黄釉上划画、戳印或贴塑仿金银器的花纹，并于其上施以深色釉彩，使花纹更加明显突出（图一六:2）。

其二，白釉剔花。是一种利用化妆土的装饰工艺，其利用含铁量较高的胎体烧成后所呈现的灰色、褐色或褐黑色，与化妆土烧成后的纯白色形成对比，通过剔、划，

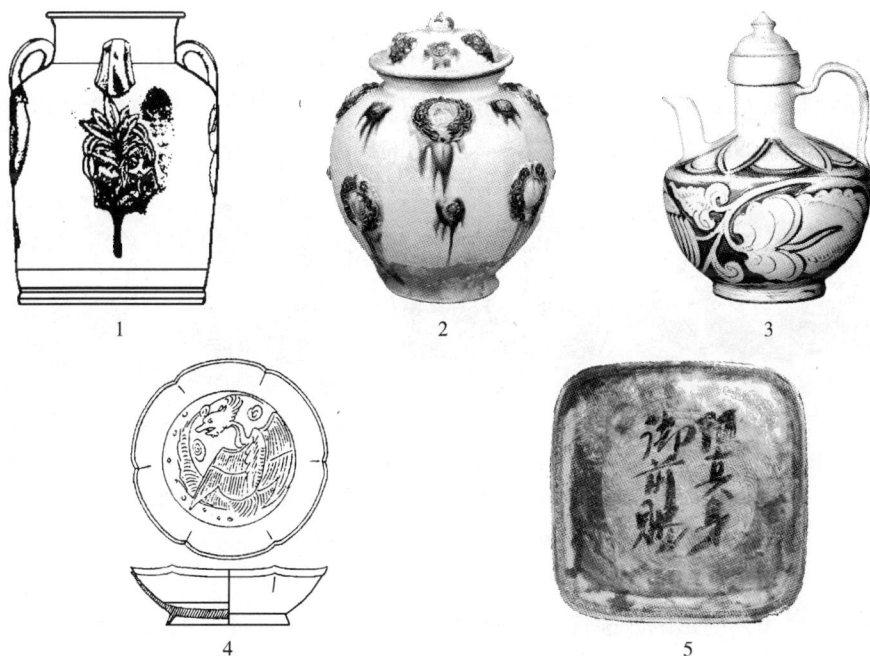

图一六　装饰工艺（一）

1. 长沙窑褐彩　2. 黄冶窑三彩器上的釉色对比　3. 磁州窑白釉剔花装饰

4. 定瓷口沿和底足的金银扣　5. 银器口沿的局部鎏金

取得不同颜色的装饰效果[107]。这种反差明显的装饰明显模仿银器局部鎏金的视觉效果（图一六：3）。

其三，金银扣。在瓷器口沿（图一六：4）或底足边缘镶包金银箔。金银器在相似的位置通常錾刻条带状的附属纹样，而银器则多在其上鎏金（图一六：5）；金银扣即是汲取了这种装饰思路。

（2）金属器錾刻工艺影响下的相关制瓷技术。金属錾刻技术产生出丰富的艺术效果，其既可用于地纹处理，又可通过平面雕刻的手法形成图案——包括塑造轮廓和处理细部。它对陶瓷器装饰工艺的影响主要体现在以下方面。

其一，地纹处理。仿金银器鱼子地纹而形成的珍珠地。

鱼子地纹流行于唐代，是在金银器表面用圆錾刀錾出细密的小圆圈，排列整齐（图一七：1）。受其影响，陶瓷业出现了珍珠地划花工艺，即在花纹空隙处戳印间隔一致、大小相若的小圆环作为地纹。其早在盛唐前期的三彩器中已得以应用，在五代宋初时期的密县西关窑和北宋磁州窑产品中（图一七：2）均有体现[108]。

其二，纹样制作。即以匀细阴刻线或篦划方式刻划花纹。

瓷器表面这种纤细流畅、繁密严谨的细线划花不仅图案样式上肖似金银器花纹，在技术上更是模拟利錾刻剔的装饰效果。

细线划花不仅用于组织轮廓造型，还应用于花纹的细部处理上。最典型的是花瓣和阔叶内经脉的处理（图一七：3）。金银器中的花叶经脉繁密工整，在对其的模仿中，瓷器花纹中的同类线条亦以尖利之器一丝不苟的划出（图一七：4）。

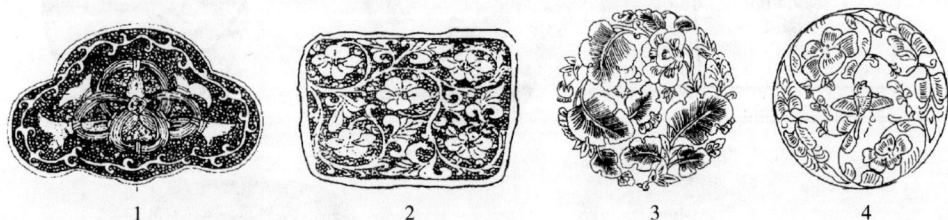

图一七　装饰工艺（二）

1. 李郁云头银盒表面上的鱼子地　2. 珍珠地划花枕　3. 金银器纹饰中的花叶筋脉
4. 越窑细线划花中的花叶筋脉

（3）捶揲工艺的影响。捶揲工艺使唐人能够追求优美而写实的艺术表现，不仅可制作丰富多变的器物形体，也可表现精丽的装饰花纹。它对陶瓷业的影响主要体现在

---

[107]　秦大树《白釉剔花装饰的产生、发展和相关问题》，前揭注第 68 页。

[108]　冯先铭等《中国陶瓷史》，文物出版社，1982 年。

以下几个方面。

其一，轻薄翘曲的胎体。为追求金属器捶揲产生的卷翘口沿和多瓣器身以及其他复杂丰富的造型，瓷器生产采用了薄胎和模制塑形技术。薄胎技术亦带动相应的坯料选淘和装烧方式，如单匣钵装烧以及其后的覆烧法的应用。而卷翘多变的器形则有赖于模制技术的应用——其使用首先是为了器物成形，而非大量的模印纹饰，如水邱氏墓和钱宽墓出土的白瓷多曲长杯和海棠盘。

其二，贴塑花纹。金银器以有内向外的捶揲技术可形成浮雕式的凸鼓纹饰，与之相类，陶瓷器的某些贴塑花纹不仅在装饰效果上仿捶揲，贴花图案本身亦源于金银器。

二、陶瓷器和金属器的相互影响

陶瓷器在对金属器的模仿过程中丰富了样式，革新了技术，使整个制瓷手工业日益成熟，其后与金银器相互推动。二者之间有时虽在器物形制和图案纹样不甚统一，但表现的却是相同的装饰题材和创作意匠；这其中有些是社会审美风尚共同产物，有些则体现了瓷器生产为金银器提供的借鉴因素。此两类本就不易区分，且因材料所限，故在此统一综述。按题材的不同分为以下几类。

1. 莲花深腹温碗

这种器物多见于宋辽时期的瓷器和金银器造型中，口沿为多瓣莲花形，碗体亦随口沿分瓣，有圈足。典型器物为辽陈国公主墓青瓷温碗[109]（图一八：1）、法门宝塔出土银温碗[110]和房山辽塔银温碗[111]（图一八：2）。就目前发现的材料看，瓷温碗的出现略早于相类的金银器；同时，这种形式的容器亦多见于墓葬壁画和砖雕，表明这是当时社会普遍流行的一种样式，用于盛放汤瓶，与茶风盛行有关。

2. 龟荷题材

龟荷题材在两宋之际甚为流行，不仅多为诗词咏及[112]，更广泛应用于瓷器、金银器及玉器[113]等多种材质；其中尤以瓷器突出。其龟荷题材据装饰手法可分为：细线划花、浮雕贴饰和圆雕三类。

[109]　内蒙古自治区文物考古研究所等《辽陈国公主墓》，图版一三，文物出版社，1993 年。

[110]　扶风县博物馆《扶风出土的宋金时代金银器》，前揭注。

[111]　齐心、刘精义《北京市房山县北郑村辽塔基清理记》，前揭注。

[112]　宋人洪适有词调寄《生查子》，句云："碧涧有神龟，千岁游莲叶。"苏轼《莲龟》："绿荷深处有游龟。"转引自扬之水《宋诗中的几件酒具》，《文物天地》2002 年第 1 期。

[113]　见于北京丰台区金代乌古伦墓出土的一对制作工巧的龟游莲叶玉佩。扬之水《宋诗中的几件酒具》，前揭注。

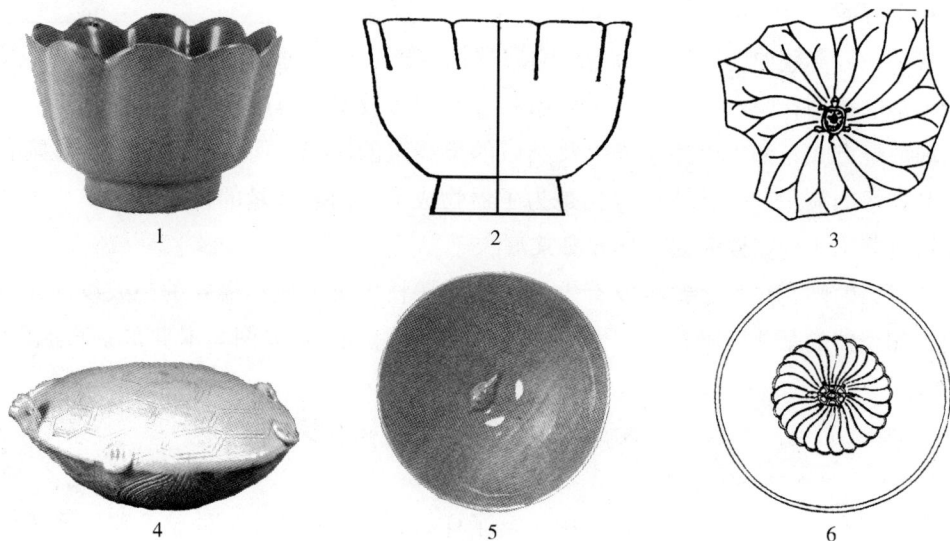

图一八　莲花深腹碗和龟荷题材

1. 陈国公主墓莲花青瓷温碗（11C中）　2. 房山辽塔银温碗（1051AD）　3. 越窑盘底心的龟荷纹（北宋早）
4. 静志寺白瓷莲腹龟（977AD）　5. 静志寺青瓷龟荷碗（977AD）　6. 彭州窖藏龟荷银盏（两宋之交）

其一，细线划花。多饰于碗盘内底，一枚叶脉纤细的荷叶上浮有一只似游非游的小龟，代表纹饰见于寺龙口越窑盘（图一八∶3）。

其二，半浮雕贴饰。典型器物为河北定县静志寺塔基出土青瓷碗[114]（图一八∶5），器物模印出两重莲瓣，内底心贴饰小龟，巧取"龟游莲叶"之意。

其三，圆雕。以静志寺出土白瓷龟[115]为代表，整体作龟形，下腹刻划莲叶叶脉纹，以示"游莲"（图一八∶4）。

与之相较，此题材在金银器中的应用则较单一，多作盏心装饰。如彭州金银器窖藏中的银盏[116]（图一八∶6）。

鉴于此类题材的瓷器类型较金银器丰富，且现有资料中瓷器所属时代略早，故可视为瓷器对金属器的影响之一。

3. "旋子"构图

平面为盛开花朵，以蕊为中心，花瓣顺次相叠，且朝同一方向呈动势旋转。此类

---

[114]　定县博物馆《河北定县发现两座宋代塔基》，前揭注。

[115]　定县博物馆《河北定县发现两座宋代塔基》，前揭注。

[116]　彭州市博物馆等《成都市彭州宋代金银器窖藏》，《文物》2000年第8期。

构图形式在五代末及宋初的越窑青瓷中即以细线划花的形式出现于碗盘内底[117]（图一九：1），一直延续到寺龙口越窑第五期[118]（图一九：2），即北宋末。这种平面形式在唐代即以曲瓣更多的水波纹形式出现在金银器外底纹样上，但宋初越窑的划花形式显然又有独创因素，其成为北宋晚期及其后的金银器中立体花瓣形式更直接的借鉴模本：以器底作花蕊，器壁饰作花瓣，分曲相叠。代表器物有辽晚期内蒙古巴林右旗银器窖藏出土的荷叶银杯[119]（图一九：4）和彭州金银器窖藏出土的六曲葵口盏[120]（图一九：3）。

图一九

1、2. 越窑盘底旋子构图（北宋初、两宋之交）　3. 彭州窖藏六曲葵口盏（两宋之交）

4. 巴林右旗窖藏荷叶银杯（辽晚期）　5. 越窑折枝花纹（北宋中期）

4. "十花"题材

"十花"者，语出宋徽宗《宣和宫词》"十花金盏劝宫娥"，作为一种装饰题材，可有多种表现形式。其在陶瓷器中的应用略早，可体现在两方面。

其一，十曲分瓣口沿。此类盘盏早在五代初即已出现，代表器物为钱宽墓白瓷十曲葵口盘[121]（图二〇：1）；北宋时期的越窑青瓷中亦不鲜见，如寺龙口十曲青瓷盘[122]（图二〇：2）。这种形式在北宋晚期的金银器中可见瓷器的影响，如彭州窖藏出土的十曲银盘[123]（图二〇：3、4），只是制作更为轻薄精细。

其二，器物内底装饰写实花卉纹饰。主要见于越窑盘盏上的刻划花，此处"十花"者则未必是确数，仅言其多，指花卉品类的多样，下图以若干盏托为例，均为北宋早中期产品（图二〇：5）。相类的金银器则多属北宋后期或更晚，但划花品类更丰富，錾刻也

---

[117] 浙江省文物考古研究所等《寺龙口越窑址》，前揭注第43~44页。

[118] 浙江省文物考古研究所等《寺龙口越窑址》，前揭注第143页。

[119] 巴右文、成顺《内蒙古昭乌达蒙巴林右旗发现辽代银器窖藏》，《文物》1980年第5期，第48页。

[120] 彭州市博物馆等《成都市彭州宋代金银器窖藏》，前揭注第13页。

[121] 浙江省博物馆等《浙江临安晚唐钱宽墓出土天文图及"官"字款白瓷》。

[122] 浙江省文物考古研究所等《寺龙口越窑址》，前揭注第119页。

[123] 彭州市博物馆等《成都市彭州宋代金银器窖藏》，前揭注第16页。

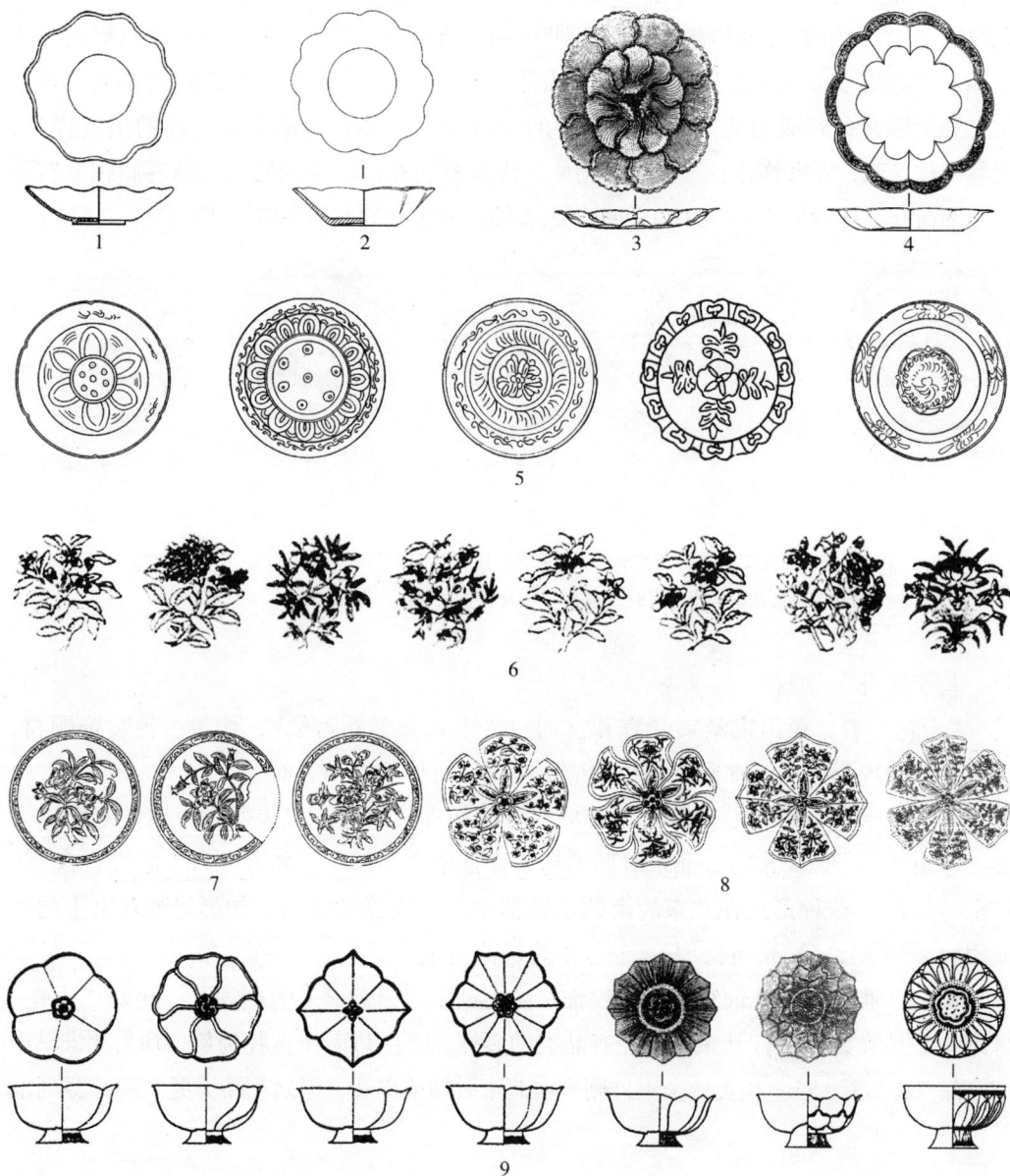

图二〇　十花题材

1. 钱宽墓白瓷十曲葵口盘（900AD）　2. 寺龙口十曲葵口盘（北宋中期）　3、4. 彭州窖藏十曲银盘
（两宋之交）　5. 越窑盏托内底的写实花卉纹饰（北宋中）　6. 江苏溧阳平桥窖藏银碟内底的写实花卉
（两宋之交）　7. 重庆涂山窑出土银碗中的錾花图案（北宋晚）　8. 纹、形配合的十花金属器装饰（两
宋之交）　9. 江苏溧阳鎏金花卉银盏（两宋之交）

更精细，典型器物有江苏溧阳平桥宋代银器窖藏出土花卉纹银碟 9 枚[124]（图二〇:6）、重庆涂山窑址出土錾花银碗 3 个[125]（图二〇:7）。

金属器在借鉴陶瓷器装饰意匠的同时，亦根据其自身材质的优势，赋予"十花"题材新的表现形式，即一组整体如花的器皿组合：口沿和器壁作出式样繁多的曲瓣花形，且每个曲瓣上都有相同品类的折枝花与器形相配合（图二〇:8）。代表器物群为江苏溧阳鎏金花卉银盏[126]（图二〇:9）。

5. 折枝花题材

折枝花如一支折下的植物或单独生长的花草。唐代金银器中的折枝花，多笔意圆润，构图饱满，花叶肥阔。五代宋初的瓷器刻划花尚基本仿效晚唐风貌；而随着自身装饰手法的不断成熟，逐渐开创出具有典型瓷器装饰风格的折枝花造型，其特征如下：枝干短小，以单朵花卉作为图案主体，造型饱满似团花，花瓣内填以整齐篦划纹，更使花朵显得丰满繁密。花朵正下接短枝，向左右两边蔓生叶片，并作上弧形，与主体团花合而构成一个近圆的构图。这种纹样在寺龙口越窑遗址地层的 T1:⑤和 T7:③c 中均有发现，其分属北宋中期至晚期（图一九:5）。这种题材也多见于磁州窑瓷器的主题花纹中。

宋代金银器自身另有一套处理折枝题材的方式，多为构图疏朗，花枝纤细，籽实毕现，且一枝多花：这是典型的金银器纹饰。但同时，也出现了类似于同期瓷器折枝纹系统的纹样处理方式，只是不占主流。代表纹样见凯波鎏金单耳银洗。

三、陶瓷器对金属器仿借领域及深入程度的演变

被借鉴的金属器因素并非短期内即在陶瓷生产中得以全面应用，它有一个借鉴范围不断扩大、模仿程度逐渐深入的过程；对金属器因素的处理由最初的机械模仿到结合陶瓷业自身特色的灵活运用也非朝夕之功。以下分两方面详述。

1. 由追求形制纹样的貌似到工艺技术的借鉴变革

将前文"陶瓷器中金属器因素"的分析排比和分期研究结合，可得出一个较清晰的演变发展轨迹。

最初的模仿以肖形为主，但限于两种工艺的差异，在模仿上有些勉强。除个别皇家厚葬器尚可称作肖似外，余者多取所仿金属器之概貌，在细部处理上不免有些局促。

[124] 肖梦龙、汪青青《江苏溧阳平桥出土宋代银器窖藏》，《文物》1986 年第 5 期，第 73 页。
[125] 重庆市博物馆《重庆市涂山宋代瓷窑试掘报告》，《考古》1986 年第 10 期，第 899 页。
[126] 肖梦龙、汪青青《江苏溧阳平桥出土宋代银器窖藏》，前揭注第 71 页。

纹样和装饰的借鉴亦不占主流。

晚唐至北宋初期，仿借范围扩展。这一阶段定、越二窑大量的刻划花装饰产品中存在大量对金属器纹样的借鉴，亦不乏自身的创新之作。同时，摆脱了前期机械模仿的模式，转而以模仿为契机，推动了陶瓷业自身的技术更新，既丰富了工艺，又更深入的仿其形纹而不致牵强。其中尤以模制技术的运用最为典型：最初对于分曲器物的筋缺处理主要采用两种方式，一为"湿胎压棱"，即在拉坯修坯完成后，趁坯体未干透，在器物外壁进行压印，相应内壁出脊（图二一：1）。二为"计阴为阳"，即在器物外壁和内壁上直接用尖锐工具轻划几条直线，充作棱线（图二一：2）；这种处理方法在中国传统雕塑中广泛应用，粗略概看，阴线和凸棱似可取得相似的视觉效果。晚唐始，模制和拉坯技术逐渐结合，在成形工艺上，"内模法"应用渐广。其将器物内部形状预作范模（图二一：3），再将拉坯后的胎体扣合其上，使之平贴；这种技术通常与印花相结合，典型器物见长沙窑印花五曲碗（图二一：4）。

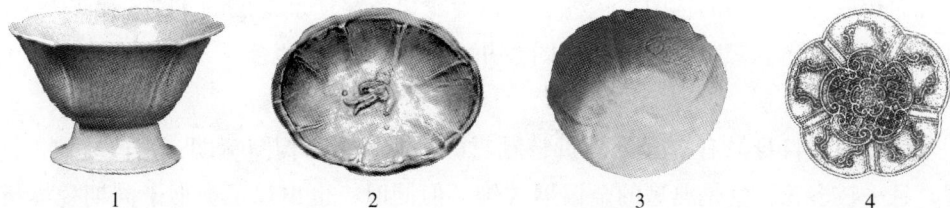

图二一
1. 压棱法　2. 阴线分曲法　3. 内模　4. 内模印花

由是可见，陶瓷器对金属器的模仿经历了一个机械肖形到全面深入借鉴、由表象盖似到工艺革新的过程，陶瓷工业日渐成熟、技术准备日益充分固然是全面逼真仿金属器的主因，有关社会审美风尚的因素亦不可忽视，如由重釉色到兼顾纹样。

2. 从机械模仿到灵活借鉴

陶瓷器模仿金属器工艺技术的尝试在唐代即已出现，最为典型的是对局部鎏金工艺的模仿。这种模仿主要表现在釉色对比上，以长沙窑褐彩瓷和黄冶三彩为代表。这种借鉴源于对金银工艺最直接的照搬，虽在效果上可达初衷，但却因不适合当时高温单色釉的瓷器工艺主流而得不到广泛应用和传播。

这种局面随陶瓷工艺的不断成熟而得以改观，使其对金属工艺的模仿不但能根据自身胎釉特点加以适当取舍，更融会贯通地以之为蓝本，形成了各具特色的窑系特点。同样是模仿局部鎏金工艺，五代宋初的瓷器面貌和方式更为丰富。磁州窑和河南中西部诸窑选择了白釉剔花工艺，其不仅因色度对比突出了纹样，亦与其胎体质粗色深且施化妆土的产品特点完美结合。而越窑和耀州窑则通过刻划花和剔花工艺，借由浮雕效果突出纹样，这与银器在捶揲图案上鎏金的效果相仿。由此可见，同一蓝本，却因瓷器的不同特点呈现出相异的仿效结果，此亦为瓷器工业逐步成熟之重要标志。

此类例证亦可见于珍珠地工艺的处理上。这种地纹处理工艺早在盛唐三彩中即已应用，但也仅仅是单纯地面貌模仿；而其在磁州窑和西关窑中的应用，则很大程度上是解决胎质略粗、胎色较深的掩弊之法。这也是陶瓷根据自身胎釉特点有选择地借鉴金属工艺，达到最佳装饰效果的又一明证。

四、仿制意图的分类

唐宋时期广泛存在含有金属器因素的陶瓷器。因仿制意图有别，在对金属器的仿效程度、胎釉品质、装饰的工细程度及工艺应用上均有相当差异，大体可分作两类：概仿工艺和精仿工艺。

（一）推动整个陶瓷业的发展的概仿工艺

1. 类型特点

此类器物的生产目的多样，且较广泛的用于社会生活领域；其适用的社会阶层相对较广，在中小等级墓葬中亦有出土；在整个陶瓷生产中占有相当比例。

与之相应，作为一种较为大众化的产品，多数胎质相对略粗，胎体较厚，釉面不甚精净，技术要求不太严苛；对相类金属器的仿制亦仅取其大体造型，是为"粗仿"。其表现如下。

其一，花口器的分曲仅表现在口沿上，即罗森所谓的"简单瓣口"。

其二，"化繁为简"地处理复杂工艺。金属器由于捶揲而形成了瓣体明显的器身和内壁凸起的细脊，粗仿陶瓷器在处理这些细部时，多采用较简单的权益之法。如"以笔代形"。这种做法在长沙窑中常见，即器物整体轮廓粗略模糊，内壁则以彩绘形式划出清晰的分曲口沿和细脊。或者简单采用计阴为阳的线刻表现和压印棱线手法处理仿捶揲效果的筋缺出棱现象。

其三，相对草率的胎釉处理。器壁未经修胎，轮制痕迹较为明显；内壁不光洁，可明显看出草率且长短不齐的压棱痕迹；施釉只及下腹，胎体略显厚重。

其四，器形模仿中的趋简避繁。器物花口多用分曲不明显的简单漫弧葵口，而少见瓣尖清晰的菱花造型和形制相对复杂的海棠形容器。

此类器物始自中唐已降，体现了陶瓷业在某一发展阶段通过对金属器的模仿引入新器形、拓展装饰题材即工艺革新的整体发展趋势。此类器物在自身工艺及特色形成后，仿金银器的趋势便逐渐消减。

2. 仿制原因

其一，金属器自身在造型和装饰上的优势。

唐代金属器的造型不但兼收并蓄地借鉴了外来文化因素，且融会贯通地形成了以花口器为代表的中国特色；同时，金属特有的延展性和日益完善的加工工艺，创造了自由灵活、丰富多样的艺术形象。这些造型无一不对当时及其后的陶瓷手工业生产提供了借鉴模本和塑形灵感。同时，作为时代装饰类型和纹样品类的集中载体，其对陶瓷业的影响不仅丰富了装饰手法，更促使其进入注重纹样美的发展阶段。

其二，陶瓷工业处于上升阶段的时代特点。

唐宋时期是陶瓷业逐步走向成熟的时期。它在不断发展完善的过程中，除了积累以往的制瓷经验和内部自身技术系统的不断摸索外，需要借助外部助力的推动。金属器作为其重要参借对象，使陶瓷工业不断获得新的生产思路、产生新的形象面貌。

（二）专用于上层随葬和礼佛供养的精仿工艺

1. 类型特点

此类器物集中出土于高等级墓葬和塔基地宫中，适销阶层限于社会上层，应用范围亦局限在供御、明器和礼佛供养上，数量比例均占少数。其生产目的是作为金银器的代替品。

其作为真正意义上的精品之属，是对金银器极其逼真肖似的模拟，是严格意义上的"精仿"系统。无论是胎釉品质、装饰工细程度，还是工艺应用，均不惜工本，严谨细致。具体特征为胎骨细薄、釉面光洁，且多有字款。纹样上为严整的细线划花，工艺上则多以匣钵单烧，且率先应用了模制成形的技术，甚至本身即与金银结合，运用金银扣和嵌错工艺。

此类器物在初唐即已出现，初唐至盛唐时几乎全为"精仿"器；这也是陶瓷器借鉴金银器因素的初衷。当然，这种肖似的精仿亦不是一步到位的。其从主仿器形到形纹兼顾经历了较长的发展过程，在此过程中，逐步改善成形和装烧工艺，以求善仿。这类器物并未随工艺的成熟而摆脱金银器所提供的模式，相反，其新技术使这种模仿更为肖似，如多曲长杯的曲瓣间凹曲由中唐的阴刻线表示到严整的模印分曲（图二二：1），平折沿盘的沿面愈见宽平（图二二：2）等。

2. 仿制原因

其一，禁金银的政令和金银器的社会功能。

这是一个"二元悖反"的命题。用稀有而珍贵的金银材料制成造型、纹样精美的器物，其陈列观赏的功能已远超出单纯的使用功能，同时作为一种货币金属，具有特殊的社会功能。与之相应，出现了金银崇拜和进奉、供养之风。

所谓"上行下效"，统治上层对金银器的追求和推崇，推动了其他器类在造型装饰

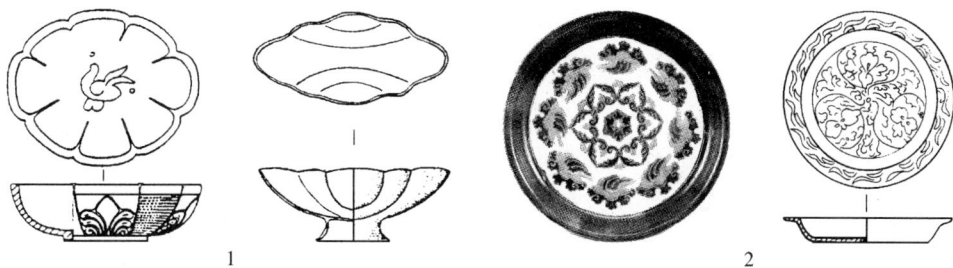

图二二

1. 筋缺处理方式对比　2. 宽平折沿技术演进

上趋同于此类精美之器。同时政府颁布的限制金银器使用的政令[127]，更使其因具有替代金银制品的功能而渐自成风。

其二，崇佛斗茶之风。

这些见于高等墓葬和塔基地宫的仿金银陶瓷器从器物类型上分析，除一般花口薄胎器外，主要有两大类型：佛具与茶具。唐代与辽宋崇佛之风盛行，供养之物皆是精品之属，这些精仿陶瓷制品与金银器一道成为供养器的主要组成部分。同时中国茶道日益成熟，宫廷和寺院茶道亦渐成体系，精美的茶具用品也是地位象征，作为重要的随葬品出现于墓葬中；另一方面，茶供养亦是"供养塔庙"的方式之一，它与寺院礼茶之风相结合，是塔基地宫中多出茶具的原因[128]。

3. 器物来源

此处所说的"来源"，非指瓷器的产地或窑口，而是指其通过何种途径入藏塔基地宫或随葬于高等级墓葬的。这个问题可从寺院性质、适用阶层、瓷器品类和款识等方面入手探讨。

其一，从寺院性质看。

发现于塔基、地宫的精仿瓷器多为供养器，是崇佛的社会背景下作为佛教信徒的供养人捐进的。其按供养人或布施者的身份又可分为两类。

有些精仿瓷器是专由皇家赏赐供奉礼佛。如唐代的扶风法门寺，作为当时的皇家寺院，唐朝几代皇帝都曾亲自迎送和供奉舍利。据《监送真身使随真身供养道具及金银宝物衣物帐》碑文记载，有瓷秘色碗七口，盘碟共六枚。其中多件花口器，分曲清

---

[127] 《唐律疏议》卷二十六《杂律》"舍宅舆服器物"条载："物者，一品以下，食器不得用纯金、纯玉。"中华书局，1983 年。《唐会要》卷三十一："神龙二年九月，仪制令诸一品以下，食器不得用浑金玉，六品以下，不得用浑银。"中华书局，1975 年。

[128] 梁子《中国唐宋茶道》第三章"佛教与茶道"，陕西人民出版社，1997 年。

晰、筋缺明显且制作精细：是为懿宗僖宗赠赐供奉之用。宋代定县两塔和顺义净光舍利塔出土的一些"官"款白瓷，多制作精美，胎薄釉匀。这些寺院也多是统治阶层经常光顾拜佛之所，故他们对贡献一点物品毫不吝啬。

有些瓷器则是建塔时由官府或者布施人所送，经幢刻铭或者瓷器墨书题记大都有布施人姓名、职位等。布施者多为官员或显族，如顺义辽净光舍利塔所出石经幢和石刻所记甚详，静志寺塔所出"供养舍利，太平兴国二年五月廿二日施主，男弟子吴成训，钱三十足百"墨书题记双蝶纹白瓷盘即是。

其二，从适用阶层和瓷器品类看。

除去三彩和釉陶不计，精仿瓷器据其品类大体可分为两类：秘色瓷和"官"款瓷。

第一类，秘色瓷。以釉色取胜，所谓"千峰翠色，类冰类玉"，是晚唐、五代到北宋初越窑质量最上乘的一批贡瓷产品[129]；"秘色"即指贡御所用的成色[130]，是越窑产品中专立的皇家专用更高等级的标准，以别于其他民用瓷器。目前发现属唐代且有文字证明的秘色瓷为法门寺地宫出土。如前所言，其中多件花口碗和多曲盘均是对晚唐金银器的逼真模仿。其虽出自塔基，但确为皇家赏赐，故仍应为贡御之品。五代秘色瓷的实物资料则见于康陵，其中的盏托和葵口碗亦为仿金银器之作[131]。同时，参照《十国春秋》、《宋会要辑稿·蕃夷》等文献，可知五代宋初吴越国曾多次向中原王朝贡御秘色瓷，如所谓的"金棱秘色瓷"[132]。

由是可见，精仿瓷中的秘色瓷是地方对皇室的贡御产品，或供其日用，或转赐寺院供养，或作为明器入葬。

第二类，"官"款瓷。此类精仿瓷均有"官"或"新官"底款，计有青瓷和白瓷两类，多属定、越二窑。其仿金银程度虽不如秘瓷精肖，然胎釉品质亦属上乘。其出土的墓葬等级亦多为贵族官僚和地方权贵，如浙江临安唐钱宽、水邱氏墓、辽宁叶茂台辽墓、巴林右旗辽陈国公主墓等。鉴于此，此类官款精仿瓷可能是贵族官僚等社会上层向瓷窑定烧的产品，代表了所谓官府认可的质量标准，其成色多在水准之上。

综上，精仿瓷的来源或为贡御之品，或为上层定烧，均是针对特定阶层专门烧制的高质量产品；它们除供社会上层日用外，亦通过赏赐、布施和捐进的方式入藏佛寺的塔基地宫，成为供养器。

[129] 李刚《秘色瓷探秘》，《越窑、秘色瓷》，上海古籍出版社，1996年。
[130] 刘良佑《从形制观点谈"秘色瓷"相关问题》，前揭注第81页。
[131] 杭州市文物考古所等《浙江临安五代吴越国康陵发掘简报》，《文物》2000年第2期。
[132] 蔡乃武《秘色瓷及其相关问题》，《浙江省文物考古研究所学刊》第五辑，杭州出版社，2002年。

五、仿金属器陶瓷的外销

仿金属器的陶瓷器除广泛内销于唐宋时期的各社会阶层，还有相当一部分用于外销。迄今在港口遗址和沉船遗迹发现的宋元外销瓷中，仿金属器产品是相当重要的一类。

（一）窑口划分

这些陶瓷器按窑口和胎釉品质划分，主要包括越窑青瓷，长沙窑青釉、白釉褐彩瓷，三彩和白釉绿彩[133]，此外还有邢定二窑的白瓷等，以下分类简要介绍。

1. 长沙窑

长沙窑瓷器为典型的民窑产品，其外销亦以量取胜；故仿金属器多取其概形，分曲亦仅在口沿处作简单凹曲，圈足墙外撇，胎釉品质略显粗率。其典型特色有二：一是菱口碗的出现。这种花口形式在金银器中通常见诸于盘碟类，此跨器类的模仿体现了长沙窑活泼多变的产品风格。二是"以笔代形"处理手法。由于曲线粗略，其花口器物多轮廓模糊，而在内壁代之以形状清晰的彩绘菱花瓣。其既掩饰了技术的不足，有符合域外追求色彩和装饰的产品需求。

2. 越窑

从明州诸外销码头遗址的出土情况看，越窑青瓷自元和年间（806~820年）开始出现仿金属器的器类，至大中年间（847~859年）品类和质量均有较大跃进，出现了葵口碗、委角盘、花口盘和海棠长杯的仿金属器器物组合，其中尤以葵口碗为代表。

葵口碗亦称荷花碗，口沿作4~5缺，腹有突筋，内刻花朵，圈足外撇。此类葵口碗与同期的玉壁底碗作为两个系统并行存在，且凡作多曲者必为圈足器；同时，从二者的存在的时间看，玉壁底碗明显早于圈足碗。此外，大部分外撇底圈足并非传统的挖足法，而是另行接足并刻意修成外撇状，工序精细考究。综上种种，此类圈足葵口碗是从传统玉壁底碗中分离而出且加工精致的器类。据其时的金银器不见玉壁底形制和越窑圈足碗对外撇圈足的精致模仿这一情况，可认为其是受金银器影响产生的。

3. 三彩和白釉绿彩

在扬州唐城遗址和黑石号沉船中占相当比例，典型器物除了与同期其他窑口相似的花口容器外，以中西亚风格的折腹碗、带錾把杯、龙柄壶、宽平折沿盘和胡瓶等器

---

[133] 白釉绿彩是最近才作为单独的胎釉品类提出的，其前一直把它归为三彩。此处不列出其烧造窑口，是因为目前学术界对此尚无定论，各家之言详见谢明良《记黑石号沉船中的中国陶瓷》，《美术史研究集刊》第十三期抽印本，台湾大学艺术史研究所，2002年。

物而独具特色。其中的三彩器在巩义黄冶窑址中多可见相同器物，亦可与国外出土的该窑址器物两相印证；其造型多承继初唐至盛唐时期仿外来金属器的釉陶形制，装饰上则多用模印和贴花。白釉绿彩是一种相对罕见的釉陶，多在器胎上施挂白色化妆土而后罩以透明釉，上饰绿釉。此类器物集中在港口城市、域外遗址和沉船中，而其他遗址墓葬中几乎不见，由是可见，白釉绿彩是专以外销为目的而生产的。

4. 邢、定白瓷

此类白瓷产品相对较少，器类集中在花口盏托和葵口碗上，均为精白瓷系统，器物分曲筋缺明显，胎釉细腻。其中葵口碗多为浅腹，这一特点亦与同期墓葬中的出土品相一致。

（二）类型划分

此类仿金属器的外销瓷据其仿借的模本渊源可分为两大类型。

1. 仿外来器物

胎釉品类上基本为釉陶。在器形方面，与初唐至盛唐时期仿外来金属器的器物基本一致，计有把杯、折腹碗、宽平折沿盘、胡瓶和兽柄壶等，但二者又有本质不同具体表现在以下方面。

其一，适销对象不同，器物用途殊异。中唐以前此类器物为非实用器，或为厚葬明器，或为塔寺供养器，且基本出土于高等级墓葬和大型寺院塔基，供销于社会上层。

晚唐外销的同类器物则是作为日用器皿，所持依据有二：首先，从销往地区的文化习俗看，这类器物多为当地、尤其是中西亚地区的日常生活器皿；同时，陶类器具在中西亚亦是实用器具的制作材料。其次，从出土地点看，在港口、码头和沉船中的出土器物自不待言，我们主要分析港口城市的其他遗址性质，以扬州唐城建筑基址为例，据发掘简报分析，其或为"波斯邸胡店"，或为胡商寄迹的客舍，至少房主和胡商有着直接或间接的过往关系；而据其生活习俗而言，此类器物多作为实用器。

其二，模仿原型不同。第一期的同类器物多模仿自外来金银器，将其作为异域文化的重要载体，从中获取文化信息和造型灵感；且其兴起于上层，也是由于异域贵金属器皿在当时主要作为贵族珍玩。

晚唐外销瓷中的同类器物，则不能一概归为对外来金属器的模仿。这主要由其相对复杂的生产状况决定：一类为"胡商"定烧。唐代文献中有"胡商"置店的记载，负有为长途贩运商准备货源之责[134]，他们可能已深入到我国瓷器生产地区订货，甚至参与了瓷器生产或管理，提供生产样本。在此情况下，这些具有域外文化因素的陶瓷器很大程度上是以所谓"伊斯兰陶器"为蓝本的。另一类为"以彼之道，还施彼身"。

[134] 马文宽《长沙窑瓷装饰艺术中的某些伊斯兰风格》，《文物》1993 年第 5 期，第 92 页。

是在没有胡商参与下，国内陶瓷业从适销对象考虑，针对对方国情文化生产的产品。其造型模本很大程度上是延承第一期仿外来金属器的釉陶类器物，故亦可成为"仿金属器"。在当时仿华化金属器的陶瓷产品已出现的时代背景下，此类器物从表面看似是早期特点的反复，也就是一些学者所提到的"复古"现象[135]；但由上文的分析看，这并不是简单的反复，而有着复杂的生产背景。

2. 仿华化金属器

几乎覆盖了所有的外销陶瓷品类，其中不乏精瓷产品，器类主要有花口碗盘、委角方盘、荷花盏托和多曲长杯。

此类产品以长沙窑和越窑最为典型，他们分别代表了两类不同的外销风格：相同的器类，长沙窑仅概仿其貌，强调笔意；越窑则巨细肖仿，精工细作。据国外出土外销瓷中二者的比例关系上，越窑器的外销价值在于质量而非数量；相对的，长沙窑产品则以量大突出，品质略逊。

此类仿华化金属器的陶瓷产品在外销瓷中占有重要地位，可从以下方面探讨原因。

其一，从整个瓷器工业看，仿金属器作为一种新的时代趋势和生产面貌，必然在外销产品中得以反映。

其二，从文化传播看，金属器尤其是金银器由于质地珍贵，为时所重，工艺成就极高，其装饰手法和造型特点是唐文化的最佳注脚。外销瓷选择仿金属器，无疑提高了产品的文化信息含量。

其三，从社会价值看，作为贵金属器物的替代品。正如初唐贵族追求外来金属器，唐代金银器作为外输品亦为珍贵物品，但毕竟数量有限；故瓷器替代品即应需求而生，作为一种相对珍贵的"舶来品"。

通过以上分析可见，晚唐时期仿金属器的陶瓷制品有相当大的一部分作为外销瓷集中出口，亦或说，此期陶瓷工业对金属器的模仿很大程度上是以外销为目的。同时，通过外销瓷和同期墓葬中出土的瓷器相比，明显可见仿华化金属器的瓷器在外销瓷中出现略早、比例更高且器类丰富。据此，或可认为外销因素是促使瓷器工业仿金属的重要推动因素，亦或说仿华化金属器的瓷器在其出现之初，是以外销为主要目的的。

六、陶瓷器仿金属器的阶段划分及其特点

综合模仿对象、应用领域、工艺发展和器物组合等多种因素，可将唐宋时期陶瓷器仿金属器的过程划分为四个阶段，每个阶段根据纪年材料和地层参照，可推断出各

---

[135]　张东《唐代金银器对陶瓷器造型影响问题的再思考》，前揭注，第286页。

期的大致年代。

1. 第一期（初唐—盛唐，即 618～741 年）

此期是一个崇尚外来物品的年代，而外来金属器所谓异域文化的重要载体，对中国的社会生活带来了重大冲击，它为当时唐代的陶瓷器和同期的金属器提供了共同的参照模本，故此期的陶瓷器标本在时间上与相似器形的金属器相当或略早。

这一阶段中国陶瓷器主要受外金属器器物造型的影响：龙柄壶、圜底碗、折腹碗和两端翘起的不分曲长杯明显受萨珊文化的影响；胡瓶则可分为粟特和萨珊两个文化系统；高足杯则可见拜占廷金属器因素；把杯借鉴了粟特银器的形制特点；而长颈瓶、供盘等则受印度铜器和宗教艺术的影响。在器形仿借的主流之外，陶瓷器亦借鉴了少量外来纹饰和装饰方法，如白瓷凤首壶器足上的联珠纹和三彩扁壶器腹上的珍珠地装饰。

这些仿异域金属器的陶瓷产品在当时的陶瓷业生产中仅占极少的一部分，且绝大部分出土于高等级墓葬和塔基中，如属皇室成员的唐昭陵长乐公主墓、李徽阎婉墓，属皇亲贵戚的西安东郊韦美美墓，以及礼佛供养的临潼庆山舍利塔基。同时从材质上看，多为三彩、釉陶及彩绘陶。参照同期的相同形制的唐代金银器和第一等级墓葬中的壁画（图二三），可见使用质地珍贵的"胡化"之器是当时社会上层的风尚，由此可见此期这些仿异域金属器的陶瓷制品主要目的是用于社会上层的厚葬及礼佛供养，非实用性。

2. 第二期（晚唐—五代，即 847～959 年）

图二三

1. 李寿石椁线刻侍女图中的外来金属器样式　2. 房陵大长公主墓壁画中的金属供盘形象
3. 李震墓壁画中的金属胡瓶形象

此期对陶瓷业产生影响的主要是已成熟并完全华化的中国金属器，这些陶瓷器在时间上明显滞后于其所借鉴的金属器，而其仿借因素除了花口器形外，亦在技术体系上推动了制瓷业的进步，如薄胎和模制成形技术。同时亦有为数不多的纹样借鉴，如团花纹和联珠纹。此外，在部分外销瓷上仍可见浓厚的异域金属器因素。

出土器物在胎釉品类上较前期丰富，定窑白瓷和以越窑为代表的南方青瓷占主流，长沙窑产品异军突起，三彩和釉陶仍占相当比例，其尽管在表象上与第一期几无差异，但在适销阶层和应用领域上已有本质不同，多数作为外销品输出。仿金属器的陶瓷产品不仅品类丰富，数量亦有大幅增加；同时社会应用范围更广，除用以随葬外，在日用领域也有扩展。另一方面，其使用对象亦不限于上层，除高等级墓葬和塔基外，一般等级墓葬亦有出土，在瓷窑遗址中也占有相当比例。

3. 第三期（北宋早期，即 960～1022 年）

这一阶段中，陶瓷器一改注重釉色美的传统，出现了丰富的刻划花装饰，而其花纹题材和构图模式都与晚唐金银器有极强的渊源关系。对金属器的工艺借鉴在前一阶段的基础上，形式更多样，程度更深入，表现更灵活。各地瓷窑根据自身特点逐渐形成了各具特色的装饰方法：如越窑的细线划花、以密县西关窑等为代表的珍珠地划花和磁州窑的白釉剔花工艺等。

4. 第四期（北宋中期—晚期，即 1023～1127 年）

此期陶瓷业生产日益成熟，进入与金属器相互影响的时期。此期无论是造型还是装饰纹样，陶瓷器都已形成了独具特色且适合自身材质的器类特点，多曲容器已成为陶瓷自身造型体系的重要构成，真正纳入陶瓷生产系统。此外，作为一种成熟的手工业生产，陶瓷器的不少构形方式和装饰意匠还为金属器提供了借鉴模式。当然，本期亦不排除陶瓷器对金属器的借鉴因素，但与前期的滞后模仿形式不同，其与同期的金银器关系密切；亦或说，此期的陶瓷器和金属器均是共同社会风尚和审美取向下的产物。

结　语

唐至北宋时期存在一批具有金属器因素的陶瓷器，其从造型、装饰纹样及工艺等诸多方面对金属器、尤其是金银器多有仿借。这种仿借是一个相对明确且前后相继的演变序列：在此过程中，具有金属器因素的陶瓷产品不但在仿制形式上逐渐多样、借鉴程度上日渐深入，且在整个陶瓷工业中所占比例也呈增长趋势。同时，这种模仿的演变也是一个由滞后性向同期性发展的过程。所谓滞后性，主要是指唐末至北宋初这一阶段，此期所借鉴的金属器因素多属晚唐时期的金银器，有"溯古"趋势。这是因为当时的瓷器工艺水平要完成对相对复杂的金属工艺的模仿，需要一定技术积累时间；同时，借鉴金属造型纹饰以丰富其自身面貌的过程，也是一个逐步消化、不断摸索前进的过程。所谓同期性，主要指北宋早期已降。这一阶段的瓷器往往和同期宋辽金银器呈现出相同面貌，其中既有对其时社会风尚的共同折射，又有瓷器工业对金银器的影响因素。之所以出现这种面貌的另一原因，在于陶瓷工业已趋成熟，技术水平提高，对金银器的借鉴已不大需要长期的积累与消化时间；同时具备彼此影响、交互借效的工艺基础[136]。

这种仿金属陶瓷器可根据仿制意图的不同划分为两大系统：一类为概仿，主要是援引金属器的造型、纹样和工艺，借以丰富陶瓷工业的面貌，主要为日用品；另一类为精仿，是真正以金银器代替品为目的的逼真精致模仿，主要用作厚葬和供养。

除广泛内销于各个社会阶层外，仿金银器的瓷器在外销产品中占有重要地位，以长沙窑、越窑和邢定窑为代表，根据自身窑业特点形成了不同仿借风格的外销产品，如长沙窑概仿量大，越窑则精仿质精。从某种程度讲，外销因素是促使瓷器工业仿金属的重要推动力；换言之，仿华化金属器的陶瓷器在其出现之初，是以外销为主要目的的。

本研究为普通高等学校人文社会科学重点研究基地北京大学中国考古学研究中心、教育部人文社会科学研究重大项目"宋代墓葬研究"课题（项目批准号：06JJD780002）成果之一。

---

[136]　参见袁泉《时代下的漆工·漆工中的时代——评〈宋元の美—伝来の漆器を中心に〉》，《九州学林》2007 年夏五卷第 2 期。

2004 年夏凤凰山[1]（周公庙）遗址调查报告

凤凰山（周公庙）考古队

From June to July 2004, the Department of Archaeology of Peking University conducted a survey in the region east of the Lingpo cemetery at the Fenghuangshan 凤凰山（Zhougongmiao 周公庙）site for a better understanding of the size, layout and conservation of the site, as well as the forthcoming excavation. Based on the survey, the site is divided into four sections: a bronze foundry containing clay moulds dated to the late Proto-Zhou and the early Western Zhou periods, a Western Zhou cemetery, a Han cemetery and a Tang cemetery. Among the collected relics are sherds of the Yangshao, Proto-Zhou, Western Zhou and Han periods. However, majority of them belong to the Proto-Zhou and Western Zhou Periods. In addition, new methods for collecting and recording archaeological data were applied in the survey.

一、调查缘起和经过

继 2003 年 12 月北京大学考古文博学院学生实习在周公庙祝家巷村北进行田野考古调查发现刻有 55 个字的周人卜甲之后，凤凰山（周公庙）考古队有目的地在周公庙地区展开了大规模的考古调查和钻探工作，甲骨坑、陵坡墓地和夯土墙等重要遗迹相继现世。为了进一步了解该遗址的规模和布局，同时也为今后遗址的保护和发掘研究奠定基础，2004 年 6 月 23 日~7 月 7 日，北京大学考古文博学院学生配合北京大学暑期实践活动，组成学生暑期实践团前往周公庙遗址进行了为期两周的田野考古调查。调查范围为陵坡墓地向东南，总面积约 80 万平方米（图一、二）。实践团顺利完成了预定的调查任务。通过对遗迹遗物的调查初步了解了该区域内文化遗存的面貌与特征，得出了对遗址功能区布局情况的初步认识，并对"大遗址调查方法"进行了实际运用和检验。

---

〔1〕 2006 年国务院公布第 6 批全国重点文物保护单位，将周公庙遗址定名为"凤凰山遗址"。

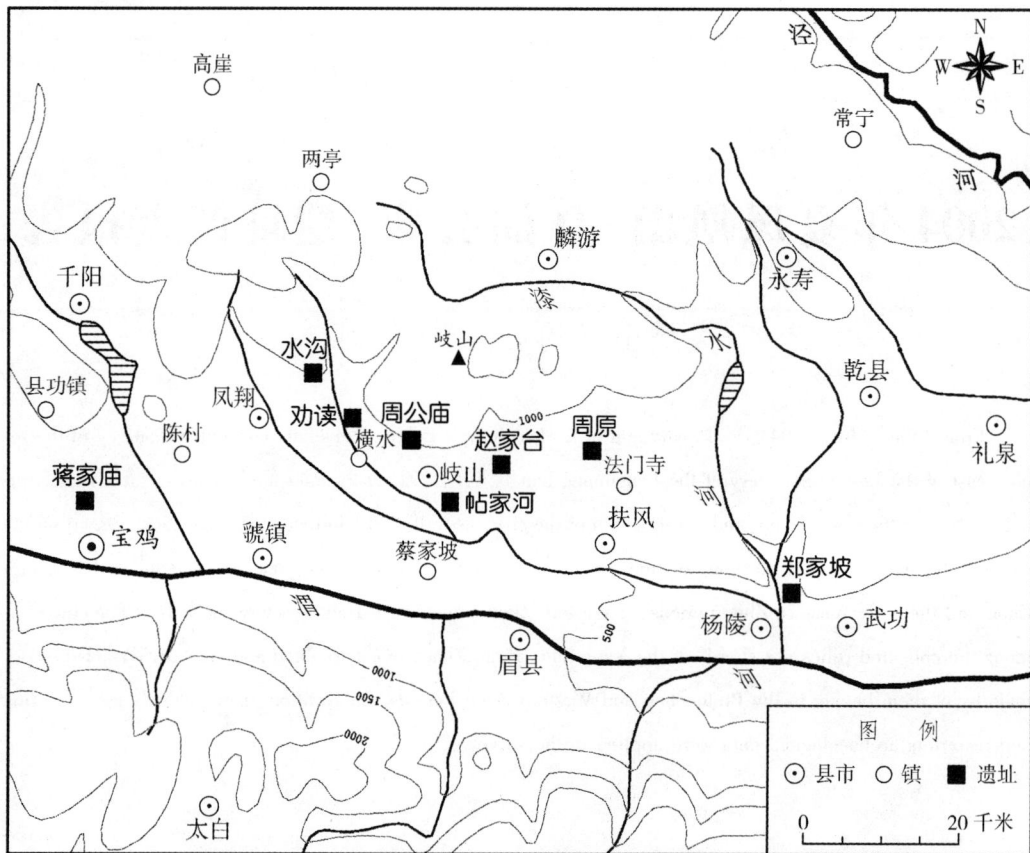

图一　周公庙遗址位置图

二、调查方法及相关说明

本次调查首次采用"大遗址调查方法"，即以了解遗址的聚落布局为目的，利用高精度 GPS、GIS、RS 等技术手段，将中国传统调查方法与国外区域系统调查方法（Regional system survey）相结合，构建"凤凰山（周公庙）遗址田野考古调查数据库"和相关考古 GIS 系统。

以往的调查受时间、人员及技术条件的限制，多以田野踏查为主随机采集遗物，旨在了解某一区域文化遗存的分布状况，并根据重要性选择工作地点。其局限性在于无法形成对调查区域内文化遗存分布的总体认识，调查结果无法直观形象的记录和表现出来，各次调查活动之间难以达到良好的衔接。本次调查力争在这些方面有所改进，注重全面性、精确性与延续性。在调查过程中，我们对调查区域内可见遗存逐一排查，

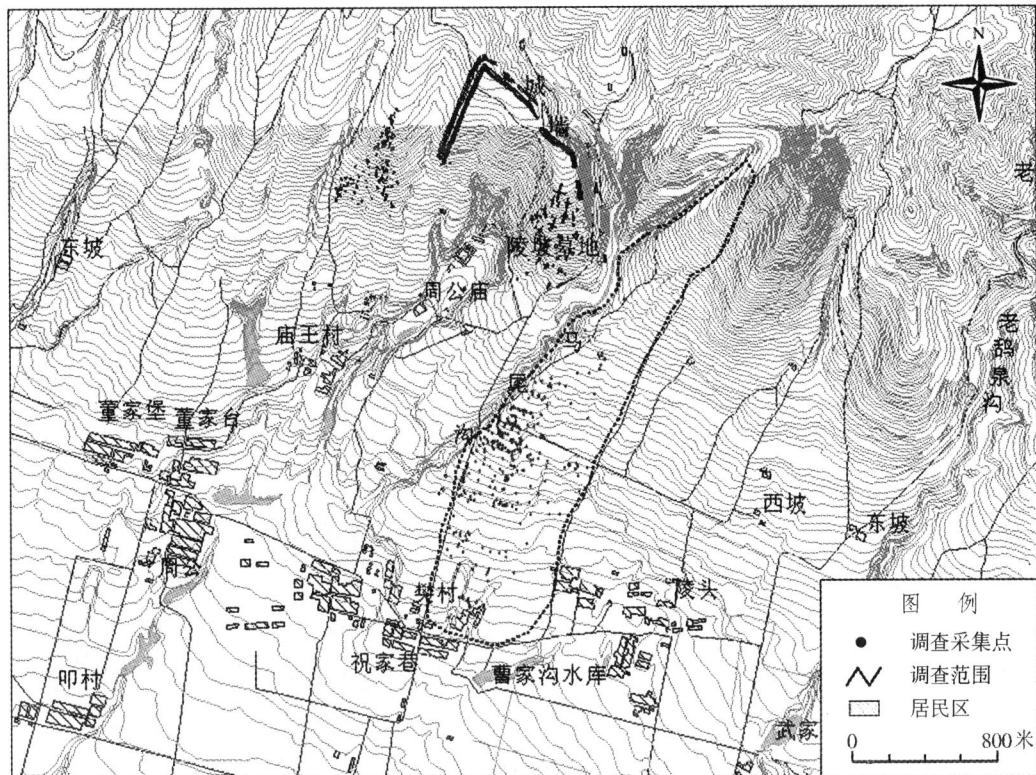

图二　调查区域在周公庙遗址中的位置

地面遗物与断面遗迹单位采集相结合，使用 GPS 为采集点定位，制作调查表格，对各个沟坎所暴露的遗迹单位均进行剖面清理，以单个遗迹为单位进行现场照相、绘图、记录、采集，采集样品所属单位皆有根可循。对于地面遗物，则与全覆盖式调查相同，采集点以 5 米×10 米为单位。与此同时，建立田野调查数据库，利用 ARCVIEW 工程软件将采集点坐标与遗址万分之一的矢量化电子地图相结合，清晰地显示采集点位置和相关的时代或遗物状况等信息。本报告亦将尽可能多地反映遗迹的暴露形态和遗物的出土状况，按照采集单位发表可辨识标本。

采集点编号的完整表述包括：调查年度（2004）＋Q（代表"岐山"）＋Z（代表"周公庙遗址"）＋A 或 B 或 C（GPS 机器号）＋调查日期＋采集顺序号。如 04QZA070103，表示的是"2004 年在岐山周公庙遗址 A 号 GPS 机器 7 月 1 日采集的第三个点"。遗物跟随采集点编号，如 04QZA070211：1、2、3……

几点说明：第一，调查所得西周陶器标本的年代根据周原遗址陶器谱系现有研究成果[2]来确定；第二，由于以调查为手段，遗迹单位的层位关系、形制描述和年代确定不可避免地有一定的局限性。

现将本次调查的主要收获报告如下。

三、文化遗存

本次调查共有采集点 314 个，其中遗迹单位 140 个，地面遗物采集点 174 个（图三）。遗迹主要有灰坑、墓葬、窑址、祭祀坑、文化层 5 类，其中有 3 处疑是灶、房址和操作坑，将作为"特殊遗迹"单独介绍。

（一）遗迹及其包含物

140 个遗迹采集点中有窑址 1 个、祭祀坑 3 个、灰坑 79 个、文化层 4 处、特殊遗迹 3 处、墓葬 50 座（图四）。现按窑址、祭祀坑、灰坑、文化层、特殊遗迹、墓葬的顺序介绍如下。

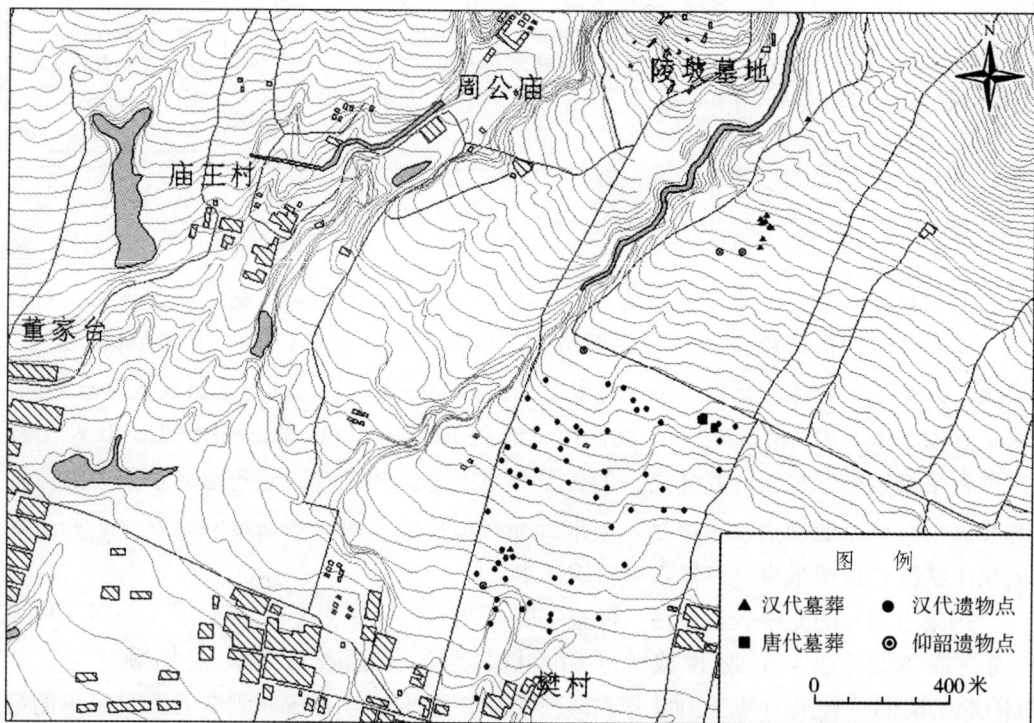

图三-A 仰韶文化、汉代及唐代遗迹分布图

---

[2] 黄曲《周原遗址西周陶器谱系与编年研究》，北京大学硕士研究生学位论文，2003 年。

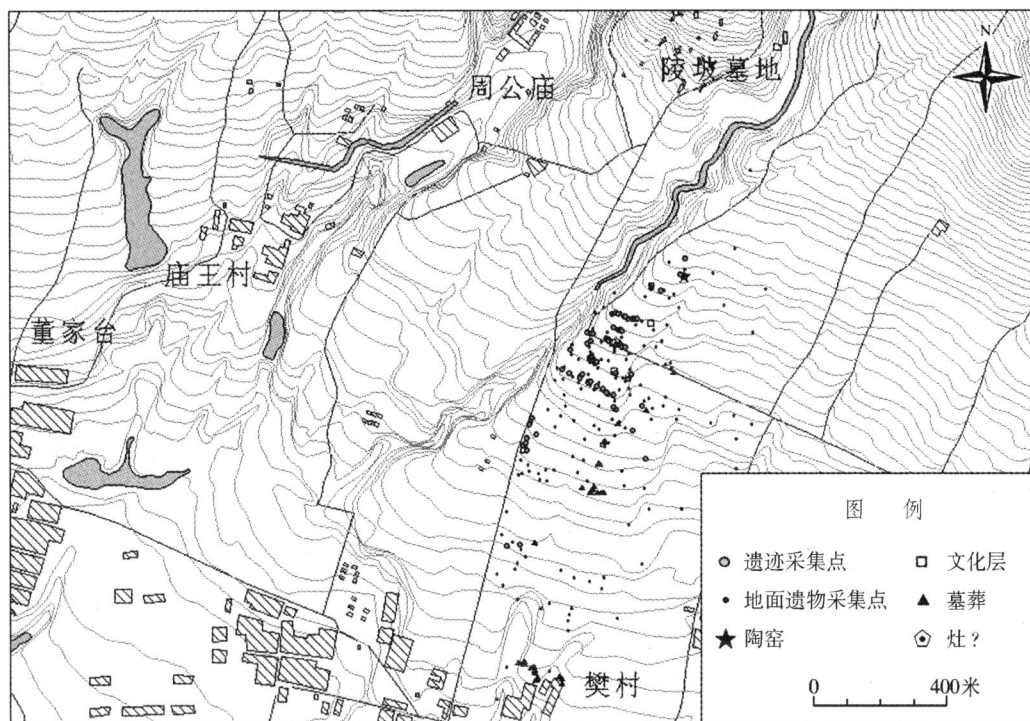

图三 - B　先周晚期至西周时期遗迹分布图

1. 窑址（04QZC062406）及相关堆积

开口于耕土层下，打破灰坑 04QZC062411，被灰坑 04QZC062412 叠压。窑体上部、南部被破坏，仅存北部、下部三分之一的部分，残高 108、上口宽 32、下部最宽 124 厘米（图五）。

窑体现存部分轮廓规整，窑壁向上弧线内收，下部明显外鼓，底部较平，形似馒头。窑壁内面光滑。上部烧成青灰色，尤以窑口以上部分烧结程度最高，窑壁质密坚实，厚约 10 厘米；西壁稍薄，内壁灰黑，其外呈红褐色。窑门朝东，位于窑体的东侧下部，高 36 厘米，上口外缘有向上弯折的趋势。窑底有黑色烧硫面，但未发现烧结迹象，未发现窑箅。近窑门处外侧有一活动面连接窑底向前延伸，疑为工作面。其上为一层走势与工作面相同的黑灰土，含较多木炭颗粒和红烧土块，土质疏松，剖面长 744 厘米。窑内填质密的褐色土，色微红。窑口内侧紧贴窑底处发现銮铃外范残块 1 件（标本 04QZC062406:1）。

灰坑 04QZC062412 为陶窑废弃后的堆积，大致呈锅底状，填土土质质密，土色黄中泛白，剖面长 684、深 68～96 厘米。其与窑之间的分界线在窑门以东 4 厘米处，基本竖直。此分界线当为掏挖陶窑的断面。灰坑 04QZC062411，开口在陶窑工作面之下，

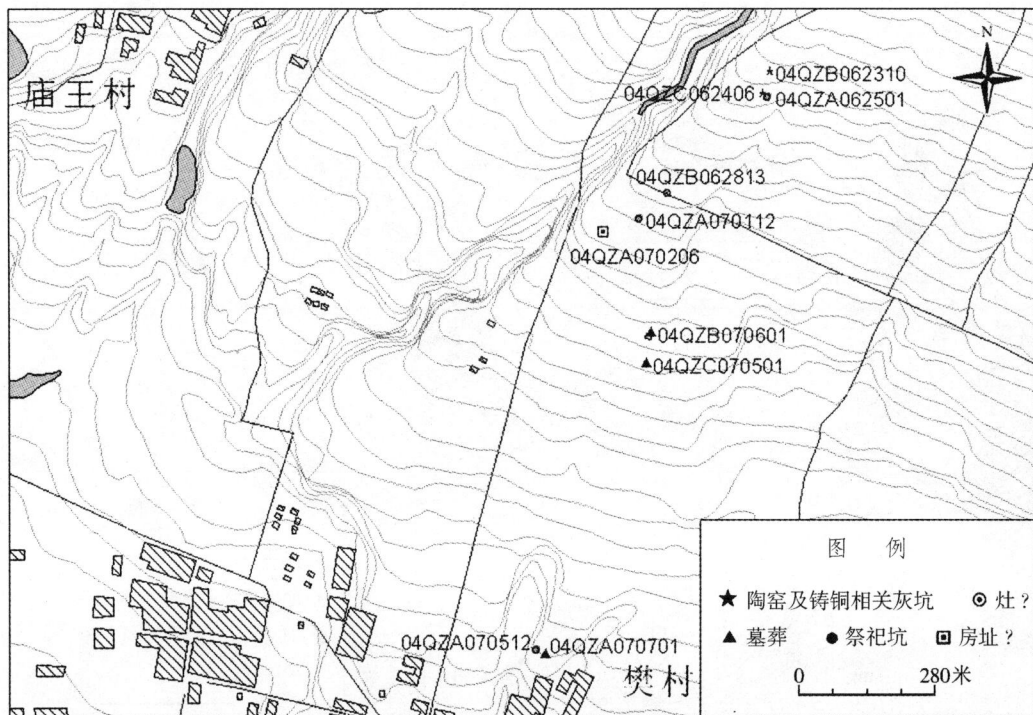

图四　先周晚期至西周时期特别遗迹点位置图

锅底状，剖面长720、深28～45厘米。填土分5层：第①层，土质质密，土色呈黄褐色，遍布，厚16～40厘米；第②层，土质疏松，土色红褐，位于剖面中央，剖面长100、最厚处为17厘米；第③层，土质疏松，土色灰黑，含木炭颗粒，位于剖面东，剖面长158、最厚处为10厘米；第④层，土质硬，土色灰白，位于剖面东，剖面长85、最厚处为7.5厘米；第⑤层，土质较疏松，土色红褐，位于剖面东，厚10.5～18厘米；第⑤层，土质十分坚硬，板结块状，土色黄中泛白。第⑤层之下的情况不详。

陶范标本：标本04QZC062406：1，銮铃外范残块。质地坚硬，范背土黄色，范面青灰色，分型面平整，包括铃球部半球形下凹及周围环状外缘、銮铃座上段的颈及小段铃座部位。铃球近球状，直径约3.5厘米；球面中央为直径约0.8厘米的圆形小突起；环状边缘扁平，宽约2厘米，上半部为4个水滴状突起、下半部有2个长弧形突起，呈放射状围绕球面；颈竖直，长约3厘米；铃座残存0.9厘米长，形制不清。由此判断，銮铃成型后，铃球部分当作球面鼓，上除中央1圆孔外无镂空；圆形环状外缘上半部为4个水滴状小孔、下半部作二长弧形孔（图五：1）。标本04QZC062411：8，土黄色，质地坚硬，圆棱方体，一平整面与一凹面交接成尖棱，上有菱形榫二，残长10厘米（图五：2）。标本04QZC062411：4，土黄色，质地坚硬，方圆柱体，一面有一凸棱，残长 3.5 厘米（图五：4）。标本 04QZC062411：5，土黄色，质地坚硬，有一平整分型面，两侧分别为直角和圆弧凹面，残长 4 厘米（图五：3）。

陶片标本：标本 04QZC062411：1，折肩盆肩部残片 1 件。泥质，红褐色，素面，表面抹光，残高 8.2、壁厚 1.2 厘米（图五：6）。标本 04QZC062411⑤：2，大口尊口沿 1

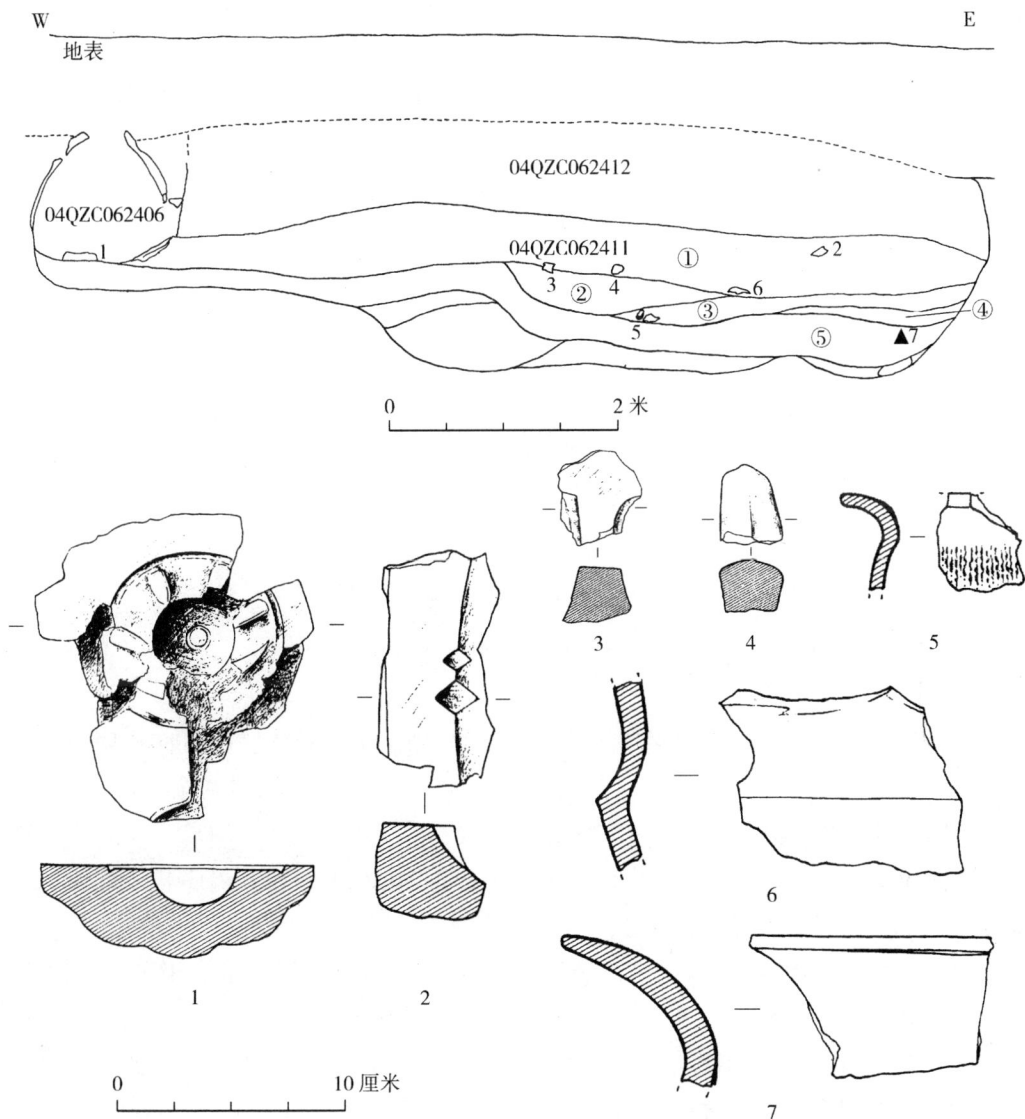

图五　窑址（04QZC062406）及其相关遗迹、遗物

1. 陶范（04QZC062406：1）　2. 陶范（04QZC062411：8）　3. 陶范（04QZC062411：5）

4. 陶范（04QZC062411：4）　5. 陶鬲（04QZC062411：3）　6. 陶盆（04QZC062411：1）

7. 陶尊（04QZC062411⑤：2）

件。泥质，红褐色，敞口，卷沿，圆唇，口部轮修，素面，口沿内面抹光，残高6.8、壁厚1.1～1.4厘米（图五：7）。标本04QZC062411：3，鬲口沿1件。夹砂，表面黑色偏灰，胎心黑灰色，卷沿，方圆唇，口部经轮修，领部抹痕较深，其下施竖向绳纹，残高4、壁厚0.5～0.6厘米（图五：5）。

2. 祭祀坑（？）

共发现疑似祭祀坑的遗迹3处。

04QZA062501　与窑址（04QZC062406）见于同一断坎，相距约8米。开口于耕土层下，打破生土。锅底状，填土为质密的红褐色土，含有少量木炭和烧土块，剖面长265、深45厘米。动物骨骼位于坑内上层，仅暴露肋骨至股骨间97厘米长的一段。此殉牲头向东，骨骼粗壮，形体较大（图六）。

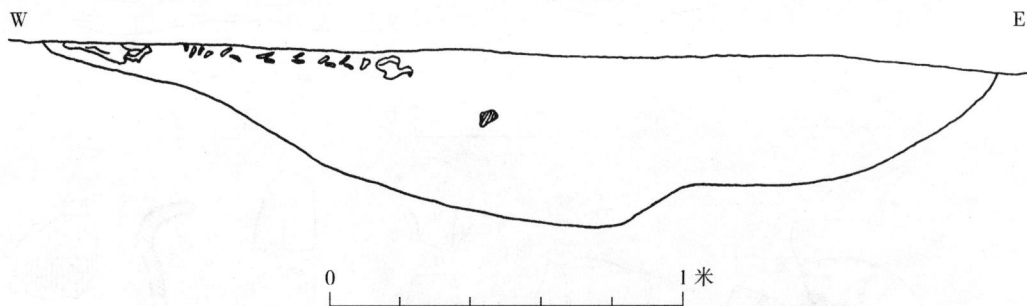

图六　04QZA062501遗迹

04QZA070112　被灰坑04QZA070111叠压，打破生土。袋状，口长80、底长144、最深处41厘米。填土土质较质密，色浅红褐。动物骨架散乱，头骨在东，角、炮骨在西，中间股骨与胫骨相连，肢骨较短细（图七）。

04QZA070111，开口于耕土层下，打破祭祀坑04QZA070112。锅底状，口长121、最深处33厘米。填土为疏松的灰土。

陶片标本04QZA070111：1，鬲口沿1件，夹砂，灰色，侈口方唇，沿下绳纹被抹，抹痕仍依稀可见，残高2.9、壁厚0.6～0.7厘米（图七：1）。

04QZA070512　开口于耕土层下，打破生土。竖穴土坑，坑口距地表100、长203、深80厘米。殉牲骨架贴近坑底，长200厘米，骨骼粗壮，形体较大，初步鉴定为马骨。

3. 灰坑

共80个。从剖面上看，以锅底状为主，现存深度不一。根据包含物判断，这些灰坑多属西周，其中西周初期者居多，个别灰坑包含横绳纹鬲等具有鲜明先周晚期特征的遗物。分别介绍如下。

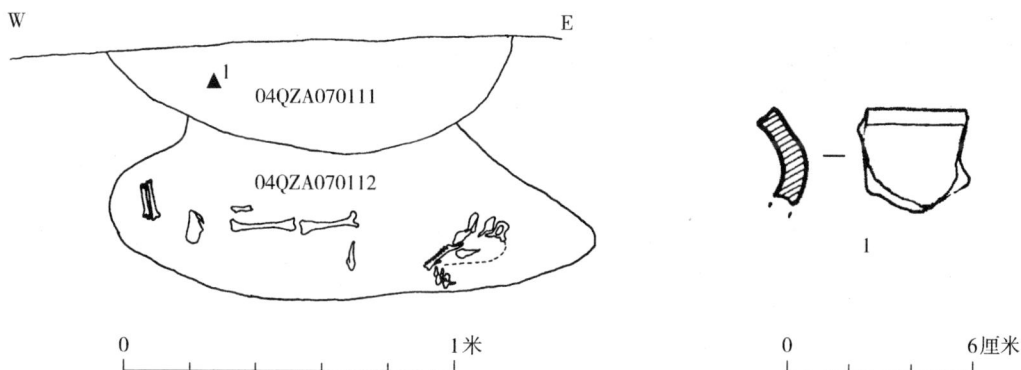

图七　04QZA070111 与 04QZA070112 遗迹、遗物
1. 陶鬲口沿（04QZA070111：1）

04QZB062309 与 04QZB062310　一西一东，后者打破前者。

04QZB062310，袋状，西壁基本竖直，东壁袋状外凸，开口距地表 113、口部长 141.5、底部长 175、最深处 71 厘米。填土分 3 层：第①层，土质松软，色灰，包含物丰富，有较多烧土块和陶片；第②层，土质黄色，色黄褐，包含物少；第③层，土质较软，色黄褐，含有陶范、烧土块等。

04QZB062309，东为 04QZB062310 打破。锅底状，开口距地表 110、口部残长 195.5、底部残长 278.5、最深处 89.5 厘米。填土分 4 层：第①层，土质质密，色黄，包含物不多，有烧土块；第②层，土质松软，色灰褐，包含物丰富；第③层，土质质密，色黄，包含物少；第④层，土质松软，色灰，包含物丰富，含木炭、烧土块等。

陶片标本：标本 04QZB062310①：1，盆（？）口沿 1 件。泥质，灰色，侈口圆唇，口部略经轮修，素面，残高 3、壁厚 0.5 厘米（图八：1）。标本 04QZB062309②：1，横绳纹鬲残片 1 件。夹砂，灰黑色，平折沿，尖圆唇，沿面外缘微向上弯折，沿下颈部施较粗竖直绳纹，腹部施细密横绳纹，局部为交错绳纹，裆部上方有一圆形乳钉，口径 16、残高 9.1、壁厚 0.6 厘米（图八：5；图四六：12）。标本 04QZB062309：2，盆口沿 1 件。泥质，黑色，折沿，方圆唇，口沿轮修，素面，表面磨光，残高 2.5、壁厚 0.5～1 厘米（图八：3）。标本 04QZB062309②：6，三角刻划纹陶片 1 件。泥质，黑灰色，胎心红褐，外表面磨光，上施两周旋纹，旋纹间施三角刻划纹，纹痕较深，壁厚 1 厘米（图四六：8）。

陶范标本：标本 04QZB062309④：3，浇口部陶范 1 件。范块为纵截面呈倒梯形的六面方体，浅砖红色，自上而下有两个对称的楔形浇口。两较窄侧面上均有突榫，一面为菱形榫，另一面有二榫，一为三角锥形，一为双三角锥形。下断面为长方形，颜色

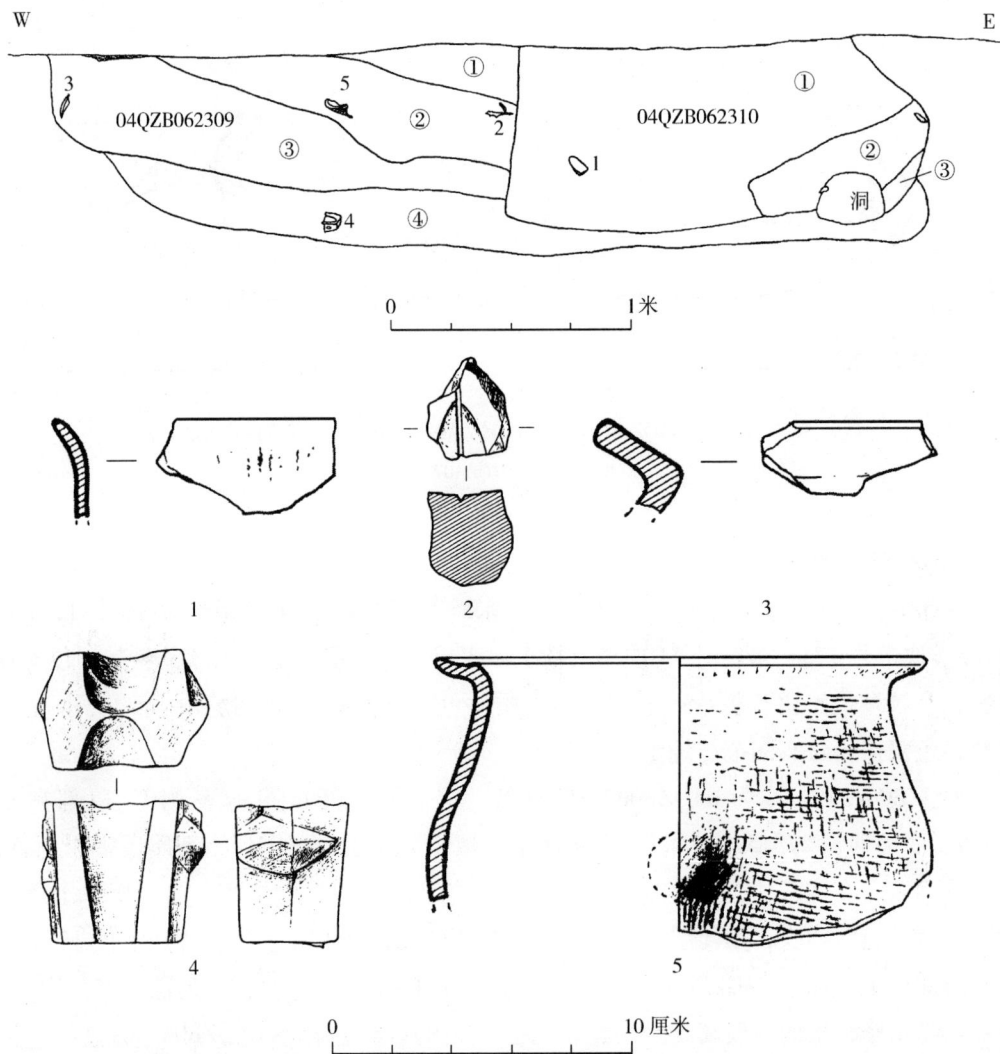

图八　04QZB062309 与 04QZB062310 遗迹、遗物

1. 盆口沿（04QZB062310①∶1）　2. 铜镞外范（04QZB062310∶2）　3. 盆口沿（04QZB062309∶2）
4. 陶范（04QZB062309④∶3）　5. 横绳纹鬲（04QZB062309②∶1）

较表面深，部分颜色发黑，可能与浇铸使用有关。残长4.6厘米（图八∶4）。标本
04QZB062309②∶4，长方体范芯1件。一端侧面为三角形，色灰褐，范泥分层。标本
04QZB062309∶5，圆柱体范芯残块1件，色浅红褐。标本04QZB062310∶2，铜镞外范1
件。范块甚残，质地坚硬，色浅褐。残存范面上，有三角形凹面，凹面中央又有直线
下凹，可见所铸铜镞正中起脊（图八∶2）。

04QZB062404　开口于耕土层下，打破生土。锅底状，剖面长232.5、最深处124

厘米。填土为质密的浅褐色土。

　　陶片标本：标本 04QZB062404:1，盆口沿 1 件。泥质，灰色，平折沿，口沿经轮修，沿面内侧起棱，素面，残高 2.2、壁厚 0.6 ~ 1.2 厘米（图九:2）。标本04QZB062404:2，鬲足 1 件。夹砂，黄褐色，胎心灰，内面呈黑灰色，尖锥状实足根另接，通施斜向绳纹，残高 4.5 厘米（图九:1）。

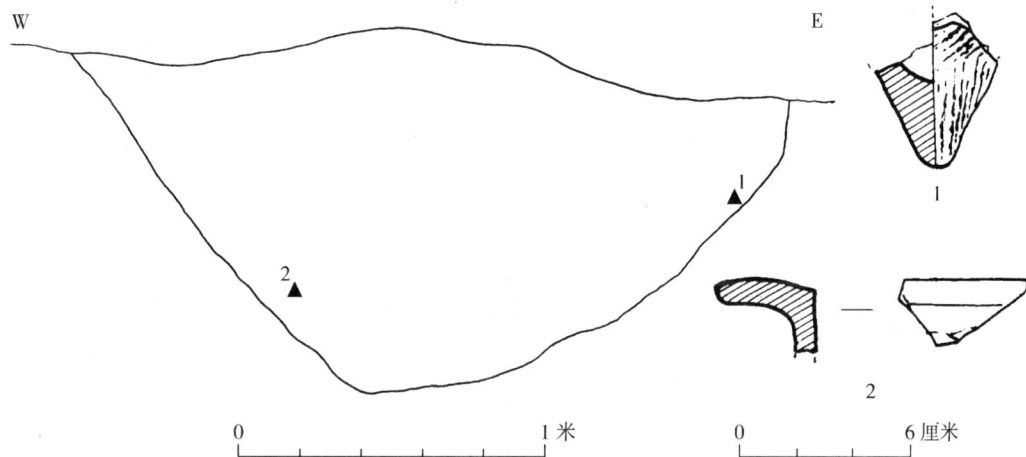

图九　04QZB062404 遗迹、遗物

1. 鬲足（04QZB062404:2）　2. 陶盆口沿（04QZB062404:1）

　　04QZA062612　开口于耕土层下，打破生土。锅底状，因残存部分较少，东壁向外突出，似袋状坑，剖面长 326、最深处 87 厘米。填土为质密的红褐色黏土，近西壁处有颗粒状红烧土堆积，厚约 10 厘米。陶片绳纹印痕较深，推测为西周初期。

　　04QZB062405　开口于耕土层下，打破生土。锅底状，剖面长 173.5、最深处 80 厘米。填土土质坚硬，土色褐色。

　　陶片标本 04QZB062405:1，鬲足 1 件。夹砂，红褐色，尖锥状实足根另接，通施斜向绳纹，残高 5.6 厘米（图一〇:1）。

　　04QZB062601　开口于耕土层下，打破生土，被 04QZB062602 打破。锅底状，剖面长 636、最深处 57 厘米。填土为质密的红褐色土，坑底为厚约 10 厘米的淤土。

　　陶片标本：标本 04QZB062601:1，鬲口沿 1 件。夹砂，灰色，胎心黑灰色，卷沿，方圆唇，口部轮修，通施竖向绳纹，领部绳纹被抹，残高 2.8、壁厚 0.4 ~ 0.7 厘米（图一一:1）。标本 04QZB062601:2，罐底 1 件。泥质，灰色，罐底素面另接，罐体通施斜向绳纹，底径 16.2、残高 4.4、壁厚 0.5 ~ 1.4 厘米（图一一:2）。

　　04QZB062807　开口于耕土层下，打破生土。锅底状，剖面长 436、最深处 85 厘

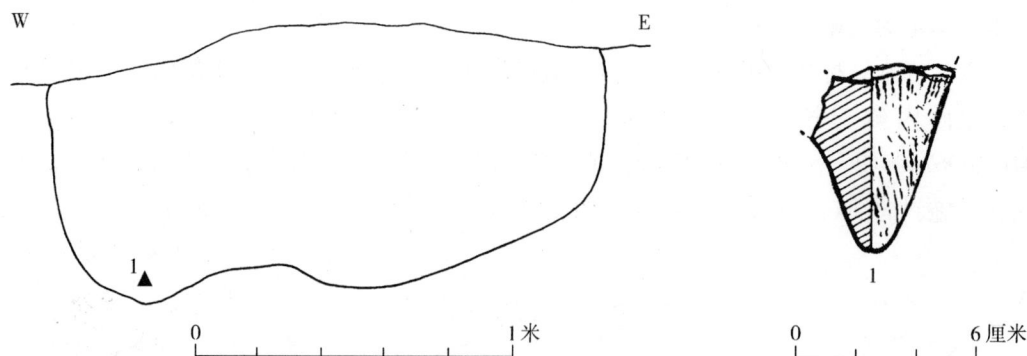

图一〇 04QZB062405 遗迹、遗物

1. 鬲足（04QZB062405：1）

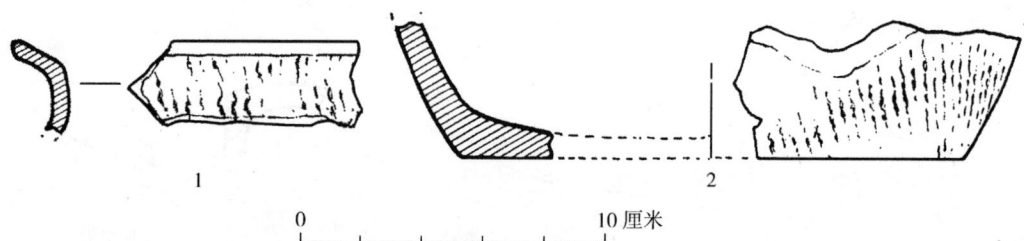

图一一 04QZB062601 遗物

1. 陶鬲口沿（04QZB062601：1）　2. 陶罐底部（04QZB062601：2）

米。填土土质质密，土色黄褐。包含物丰富。

陶片标本：标本04QZB062807：1，圈足1件。泥质，灰色，底部外侈，中部微束，泥条盘筑而成，内壁有手指捏压痕迹，素面，底径18、残高6.2、壁厚0.6～2厘米（图一二：3）。标本04QZB062807：2，甗口沿1件。夹砂，红褐色，侈口，斜方唇，沿外依稀可见绳纹抹痕，内壁表面有烟炱，残高5.2、壁厚0.8～1.2厘米（图一二：1）。标本04QZB062807：3，鬲口沿1件。夹砂，红褐色，侈口，圆唇，口部轮修，领部绳纹被抹，以下施竖向绳纹，残高4、壁厚0.4～0.5厘米（图一二：2）。

04QZB062808～04QZB062811　均开口于耕土层下，打破生土。自西向东依次排列，自东向西依次叠压。

04QZB062808，锅底状，剖面长93.5、最深处46.5厘米。填土分3层：第①层，土质疏松，土色深褐，厚16厘米；第②层，土质坚硬，土色浅黄，厚19～31.5厘米；第③层，土质较松散，土色灰色，夹杂少量木炭，厚6～10厘米。包含物丰富。

04QZB062809，锅底状，剖面长451、最深处100厘米。填土分4层：第①层，土质疏松，土色灰褐，厚7～28厘米；第②层，土质质密，土色红褐，厚20～45.5厘米；第③层，土质质密，土色深红褐，厚达41.5厘米；第④层，土质疏松，土色灰色，夹

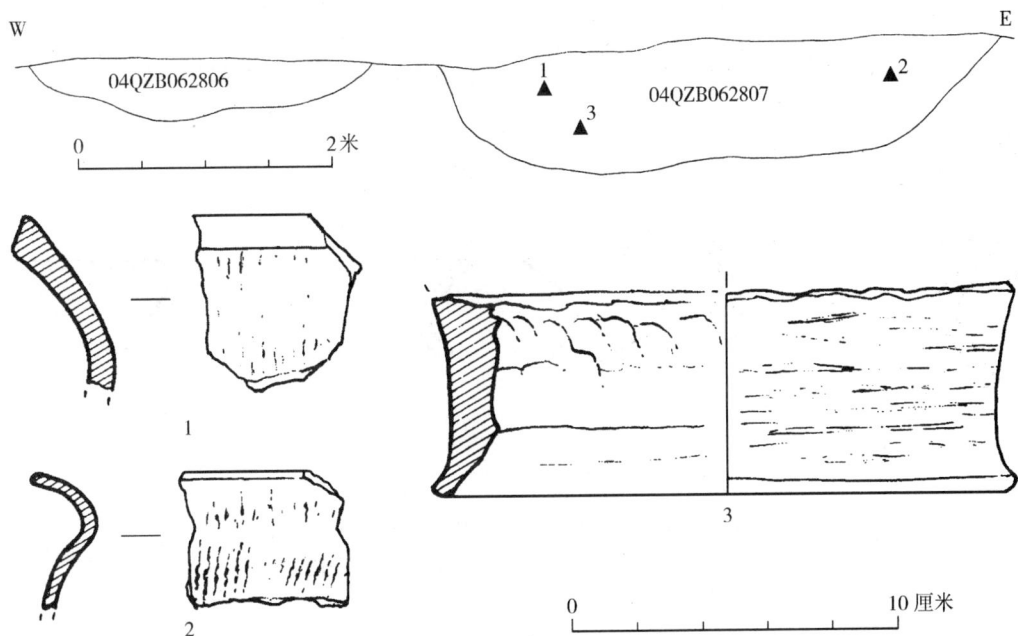

图一二　04QZB062806 与 04QZB062807 遗迹、遗物

1. 陶瓿口沿（04QZB062807:2）　　2. 陶鬲口沿（04QZB062807:3）　　3. 圈足（04QZB062807:1）

杂少量木炭。包含物丰富。

陶片标本：标本04QZB062809:1，罐口沿1件。泥质，红褐色，侈口，宽斜沿，尖圆唇，束颈，素面，沿面及器表抹光，口径15.2、残高4.5、壁厚0.5～0.7厘米（图一三:1）。标本04QZB062809:2，罐口沿1件。泥质，灰色，卷沿，沿面较宽，尖圆唇，小口，表面经打磨，素面，口径13.6、残高3.5、壁厚0.3～0.4厘米（图一三:2）。

04QZB062810，锅底状，剖面长265、最深处81.5厘米。填土分2层：第①层，土质疏松，土色灰色，厚达61.5厘米；第②层，土质质密，土色褐色，厚达68厘米。

04QZB062811，锅底状，剖面长341、最深处106.5厘米。填土土质质密，土色浅褐。

04QZA070106～04QZA070110　04QZA070106 叠压于 04QZA070107～04QZA070110之上，04QZA070110打破04QZA070109，04QZA070109、04QZA070107打破04QZA070108。除04QZA070106、04QZA070110外，其他3坑的底部尚未露出地表。

04QZA070106，开口于耕土层下，锅底状大坑，较浅，口部长655、最深处72厘米。填土土质质密，土色黄褐，夹杂一条含木炭的灰土。包含物丰富。

陶片标本：标本04QZA070106:1，鬲口沿1件。夹砂，灰色，表面黑灰色，卷沿，方圆唇，沿面外侧有小平台，口部轮修，素面、残高2.8、壁厚0.6～0.7厘米（图一

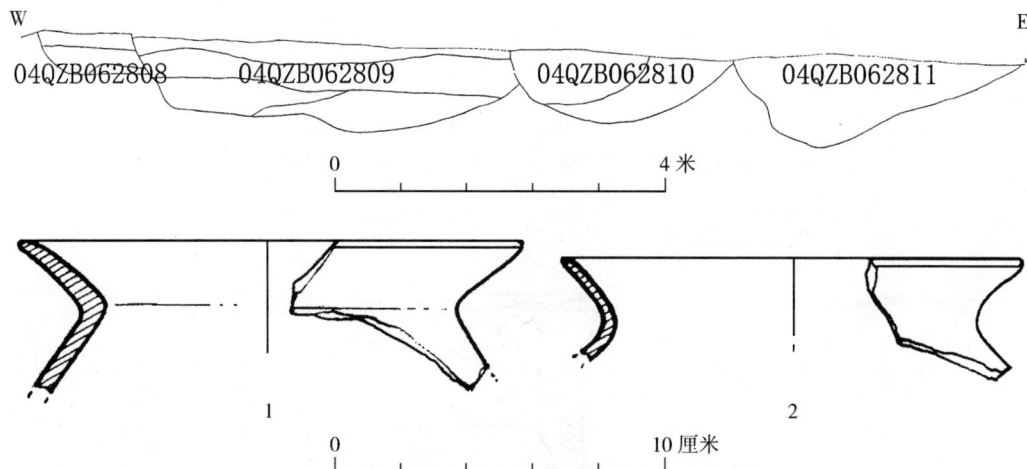

图一三　04QZB062808～04QZB062811 遗迹、遗物

1. 陶罐口沿（04QZB062809：1）　　2. 陶罐口沿（04QZB062809：2）

四：7）。标本04QZA070106：2，瓮口沿1件。夹砂，灰色，侈口，斜方唇，口部略经轮修，素面，残高6.4、壁厚1.2厘米（图一四：6）。标本04QZA070106：3，盆口沿1件。泥质，灰色，卷沿，圆唇，口部轮修，口沿内壁抹光，素面，残高5、壁厚0.8～1厘米（图一四：5）。标本04QZA070106：4，甂口沿1件。泥质，红褐色，侈口，方唇，口部轮修，唇部以下施斜向绳纹，绳纹抹痕仍依稀可见，残高3.2、壁厚0.6～1厘米（图一四：4）。标本04QZA070106：5，器盖1件。泥制，灰陶，口部内侧出棱，轮修而成，素面，口径18、残高2.5、壁厚0.8～1.1厘米（图一四：8）。

04QZA070107，锅底状，地表以上深86、剖面长102厘米。填土土质质密，土色红褐，包含物少。

04QZA070108，被04QZA070106、04QZA070107、04QZA070109打破，形状不规则，地表以上深48厘米。填土土质质密，土色浅黄褐，包含物极少。

04QZA070109，近锅底状，较浅，东壁近乎竖直，长190，深28厘米。填土分2层：第①层，土质质密，土色红褐；第②层，土质质密，土色黄褐，夹杂少量木炭。

陶片标本：标本04QZA070109：1，器纽1件。夹砂，灰色，圆柱状实心纽，器纽轮修而成，中部微束，顶部施交错刻划纹，残高1.7厘米（图一四：1）。标本04QZA070109：2，鬲足1件。夹砂，红褐色，表面青灰色，足根缺失，捏制而成，通施较粗绳纹，有烟炱痕迹，残高4.8、壁厚0.5～1.2厘米（图一四：2）。

04QZA070110，锅底状，地表以上深46、剖面长201厘米。填土分2层：第①层，土质坚硬，土色黄褐，包含物少；第②层，土质松散，土色灰色，夹杂少量木炭和零

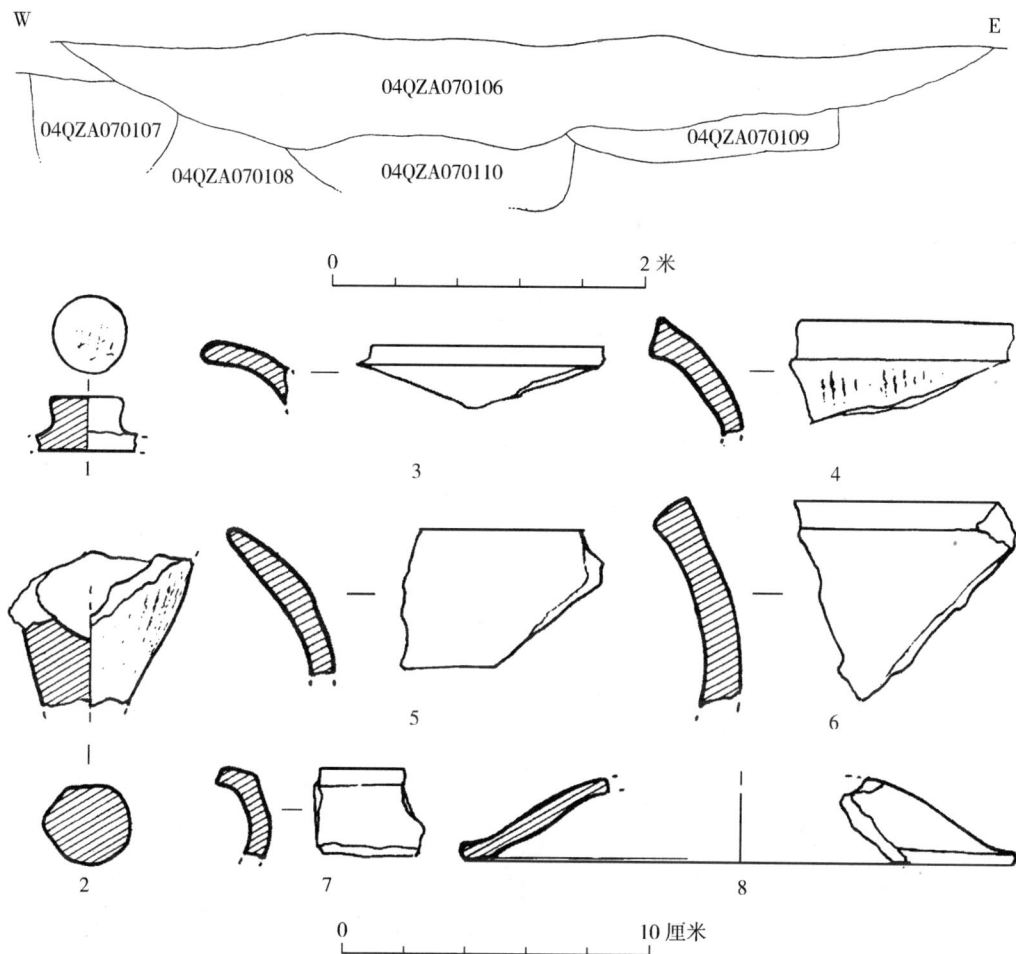

图一四　04QZA070106～04QZA070110 遗迹、遗物

1. 器纽（04QZA070109：1）　2. 鬲足（04QZA070109：2）　3. 陶罐口沿（04QZA070110：1）

4. 陶甗口沿（04QZA070106：4）　5. 陶盆口沿（04QZA070106：3）　6. 陶瓮口沿（04QZA070106：2）

7. 陶鬲口沿（04QZA070106：1）　8. 器盖（04QZA070106：5）

星烧土块。

陶片标本 04QZA070110：1，罐口沿 1 件。泥质，灰色，卷沿，圆唇，口部轮修，内壁抹光，形成一层黑色陶衣，素面，残高 2、壁厚 0.6～0.9 厘米（图一四：3）。

04QZB062817　开口于耕土层下，打破生土。锅底状，剖面长 345、最深处 92 厘米。填土分 2 层：第①层，土质疏松，土色灰色；第②层，土质质密，土色黄褐泛白。

标本 04QZB062817：1，盆口沿 1 件。夹砂，灰色，卷沿，圆唇，沿面外侧有小平台，口部轮修，素面，口径 20.6、残高 8、壁厚 0.8 厘米（图一五：1）。标本

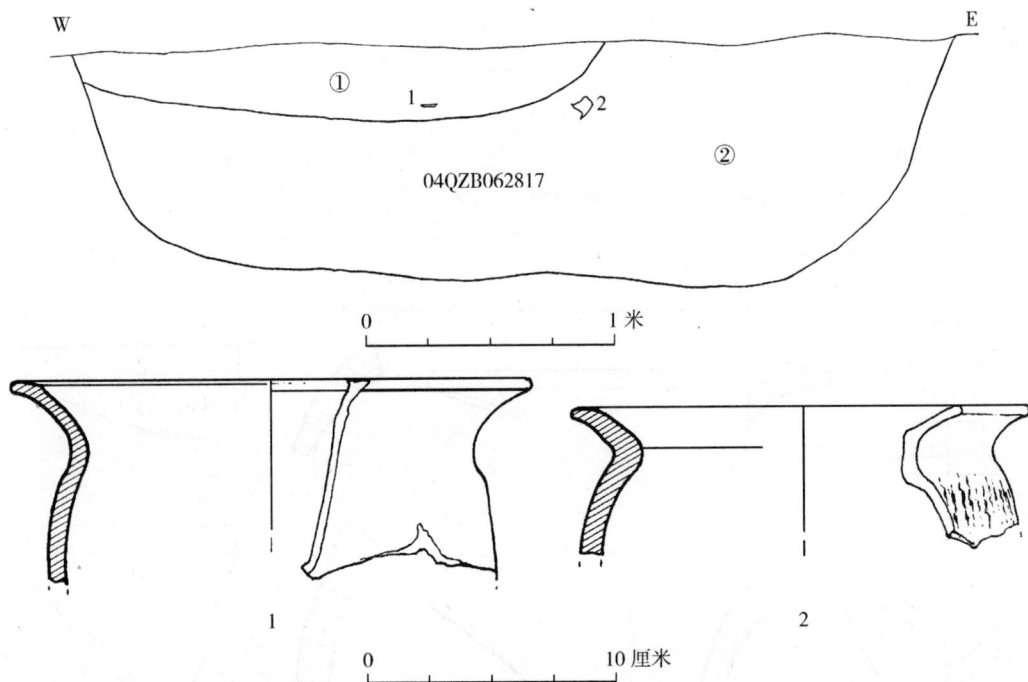

图一五　04QZB062816 与 04QZB062817 遗迹、遗物
1. 陶盆口沿（04QZB062817:1）　2. 陶鬲口沿（04QZB062817:2）

04QZB062817:2，鬲口沿 1 件。夹砂，灰色，卷沿，圆唇，领部以下施竖向绳纹，口径
18、残高 5.6、壁厚 0.4 ~ 1.2 厘米（图一五:2）。

04QZA070205　开口于耕土层下，底部未完全暴露出地表。锅底状，剖面长
389.5、现存最深 69.5 厘米。填土土质坚硬，土色浅黄褐。

陶片标本：标本 04QZA070205:1，圆陶片 1 件。泥质，灰色，近圆形，表面施竖
直绳纹，边缘经打磨，最大直径 3.2、壁厚 0.65 ~ 0.7 厘米（图一六:2）。标本
04QZA070205:2，鬲口沿 1 件。夹粗砂，侈口，方唇，唇部以下施连续绳纹，残高
3.5、壁厚 0.6 ~ 1.1 厘米（图一六:1）。

04QZA070113 与 04QZA070114　前者叠压后者。

04QZA070113，开口于耕土层下，锅底状，剖面长 295、最深处 66 厘米。填土为
较疏松的灰褐色土，内含两大石块。

陶片标本：标本 04QZA070113:1，鬲口沿 1 件。泥质，灰色，侈口，卷沿，方圆唇，
素面，口部轮修，残高 3.6、壁厚 0.6 ~ 0.8 厘米（图一七:2）。标本 04QZA070113:2，
罐口沿 1 件。夹砂，灰色，侈口，卷沿，口径较大，方圆唇，沿下有绳纹抹痕，腹部
施绳纹，口径 19.2、残高 4、壁厚 0.5 ~ 0.6 厘米（图一七:3）。

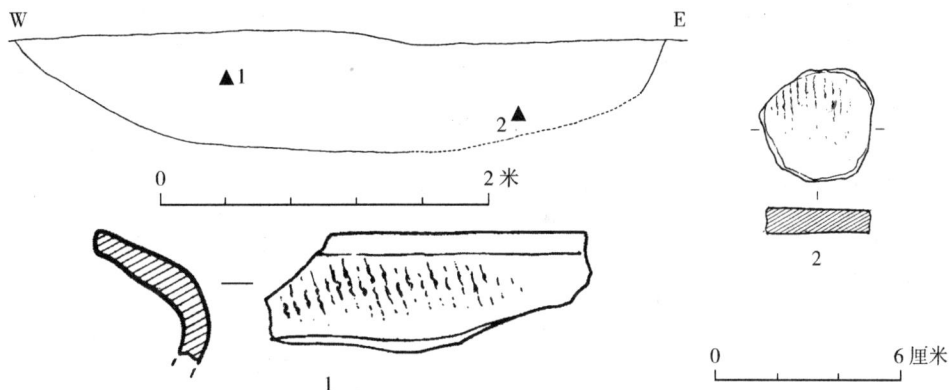

图一六　04QZA070205 遗迹、遗物
1. 陶鬲口沿（04QZA070205：2）　　2. 圆陶片（04QZA070205：1）

04QZA070114，开口于 04QZA070113 下，打破生土。锅底状，剖面长 175、最深处 66 厘米。填土为坚硬的黄褐色土。

陶片标本 04QZA070114：1，甗口沿 1 件。夹砂，灰色，侈口，方唇，唇部另接并施斜绳纹，沿下至腹部施竖直绳纹，残高 12、壁厚 0.7～0.9 厘米（图一七：1）。

04QZA070115　开口于耕土层下，打破生土。锅底状，剖面长 274.5、最深处 64 厘米。填土为质密的黄褐色土，包含物较少。坑内西部有一堆石块。

陶片标本：标本 04QZA070115：1，甗口沿 1 件。夹砂，灰色，侈口，方唇，唇面以下施斜向绳纹，残高 5.8、壁厚 0.9 厘米（图一八：1）。标本 04QZA070115：2，罐肩部箅纹残片 1 件。泥质，黑皮褐胎，表面抹光成一层黑色陶衣，箅纹带上下各施 5 条旋纹，5 条/2.3 厘米，箅纹带内施多道间距为 0.9～1.3 厘米的竖向箅纹，6 条一组，每组宽 0.5 厘米，壁厚 0.7～0.9 厘米（图四六：16）。标本 04QZA070115：3，三足瓮足 1 件。夹砂，红褐色，足根剖面呈扁椭圆形，实足根另接，通施竖向绳纹，足底施斜向绳纹，残高 9.4、壁厚 0.5～1.2 厘米（图一八：2）。

04QZA070211　开口于耕土层下，底部尚未暴露出地表。锅底状，剖面长 500、现存最深 76 厘米。填土土质坚硬，土色黄（图一九-A），包含物丰富。

陶片标本：标本 04QZA070211：1，罐口沿 1 件。泥质，灰色，卷沿，圆唇，广肩，领部以下施斜绳纹，纹痕粗且深，口沿部分抹光，表面光滑呈黑色，口径 20、残高 5.9、壁厚 0.5～0.9 厘米（图一九-B：1）。标本 04QZA070211：2，罐口沿 1 件。泥质，灰色，卷沿，圆唇，素面，残高 3.4、壁厚 0.6～0.7 厘米（图一九-B：10）。标本 04QZA070211：3，鬲口沿 1 件。夹砂，灰色，卷沿，尖圆唇，残高 3.5、壁厚 0.4～0.5 厘米（图一九-B：7）。标本 04QZA070211：4，鬲足 1 件。夹砂，灰色，锥状实足根另

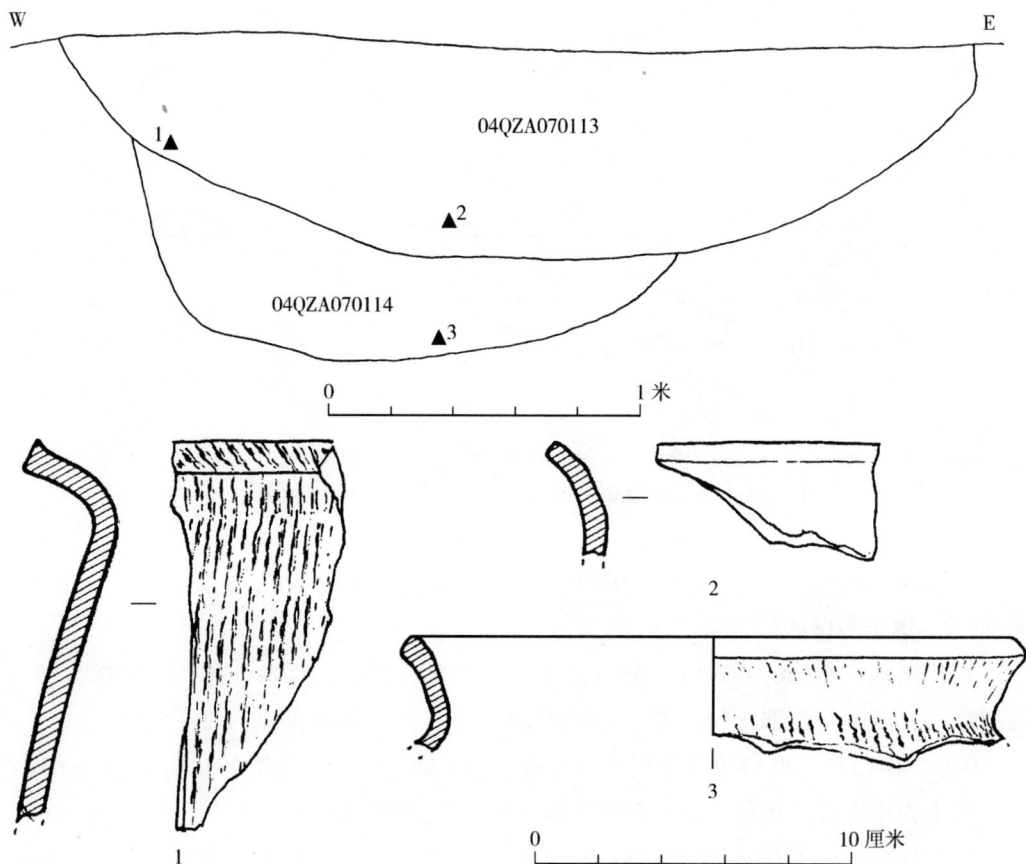

图一七　04QZA070113 与 04QZA070114 遗迹、遗物

1. 陶甗口沿（04QZA070114:1）　　2. 陶鬲口沿（04QZA070113:1）　　3. 陶罐口沿（04QZA070113:2）

接，足底平面近圆形，表面经刮削，局部施绳纹，纹痕较深，残高4.7厘米（图一九－B:4）。标本04QZA070211:5，鬲口沿1件。夹砂，灰褐色，胎心黑灰色，卷沿，方圆唇，素面，口部经轮修，残高1.9、壁厚0.5～0.6厘米（图一九－B:5）。标本04QZA070211:6，罐口沿1件。夹砂，灰褐色，胎心黑灰色，卷沿，方圆唇，广肩，沿下角较小，口部经轮修，素面，口径14、残高4.5、壁厚0.7～1厘米（图一九－B:9）。标本04QZA070211:7，鬲足1件。夹砂，灰色，尖锥状实足根，足底平面近圆形，通施绳纹，残高4.9厘米（图一九－B:8）。标本04QZA070211:8，甗口沿1件。夹砂，灰色，侈口，方唇，口部轮修，口沿另接，唇面施斜向绳纹，以下通施竖向绳纹、残高11.6、壁厚1～1.2厘米（图一九－B:3）。标本04QZA070211:9，瓮口沿1件。夹砂，灰色，方唇，唇部另接、微向外卷，内壁可见粘接痕迹及修整口沿时的抹痕，唇面施斜向绳纹，以下通施斜向绳纹，残高6、壁厚0.8～1.4厘米（图一九－B:2）。标

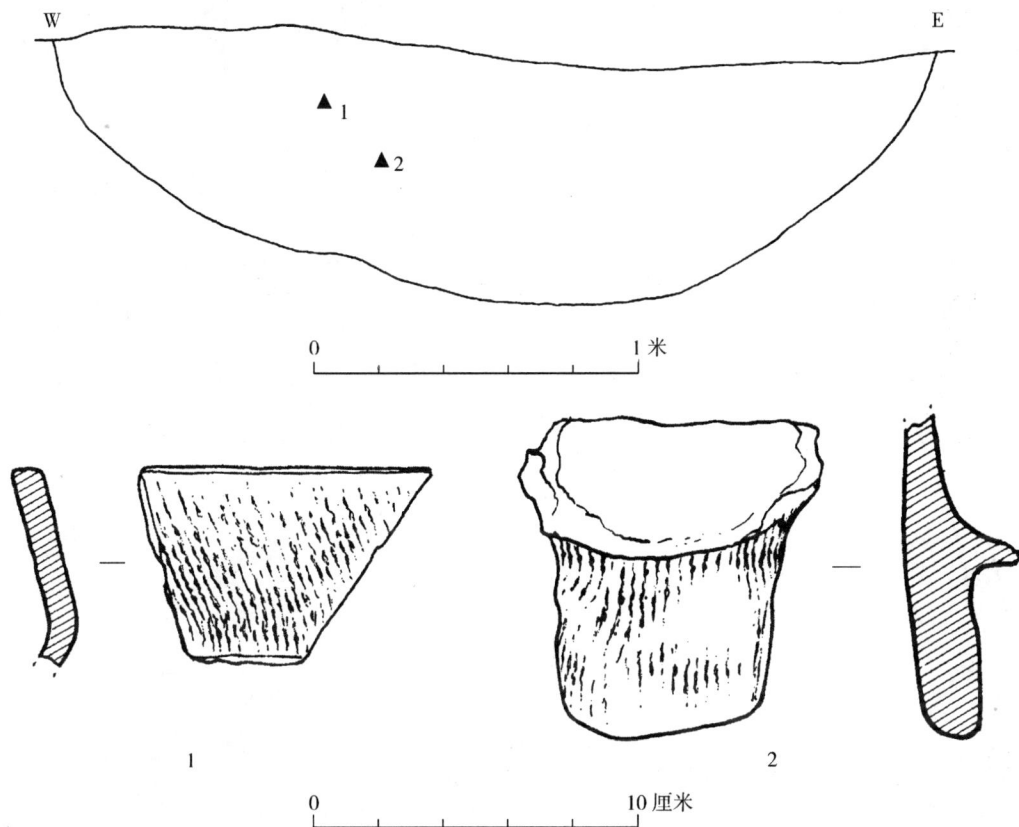

图一八　04QZA070115 遗迹、遗物

1. 陶甑口沿（04QZA070115:1）　2. 三足瓮足（04QZA070115:2）

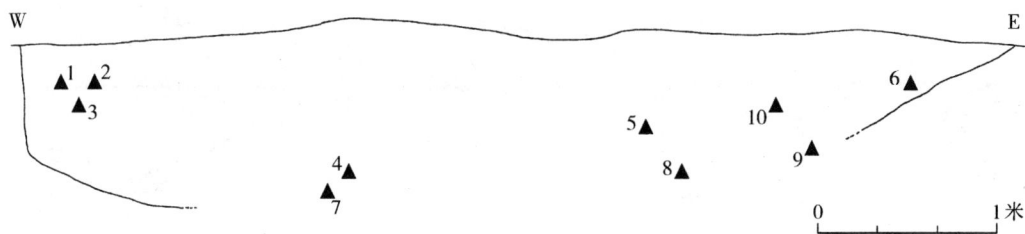

图一九 - A　04QZA070211 遗迹

本 04QZA070211:10，瓮足 1 件。夹砂，红褐色，足底平呈长椭圆形，足根内侧用泥条加固，通施交错绳纹，残高 6.9 厘米（图一九 - B:6）。

04QZA070212 ~ 04QZA070214　三者均开口于耕土层下，打破生土。04QZA070212、04QZA070214 打破 04QZA070213（图二〇 - A）。

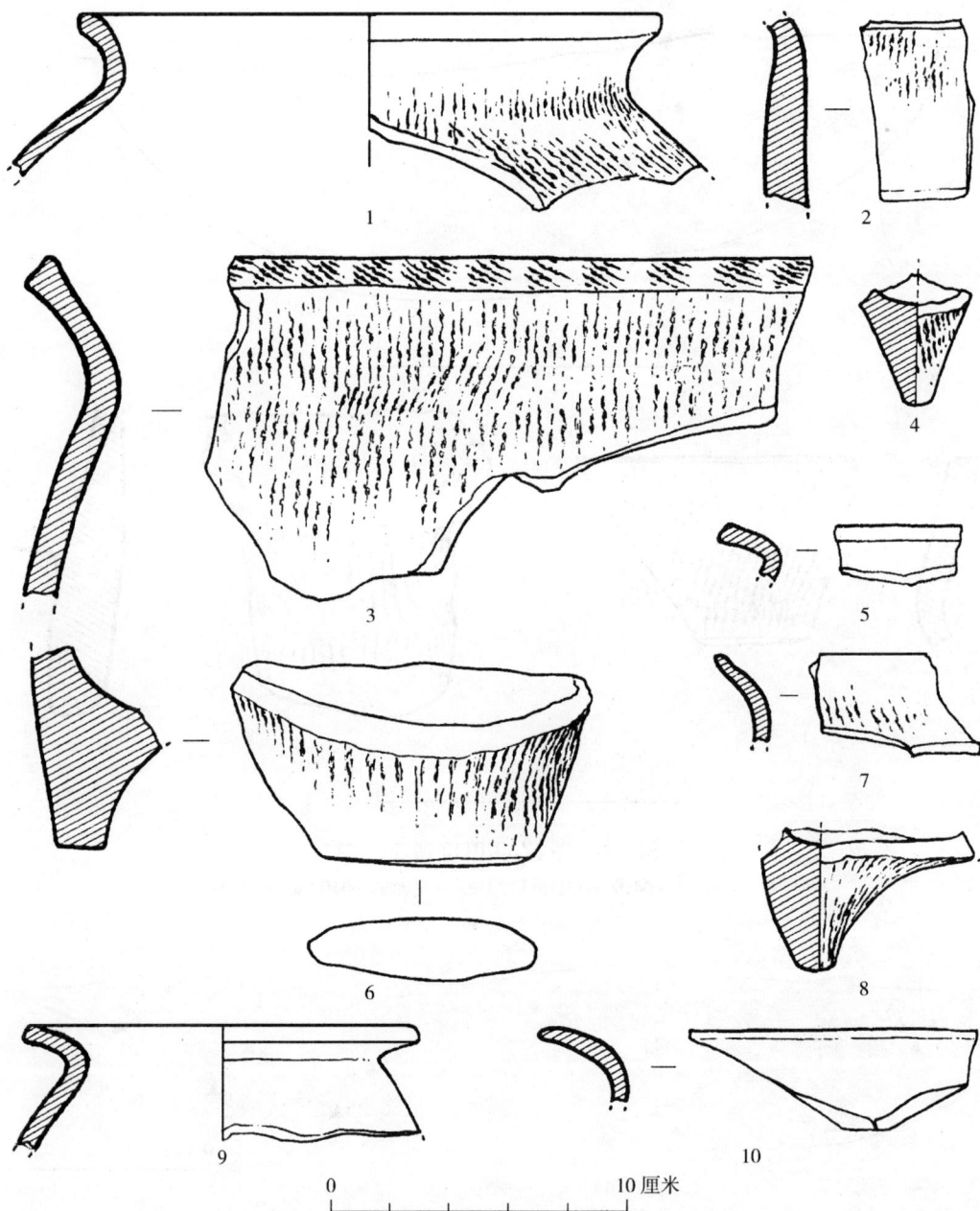

图一九－B 04QZA070211 遗物

1. 陶罐口沿（04QZA070211：1）   2. 瓮口沿（04QZA070211：9）   3. 陶甗口沿（04QZA070211：8）

4. 鬲足（04QZA070211：4）   5. 陶鬲口沿（04QZA070211：5）   6. 三足瓮足（04QZA070211：10）

7. 陶鬲口沿（04QZA070211：3）   8. 鬲足（04QZA070211：7）   9. 陶罐口沿（04QZA070211：6）

10. 陶罐口沿（04QZA070211：2）

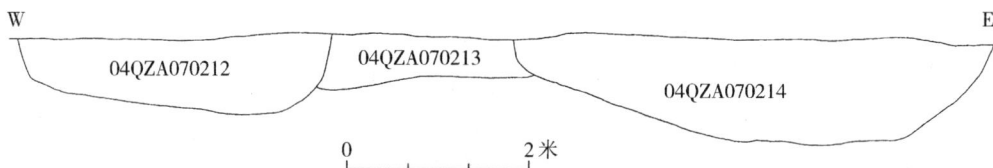

图二〇 – A　04QZA070212 ~ 04QZA070214 遗迹

　　04QZA070212，锅底状，剖面长 324.5、最深处 68 厘米。填土土质坚硬，土色灰褐，坑底土色泛红。

　　陶片标本 04QZA070212：1，器盖 1 件。泥质，灰色，轮修，表面施两周旋纹，口径 15.6、残高 2.6、壁厚 0.5 ~ 1.1 厘米（图二〇 – C：9）。

　　04QZA070213，形状不规则，剖面长 227、深 55.5 厘米。填土土质坚硬，土色浅褐。标本 04QZA070213：1，鬲口沿 1 件。夹砂，灰色，卷沿，方圆唇，口部轮修，素面，残高 2.4、壁厚 0.4 ~ 0.6 厘米（图二〇 – C：11）。标本 04QZA070213：2，鬲足 1 件。夹砂，表面黑色，胎心红褐色，锥状实足根，通施斜向绳纹，残高 3.9 厘米（图二〇 – C：10）。

　　04QZA070214，浅锅底状，剖面长 505.5、深 103.5 厘米。填土土质坚硬，土色浅黄褐，夹杂一团松散灰土，并在灰土中采集到一塑料带包裹的陶片[3]。

　　陶片标本：标本 04QZA070214：1，鬲口沿 1 件。夹砂，灰色，卷沿，斜方唇，沿面有小平台，口部轮修，领部以下施斜向绳纹，纹痕较深，口径 14.4、残高 6.9、壁厚 0.4 ~ 0.8 厘米（图二〇 – B：4）。标本 04QZA070214：2，鬲口沿 1 件。夹砂，灰色，卷沿，圆唇，口部轮修，领部以下施斜向绳纹，纹痕宽且深，有少量烟炱，口径 16.2、残高 6.1、壁厚 0.6 ~ 0.8 厘米（图二〇 – B：2）。标本 04QZA070214：3，甗口沿 1 件，夹砂，红褐色，侈口，方唇，唇部另接，唇面到唇部以下施斜向绳纹，残高 3.9、壁厚 0.8 ~ 1 厘米（图二〇 – C：1）。标本 04QZA070214：4，鬲口沿 1 件。夹砂，灰色，卷沿，方唇，沿面外侧有小平台，口部轮修，素面，残高 3.4、壁厚 0.5 ~ 0.7 厘米（图二〇 – C：2）。标本 04QZA070214：5，圈足 1 件。泥质，灰色，底部内出沿，轮修，泥条盘筑，素面，残高 2.4、壁厚 0.5 ~ 1 厘米（图二〇 – C：7）。标本 04QZA070214：6，瓮口沿 1 件。泥质，灰色，卷沿，斜方唇，口部轮修，沿下绳纹在轮修时被抹，抹痕仍依稀可见，残高 5.9、壁厚 0.8 ~ 0.9 厘米（图二〇 – B：3）。标本 04QZA070214：7，瓦棱纹残片 1 件。泥质，灰色，器体轮修，表面黑色，表面施瓦棱纹及一周旋纹，壁厚 0.7 ~ 0.85 厘米。标本 04QZA070214：8，器盖 1 件。泥质，灰色，表面施三周旋纹，

────────────

[3]　非灰坑中采集，在此暂以该遗迹单位采集点号为样品进行编号。

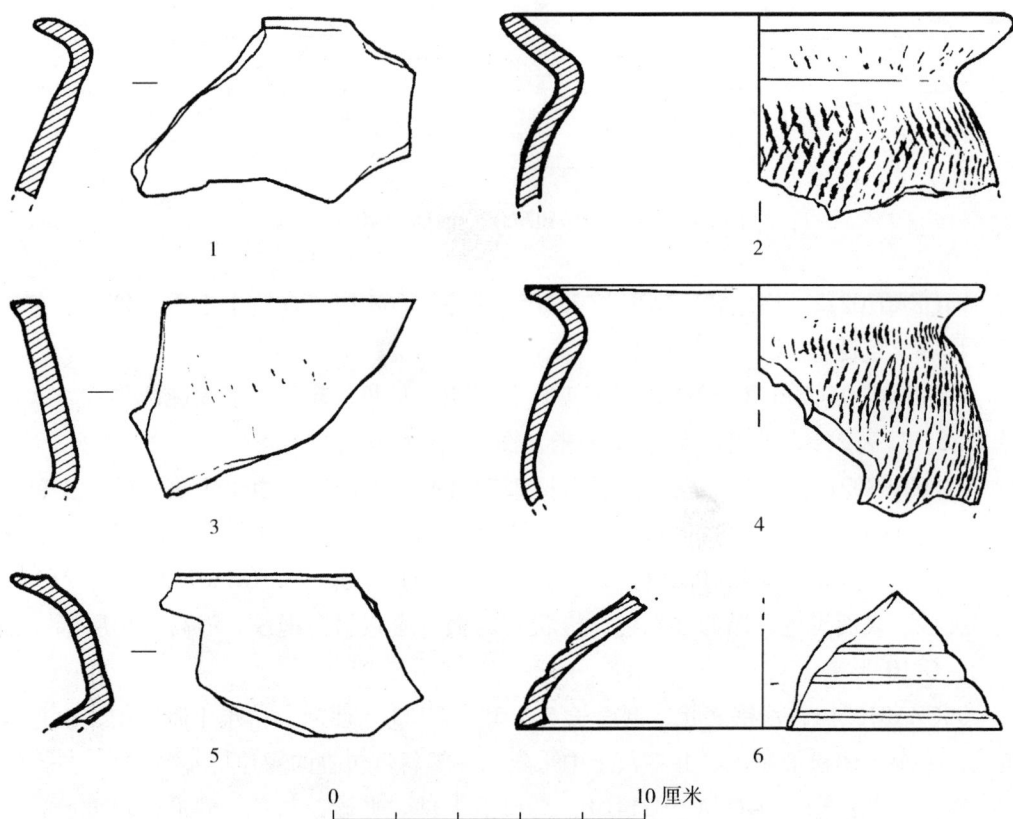

图二〇 – B　04QZA070212～04QZA070214 遗物

1. 陶罐口沿（04QZA070214：15）　　2. 陶鬲口沿（04QZA070214：2）　　3. 陶瓮口沿（04QZA070214：6）

4. 陶鬲口沿（04QZA070214：1）　　5. 陶罐口沿（04QZA070214：9）　　6. 器盖（04QZA070214：8）

口径 15.3、残高 4.3、壁厚 0.5～0.7 厘米（图二〇 – B：6）。标本 04QZA070214：9，罐
口沿 1 件。泥质，灰色，卷沿，圆唇，沿面外侧有小平台，领部较高，口领部经轮修，
素面，小平台上施一周旋纹，残高 5、壁厚 0.6～0.8 厘米（图二〇 – B：5）。标本
04QZA070214：10，瓮口沿 1 件。泥质，灰色，侈口，方圆唇，矮直领，广肩，口部另
接，领部以下施竖向绳纹，口径 20、残高 4.3、壁厚 0.6～1.1 厘米（图二〇 – C：8）。
标本 04QZA070214：11，盆口沿 1 件。泥质，灰色，卷沿，方圆唇，沿面外侧有小平
台，口部轮修，素面，残高 5.6、壁厚 0.6～0.7 厘米（图二〇 – C：4）。标本
04QZA070214：12，高领袋足鬲残片 1 件。夹砂，表面呈黑色，胎心灰，斜沿，颈部有
一器耳残部，通施竖向绳纹，纹痕宽且深，残高 7、壁厚 0.4～0.9 厘米（图二〇 – C：3）。
标本 04QZA070214：13，盆口沿 1 件。泥质，灰色，斜折沿较宽，方圆唇，口部经轮
修，素面，残高 2.2、壁厚 0.6～0.8 厘米（图二〇 – C：5）。标本 04QZA070214：14，板

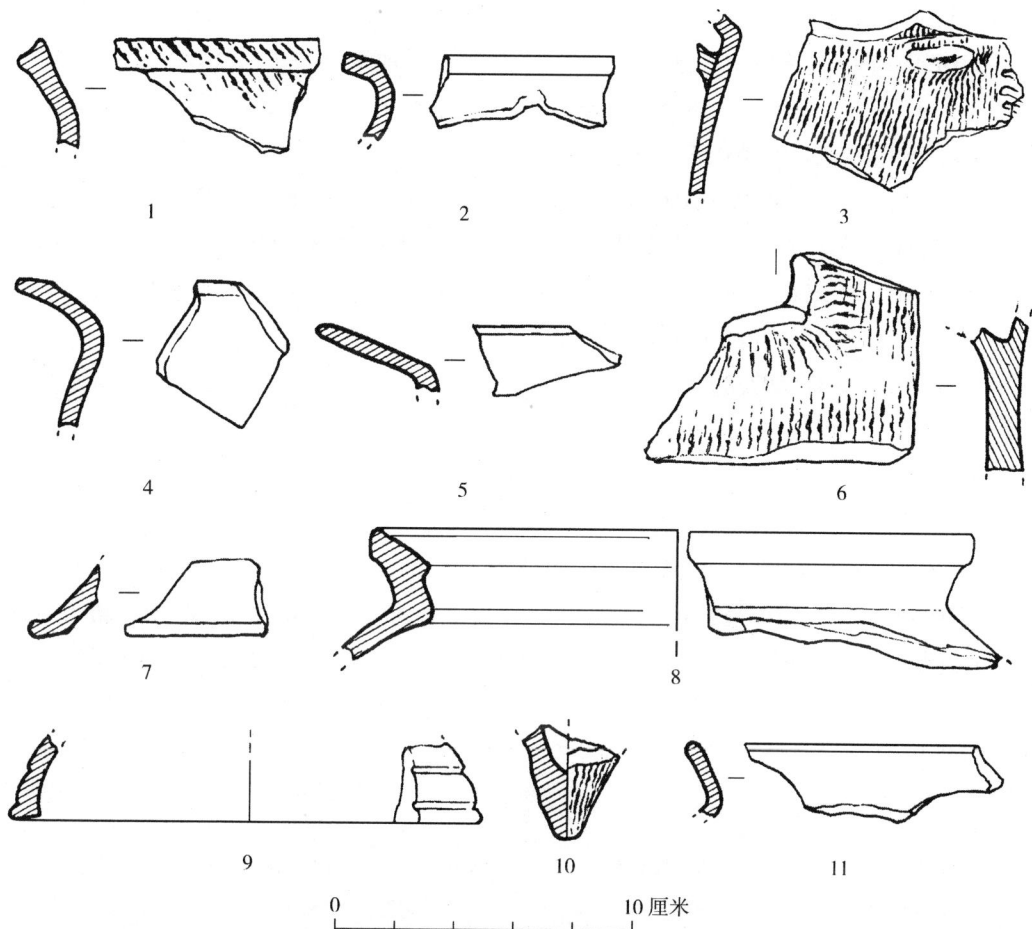

图二〇 - C　04QZA070212 ~ 04QZA070214 遗物

1. 陶甗口沿（04QZA070214:3）　　2. 陶鬲口沿（04QZA070214:4）　　3. 高领袋足鬲（04QZA070214:12）

4. 陶盆口沿（04QZA070214:11）　　5. 陶盆口沿（04QZA070214:13）　　6. 板瓦（04QZA070214:14）

7. 圈足（04QZA070214:5）　　8. 陶瓮口沿（04QZA070214:10）　　9. 器盖（04QZA070212:1）

10. 陶鬲口沿（04QZA070213:2）　　11. 陶鬲口沿（04QZA070213:1）

瓦残片 1 件。夹砂，红褐色，泥条盘筑，瓦钉另接，残失，瓦背施竖向较粗绳纹，残长 8.8、壁厚 1 ~ 1.4 厘米（图二〇 - C:6）。标本 04QZA070214:15，罐口沿 1 件。泥质，灰色，个体较小，口部另接，微卷沿，圆唇，广肩，素面，残高 5.6、壁厚 0.5 ~ 0.6 厘米（图二〇 - B:1）。

04QZA070304 ~ 04QZA070306　三者均开口于耕土层下，打破生土。04QZA070306 打破 04QZA070305，04QZA070305 打破 04QZA070304。

04QZA070304，锅底状，剖面长 118、最深处 43.5 厘米。填土为质密的红褐色土，夹杂坚硬的浅黄色土块。

04QZA070305，锅底状，剖面长 295、最深处 113 厘米。填土分 2 层：第①层，土质质密，土色红褐，厚 15～58 厘米；第②层，土质质密，土色浅黄褐泛红，夹杂少量木炭和红烧土颗粒，厚 42～58 厘米。

陶片标本：标本 04QZA070305：1，瓮口沿 1 件。夹砂，灰色，直领，方唇，广肩，口部略经轮修，肩部以下施斜向绳纹，残高 6.1、壁厚 1～1.3 厘米（图二一：1）。标本 04QZA070305：2，麦粒状绳纹残片 1 件。泥质，红褐色，表面施竖向麦粒状绳纹，4 条/1.35 厘米，壁厚 1.1 厘米（图四六：13）。

小件标本：04QZA070305：3，角器 1 件。羊角，淡黄色，从一只整角上纵剖而成，尖部打磨光滑，通高 9 厘米（图二一：2）。

04QZA070306，锅底状，剖面长 180、最深处 59 厘米，填土土质松散，土色灰中泛白。

04QZA062609 与 04QZA62610　均开口于耕土层下，打破生土。后者打破前者。

04QZA062609，剖面呈圆角长方形，底较平，长 171、最深处 102 厘米。填土分 3 层：第①层，土质质密，土色浅黄褐，厚 30.6～46.5 厘米；第②层，土质松散，土色浅灰色，厚 42.5～61 厘米，包含物较多；第③层，土质坚硬，土色红褐，厚 13～16 厘米，包含物少。

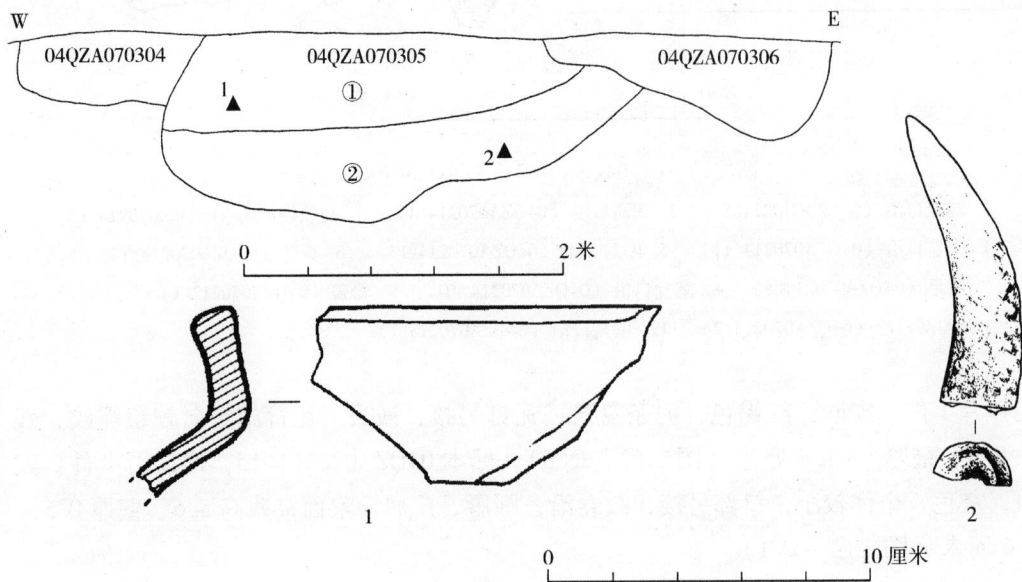

图二一　04QZA070304～04QZA070306 遗迹、遗物

1. 陶瓮口沿（04QZA070305：1）　2. 角器（04QZA070305：3）

陶片标本 04QZA062609②:1，盂（？）口沿 1 件。泥质，灰色，卷沿，圆唇，口沿内壁抹光，素面，口径 20、残高 6、壁厚 0.5 ~ 0.6 厘米（图二二:1）。

04QZA62610，锅底状浅坑，剖面长 212、最深处 41 厘米。填土为质密的褐色土，包含物有动物骨骼和陶片。

04QZA062602　开口于耕土层下，打破生土。锅底状，剖面长 196、最深处 61 厘米。填土土质坚硬，土色黄褐，包含物有动物骨骼和陶片。

04QZA062611　开口于耕土层下，打破生土。锅底状浅坑，剖面长 251、最深处 38.5 厘米。填土为质密的深褐色黏土，包含物少。

04QZA062613　开口于耕土层下，打破生土。锅底状，剖面长 256.5、最深处 59.5 厘米。填土分 4 层：第①层，土质松散，土色灰色，厚达 13.5 厘米；第②层，土质质密，土色红褐，厚达 22.5 厘米；第③层，同第①层，厚 5 ~ 8 厘米；第④层，同第②层，厚 10 ~ 19 厘米。

陶片标本 04QZA062613③:1，鬲足 1 件。夹砂，灰色，锥状实足根，足根平近圆形，通施斜向绳纹，纹饰较粗，残高 9.2 厘米（图二三:1）。

04QZA062614　开口于耕土层下，打破生土。锅底状，剖面长 249、最深处 44 厘

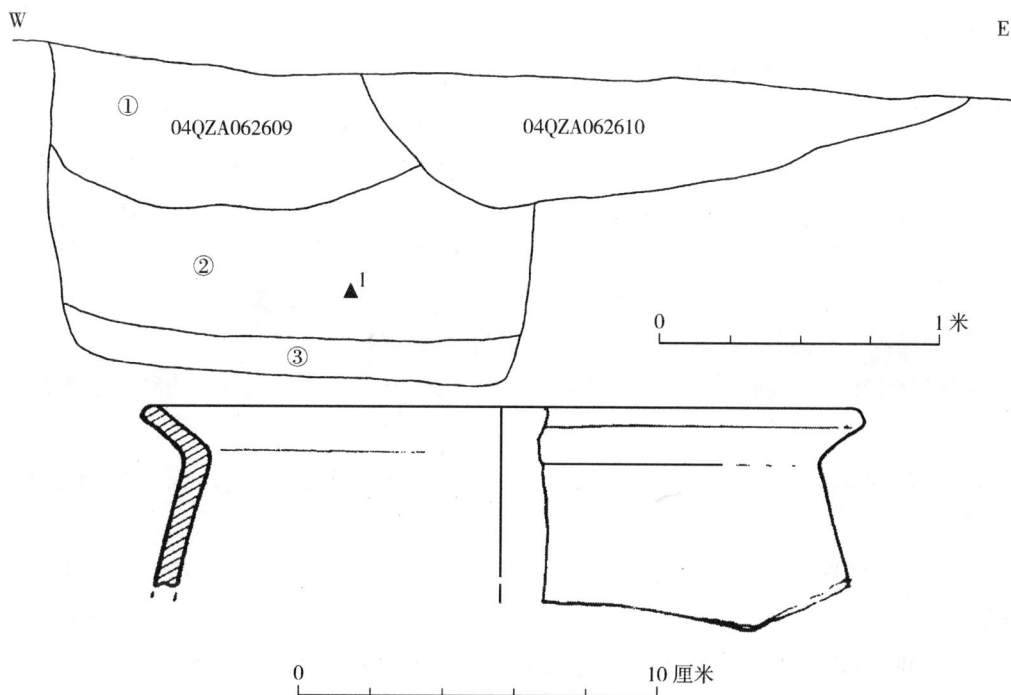

图二二　04QZA062609 与 04QZA062610 遗迹、遗物
1. 陶盂口沿（04QZA062609②:1）

米。填土为质密的褐色黏土，包含物少。

04QZA062615　开口耕土层下，打破生土。锅底状浅坑，剖面长 111、最深处 22.5 厘米。填土为质密的褐色黏土，包含物少。

04QZB062602～04QZB062605　均开口于耕土层下，打破生土。04QZB062602 打破 04QZB062603，04QZB062603、04QZB062605 打破 04QZB062604。

04QZB062602，锅底状，剖面长 89、最深处 29 厘米。填土分 2 层：第①层，土质质密，土色浅黄，厚达 15 厘米，包含物较多；第②层，土质疏松，土色灰色，包含物较多。

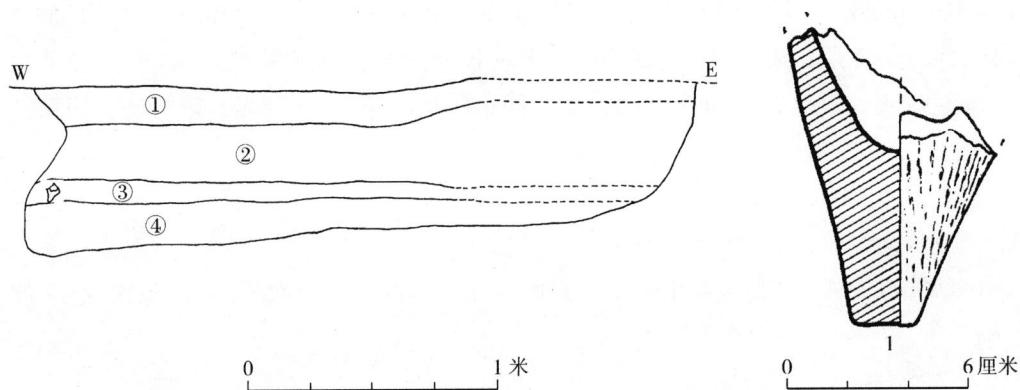

图二三　04QZA062613 遗迹、遗物
1. 鬲足（04QZA062613③∶1）

陶片标本：标本 04QZB062602②∶1，甗腰腰托 1 件。夹砂，灰色，腰托有手指捏压的痕迹（图二四∶3）。标本 04QZB062602②∶2，绳纹残片 1 件。夹砂，红褐色，通施纹痕较深的绳纹，有齿状感，壁厚 0.85 厘米（图四六∶14）。

04QZB062603，锅底状，剖面长 134、最深处 30 厘米。填土为质密的红褐色土，包含物少。

04QZB062604，近锅底状，剖面长 210、最深处 38 厘米。填土为质密的红褐色土，包含物少。

04QZB062605，锅底状，剖面长 140、最深处 29 厘米。填土为质密的浅褐色土。包含物少。

04QZB062805　开口于耕土层下，打破生土。锅底状，剖面长 100、最深处 28 厘米。填土为坚硬的黄褐色土，包含物少。

04QZB062806　开口于耕土层下，打破生土。在 04QZB062805 以东 9.7 米，在 04QZB062807 以西 50 厘米处。锅底状，剖面长 251、最深处 46.5 厘米。填土为质密的黄褐色土。

04QZB062814 与 04QZB062815　开口于耕土层下，打破生土。前者被后者打破。

04QZB062814，锅底状，剖面长 533、最深处 106 厘米。填土分 5 层：第①层，土质较硬，土色褐色，厚 10～32 厘米；第②层，土质较硬，土色黄褐，厚达 38 厘米；第③层，土质松软，土色灰色，夹杂较大颗粒状炭粒，厚达 33 厘米；第④层，土质疏松，土色深灰，厚 5～18 厘米；第⑤层，土质坚硬，土色黄中泛白，厚达 30 厘米。

04QZB062815，锅底状，剖面长 255、最深处 79 厘米。填土为质密的黄褐色土，夹杂一些灰土。

04QZB062816　开口于耕土层下，打破生土。西距 04QZB062815110 厘米。锅底状，剖面长 270、最深处 81.5 厘米。填土为质密的褐色土，夹杂少量疏松灰土。

04QZB062818　开口于耕土层下，打破生土，底部尚未暴露出地表。剖面长 265、最深处 55～80 厘米。填土为质密的黄褐色土。

陶片标本：标本 04QZB062818:1，圈足 1 件。泥质，红褐色，喇叭状，器表抹光，素面，口径 24、残高 4.8、壁厚 0.8～1 厘米（图二四:2）。

04QZA070101　开口于耕土层下，打破生土。锅底状，剖面呈半圆形，长 142、最深处 73 厘米。填土为质密的浅黄色土，包含物少。

04QZA070102　开口于耕土层下，打破生土。锅底状浅坑，底平，剖面长 140、最深处 38 厘米。填土为质密的浅黄色土，包含物少。

04QZA070103 与 04QZA070104　04QZA070104，开口于耕土层下，叠压于 04QZA070103 之上。锅底状，剖面长 440、最深处 33 厘米。填土为坚硬的浅黄褐色土。

04QZA070103，开口于 04QZA070104 之下，锅底状，剖面长 200、最深处 50 厘米。填土为质密的黄褐色土。

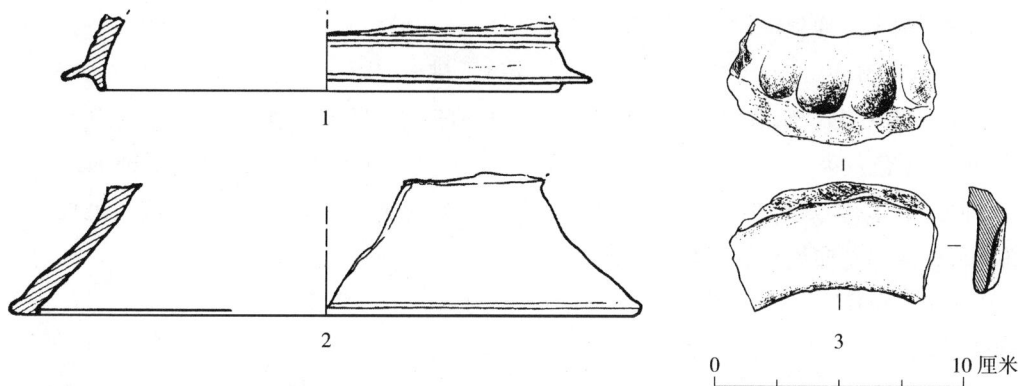

图二四　04QZA070209、04QZB062818、04QZB062602 遗物

1. 器盖（04QZA070209:1）　2. 圈足（04QZB062818:1）　3. 瓴腰（04QZB062602②:1）

04QZA070105　开口于耕土层下，打破生土。锅底状浅坑，剖面长 90 厘米、最深处 22 厘米。填土为质密的浅黄色土。

04QZA070207～04QZA070209　开口于文化层 04QZA070210 之下，04QZA070209 叠压 04QZA070208，04QZA070208 打破 04QZA070207。

04QZA070207，锅底状，剖面长 137、最深处 41 厘米。填土为坚硬的浅褐色土，包含物少。

04QZA070208，锅底状，两壁内收，底部尚未暴露出地表，剖面长 397、可见深度 64 厘米。填土分 3 层：第①层，土质较松，土色灰色，厚达 55 厘米；第②层，土质质密，土色浅黄；第③层，土质质密，土色浅褐。

04QZA070209，锅底状浅坑，剖面长 275、最深处 37.5 厘米。填土为疏松的灰色土。

陶片标本 04QZA070209:1，器盖 1 件。泥质，灰色，子母口，器表经抹光，表面施两周弦纹，口径 17.2、残高 2.6、壁厚 0.2～0.9 厘米（图二四:1）。

04QZA070215　开口于耕土层下，打破生土。锅底状，剖面长 205、最深处 54 厘米。填土为疏松的灰色土，夹杂少量泛红的黄土。

陶片标本：标本 04QZA070215:1，甗腰 1 件。夹砂，红褐色，腰托部分另接，表面通施竖向绳纹，纹痕宽且深，绳纹上可见与绳纹交错的滚压纹，残高 5、壁厚 1～1.2 厘米（图二五:2）。标本 04QZA070215:2，鬲足 1 件。夹砂，灰色，圆锥状实足根，通施绳纹，上有波浪状滚压痕迹，器表有少量烟炱，残高 4.5 厘米（图二五:1）。

04QZA070216　开口于耕土层下，打破生土。锅底状，剖面长 190、深 30～67 厘米。填土分 2 层：第①层，土质疏松，土色灰色；第②层，土质质密，土色黄褐。

陶片标本 04QZA070216:1，鬲足 1 件。夹砂，灰色，圆柱状实足根另接，足根平底部呈椭圆形，通施绳纹，残高 5.9 厘米（图二六:1）。

04QZA070217 与 04QZA070218　前者开口于耕土层下，叠压后者。

04QZA070217，锅底状，剖面长 343、最深处 67～91 厘米。填土分 2 层：第①层，土质较硬，土色灰色，厚达 52 厘米；第②层，土质质密，土色浅黄褐，厚 18～68 厘米。

陶片标本 04QZA070217:1，鬲足 1 件。夹砂，灰色，柱状实足根另接，足根平呈椭圆形，通施斜向绳纹，残高 5.7 厘米（图二七:1）。

04QZA070218，锅底状小坑，填土为疏松的灰色土。底部尚未暴露出地表，剖面长 80 厘米。

陶片标本 04QZA070218:1，鬲足 1 件。夹砂，灰色，尖锥状实足根另接，通施斜向绳纹，内壁呈黑灰色，外有少量烟炱，残高 6.1 厘米（图二七:2）。

04QZA070219　开口于耕土层下，打破生土，锅底状，底部较平，剖面长 352、深

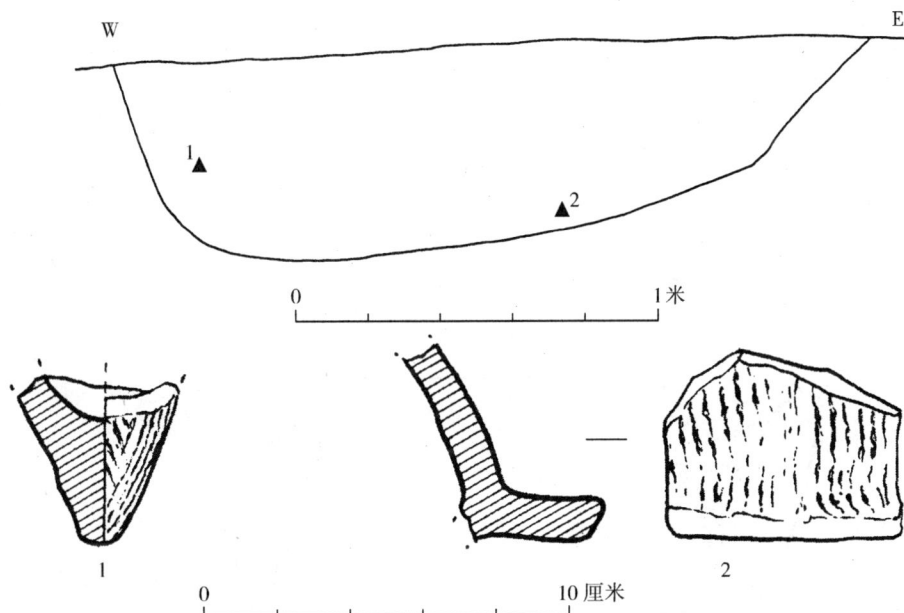

图二五 04QZA070215 遗迹、遗物

1. 鬲足（04QZA070215:2）　2. 瓿腰（04QZA070215:1）

70～109 厘米。填土为质密的浅黄褐色土，底部有少量红烧土。包含物少。

陶片标本 04QZA070219:1，圈足 1 件。泥质，灰色，喇叭形，圈足另接，外表面抹光，内表面有刮抹的工具痕，器底轮修，素面，底径 16、残高 6.4、壁厚 0.6～1.8 厘米（图二八:1）。

04QZA070302　开口于耕土层下，两壁稍内收，底部尚未露处地表，剖面长 493 厘米。填土分 2 层：第①层，土质质密，土色红褐；第②层，土质松散，土色黄中泛灰。

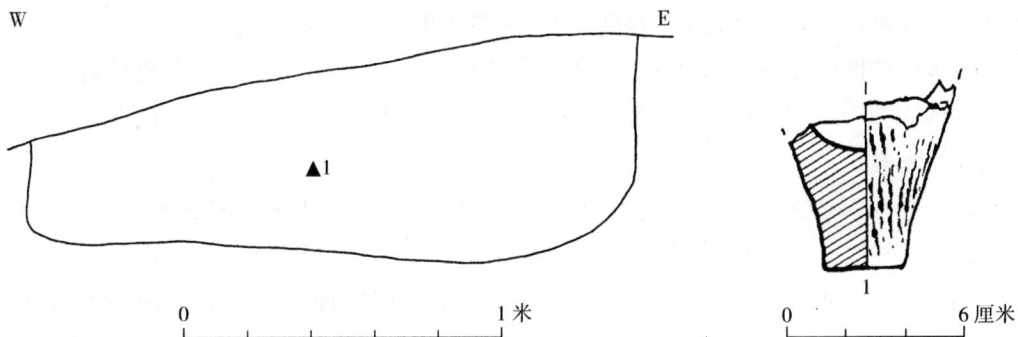

图二六 04QZA070216 遗迹、遗物

1. 鬲足（04QZA070216:1）

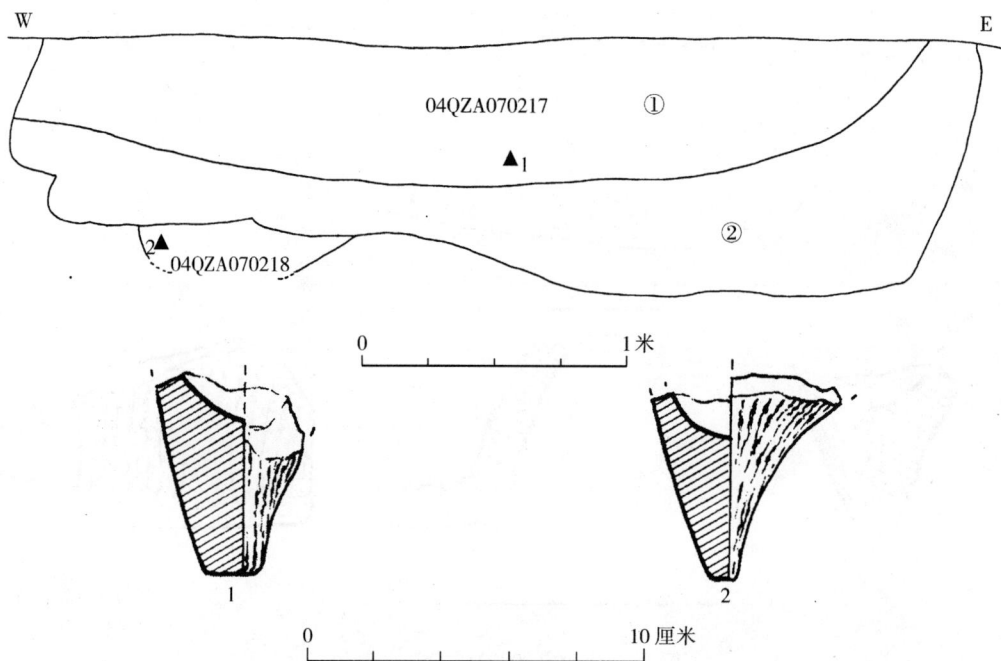

图二七　04QZA070217 与 04QZA070218 遗迹、遗物

1. 鬲足（04QZA070217：1）　　2. 鬲足（04QZA070218：1）

04QZA070307　开口于耕土层下，打破生土。锅底状，剖面长 252、最深处 113 厘米。填土分 3 层：第①层，土质松散，土色浅灰，厚达 35.5 厘米；第②层，土质松散，土色灰中泛黄，厚 32 ~ 58 厘米；第③层，土质松散，土色浅褐，厚达 47 厘米。三层中均含有较多的木炭颗粒和红烧土颗粒。

陶片标本 04QZA070307：1，罐口沿 1 件。夹砂，灰色，侈口，方唇，唇部另加泥条加厚，领部以下施连续绳纹，残高 5.4、壁厚 0.9 ~ 1.1 厘米（图二九：1）。

04QZA070308 与 04QZA070309　开口于耕土层下，打破生土，前者打破后者。

04QZA070308，锅底状，剖面长 239、最深处 53 厘米。填土为疏松的灰褐色土，夹杂少量木炭。

陶片标本 04QZA070308：1，瓮足 1 件。夹砂，红褐色，足根制作规整，剖面略呈菱形，通施绳纹，纹痕规整，外表面有少量烟炱，残高 7.8 厘米（图三〇：2）。

04QZA070309，锅底状浅坑，剖面长 230、最深处 29 厘米。填土与 04QZA070308 填土相似。

陶片标本 04QZA070309：1，甗腰 1 件。夹粗砂，灰色，腰托另接，已残失，内壁接痕明显，腰部施竖向绳纹，腰部上下施斜向绳纹，残高 3.1、壁厚 0.9 ~ 1 厘米

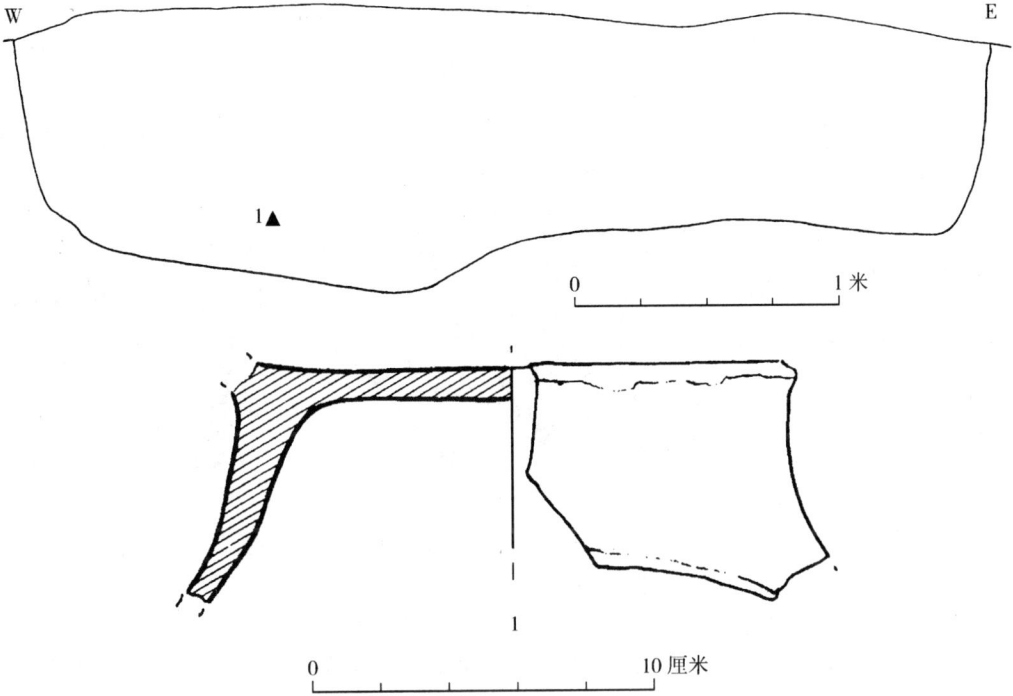

图二八　04QZA070219 遗迹、遗物

1. 圈足（04QZA070219:1）

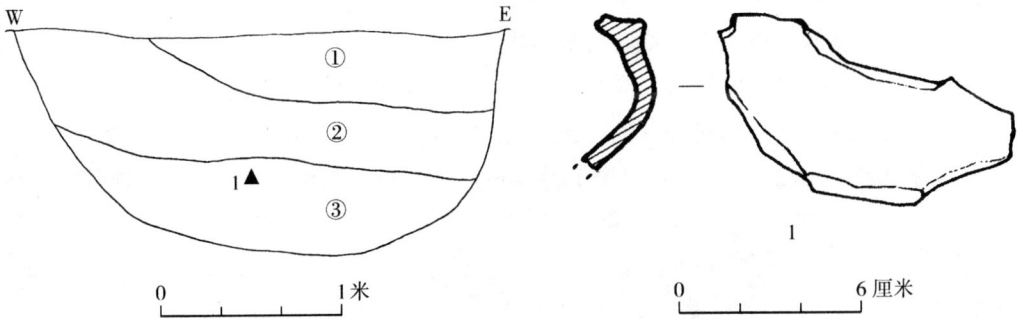

图二九　04QZA070307 遗迹、遗物

1. 陶罐口沿（04QZA070307:1）

（图三〇:1）。

04QZA070502　开口于耕土层下，打破生土。锅底状，填土分 3 层：第①层为疏松灰土；第②层为质密的黄褐土，夹杂部分泛白的土；第③层为松散暗灰色土。此坑已破坏殆尽，仅残余部分挂于断面之上。

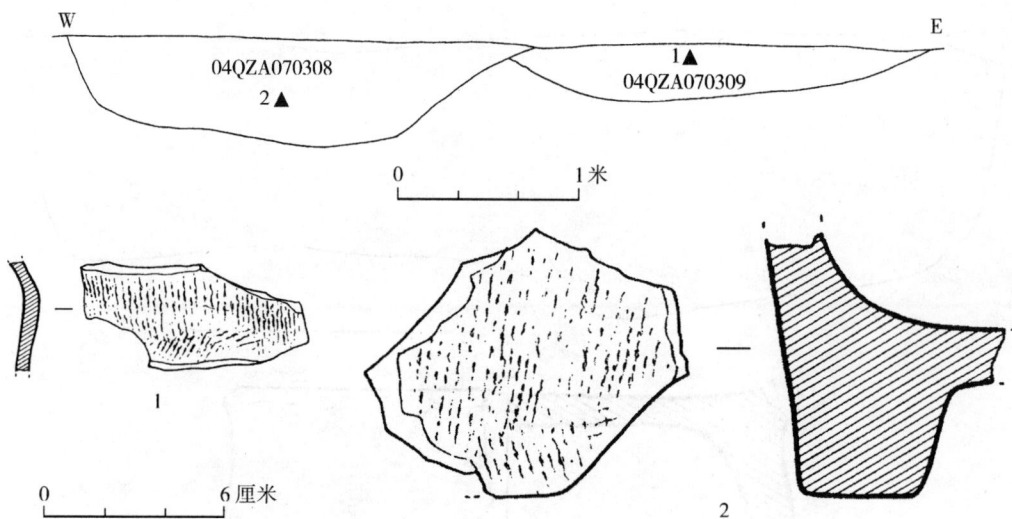

图三○ 04QZA070308 与 04QZA070309 遗迹、遗物

1. 瓿腰（04QZA070309:1） 2. 瓮足（04QZA070308:1）

陶片标本 04QZA070502:1，罐耳 1 件。泥质，灰色，桥形耳捏制而成，对钻穿孔，耳部施竖向绳纹，与罐体粘连处施交错绳纹，残高 7.8、壁厚 0.5~0.9 厘米（图三一:1）。标本 04QZA070502:2，圈足 1 件，泥质，灰色，圈足另接，底部外侈，外表面经抹光，素面，底径 17.8、残高 5、壁厚 0.8~1.2 厘米（图三一:2）。

04QZA070310 开口于耕土层下，打破生土。锅底状，剖面长 305、深 68~93 厘米。填土为质密的红褐色土，坑底有灰色淤土。

陶片标本 04QZA070310:1，鬲裆 1 件。夹砂，红褐色，空足拼接而成，接痕明显，裆部以泥条加固，足内侧起棱，通施细密绳纹，有烟炱，壁厚 0.5 厘米（图三二:2）。标本 04QZA070310:2，簋（?）口沿 1 件。泥质，灰色，折沿，圆唇，口部轮修，上腹

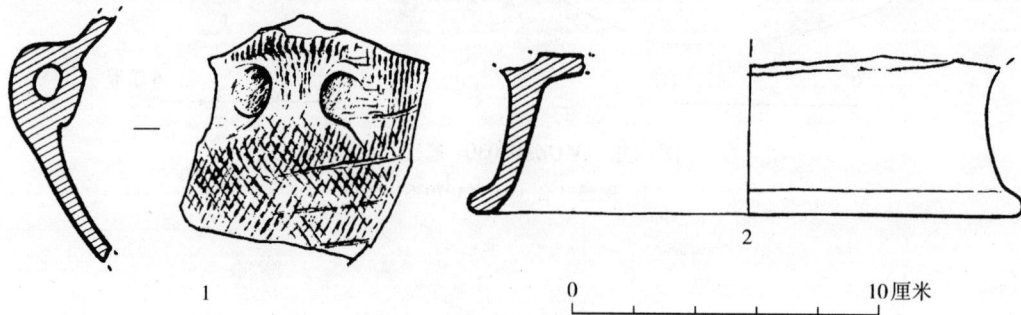

图三一 04QZA070502 遗物

1. 罐耳（04QZA070502:1） 2. 圈足（04QZA070502:2）

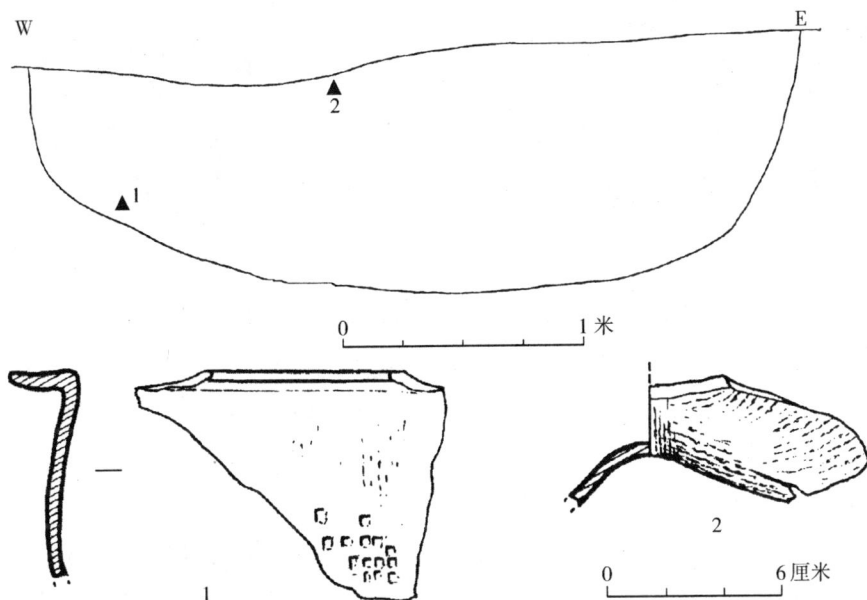

图三二　04QZA070310 遗迹、遗物

1. 陶簋口沿（04QZA070310:2）　　2. 鬲裆（04QZA070310:1）

部施竖向绳纹，后绳纹被抹，但抹痕依稀可见，下腹部施方格戳印纹，整体似网格，残高 7.2、壁厚 0.4~0.5 厘米（图三二:1；图四六:15）。

04QZA070503　开口于耕土层下，打破生土。锅底状，填土土质质密，土色灰褐。标本 04QZA070503:1，鬲足 1 件。夹砂，灰色，锥状实足根另接，足底略呈椭圆形，通施斜向绳纹，纹痕较深，残高 4.4 厘米（图三三:2）。标本 04QZA070503:2，鬲口沿 1 件。夹砂，灰色，卷沿，圆唇，口部轮修，素面，残高 3.9、壁厚 0.3~0.4 厘米（图三三:1）。

04QZB070522　开口于耕土层下，打破生土。锅底状，剖面长 257、最深处 42 厘米。填土为质密的黄褐色土，夹杂红褐色土颗粒。

04QZB070524 与 04QZB070525　开口于耕土层下，打破生土。两坑一南一北，相距 6 厘米。

04QZB070524，锅底状，剖面长 58、最深处 31 厘米。填土为质密的浅褐色土。

04QZB070525，锅底状，剖面长 84、最深处 20 厘米。填土分 2 层：第①层，土质质密，土色红褐，厚达 16 厘米；第②层，土质疏松，土色灰色，厚达 20 厘米。

04QZB070607　开口于耕土层下，打破生土。锅底状，剖面长 170、最深处 68.5 厘米。填土分 2 层：第①层，土质坚硬，土色红褐，厚 22~38 厘米；第②层，土质质密，

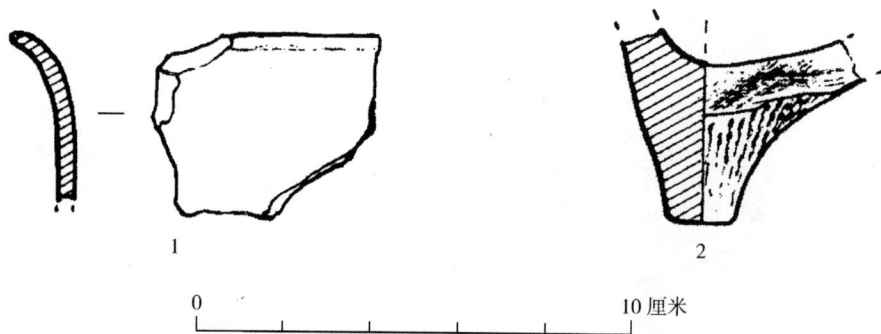

图三三 04QZA070503 遗物

1. 鬲口沿（04QZA070503：2） 2. 鬲足（04QZA070503：1）

土色灰褐，厚29～39厘米。包含物少。

04QZB070616 开口于耕土层下，北侧为一层路面叠压，打破生土。锅底状，剖面长141、最深处42厘米。填土分2层：第①层，土质质密，土色灰褐，厚16～41厘米；第②层，土质疏松，土色砖红，厚14～18厘米。

04QZB070617 开口于耕土层下，打破生土。锅底状大坑，坑壁清晰平缓，剖面长627、最深处155厘米。填土分3层：第①层，土质质密，土色深褐，厚达75厘米；第②层，土质松散，土色灰色，厚10～20厘米；第③层，土质较疏松，土色浅褐，厚达57厘米。

04QZB070618～04QZB070621 开口于耕土层下，打破生土，自南向北依次排列，自北向南依次叠压。

04QZB070618，锅底状，剖面长100、最深处43厘米。填土为质密的灰褐色土。

04QZB070619，锅底状，剖面长203、最深处47厘米。填土为较硬的褐色土，夹杂少量疏松的灰黑色土。

04QZB070620，锅底状，剖面长344、最深处59厘米。填土分3层：第①层为疏松的青灰色土，厚29～32厘米；第②层为质密的白色土，厚5～9厘米；第③层为较疏松的灰土，夹杂较多木炭残渣，厚达27厘米。

04QZB070621，锅底状，剖面长311、最深处52厘米。填土分3层：第①层为较疏松的灰土，厚达22厘米；第②层为质密的红褐色土，厚达17厘米；第③层为疏松的灰黑色土，厚14～32厘米。

04QZA070713 开口于耕土层下，底部尚未暴露出地表。锅底状，剖面长14厘米，填土土质质密，土色黄褐，夹杂红褐色土颗粒。

4. 文化层

04QZB062406　耕土层下，遍布整个断坎，厚 30～40 厘米，距上地表约 1 米，土质较硬，土色深黄，叠压于 04QZB062404 和 04QZB062405 之上。

04QZA062608　耕土层下，边界模糊，分布断续，土质质密，为砂质浅褐色黏土。

04QZB062812　耕土层下，遍布整个断坎，被灰坑 04QZB062811 打破，厚 50～60 厘米，填土为棕褐色。

04QZA070210　耕土层下，叠压于 04QZA070207、04QZA070208、04QZA070209 之上。土质稍质密，土色深褐。

04QZA070303　耕土层下，叠压于 04QZA070310 之上。土质坚硬，土色浅黄褐。

5. 特殊遗迹

04QZB062813　开口于耕土层下，打破生土。剖面呈椭圆形，东西径长 82、最深处 59 厘米。上半部烧成坚硬的砖红色，下半部填土为较松的灰色土，在灰土的外围段续地分布有一层质地较硬的浅红褐色土，但烧结程度不高（图三四:1）。根据烧结的温度和遗迹的形状，推测可能是炉或灶。

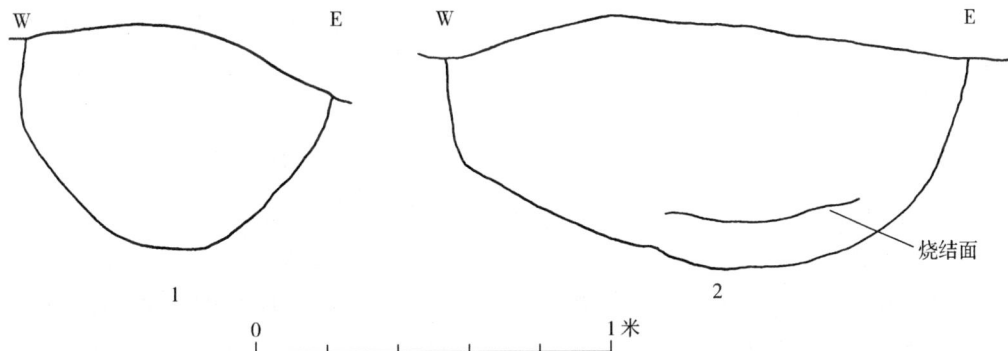

图三四　特殊遗迹
1. 04QZB062813　　2. 04QZA062601

04QZA062601　位置在窑址所在断坎的下一级断坎上。开口于耕土层下，打破生土。锅底状，长 145、最深处 64.5 厘米。填土为质密的红褐色土，很纯净，未发现包含物。距离坑底 10 厘米有一个烧结成黑色的面，黑色胶结物较薄，厚度不到 1 厘米，表面坑洼不平（图三四:2）。此概非普通灰坑，其中的烧结面与高温工作有关。而它又处于铸铜作坊区内，可能是铸铜作坊的一部分。

04QZA070206　距离 04QZA062601 约 5 米。开口于耕土层下，打破生土。破坏严重，锅底状，浅坑，长 249.5 厘米。填土分 3 层：第①层为疏松的灰土，居于中央，长 138.5，厚 10 厘米；第②层为较质密的浅褐色土，中间薄，两边厚，最厚达 9 厘米；第③层为厚度不均匀的层状的白灰踩踏面，厚 4～7 厘米（图三五）。此处可能是一座房

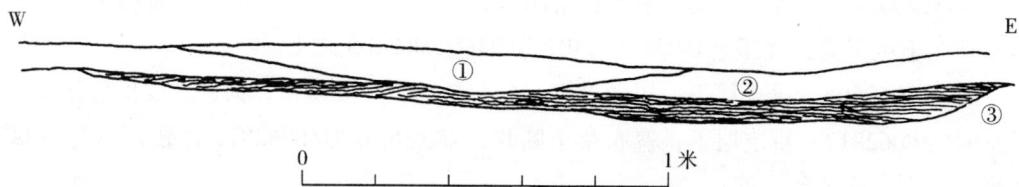

图三五　04QZA070206 遗迹

址或窖穴。

　　6. 墓葬

　　本次调查共发现墓葬50座，依其分布及位置可大概分为3个墓区（图四七）。

　　第一区：汉代墓葬区。位于马尾沟稍东，调查区域西北部。位置较高，海拔在825～843米之间。共发现9座，编号分别是04QZA062301、04QZB062301～04QZB062308。此处此前曾发现过汉代墓葬。04QZA062301，海拔最高，地面可见一长方形坑，长约200、宽约60厘米，向下内收缩小。可能是盗洞或被盗后塌陷的小型墓葬。另外8座分两组发现于相邻两个断坎上，开口耕土层下，打破生土。断面迹象为直壁平底，宽80～100厘米，现存深度不尽相同。填土为红黄相间的五花土，质密。其中04QZB062305被盗，从圆形盗洞中采得汉砖一块。砖体较厚，质地细腻，色浅灰，有细密布纹，厚3厘米。

　　第二区：唐代墓葬区。位于调查区域东南部，汉墓区之南。海拔约750米，共发现7座，集中分布于一个断坎上。编号分别为04QZA070718～04QZA070724。此处早先曾发现过唐代墓葬。这些墓葬皆开口耕土层下，打破生土。断面迹象与第一区各墓相似，直壁平底，宽度在80～100厘米之间，现存深度大于160厘米。各墓之间相隔1～2米，自东向西依次排列。04QZA070719、04QZA070722被盗。从后者的圆形盗洞可见砖券顶墓门，断面暴露当为墓道部分。

　　第三区：周代墓葬区。位于樊村以北，调查区域中部偏东南，海拔690～750米，范围较大，集中发现在自南向北的四个台地断面上。共发现34座，皆直壁平底，开口于耕土层下，打破生土。

　　此区中可确定年代的墓葬有3座：

　　04QZC070501，宽50、现存深度28厘米。清理出陶联裆鬲1件。标本04QZC070501∶1，夹粗砂，表层灰色，胎心红。卷沿，圆唇，沿下角大于120度，口径大于腹部最大径。沿面经慢轮修整，并在沿面外侧留下一条凹痕。沿外至足部施连续竖直绳纹，纹饰流畅，绳纹较粗，略呈颗粒状，近裆处绳纹略显凌乱。联裆，裆部较矮，呈圆弧形，绳纹滚压而成。锥状实足，断面圆形，足根平。制作粗糙，烧成温度较低。通高 11.7、口径 15.6、腹部最大径 15、裆高 1.9、壁厚 0.7～0.8 厘米（图三六:1）。据纹饰、陶质陶色及器形特征，年代当为西周早期。

04QZA070701，墓圹完全消失。征集得小口圆肩罐 1 件。泥质，浅灰色。小口，卷沿，圆唇，平底。领部高直，圆肩，上腹部有 2 条旋纹。整体形状矮胖圆滚，口沿及领部抹光。通高 15.9、口径 10.4、腹部最大径 18.5、壁厚 0.5～0.7 厘米（图三六:3）。根据纹饰、陶质陶色及器形特征，年代当为西周初期。

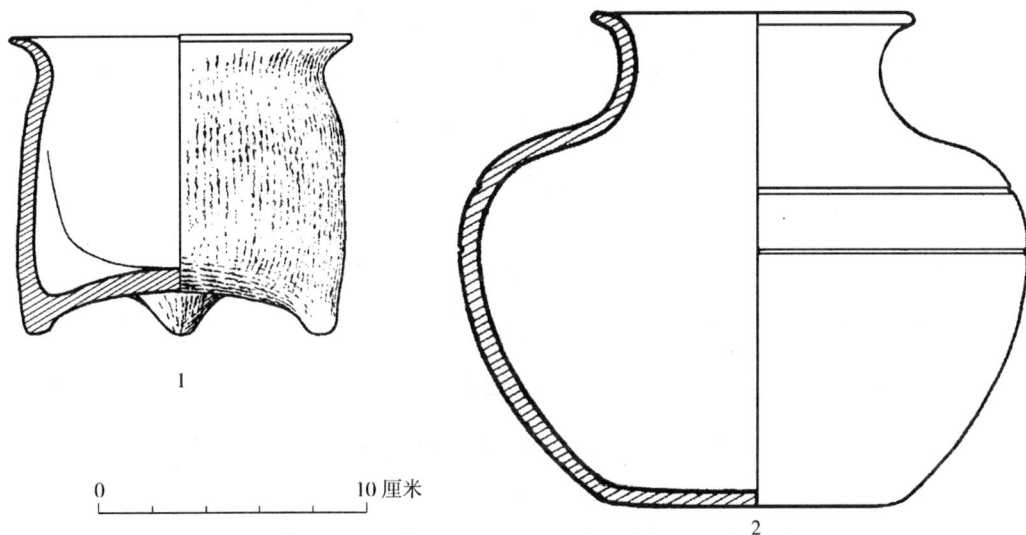

图三六　墓葬出土器物
1. 陶鬲（04QZC070501:1）　2. 陶罐（04QZA070701:1）

04QZA070501，南北向，宽 130、现存深 100 厘米。填土分 2 层。第①层为质密红褐色土，厚 85 厘米，未发现包含物；第②层为较疏松浅灰色土，厚 15 厘米。在第②层中采集铜器腹片 1 片，瓦 1 片，陶片 3 片，碳样少许。铜片（04QZA070501:1），厚约 0.1 厘米，素面，弧度似容器腹部。瓦（04QZA070501:2），泥质，浅灰色，平均厚度为 1.5 厘米，弧形，凸面素面，凹面施有布纹。罐底（04QZA070501:3），泥质，灰色，罐底另接，接痕明显，素面，残高 6.3、壁厚 1.1～1.6 厘米。根据瓦的纹饰及陶质、陶色判断，年代不早于汉代。

从墓葬的尺寸及发现位置来看，第三墓区又可分为相对集中的 3 个小区：

Ⅰ区：樊村以北麦场附近，共发现 15 座。2003 年 12 月调查期间，此处也曾发现几座小型墓葬，现已被取土破坏掉。除墓向难以确定的 04QZA070508 和东西向的 04QZA070506 以外，其他大致呈南北向，宽 1～1.5、长 2～3 米；基本未发现包含物，仅 04QZA070507 暴露出人的胫骨。与此同时，此区发现祭祀坑 04QZA070512，断面宽约2米，内有一具马残骸。

Ⅱ区：第三墓区Ⅰ区的东北，调查区域中部偏东南，共发现13座（图三七）。分布在相距50米的两个台坎上。大致呈南北向，宽度和现存深度不超过60厘米。大多已暴露人骨，据人骨的摆放情况，墓主头朝北。各墓破坏程度不一：有的仅存头骨，如04QZB070518，口含贝币3枚；有的仅存随葬陶器，如04QZC070501，由此可推测此墓随葬品摆放在墓北头端；有的人骨被破坏到下肢骨，如04QZB070505，其墓圹西部有白灰，可能是板灰。

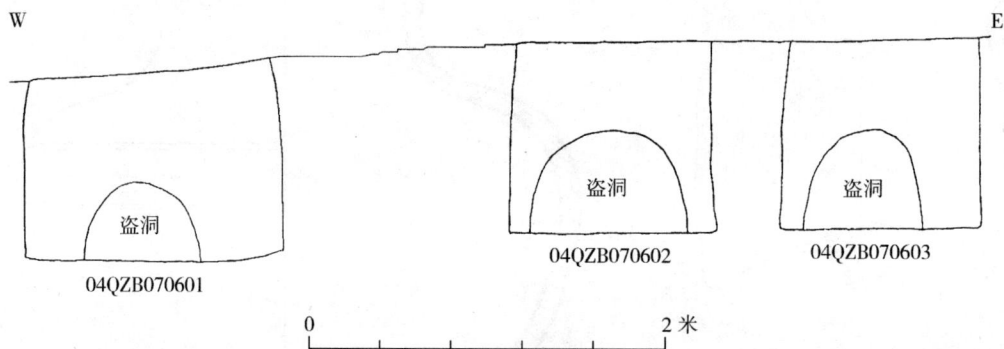

图三七　自然断面所见第三墓区Ⅱ区墓葬剖面图

Ⅲ区：第三墓区Ⅱ区北的两个断面上，共6座。南北向。填土为红黄相间的花土，经夯打，宽1～1.5米，部分被盗扰。

（二）地表遗物

本次调查共有地面遗物采集点174个（图三），除34个年代不详（采集到的陶片过于细碎或只有骨片等）、3个仰韶文化遗物采集点和31个汉以后采集点外，其他154个采集点皆为先周晚期和西周时期的遗物。

在可辨识器形的先周晚期到西周时期的陶器标本中，有鬲、瓮、盆、罐、甗、瓦、簋等器类，还有一些比较特殊的陶片。其中，鬲最多，占总数的22.92%；瓮其次，占18.75%；盆和罐居第三位，占14.58%。在陶质陶色方面，夹砂灰陶最多，占45.83%，夹砂红褐陶其次，占27.08%，泥质灰陶再次，占18.75%，泥质红陶最少，占4.17%。在纹饰方面，以绳纹为主，占72.92%，素面其次，占25%，旋纹最少，占2.08%〔4〕。现将在地表采集的遗物标本介绍如下。

---

〔4〕　调查所得器类、纹饰、陶质、陶色比例的统计数据参考性相对较低。在此公布，仅供参考。仰韶文化及汉以后遗物皆为残碎陶片，主要根据陶质和陶色进行判定，不能识别器形、器类，在此不予介绍。

1. 陶鬲

口沿　夹砂陶，手制。标本 04QZC062403：1，灰色，斜折沿，尖圆唇，口径大于腹部最大径，腹部施连续斜向绳纹，纹饰稍显模糊，口径 18.1、残高 7、壁厚 0.7～0.9 厘米（图三八：1）。标本 04QZA062408：1，夹细砂，灰色，卷沿，圆唇，遍施规整竖向绳纹，沿外绳纹被抹，残高 5.6、壁厚 0.4 厘米（图三八：2）。标本 04QZA062604：2，灰色，卷沿，方圆唇，沿外绳纹被抹，抹痕依稀可见，残高 3.8、壁厚 0.4 厘米（图三八：3）。标本 04QZB070610：2，夹细砂，红褐陶，卷沿，圆唇，沿下角较大，沿外有绳纹抹痕，残高 4、壁厚 0.6～0.9 厘米（图三八：4）。标本 04QZB070310：1，鬲口沿 1 件。灰色，侈口方唇，由唇部向下遍施竖直连续绳纹，领部绳纹有磨损痕迹，残高 4.2、壁厚 0.5～0.9 厘米（图三八：5）。标本 04QZC062502：1，灰色，领口另接，卷沿，圆唇，沿下角大于 120 度，口径大于腹部最大径。遍施连续竖向绳纹，纹饰规整，沿外绳纹被抹。器表近裆部有烟炱痕迹，口径 23.5、残高 9.7、壁厚 0.5～1.2 厘米（图三八：10）。

鬲裆　标本 04QZA062605：1，夹砂陶，胎心灰，表层红褐色。裆内壁起脊，外施细密横绳纹，纹饰极细，似线纹。裆底附加泥条粘接加固。壁厚 0.7 厘米（图三八：9）。

鬲足　夹砂，遍施绳纹。标本 04QZA070201：1，灰色，锥状实足根，绳纹密且深，残高 8 厘米（图三八：6）。标本 04QZA062902：1，夹细砂，红褐陶，足根另接成乳突状，绳纹磨损，印痕模糊，残高 4.6 厘米（图三八：7）。标本 04QZA062604：3，灰色，柱状实足根，绳纹密且深，残高 6.2 厘米（图三八：8）。

2. 陶瓮

有三足瓮和矮直领瓮两种。

三足瓮口沿　标本 04QZB070204：1，泥质，浅灰色，表层颜色较深，口沿另接。平折沿，方唇，唇部施斜向绳纹，残高 3.6、壁厚 0.8～1.4 厘米（图三九：1）。标本 04QZB070204：3，夹砂，灰色，唇宽平，唇面向外向下倾斜，直口，唇部素面，唇外施交错绳纹，以下施交错绳纹，残高 5.3、壁厚 1.9～2.8 厘米（图三九：4）。标本 04QZA070201：2，夹砂，灰色，平沿，素面厚唇，直口，内壁有手工抹制的痕迹，口腹遍施交错绳纹，残高 6.8、壁厚 1.5～2.6 厘米（图三九：5）。

三足瓮足　标本 04QZB062609：1，夹粗砂，红褐陶，胎心灰，足底呈椭圆形，通施交错绳纹，纹饰磨损严重，足内侧绳纹被抹，器表有少量烟炱，残高 8.6 厘米（图三九：6）。

矮直领瓮口沿　夹砂，灰色，矮直领，广肩。标本 04QZC062904：1，夹细砂，素面，沿面微凸。沿面内侧起折，外侧起棱，残高 4.2、壁厚 0.6～1.3 厘米（图三九：2）。标本 04QZB062801：1，素面，唇部截面呈三角形，内侧起棱，残高 4.9、壁厚 1.2～2

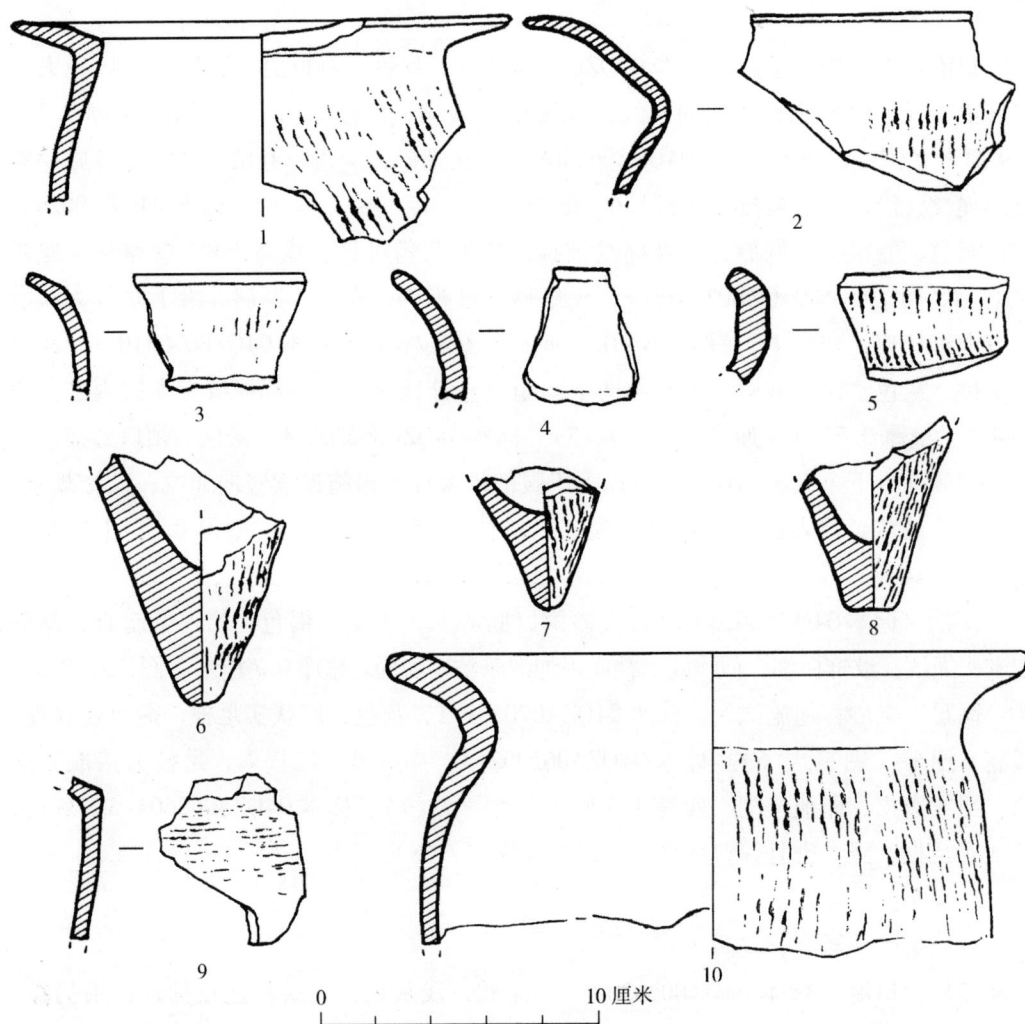

图三八　地面采集所得陶鬲残片

1.04QZC062403：1　2.04QZA062408：1　3.04QZA062604：2　4.04QZB070610：2　5.04QZB070310：1
6.04QZA070201：1　7.04QZA062902：1　8.04QZA062604：3　9.04QZA062605：1　10.04QZC062502：1

厘米（图三九：3）。标本04QZB070206：1，夹细砂，侈口方唇，肩部以下施竖向绳纹。口径21、通高3.5、壁厚1.4厘米（图三九：7）。

　　3. 陶盆

　　卷沿盆　以夹砂灰陶为主。标本04QZC070202：1，夹细砂，灰色，素面，侈口，方圆唇，沿面外侧有小平台，残高2.6、壁厚0.9～1.2厘米（图四○：2）。标本04QZA062801：2，泥质，灰色，部分沿面变色成红褐色，素面，卷沿，圆唇，沿面和领部交接处微折，残高3.5、壁厚0.4～0.6厘米（图四○：3）。标本04QZB062607：1，夹

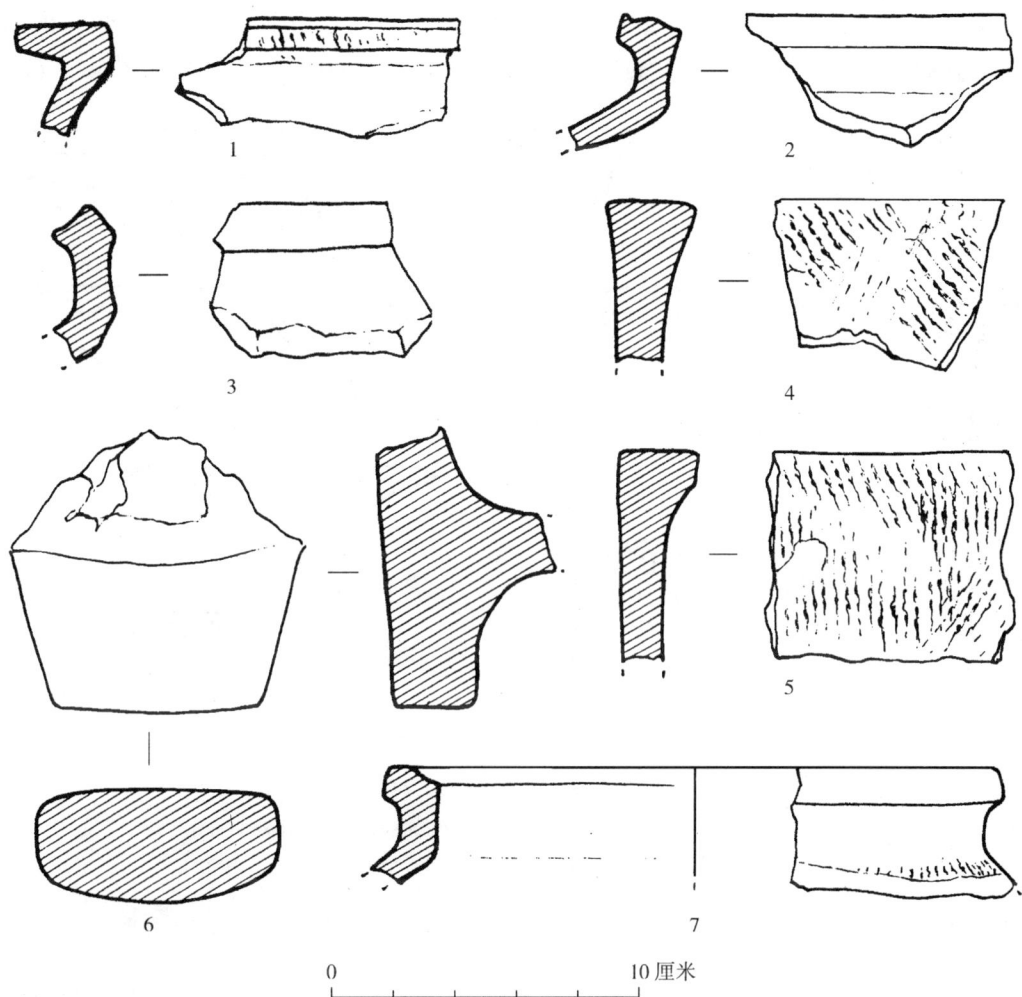

图三九　地面采集所得陶瓷残片

1. 04QZB070204:1　2. 04QZC062904:1　3. 04QZB062801:1　4. 04QZB070204:3
5. 04QZA070201:2　6. 04QZB062609:1　7. 04QZB070206:1

细砂，灰色，卷沿，尖圆唇，领较高微束，沿面外侧有小平台。素面，沿外绳纹被抹，残痕犹存，残高5.2、壁厚0.9～1.4厘米（图四〇:4）。标本04QZC062501:3，夹细砂，灰色，卷沿，圆唇，沿面外侧有小平台，残高3.1、壁厚0.9～1.2厘米（图四〇:5）。

　　折沿盆　以泥质灰陶为主。标本04QZB070612:1，泥质，灰色，胎心红褐色，素面，平折沿，方唇较厚，沿面内侧微起棱，残高2.1、壁厚0.8～1.4厘米（图四〇:1）。标本04QZA070601:1，泥质，红褐色，口沿另接，平折沿，方唇，腹部较直。唇部滚压横绳纹，沿下至腹部施连续竖向绳纹，残高4.8、壁厚1厘米（图四〇:6）。标本

04QZC070310：1，泥质，灰色，素面，微折沿，沿面外侧有小平台。平台内侧起榫倒钩，方圆唇。沿下角大于90度，腹部较直，残高5.6、壁厚0.8～1.2厘米（图四〇：7）。

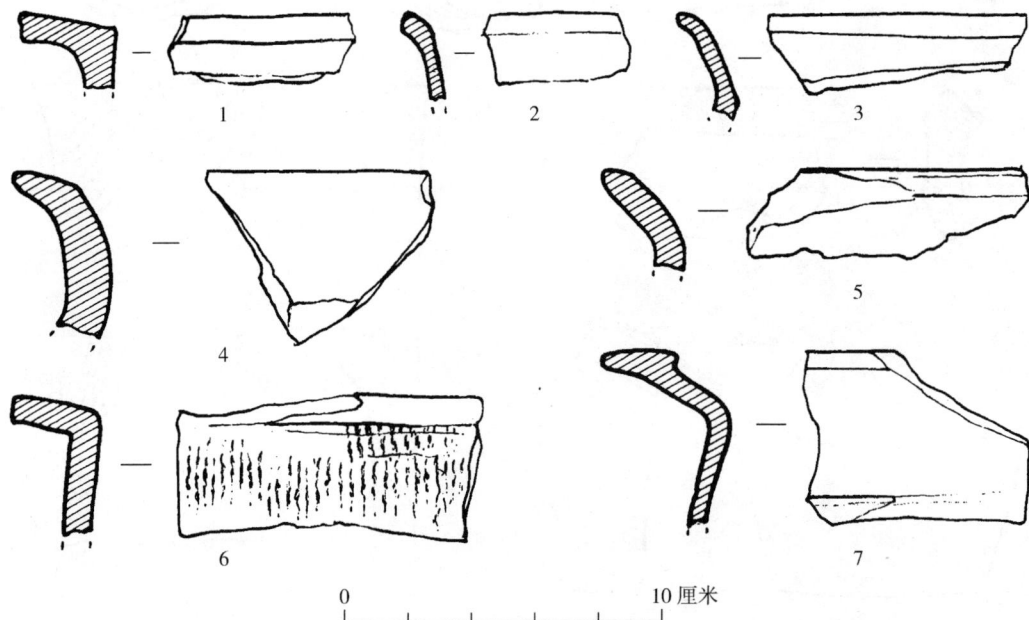

图四〇　地面采集所得陶盆残片

1. 04QZB070612：1　2. 04QZC070202：1　3. 04QZA062801：2　4. 04QZB062607：1
5. 04QZC062501：3　6. 04QZA070601：1　7. 04QZC070310：1

4. 陶罐

口沿　泥质。标本04QZA062408：2，红褐色，侈口圆唇，颈微束，广肩，颈部以下施交错绳纹，残高4.7、壁厚0.2厘米（图四一：1）。标本04QZA062801：1，红褐色，高直领，方圆唇，口部微外侈，领部绳纹被抹，抹痕犹存。口径16、残高6.8、壁厚0.8厘米（图四一：2）。标本04QZB062403：1，黑皮褐胎，卷沿，侈口圆唇，口沿内外抹光，残高4、壁厚0.2～0.3厘米（图四一：3）。

罐底　泥质，灰色，罐底另接，罐体轮修而成，器表一般施竖向绳纹。标本04QZC062501：4，罐底施交错绳纹，底径14、残高2.3、壁厚0.8～1.2厘米（图四一：4）。标本04QZA070504：2，平底，腹部圆鼓，腹部中央微折后向下弧收，素面，残高5.8、壁厚0.4～0.8厘米（图四一：5）。标本04QZA062604：1，器表打磨成黑灰色，罐体施斜向绳纹，局部施交错绳纹，罐底施交错绳纹，纹痕磨损严重，底径12、残高4.4、壁厚0.7～1厘米（图四一：6）。标本04QZC062501：1，质地较粗糙，罐体近底部至罐底为素面，底径17、残高6.6、壁厚0.8～1.2厘米（图四一：7）。

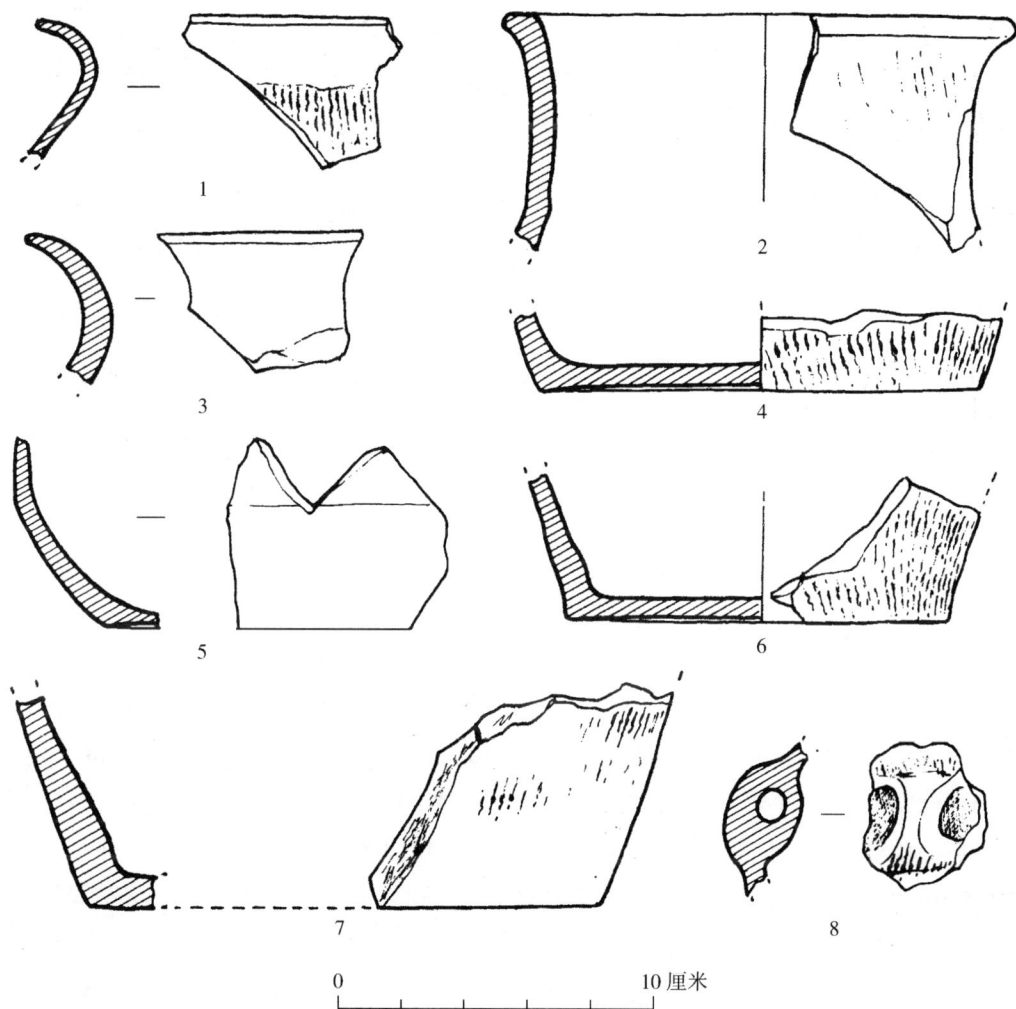

图四一　地面采集所得陶罐残片

1. 04QZA062408：2　2. 04QZA062801：1　3. 04QZB062403：1　4. 04QZC062501：4
5. 04QZA070504：2　6. 04QZA062604：1　7. 04QZC062501：1　8. 04QZC070203：3

　　罐耳　标本04QZC070203：3，泥质，灰色，桥形耳捏挤而成，附接到罐体后，施以绳纹，耳部有圆形穿孔，残高4.6厘米（图四一:8）。

　　5. 陶鬲

　　夹砂，通体绳纹。

　　口沿　标本04QZC070201：2，红褐色，胎心灰色，唇部另接，卷沿，方圆唇，唇面到腹部施斜向绳纹，沿下绳纹被抹，残高3.9、壁厚0.7～1厘米（图四二:1）。标本04QZC070203：1，红褐色，卷沿，方唇，唇部素面，下施连续绳纹，残高4.1、壁厚

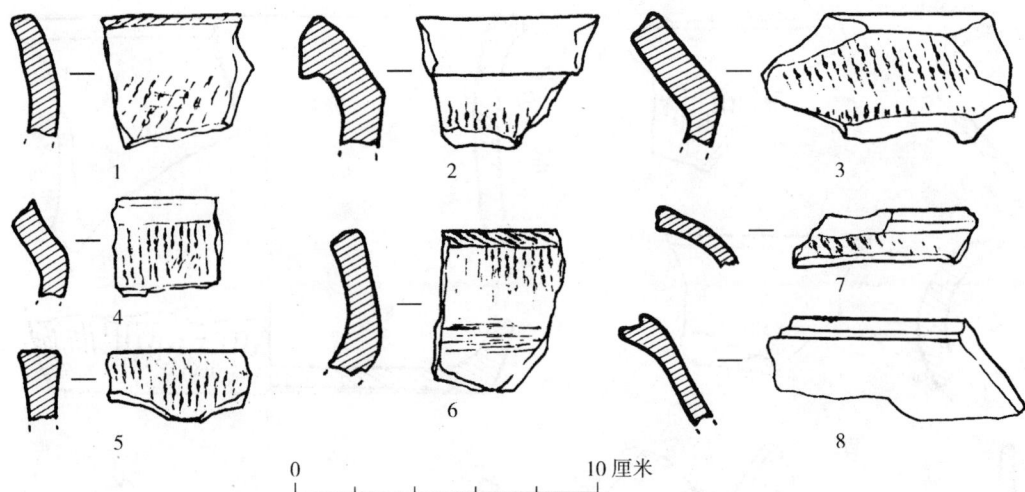

图四二　地面采集所得陶甗残片

1. 04QZC070201:2　2. 04QZC070203:1　3. 04QZB070311:1　4. 04QZC070201:3
5. 04QZC070203:2　6. 04QZB070610:1　7. 04QZB070203:2　8. 04QZC070309:1

1.2～1.5厘米（图四二:2）。标本04QZB070311:1，夹粗砂，灰色，侈口，方唇，宽沿，唇部较宽，唇面向下通施斜绳纹，唇面绳纹斜度大于沿下及领下的斜度，残高3.65、壁厚1.4～1.5厘米（图四二:3）。标本04QZC070201:3，红褐色，侈口，斜方唇，唇面施横绳纹，其下施竖向绳纹，残高2.9、壁厚0.8～1厘米（图四二:4）。标本04QZC070203:2，侈口方唇，沿面略微内凹，唇面到腹部遍施连续绳纹，残高2.3、壁厚1～1.3厘米（图四二:5）。标本04QZB070610:1，泥质，红褐色，侈口，方唇，宽斜沿，唇部上半部经打磨，唇面下部施斜向绳纹，沿下施竖向绳纹，颈部有轮修痕迹，残高3.35、壁厚1～1.3厘米（图四二:6）。标本04QZB070203:2，红褐色，方圆唇，唇面中央下凹，沿外绳纹较粗，残高1.8、壁厚0.4～0.6厘米（图四二:7）。标本04QZC070309:1，红褐色，胎心灰色，卷沿，方圆唇，唇部以下施绳纹，残高3.1、壁厚0.8～1厘米（图四二:8）。

6. 瓦

板瓦。泥条盘筑而成，瓦背遍施交错绳纹。

标本04QZB062607:2，泥质，灰色，泥条盘筑而成，瓦背施交错绳纹，残长7.2、壁厚1.3～1.6厘米（图四三:3）。标本04QZB062608:1，夹砂，灰色，残长3.8、壁厚1.4～1.8厘米（图四三:2）。标本04QZB062802:1，泥质，灰色，瓦舌处抹平，舌端施斜向绳纹，残长5.4、壁厚1.4厘米（图四三:4）。标本04QZB070203:1，夹砂，灰色，绳纹印痕较深，瓦舌端施斜向绳纹，残长4.1、壁厚1.4厘米（图四三:1）。

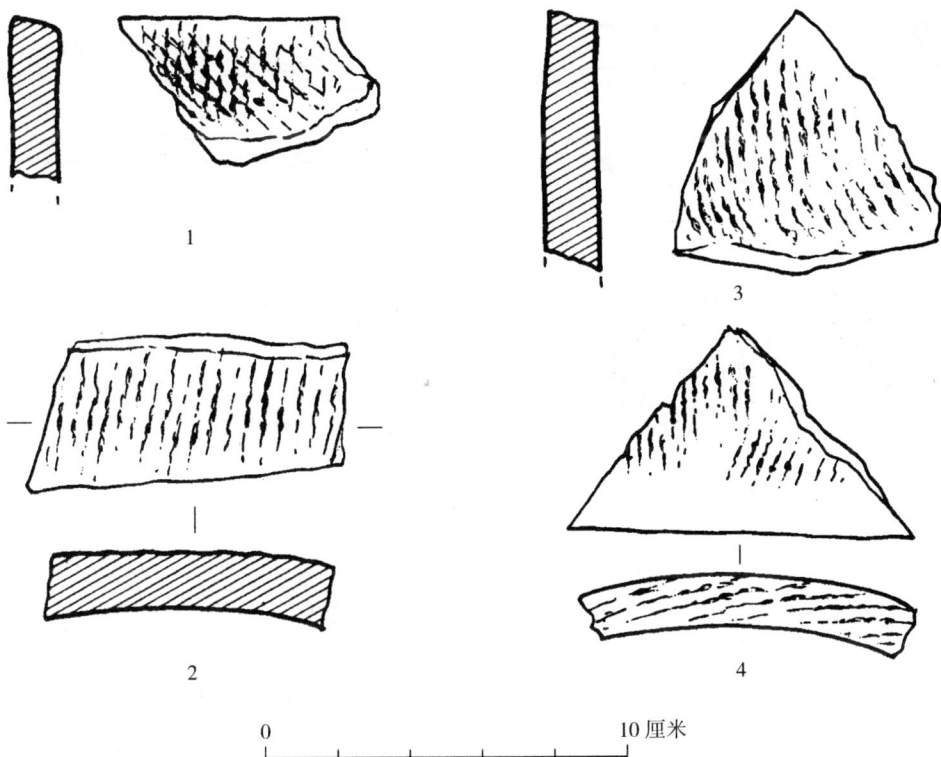

图四三　地面采集所得板瓦残片

1. 04QZB070203：1　2. 04QZB062608：1　3. 04QZB062607：2　4. 04QZB062802：1

7. 陶簋

商式簋圈足　标本 04QZC062408：1，泥质，灰色，素面，圈足另接，圈足矮，底部方直微外撇。底径 12、圈足高 4、壁厚 0.8 厘米（图四四：2）。

周式簋圈足　泥质灰陶，素面，圈足另接，底部外撇。标本 04QZC070201：1，口径 17.2、残高 1.8、壁厚 0.6 ~ 0.8 厘米（图四四：1）。标本 04QZB070305：1，底部残缺，残高 5.4、壁厚 1 ~ 1.4 厘米（图四四：5）。

8. 陶器盖

标本 04QZC070310：2，泥质，灰色，子母口，口部轮修，表面先施篦纹，后施波折刻划纹，并将刻划纹内的篦纹抹掉，纹痕规整，残高 4.2、壁厚 0.4 ~ 0.5 厘米（图四四：4）。标本 04QZA070704：1，泥质，灰色，器表轮修，表面经抹光，外施一道旋纹，残高 3.35、壁厚 0.4 ~ 0.8 厘米（图四四：3）。

9. 陶纺轮

标本 04QZA062401：1，泥质，灰色，近圆形，中央有双面钻圆孔一个，直径 0.75

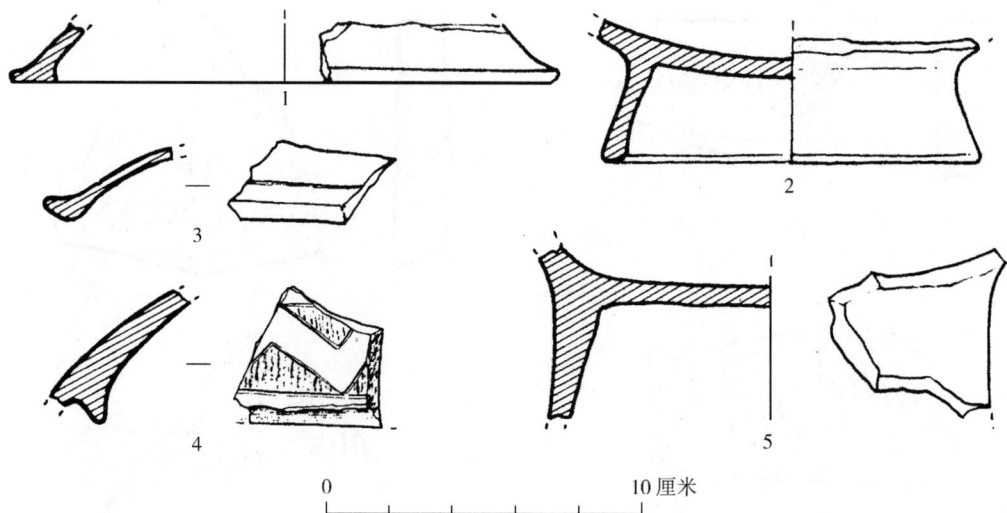

图四四　地面采集所得陶簋及陶器盖

1. 04QZC070201:1　2. 04QZC062408:1　3. 04QZA070704:1　4. 04QZC070310:2　5. 04QZB070305:1

厘米，素面，直径5.1、厚1.6～1.95厘米（图四五:2）。标本04QZB062403:2，残余四分之一，灰色，截面呈圆角三角形，中央钻孔系管钻而成，孔径1.25厘米。直径3.6、高2.7厘米（图四五:1）。

10. 圆陶片

标本04QZA070504:1，泥质，灰色，平面近圆形，形状不太规则，表面施细密连续绳纹，4条/0.85厘米，边缘未经磨制，长径5.55、壁厚0.5～0.6厘米（图四五:6）。

11. 其他遗物

红烧土　2块。标本04QZC070206:1、标本04QZA070201:3，发现位置分别在（36463317，3817917，782）、（36463421，3817966，781），在同一个台地上。

蚌残片　1片。标本04QZC070205:1，白色，残长3.1、残宽2.1厘米。

蚌泡　1件。标本04QZB070204:2，圆形，白色，残破严重，中央有直径0.4厘米的圆孔。直径4、厚0.5厘米（图四五:4）。

石刀　1件。标本04QZC070201:4，细砂岩，暗红色，略成矩形，通体打磨，直背直刃，双面刃，中有一双面钻的圆形穿孔。残长5.2、宽5.7、厚0.7厘米（图四五:3）。

铜片　1件。标本04QZB070309:1，正方形，四边中央略微内凹，中心有一个边长0.5厘米的菱形孔，整体形状似中心对称的四瓣花，非完全平面，中央稍高起。边长2.2、厚0.15厘米（图四五:5）。

12. 陶器纹饰

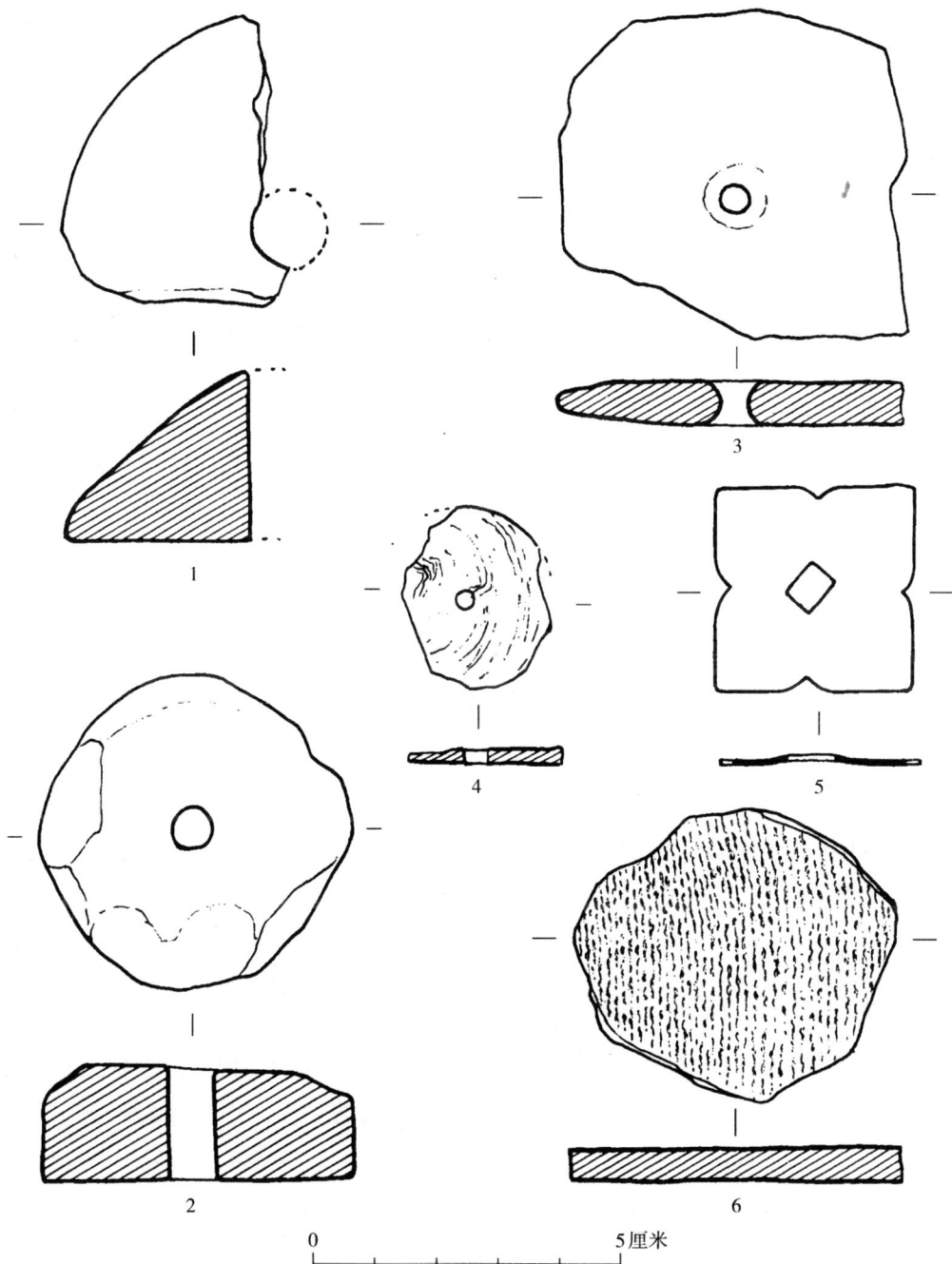

图四五　地面采集所得陶纺轮等器物

1. 04QZB062403：2　2. 04QZA062401：1　3. 04QZC070201：4　4. 04QZB070204：2
5. 04QZB070309：1　6. 04QZA070504：1

标本 04QZC062410:1，"之"字形刻划纹残片 1 件。泥质，表面灰色，内外表面以下褐色，胎心灰，表面抹光，"之"字纹由双线组成，两线平行，"之"字纹内抹光，单条刻划纹宽约 0.1 厘米，壁厚 0.65～0.7 厘米（图四六:4）。

标本 04QZB062903:1，三角刻划纹残片 1 件。泥质，浅灰色，两条旋纹间隔带内填充斜向绳纹，4 条/1.3 厘米，在绳纹带内刻划出三角形，并将正立的三角形内的绳纹抹光，壁厚 0.7 厘米（图四六:3）。

标本 04QZA062503:1，绳纹残片 1 件。泥质，灰色，有一定弧度，表面施细密连续绳纹，4 条/0.85 厘米，壁厚 0.9 厘米（图四六:5）。标本 04QZC062501:5，绳纹残片 1 件。泥质，灰色，通施绳纹，纹痕较深，表面施绳纹后经过按压，壁厚 0.8～0.9 厘米（图四六:1）。标本 04QZC062501:6，器物肩部绳纹残片 1 件。夹砂，表面灰褐，胎心黑灰，肩部施横绳纹 4 条（宽 1.2 厘米），上下均施斜向绳纹，纹痕较粗呈连珠状，4 条/1.2 厘米，壁厚 0.5～0.9 厘米（图四六:6）。标本 04QZA062903:1，间断绳纹残片 1 件。泥质，褐色，器表为浅灰色，绳纹细密，4 条/0.7 厘米，间断开绳纹的旋纹宽 0.2 厘米，壁厚 0.6 厘米（图四六:7）。标本 04QZC070202:2，绳纹残片 1 件，泥质，灰色，通施旋纹，每条宽 0.3、壁厚 0.7 厘米（图四六:2）。

标本 04QZC062501:2，瓦棱纹肩部残片 1 件。泥质，灰色，肩部弯折，以上施 3 道瓦棱纹，表面抹光，壁厚 0.6～0.85 厘米（图四六:11）。

标本 04QZA062901:1，旋纹残片 1 件。泥质，灰色，表面抹光，上施旋纹，4 条/1.6 厘米，壁厚 0.7 厘米（图四六:9）。

标本 04QZB070608:1，指甲戳印纹残片 1 件。泥质，灰色，表面施两周指甲戳印纹，纹痕细密清晰，壁厚 0.8 厘米（图四六:10）。

四、结　语

此次调查虽涉及的范围不大，采集的遗物也不十分丰富。但通过这次调查工作，我们还是取得了不小的收获，对调查区域内文化遗存的年代、分布和面貌特征有了初步了解，这对于全面认识凤凰山（周公庙）遗址的性质、聚落分布和变迁等具有重要意义。概括如下：

第一，此调查区域内采集样品的时代，涵盖仰韶时代、先周晚期到西周时期以及汉代以后，以西周早期者为大宗。仰韶时代的陶片大多为地面采集所得，标本数量很少、陶片较细碎且几无棱角，尚未发现可进一步辨识器形者，年代辨别更无从谈起。汉代及其以后的采集物，情况类似，仅有墓葬所出有依存单位。先周晚期到西周时期的陶片数量最多，相当一部分有单位可循。可辨识标本以西周早期为主，亦有部分具

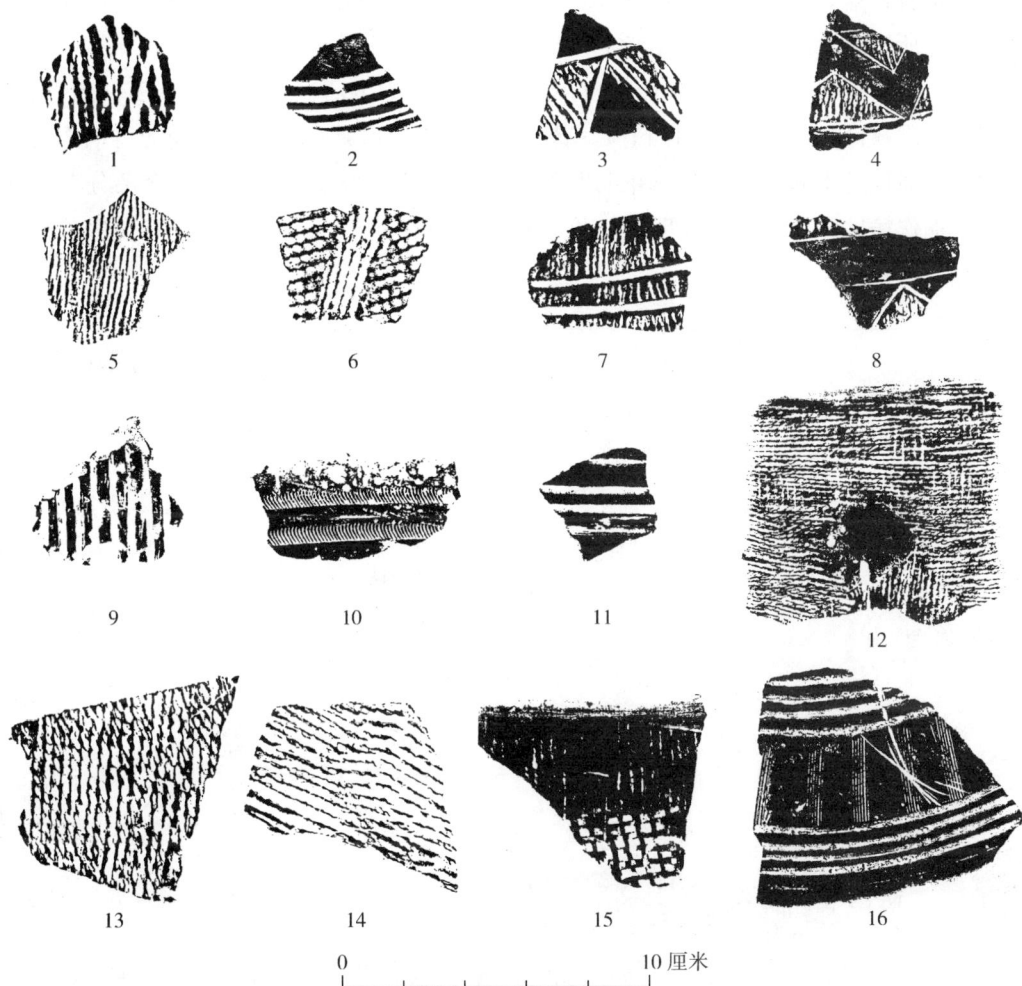

图四六　陶片纹饰拓片

1. 04QZC062501：5　2. 04QZC070202：2　3. 04QZB062903：1　4. 04QZC062410：1　5. 04QZA062503：1
6. 04QZC062501：6　7. 04QZA062903：1　8. 04QZB062309②：6　9. 04QZA062901：1　10. 04QZB070608：1
11. 04QZC062501：2　12. 04QZB062309②：1　13. 04QZA070305：2　14. 04QZB062602②：2　15. 04QZA070310：2
16. 04QZA070115：2

有先周晚期和西周中晚期特征的遗物。多数陶鬲、陶盆和陶甗残片的口沿与其下部的夹角都比较大，很多沿面外侧有小平台，部分标本沿外绳纹虽然刻意抹去，痕迹仍依稀可见；陶瓮中有直口三足瓮及多种型式的三足瓮足，小口矮直领瓮的沿面微上翘、领部较长。这些都是西周早期陶器的特征。高领袋足鬲、商式簋、横绳纹鬲、小圆腹罐的个体数量虽不多，其发现却说明此处存在早于西周早期的文化遗存，再综合陶质、陶色等来看，这种较早的时代特征亦不在少数。西周中晚期的遗物很少，主要反映在个别陶片所饰的篦纹和"之"字形刻划纹上。

第二，根据遗迹单位的分布，我们将调查区域分为生活遗存区和墓葬区（唐墓区、汉墓区和周墓区）两部分（图四七）。其中，生活遗存区是一处西周初期的铸铜作坊遗址。与周原遗址不同，本次调查并未发现同时期墓葬、居址交替打破、交叉分布的现象。铸铜作坊区和墓葬区分界明确，堆积单纯，且在相当一段时间内没有发生功能上的变化与迁移。

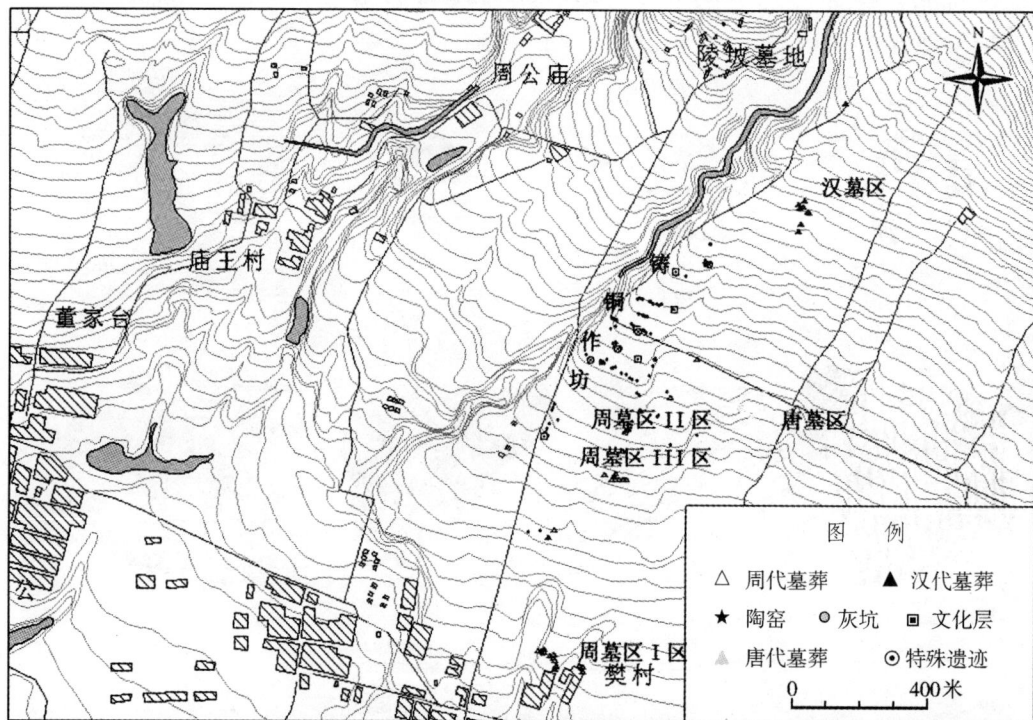

图四七　调查区域分区示意图

（1）生活遗存区主要分布在调查区域的西侧山坡中部，此区域内遗迹单位密集，遗存丰富，灰坑剖面长达 4~5 米以及灰坑成串排列、互相打破的情况较为常见。此区域内发现可能是烘制陶范的陶窑一座并疑似祭祀坑、房址、炉灶的单位几处，许多灰坑包含有陶范、铜渣、木炭、炉渣等与铸铜活动相关的遗物，是该区域曾作为铸铜作坊区的力证。铸铜作坊区内部分灰坑填土为质密的红褐色或黄褐色黏土，暴露包含物极少[5]，功用有待考证。两座祭祀坑距离窑址很近，可能是铸铜活动中的祭祀场所。该区域遗迹单位中所采集遗物以西周初期者居多，有些可早至先周晚期阶段。因此，此生活遗存区，为西周初期的铸铜作坊区（抑或早至先周晚期）概无疑问。

最值得一提的是陶窑及紧贴窑底的銮铃陶范的发现。銮铃陶范的年代应与陶窑年代相当接近。其所铸銮铃之形制与甘肃灵台白草坡车马坑 G1:2 和长安普渡村 M18:7 相近，环状外缘的镂孔形状与布局类似，只是铃球部没有放射状镂空。此种形制的銮铃在西周早期较为常见。在 04QZC062411 采集得陶鬲口沿残片，亦属西周初期。综合两者来看，此窑使用年代可以早至商周之际。

（2）墓葬区在调查区域东侧，遗物采集点较少，墓葬排列井然有序，自山坡而下依次为汉墓区（第一墓区）、唐墓区（第二墓区）和周墓区（第三墓区）。周墓区，尤其是Ⅱ、Ⅲ区，包含分布相对集中的小型墓葬若干座，它们与铸铜作坊区之间被一条小沟（其形成年代不详）隔开，东为墓地，西为铸铜作坊，功能上截然不同，范围上在小沟附近戛然而止。其墓葬形制结构的相似程度与分布的集中程度来看，各墓年代上应该同时，性质也相同。而墓葬 04QZC070501 随葬陶鬲与铸铜作坊区的年代皆为西周初期，则两小墓区与铸铜作坊区年代相当、位置相对，可能是铸铜工匠的墓地。周墓区Ⅰ区与Ⅱ、Ⅲ区有一定间隔，断面所见墓穴较大，且有疑似殉马坑的遗迹，一些商周时期的重要青铜器，如王伯姜鼎、新邑戈、必其斝等[6]，即发现于此区附近。可见此墓区等级相对较高。

西周时期小型墓葬区的发现，填补了该遗址墓葬规格和等级上的空白，而小型墓葬区内也存在等级之分。周墓区Ⅱ区墓葬宽度近Ⅲ区两倍，可能意味着不同等级的铸铜工匠的分别埋葬。这一特点与马尾沟以西陵坡墓地及东三爪中型墓葬区的分布有些相似：即在同一墓地内，等级相对较高者埋葬位置亦相对较高。此或可为西周墓葬制度的研究提供一定的借鉴。而周公庙遗址的墓葬区功能性明确，层位关系纯粹，可作西周墓葬制度研究的一个重要试点。

第三，周公庙铸铜作坊遗址，是周原地区现知年代最早的西周铸铜作坊，其发现对研究周人的铸铜工艺以及对周公庙遗址性质的确定都具有十分重要的意义。推测为用作烘制陶范的陶窑以及此后极有可能发现的与铸铜活动相关的场所和设施（如陶窑的附属设施炼泥池、取土场、制范浇铸场所等），都可以为研究周人铸铜技术提供直接的证据。而目前发现的商周时期铸铜作坊遗址多位于王朝统治的中心区域，如安阳小

［5］ 如 04QZA062611、04QZA062614、04QZA062615、04QZB062805、04QZB062806、04QZA070101 ～ 04QZA070105、04QZB070522 等。

［6］ 祁建业《岐山近年出土青铜器》，《考古与文物》1989 年第 1 期。

屯苗圃北地等铸铜遗址位于殷墟、洛阳北窑铸铜遗址位于西周东都洛邑、扶风李家铸铜遗址位于周原。铸铜作坊遗址一经发现，结合刻辞卜甲、大型墓葬、夯土墙和砖瓦等高等级建筑构件的存在，进一步证明了该遗址具有相当的规格和地位。

　　第四，此次调查工作利用 ARCVIEW 等工程软件，建立田野调查数据库，作为考古GIS 系统（考古地理信息系统）的重要组成部分，为以后的重点发掘和钻探提供了宝贵的参考性资料。鉴于这种记录方式的直观性、连续性及其给研究工作带来的便利，值得在此后的田野工作和遗址保护工作中推广。

学 术 指 导：徐天进　王占奎　雷兴山

调 查、整 理：张　海　王　浩　刘　静

　　　　　　　陈晓露　陈艳颖　赵　健

　　　　　　　施文博　张　通

绘　　　　图：陈晓露　陈艳颖　刘　静

执　　　　笔：刘　静

封面设计　张希广
责任印制　梁秋卉
责任编辑　王　霞

图书在版编目（CIP）数据

古代文明. 第6卷/北京大学中国考古学研究中心，
北京大学震旦古代文明研究中心编. —北京：文物出版社，
ISBN 978－7－5010－2444－5

Ⅰ. 古…　Ⅱ. ①北…②北…　Ⅲ. 文化史－研究－
中国－古代－丛刊　Ⅳ. K220. 3－55

中国版本图书馆 CIP 数据核字（2008）第028916号

古　代　文　明

（第6卷）

北京大学中国考古学研究中心
北京大学震旦古代文明研究中心　　编

＊

文 物 出 版 社 出 版 发 行
（北京东直门内北小街2号楼）

http：//www. wenwu. com
E－mail：web@ wenwu. com

北京美通印刷有限公司印刷
新 华 书 店 经 销
787×1092　1/16　印张：20. 75
2007 年 12 月第 1 版　　2007 年 12 月第 1 次印刷
ISBN 978－7－5010－2444－5　　定价：128. 00 元